JN313971

パリ解放

PARIS after the Liberation 1944-1949

1944-49

Antony Beevor, Artemis Cooper
アントニー・ビーヴァー、アーテミス・クーパー　訳◆北代美和子

白水社

1.
パリで対独蜂起を計画するレジスタンス。

2.
1944年8月22日、サン＝ミシェル広場。
バリケード強化のために舗装をはがす。

3. ピカソのアトリエで、戯曲『尻尾をつかまれた欲望』の出演者。
[前列] サルトル、カミュ、ミシェル・レリス、ジャン・オベール
[後列] セシル・エリュアール、ピエール・ルヴェルディ、ルイーズ(ゼット)・レリス、ザニ・ド・カンパン、ピカソ、ヴァランティーヌ・ユゴー、シモーヌ・ド・ボーヴォワール

4.
1944年、食糧不足の悲しいクリスマス。レジスタンスの慈善活動を代表して、サンタクロースが長ネギを配る。

5.
1945年1月3日。ファビアン大佐の葬儀にて。フランス共産党指導者のデュクロ、トレーズ、フラション、マルティ。

6.共産主義者呼ぶところの「新占領軍」——パリのアメリカ軍憲兵隊。

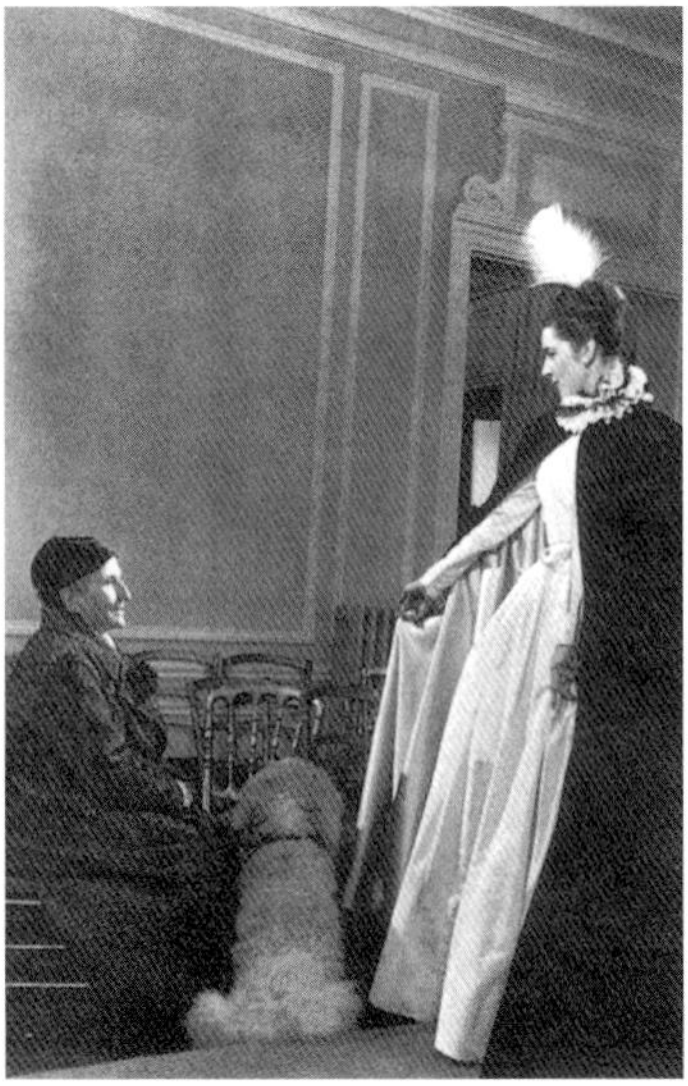

7.
「水平の対独協力」のため投獄される前、
『天井桟敷の人々』で
アルレッティが口にした台詞のひとつは
「あたしは誤審の犠牲者よ」だった。

8.
ピエール・バルマンのショーを鑑賞する
ガートルード・スタイン。
バルマンとは占領中に親しくなった。

9.1946年6月16日、バイユーにて。雨のなか、無帽で演説するドゴール。
政党政治の無規律を批判した。

11.1947年春、ルピック街。
腹を立てて、ディオールのモデルから
ニュールックをはぎとる女たち。

10.
ニュールック——ディオールの勝利。

12.メニルモンタン街の青空市場

13.共産党後援の展覧会『美術とレジスタンス』開会式。
エルザ・トリオレ、ルイ・アラゴン、プティ将軍、ピカソ、シャルルル・ティヨン、ロラン・カサノヴァ

14.炭鉱闘争

15.ユシェット座前に立つ
劇作家ジャック・オディベルティ。

16.ヴュー＝コロンビエ座地下のダンス

17.《カフェ・ド・フロール》前で、自分たちを突然、
有名にした記事を読むジュリエット・グレコ、
アンヌ＝マリ・カザリス、マルク・ドエルニッツ。

18.マーシャル・プランがパリに到着——
署名するディヴィッド・ブルースを見守る
ジャック・デュメーヌ。
背後にロベール・シューマンとジェファーソン・カフェリー。

19.ピカソによるスターリンの肖像。
共産党内に大いなる憤怒の渦を巻き起こした。

パリ解放　1944-49

私たちの両親に

Paris after the Liberation 1944-1949
by Antony Beevor and Artemis Cooper

Copyright © Antony Beevor and Artemis Cooper, 1994, 2004

Japanese translation rights arranged with Ocito Ltd
c/o Andrew Nurnberg Associates International Limited, London
and Felicity Bryan Ltd, Oxford through Tuttle-Mori Agency, Inc., Tokyo

パリ解放 1944-49◆目次

第2部 国家、それはドゴールなり

第3部 冷戦突入

凡例

出典は、本文中の該当箇所に（1）（2）と番号を振り、巻末にまとめた。

原著者による脚注は、本文中の該当箇所に＊で示し、直近の奇数ページに記した。

訳者による注は本文中の〔　〕内に割注で記した。

序

ひとたび喝采が消え去ったあとも、自らの解放者を愛し続ける国はほとんどない。自分たちの国家と政治制度とを、実質的にゼロから立てなおすという気の重くなる現実と向き合わなければならないのである。かたわらでは、私たちが今日「政権交代」と呼ぶ混乱期に乗じて、ヤミ商人とギャングとが跋扈している。このことは、人びとが独裁政権下だろうと敵の占領下だろうと、道徳を犠牲にし、怯懦によって生き延びなければならなかった屈辱を忘れたがっているときに、集団的な恥の感覚をいっそう強める。つまり解放とは、なににも増して扱いにくい借金を作り出す。それが満足のいく形で全額返済されることは決してない。自負心とはとても傷つきやすい花なのだ。

ナショナリズムもまたしかり。それは「解放後」のフランスが明らかすぎるほど明らかに示しているとおりである。同盟国のイギリスやアメリカから軽視されていると感じると、ドゴール将軍ほどすぐに腹を立てた人間はいなかった。大西洋をはさんだ口論が絶えず再発するところから判断すれば、それがジャン・モネの言う「反復性発熱」[1]であることは明白だ。それでもなお、戦後世界において、私たちは国家アイデンティティの必要性はしだいに消えてなくなると信じこまされてきた。冷戦はほとんどの国内問題を、国境を超越した拘束衣の内側に抑えこんだ。冷戦後は、国際連合や欧州連合、あるいは闘争的なグローバライゼーションのプロセスまでも含めた別な形の発展が、国家意識のさらなる消滅を指し示した。だが、その結果を見れば、ますます細分化されていくこの世界のなかで、多くの人びとが匿名性のなかに埋没することを恐れ、部族の旗、あるいは国家の旗をなおいっそうしっかりと握りしめているのに気づかざるをえない。国際的な組織が、各国の利益や策謀を超越しうるという理想もまた、完全な錯覚であることが証明されてきた。

最近の出来事〔二〇〇二年から〇三年にかけてのイラク武力介入をめぐる米仏の対立を指す〕に照らせば、仏米関係は一九四四年時点から真の回復を見ていないと主張することもできるだろう。また次のようにも言える。解放者は面の皮が厚くて鈍感すぎたのに対して、フランス人の皮膚は薄くて敏感すぎた。アメリカ人ビジネスマンは市場で商機をつかむために飛びこもうとしたのに対して、フランス人は打ちのめされた自国産業の再生を望んでいた。土地のお嬢さんたちとの親密な交流を「熱心かつ積極的に」試みたGIたちは、ただ恨みと嫉妬を生み出したにすぎなかった。フランス男にはプレゼントにするタバコもストッキングもなかったのだからなおさらである。愛だろうと食料だろうと、戦時社会主義下の道徳に則った配給制と自由市場との激突は、深い不満足感を引き起こさずにはいなかった。フランス人、とりわけフランス人女性は、銀幕の大スター、アルレッティがドイツ空軍の軍人を愛人にしたことを本心から非難したわけではない。だが、愛人とホテル《リッツ》に滞在していたのは許せなかった。《リッツ》滞在とはつまり、ほかのみんながお腹をすかせているときに、手にはいる最高の食事を楽しんでいたという意味だ。実際に空腹は、片思いの恋と同じほどに強力な嫉妬の動機となる。ドイツ国防軍将校としてパリに勤務した作家のエルンスト・ユンガーは、レストラン《トゥール・ダルジャン》で、食物とはたしかに権力であると実感している。

占領はほとんどすべてのフランス人にとって真の受難の時であり、それを体験していない者が、過去を振り返って十把一絡げに道徳的判断を下すのは正しいことではない。とは言うものの、さまざまな困難は、精神的なものも肉体的なものも、解放後に多くの神話を芽吹かせたのであり、たしかに細かく検証する必要がある。一九四四年八月二五日の解放の日、パリ市庁舎のバルコニーに立ち、おそらくは生涯でもっとも感動的な演説をしたとき、ドゴール将軍自身も本能的にその必要性を理解していた。「パリ！　蹂躙されたパリ、破壊されたパリ、殉教者のパリ、だが解放されたパリ。自らの手で、人民の手で、そして全フランス、すなわち、闘うフランス、真のフランス、永遠のフランスの助けを借りて解放されたパリ」

　パリ解放におけるアメリカ、あるいはイギリスの助力には、ひとことも触れられていない。これは連合国の目から見れば、さもしく醜い歴史の書き換えである。それでもなお、このメッセージは心を奮い立たせ、国家の統一が存在しないところに挙国一致のイメージを創出し、痛ましく傷つけられた国家の自尊心を修復した。だがドゴールの演説でもっとも疎外されたと感じたのは、このころにはこの種のフランス中心主義に驚かなくなっていた連合国ではなく、レジスタンスだった。ドゴールは、レジスタンスを自分が国外から指揮していた軍隊「ラ・フランス・コンバタント〔闘うフランス〕」の一部としてのみ称讃しようとし、国内の地下軍事組織「ラ・フランス・レジスタント〔抵抗するフランス〕」には意図的に触れずにいることによって、レジスタンスを落胆させた。象徴化がきわめて重要になっていた。ドゴールの敵意には、名誉ある亡命から帰還したドゴール指揮下の「自由フランス」と、国内に残りはしたが、その後レジスタンスに参加した「国内の人びと」のあいだの権力闘争以上の意味があった。

　ドゴール同様に、レジスタンスもまた、自分自身、そして自分独自のフランスについて「あるイメージ」を育てあげていた。この英雄神話は、ドゴール側の英雄神話と同様に、のちに懐疑的な目で検証されることになる。レジスタンス指導者のなかでもっとも率直だったひとり、アンリ・フルネは早くも一九五〇年に、レジスタンス時代についての手記を発表する勇気はないと書いている。なぜならば「私の思い出のなかでは、英雄的行動が臆病と、野心が自己犠牲と、凡庸が偉大と密接に結びついているからだ」。そうは言うものの、「人びとの強さは、しばしば伝説を拠り所にしている」とはっきり認めてはいる。

すべてのなかで最大の神話作者は共産主義者であり、ドイツ側に処刑された党員について七万五〇〇〇人という荒唐無稽な数字をあげている。共産党にとっては、独ソ不可侵条約（ナチスとソ連間の条約）のような歴史上の汚点を隠すためにも、また闘争の次の段階で新党員を募るためにもレジスタンス伝説が必要不可欠だった。私たちがロシアの記録文書に発見したところによれば、もっとも強力であり、またそれまでモスクワからの統制をもっとも受けていたフランス共産党が、独ソ不可侵条約締結の一九三九年八月から一九四七年九月まで、モスクワからほとんど実質的に無視されていたのは皮肉な話である。一九四〇年の潰走後、スターリンはフランスを軽蔑しきっており、そのためにフランス国産のスターリン主義者は、一九四七年初秋、冷戦が突然、ギアを一段あげるまで、明確な党方針なしで右往左往するにまかされていた。

論争を呼ぶもうひとつの領域は、長年にわたってペタン元帥とヴィシー政権が悪の権化とされてきた点である。フランス国籍のユダヤ人、あるいは外国籍のユダヤ人の一斉検挙にヴィシー政権が恥ずべき協力をおこなった事例には、近年の老人たちの裁判によって光があてられた。だが、裁判の開始は許しがたいほどに遅く、結果は満足のできるものではなかった。フランスの大統領――一九九五年のジャック・シラク――にとって、「フランスは占領者の犯罪的狂気」に手を貸すことによって「取り返しのつかないなにかをおこなった」と公式に認めるのには五〇年が必要だった。ヴィシー警察の過剰な熱意は、占領軍に対する「協力の道」は取るべき正しい道だったというペタン支持者おなじみの抗弁の土台を大きく揺るがす。だが、ここでもまた、敗北と占領に苦しまなかった者が状況を研究するときには、個人と共同体——記録で示すことのできる事実と同様に、噂も歴史においては重要である——がその状況をどう感じたかを知り、後世の後知恵的見方を排除しなければならない。歴史家の第一の義務は理解することであり、道徳的な怒りに駆られて石を投げることではない。

解放後の若い知識人ほど、よろこんで、そして容赦なく石を投げた者はいなかった。青年知識人たちは、ペタン時代に萎縮していた政治的・文学的筋肉を取りもどし、それを使って石を投げた。自らを一七八九年のフランス大革命の精神的な子孫と見なし、その目にペタン支持者は現代の衣をまとった反動、教会支持者、「古きフランス《ヴィエーユ》」の王党員と映った。共産主義者と逞しい赤軍を称讃する一方で、甘やかされて商業化されていると考えたアメリカ軍は軽蔑した。こうして、解放後の時代は、過去と現在の緊張関係を興味深い形でひとつにまとめあげた。「古きフランス」と反教会主義の左派とのあいだの仏仏戦争。さまざまな知的伝統間の闘争。フランスとアメリカの愛憎関係を含めた、旧世界と新世界のあいだの敵意。そのいくつかは現在でもなお、私たちにとって大きな意味をもっている。

二〇〇三年八月　ロングウッドにて

アントニー・ビーヴァー、アーテミス・クーパー

第1部

三国物語

第1章 元帥と将軍

一九四〇年六月一一日火曜夕刻、ミュゲ城にはいろうとしたとき、フリップ・ペタン元帥とシャルル・ドゴール将軍はおたがいに相手の姿を目にとめた。ドイツ軍のフランス侵攻開始から一か月と一日が経過していた。元帥と将軍は二年以上も顔を合わせていなかった。そして、これがふたりに残されたあと数回の邂逅のうちの一回となる。まもなくどちらもがフランスの指導者を自認し、それぞれが自分の国家観に従って相手を裏切り者と非難するのである。

ペタンとドゴールは、避難民と意気阻喪した軍隊とで渋滞する道路を別々にやってきた。その朝、パリ真南のブリアール近郊、ロワール川ほとりの城は、首都パリをドイツ軍に明け渡すと決定したばかりの最高司令官ヴェガン将軍の仮寓になっていた。英仏最高司令部間の会議が、災禍について議論するために召集されるところだった。いまこの瞬間にもウィンストン・チャーチル首相率いるイギリス代表団が到着するだろう。ハリケーン戦闘機の小隊に護衛された首相一行は、イングランドから迂回路を飛んで、人気のないブリアールの飛行場に着陸した。

クリミア戦争終戦の年に生まれたペタン元帥は現在、八四歳。自分の外見、とくに豊かな白い口ひげが自慢だった。紅と金のケピ帽を脱ぎ、はげあがった頭を露わにすると、ガリアの古老めいて見えた。

大理石のような白い顔のなかで目だけに色が残り、それはいつも潤んではいたが、いまでも驚くほど青かった。「元帥の善良な青い瞳」は、ヴィシー政権における個人崇拝のなかで好んで口にされるリフレインを提供することになる。

シャルル・ドゴールは四九歳。ずばぬけて背が高く、ペタンを見おろしているような印象をあたえ、それはその姿勢によってよりいっそう強調されていた。ほとんどのラテン人がやるように、ただ手だけではなく、まるで果てしないように見える腕全体を使って強調のための身振りをするときを除いて、その身体は堅苦しく抑制されているように見えた。顔は長くて青白い。遠くを見通す両の目は団子鼻の両脇にきっちりと埋めこまれていた。

一九一六年にヴェルダン要塞を防衛したペタンと、武力による戦争の支持者であり、いまや陸軍最年少准将のひとりであるドゴールとの関係ははるか昔に遡る。第一次世界大戦の二年前、サン＝シール陸軍学校を卒業するとき、ドゴール中尉はペタン連隊配属を願い出ていた。しかし、かつて元帥に対して抱いた称讃は、両大戦のあいだに日を追って小さくなっていった。退役軍人からも政治家からも理想化されていた元帥は、ドゴールの目に喝采と名誉の弊害に屈したように映った。したがって、この邂逅が温かさに欠けていたとしても驚くには値しない。

「きみは将軍になったのか」[1]と、ペタンは言った。ドゴールの袖に新しくつけられた二つの星に目をやっていたのは間違いないだろう。フランス元帥として、ペタンの袖には七つの星が輝いていた。「だが、きみにお祝いを言うのはよそう。敗走下で、階級になんの意味があろうか?」

「しかし、元帥閣下」とドゴールは指摘した。「閣下が最初の星を得られたのは、一九一四年の退却中のことでした」

「比較にならん」というのが元帥の回答だった。

首相のポール・レノーは敵に対抗する決意を固めてはいたものの、斜視でドイツ寄りの愛人、エレーヌ・ド・ポルト伯爵夫人からの圧力は強まるばかりだった。夫人は厚かましくも国事に口を出した――一度などは、ローズヴェルト大統領宛の極秘電報を夫人のベッドから回収してこなければならなかった。だが、最悪だったのは、夫人が愛人をうまく説得して、何人もの敗北主義者を大臣に任命させたことである。敗北主義者たちがレノーを引きずりおろす結果となる。

レノーはドゴールの確信と強靱、そして今後の展開に対する予測に感銘を受け、多くの反対を押し切って、ドゴールを戦争省次官に任命したばかりだった。しかし、すでに五月半ばには、大使としてマドリードのフランコ政権に派遣していたペタンを呼びもどし、閣議の副議長職〔＝副首相〕を提供せざるをえないと感じていた。

老年のフリップ・ペタンは、いまなおヴェルダンで作りあげた評判に包まれていた。そのかけ声――「敵は戦線を突破しないだろう！」――の思い出は、退役軍人たちの涙腺を緩めるのに充分だった。だが、今回の戦いには気乗りがせず、フランス軍壊滅前にドイツと休戦を結ぶことをあからさまに主張。命令服従を拒否する部隊があるとの報告がすでにあがってきていた。ヴェガンはペタンの恐れを共有した。「ああ！」と溜息をついたと言われている。「せめてドイツ軍が秩序維持に充分なだけの人員を手もとに残してくれる、と確信できればいいのだが(2)」

ペタンもヴェガンも、壊滅的敗北を喫した一九一七年のエーヌ川攻撃後に続いた反乱を忘れていなかった。あのとき、ロシア皇帝軍の崩壊と、直前にペトログラードで勃発した革命に危機感を覚えたフランス軍司令官たちは、暴動を情け容赦なく弾圧した。そのあとペタンには軍を再編して、規律にもどす任務があたえられた。称讃者たちはペタンをボルシェヴィズムからフランスを救った男と見なしていた。

会議は、長いテーブルがしつらえられた城内の暗い食堂で開かれた。レノーは背の低い男で、聡明な顔は「狡猾」と形容するには多少栄養がよすぎたが、同僚たちを玄関の広間に集合させて、同盟者を迎えた。肩にかかるプレッシャーのせいで、神経をぴりぴりさせ、怒りっぽくなっていた。最下位の出席者のひとりドゴールは後列に立ち、会議のテーブルにつくときには、いちばん端に着席した。

イングランド出発時のチャーチルはひどく不機嫌で、夏の暑さにもかかわらず、いつもの古めかしい黒服を着ていた。それでも部屋にはいってきたときには血色がよく、元気そうに見えた。アンソニー・イーデン、将軍のジョン・ディル卿、戦時内閣大臣へイスティングス・イズメイ少将、フランス政府に対するチャーチルの代理エドワード・スピアーズ少将があとに従った。レノーに礼儀正しく出迎えられたにもかかわらず、スピアーズは自分たちは「葬式に顔を出した貧しい親類(3)」だと感じた。

レノーに言われて、ヴェガンが現在の戦況を説明。それは徹底的に悲観的だった。ヴェガンは「これは崩壊です！(4)」という言葉で話を締めくくった。

チャーチルは時間をかけて熱弁を振るい、例のまねのしようのないフランス語と英語のちゃんぽんで、ふんだんに歴史を引きながら、第一次大戦の壊滅的敗北を想い起こした。連合国軍は敗北から立ちなおり、勝利したのだ。「われわれは戦い続けるだろう――トゥジュール、いつも――いたるところで、パルトゥ――パ・ド・グラース、情けはなしだ。ピュイ・ラ・ヴィクトワール！　そして勝利する！(5)」

ヴェガンがすでにパリ放棄を決定していたことに気がつかず、各家の戸口で戦ってでも首都を防衛するよう鼓舞した。戦いをゲリラ戦で継続せよとのチャーチルのさらなる提案――お気に入りの主題のひとつ――は、ペタンをなおいっそう震えあがらせた。ペタンの顔に一瞬、生気がもどった。それは「国の破壊(6)」を意味する、とペタンは怒気をこめてつぶやいた。命令系統の鎖を緩めれば、自分とヴェガンが恐れすぎているほどに恐れている無政府状態につながると信じこんでいた。

怒りの向け場のないヴェガン将軍は、フランスが屈辱を受けた責任をフランス陸軍から逸らそうとした。将軍や同類の連中は、自分たちが嫌悪するすべてを辛辣に非難した――一九三六年の人民戦線政府、自由主義者、共産主義者、反教会主義、フリーメーソン、そしてこの場では、戦争を始めたことについて自分たちの同盟国を非難しているように見えた。フランス軍参謀に対する批判は考慮の埒外だった。

最高司令官ヴェガンは、別の手段で闘争を継続するという議題を避けた。自分たちは戦闘の「最後の一五分」[7]にいると繰り返し、利用可能な飛行中隊をすべて寄こすようにイギリスにしつこく要求した。イギリスには、これ以上のハリケーン戦闘機やスピットファイア戦闘機を国土防衛からはずすつもりはなかった。フランス軍事指導者たちの意図を疑っているのだから、なおさらである。まもなく明らかになるが、この拒否が敗北主義者たちにドイツとの単独講和を求める口実を提供する。

しかしテーブルの向かい側にすわる全員が降伏論者ではなかった。少なくとも八名は休戦に強く反対した。イギリス代表団はとくにジョルジュ・マンデルとドゴールに強い印象を受けた。勇敢な内相マンデル――一九四四年、ヴィシーの準軍備組織ミリス（親独義勇軍）に殺害されるユダヤ人――は、とくに超日和見主義者のピエール・ラヴァルなど、ドイツとの取引に熱心な政治家がひとりもパリに残留しないよう気を配った。またフランス本国が降伏しても、北アフリカのフランス植民地から戦いを継続できると信じていた。一方、ドゴールは、ブルターニュで最後の抵抗をする計画を支持し、会議のあと、西北のブルターニュ半島防衛準備に出発した。だが、こういった男たちの決意に対して、惨禍の大きさとその対立者たちの恥知らずの策略が天秤にかけられた。翌朝、イギリスの首相一行は、最悪の事態を恐れながらロンドンに向けて飛び立った。

二日後、フランス政府は退却の最終段階でボルドーに移動。閣僚たちが見出した都市は、パニックと無気力両方の結果として生じた混乱状態に陥っていた。影響力をもつ閣僚は《スプレンディド》《ノルマンディー》《モントレ》といったホテルの部屋を接収し、厳しい物資不足にもかかわらず最高の料理を出し続けていたレストラン《シャポン・ファン》にテーブルも確保した。スピアーズとイギリス大使オリヴァー・ハーヴェイは、他のテーブルにいる代議士や元老院議員の顔を見まわした。スピアーズは「保守主義者としてある種のいらだちを感じながら」、ドイツに対して戦い続ける覚悟のある唯一の政治家は「本流の社会主義者たち(8)」だったと回想している。しかし、スピアーズが蛇蝎の如く嫌った筆頭は変節漢のピエール・ラヴァルだった。蝦蟇《がま》のような顔つき、ぼろぼろの歯、脂ぎった髪、ずんぐりとしたラヴァルの外観そのものが嫌悪感に拍車をかけた。

ホテルの外に足を踏み出した政府関係者はだれでも、ドイツ軍前進の状況や軍にいる親類縁者の情報を求める難民の群れに襲われた。「われわれは裏切られた！」という気分が蔓延し始めていたので、「能なし」「臆病者」さらには「反逆者」とまで非難する声が飛び交った。イギリス領事館は必死になって脱出しようとする難民に取り囲まれ、そのなかには多数のユダヤ人がいた。ひとつの噂は嘘ではなかった。ドイツ空軍機がジロンド川河口に磁気機雷を落とし、ボルドー港を実質的に封鎖した。

六月一六日日曜には、レノーは降伏論者に抵抗を続けるのがほとんど不可能になったのに気づいていた。すでに一文民政治家が軍事指導者たちの意見に異を唱えるのは難しくなってきており、ドゴールはロンドンに派遣していたため、この段階でその支持を得ることはできなかった。ペタン元帥は国内に巨大な支持層をもち、自分の立場が強いのを知っていた。

どんな希望もすぐに偽りであることが明らかになった。ローズヴェルト大統領に対する援助の呼びかけは滑稽なほどに楽観主義的であったと判明した。レノーは、チャーチルが最後の瞬間に提案し、ドゴールが支持した英仏連合が状況を救うかもしれないと考えた。ペタン派はこの提案を、フランスを自国の領土に組み入れようとするイギリスの陰謀と見なした。[*] ペタン派の大臣のひとりジャン・イバルヌガレは激高した。「ナチの州になったほうがましだ。少なくともそれがなにを意味するのかはわかっている」。レノーは答えた。「私は敵に協力するよりも同盟者に協力したいが」。ペタン自身は怒りをこめてこの提案全体をはねつけ、なんと「死骸との結婚」と呼んだ！

　レノーの敵対者たちはそのあと、もうひとりの大臣カミーユ・ショタンからの提案を支持した。ヒトラーに条件を問い合わせ、検討すべきである。一九三三年当時の首相ショタンは、スタヴィスキー事件のスキャンダルで暴かれた汚職で脛に疵をもち、祖国を「破産しかけの営利会社であるかのように」[9]扱った第三共和制の政治家のなかでも、もっとも悪評の高いひとりだった。レノーはその場でアルベール・ルブラン大統領に辞任を申し出た。そのあとでペタンはレノーに歩み寄り、手を差し出して、おたがい友人のままでいることを望むと言った。レノーはペタンの態度に完全に丸めこまれ、ルブラン大統領から新内閣組閣のために呼ばれる場合に備えて、フランスにとどまることに決めた。数週間も経たないうちに、ペタン元帥がレノーの逮捕に同意し、裁判にかけて投獄、その後、ドイツ軍への引き渡しを許可するなどとは思ってもいなかった。

　その夜一〇時、チャーチル提供の飛行機でロンドンから直接ボルドーに飛んできたドゴールは、いまだに英仏連合の期待に胸を膨らませてメリニャック飛行場に着陸した。閣議における事態の展開はまだ聞いていなかった。ターマックでドゴールを待っていた士官がレノー辞任を知らせた。三〇分後、ルブラン大統領がペタン元帥を新首相に任命したという知らせが続いた。ドゴールの受けた衝撃の大きさは想像がつく。もはや閣僚ではない。少なくとも書類上は臨時准将の階級に復帰する。しかし敗北主義者の勝利を意味するペタンの任命は、ドゴールの心からすべての疑念を消し去った。結果はどうなろうとも、戦いを継続するためにはイギリスにもどらなければならない。

フランスを安全に脱出するには、注意深く行動する必要がある。ヴェガンは個人的にも政治的にもドゴールを嫌っていた。司令官が放棄をここまで強く望んでいる戦闘を、一将校が継続しようとすることは、いかなる試みでも命令不服従と見なされるだろう。ヴェガンは軍法会議を招集し、精神的暴力のみがもたらしうる満足を得るだろう。

レノーはぞっとするような重荷を肩からおろし、さまざまな意味で解放されて、真夜中直前に短時間ドゴールと会見し、その理念を追うように励ました。自分がもはや首相ではないという事実を無視して、遍歴の騎士〔ドンキホーテ〕となった将軍のためにパスポートと当座の出費をまかなうための秘密資金を手に入れてやった。

翌六月一七日月曜早朝、ドゴールは側近のジョフロワ・ド・クルセル青年を伴い、ホテル《ノルマンディー》のロビーでスピアーズ将軍と会った。その直前、スピアーズの部屋に電話が取り次がれた。電話の主はウィンザー公爵〔元英国王エドワード八世。一九三六年、離婚歴のあるアメリカ人女性シンプソン夫人との結婚問題のため、英国王を退位。ウィンザー公となる〕で、公爵はイギリス海軍の軍艦をニースまで迎えに寄こしてほしいと要請した。元国王には、はっきりと、だがていねいに告げられた。使用できる軍艦はございません。もし殿下が軍艦以外で港にある唯一の船——石炭輸送船——をお

＊実際には、英仏連合の発案者はフランス人のジャン・モネだった。モネは同時代にもっとも大きな影響をあたえた人物のひとりである。この特筆すべき経済計画立案者は当時、武器購入の任務を帯びてロンドンに滞在しており、すでにチャーチルとローズヴェルトのどちらからも完全なる信頼と敬意とを勝ちえていた。その後、アメリカ合衆国で「ヴィクトリー・プラン」を着想する。

使いになりたくないのなら、スペインへの道が車輌に開かれております。

　少人数の一行——スピアーズ、ドゴール、クルセル——はメリニャックまで車で移動し、チャーチル提供の四人乗り機に搭乗。飛行機の周囲は武器の投棄場のように見えた。滑走路上での操作に時間がかかり、寿命の縮まる思いをしたあと、離陸。まもなく気の滅入るような軍事的現実の残骸の上を通過する。火を放たれた物資集積場からあがる煙はどんどんと広がり続けていた。最悪なのは軍隊輸送船〈シャンプレーン〉の上を通過したことだった。船は沈没しかけ、二〇〇〇名のイギリス人兵士を避難させている最中だった。

　下っ端の将軍ドゴールは、自らの政府を無視して、フランスの戦闘旗をふたたび掲げると決意したために、謀反の道の上に立つことになった。自分にとってのルビコン川、英仏海峡を越えることは、政治的にも軍事的にも反乱を構成した。何年もあと、アンドレ・マルローが六月一七日の飛行中の気持ちをドゴールに尋ねた。「ああ、マルロー」と将軍は作家の手をとって言った。「あれはぞっとするほど恐ろしかった[10]」

第2章 対独協力《コラボ》への道と抵抗運動《レジスタンス》への道

ペタン元帥組閣の発表は圧倒的多数の国民の心に深い安堵感を生み出した。この五週間が始めるのを決して許してはいけなかった一方的な拳闘試合だったかのように、人びとは情け容赦のない攻撃をただ終わりにしたがっていた。国民に「戦いは停止しなければならぬ」と告げる元帥の演説は、六月一七日、ドゴールの小型機がいままさにロンドン郊外ヘストンに着陸しようとしているちょうどそのとき、ラジオで放送された。

六月二一日、ヒトラーはコンピエーニュの森におかれたフォッシュ元帥の車輌を舞台にフランスの降伏を劇的に演出し、一九一八年にドイツがこの地で受けた屈辱〔第一次世界大戦の休戦協定署名を指す〕を裏返しにしてみせた。カイテル将軍がいかなる話し合いも許さずに休戦の条件を示した。降伏論者は、条件は予想したほど過酷ではないと、自分自身に信じこませようとした。また、降伏論者の行動を支持した何百万人の国民ともども、単独での戦争継続というイギリスの決定は愚行だと信じる必要もあった。ヒトラーは数週間のうちにイギリスを打ち負かすだろう。だから抵抗の継続はみんなの利益に反する。

「占領されていないフランス」の地域——中部、および大西洋沿岸を除く南部——がドイツによって決定されたあと、ペタンの新政府は温泉町ヴィシーを本拠地に選んだ。この選択には、政府庁舎に使用しうる空きホテルがあったことも一部影響した。

七月一〇日、ヴィシーにおいて、元老院議員と国民議会議員がペタン元帥への全権委任と議会制民主制の一時停止を議決。議員側に選択の余地はほとんどあたえられなかったが、大多数の議員はこの議決を歓迎しているようだった。レオン・ブルムに率いられた勇敢な少数派八〇名が動議に反対票を投じた。翌日、ピエール・ラヴァルを初代首相に、ペタン元帥のフランス国〔Etat français. ヴィシー政権下のフランスの名称〕が発足。ペタンは、ようやくこれで国が「政治による腐敗」を脱したことを喜べると感じた。

ペタン政権をもっとも熱烈に支えた柱をひとことで言えば、「地方の偏見」になるだろう。「ヴィエーユ・フランス」——どちらも貧困化し、恨み心をたっぷり抱いた小貴族と、猛烈に偏狭な聖職者に象徴される超保守的な「古き《ヴィエーユ》フランス」——は、一七八九年のフランス革命が打ち立てた原則を相変わらず呪っていた。その多くが、ルイ一六世処刑の日には黒ネクタイを締め、ボタンホールに白いカーネーションを飾った。手紙には、共和国の象徴マリアンヌ像が描かれた切手を上下逆さまに貼った。その目から見れば、一八七一年のパリ・コミューン参加者、陸軍参謀に対してドレフュスを支持したすべての人間、一九一七年の反乱者、両大戦間の政治指導者、一九三六年の人民戦線による改革で恩恵を受けた工場労働者も、悪魔のようなフランス革命の後継者に含まれた。右派は、フランスを敗北に引きずりこんだのはこのフランス革命の後継者たちであり、ぬるま湯につかっていた参謀ではないと信じた。第一次大戦後にドイツで流布したユダヤ人による陰謀論、「背中からのひと刺し」とも並べうるこの説にはまた、反ユダヤ主義が深く染めこまれていた。七月三日、アルジェリア北部の港メルセル・ケビル〔マルサ・アル＝カビール〕において、フランス海軍の小艦隊がドイツ軍の勢力範囲を出よという最後通告を拒否し、イギリス海軍に殲滅されたとき、イギリスはヴィシーの憎悪の対象の最前列に加わった。

一〇月、ドイツ軍による占領の性格は、トゥーレーヌの小邑モントワールで決定された。ピエール・ラヴァルと会談するために、ヒトラーの列車が停車。ラヴァルは総統を熱烈に歓迎し、ペタンを説得して四八時間後にモントワールにこさせると約束した。ヒトラー＝ラヴァル会談終了後、列車は夜を徹して走り続け、スペイン国境アンダイエに到着。ヒトラーはフランコ将軍と会見する。

列車はそのあとモントワールにもどり、一〇月二四日にはペタン元帥がヴィシーから秘密裡に到着した。がたがたになった軍事力と近代的軍事力の差が、これ以上大きく見えることはほとんどありえないだろう。この小さな田舎の駅にヒトラーの特別列車、最後尾車輌に対空砲を装備した、銀色に輝く鋼鉄装甲の最新鋭マシンが停車し、ヒトラー個人に所属する護衛部隊、SS（親衛隊）の大分遣隊がプラットフォームを守っていた。ペタン元帥の官房長アンリ・デュ・ムラン・ド・ラバルテートは、ヒトラーが写真そのままなのに強い印象を受けた。「動くことのない厳しい視線、高すぎるし、大きすぎるひさし帽[1]」。みすぼらしいギャバジンを着た、忘れっぽい老元帥は「君主の身振り」で片手を差しだし、総統に挨拶した。

ペタンはこの会談で、自分が望んだものを得たと感じた。フランスは自らの帝国、自らの艦隊を保持し、非占領地域を保護する権利を保障された。元帥は過去六年間の出来事を無視して、ヒトラーを約束を守る男として扱った。モントワールの会見後、ペタン支持者はさらに先まで進み、老人がうまく総統の裏をかいたと自分自身に信じこませた。ペタンの主要な擁護者はこの同意を「外交上のヴェルダン」と呼んだ。だが、ペタンが占領軍とともに歩み始めた「対独協力への道」は、ヒトラーが望んでいたまさにそのもの――ナチスの利益のために自分自身を取り締まることを約束した国――を提供した。

ペタン主義の自己欺瞞は、アラスのアンリ＝エドゥアール・デュトワ大司教から「親愛なる対独協力者の皆さん」に向けられた新年のメッセージで、その全貌を明らかにしている。この聖職者の似非デカルト的表現は、その論理がおかれた偽りの根拠をなおいっそう目立たせるにすぎない。「私は協力する。ゆえに私はもはや、語り、行動することを禁じられ、ただ命令に従うしかない奴隷ではない。私は協力する。ゆえに私は自分自身の思考と個人的努力を、共通の大義に役立てる権利をもつ」[2]*

アラス大司教が述べているこの想像上の自立は、ヴィシー政権にとってきわめて重要な意味をもっていたために、一九四二年まではフランス全土の秩序維持にわずか三万人のドイツ軍――パリ警察の二倍弱の規模――しか必要なかった。ヴィシーは必死になって占領者を手伝った――この政策は、ユダヤ人のドイツ強制移送に手を貸したとき、ぞっとするほどの広がりを見せる。

ペタン政権は、ドイツ側からなんの催促もないうちに、反ユダヤ主義的規則をすでに導入していた。モントワール会談の正確に三週間前、法令がユダヤ人用の特殊な身分証明書を導入し、国勢調査を規定した。ユダヤ人問題担当省が設置された。ユダヤ人所有の会社はその身分を明らかにしなければならず、それによってフランス国が好き放題に資産を接収することを許した。

なかでももっとも悪名高いのは、パリにおける大規模な一斉検挙である。一九四二年五月五日、ラインハルト・ハイドリッヒ〔親衛隊大将・警察大将〕がパリを訪れ、ユダヤ人のドイツ強制移送実行について話し合った。七月一日、アドルフ・アイヒマン〔親衛隊将校。ユダヤ人絶滅計画実行責任者〕が作戦計画を立てにやってきた。翌日、ヴィシーの警察長官ルネ・ブスケはこの仕事に部下を提供した。一九四二年七月一六日、五つの区でナチスでさえよろこんで見逃したであろう子ども四〇〇〇人を含む一万三〇〇〇人のユダヤ人がフランス人警察官に逮捕され、有蓋の冬期競輪場に移送された。一〇〇名以上が自殺。残りのほぼ全員が、その後ドイツの強制収容所で命を落とした。

ドイツ軍占領下のパリの雰囲気は息が詰まりそうだったと想像したくなるかもしれない。だが、ほとんどのフランス人はヴィシーのほうがはるかに閉鎖的だと感じていた。政権の道徳律は厳格だった。堕胎罪で告訴された女性には無期の強制労働刑が言い渡された。娼婦──「堕落した暮らしを送る女」[4]──は検挙され、トゥールーズ近郊ブレンの収容所に送られた。政権が自前の政治警察をもつまでに長い時間はかからなかった。戦前の極右政治結社「火の十字団」の指導者ド・ラ・ロック大佐の追随者を組み入れた組織SOL（保安部隊）が最終的には一九四三年一月にミリス・ナショナル（国民親独義勇軍）となった。ミリスのひとりひとりが誓いを立てた。「私は民主主義、ドゴール派の謀反、ユダヤの疫病に対して闘うことを誓います」[5]。ナチス・ドイツと同様に、政府関係者と軍人は国家元首に個人的忠誠を誓った。策謀政治の腐敗に終止符を打つはずと思われていた政権は、それでもなお派閥間の嫉妬に引き裂かれていた。

元帥に対する個人崇拝は、元帥をこのような瑣事のはるか高みにいる存在として描いた。額入り肖像画が何十万枚も売れた。商人にとって、その一枚をショーウインドーに飾るのはほとんど義務のようになっていた。だが、この種の印刷物は政治的疑惑を寄せつけずにおくための魔よけというだけではなかった。それはまた何千何万もの家に家庭内のイコンとして掲げられた。ときには大人たちがまるで子どもにもどったかのように、自ら進んで「善良な青い瞳」に色を塗った。自分自身をフランスの穏やかな祖父と見なしていた男のポスターは、その単純な箴信をスローガン「労働、家庭、祖国」──共和国の三位一体「自由、平等、博愛」の国家主義による言い換え──で主張していた。

＊解放後、アラス大司教が逮捕されたとき、パリのイギリス大使館は「ヴァチカンではアラス大司教はきわめて民主的な見方をすると評されていたので、大司教の告発に対して（教皇庁の側から）大きな驚きが表明された」[3]と報告している。

この思想は、フランス国民に休戦協定を無視して戦い続けよと呼びかけたドゴールの試みに対して、たしかに心理的な防壁を形成したようだ。当時一二歳だったエマニュエル・ル・ロワ・ラデュリは、ひとりの女性が腹立ち紛れに言うのを耳にした。「この将軍ときたら、生意気に元帥に反対してる」(6)

一九四〇年六月一八日、ロンドン到着の翌日、シャルル・ドゴールはBBCであの有名な演説をおこなった。イギリス外務省は、フランス艦隊その他の問題が未解決のままのとき、ペタンの新政府を挑発せずにはいない演説を許可することに難色を示した。しかしウィンストン・チャーチルとチャーチル内閣の情報大臣で親仏家のダフ・クーパーが閣議で勝ちをおさめた。わがもとに参集せよとフランス国民に呼びかけたドゴールの短い演説は巨大な力をもっていた。フランス国内で聴いた人間はわずかだったものの、噂が広まった。

ドゴールは堅苦しい人間で、ナポレオンと違い、側近の枠を超えると親愛の情や忠誠の感覚をほとんどかきたてなかった。だが、それこそがドゴールの力の源泉だった。ペタンの魅力と同様に、その魅力は政治的駆引きと、そしてフランスにかけられた呪いであり続けた派閥主義を免れていた。

スピアーズは敗北主義者の主流が保守派であることを見てとっていたが、それでもすべての「古きフランス」が簡単に降伏したわけではない。ソミュール騎兵学校防衛戦で、軽装備の下士官がドイツ軍機甲部隊を弾がつきるまで撃退し続けたのはその一例にすぎない。貴族階級の多くが、続く数年間、ドゴールの指揮下で、あるいはレジスタンスで、自らは政治的駆引きよりも名誉を重んじることを証明した。その選択は多くの家庭を二つに引き裂く結果となった。

ドゴールは最初の重要な一歩に成功した。チャーチルから承認と支持をとりつけたことである。六月二七日、チャーチルはドゴールをダウニング街の首相官邸に呼び出し、言った。「貴官はただひとりでこられたのか？　よし、では、私も貴官をただひとりで承認しよう！」[7]　翌日、ドゴールはロンドンのフランス大使館――当時は奇妙な空白期間にあった――を通じて命令を受けとり、五日以内にトゥールーズに出頭し、身柄を拘束されるよう指示を受けた。続いて、クレルモン＝フェランで開かれた軍法会議が、脱走と反逆罪で、被告人不在のままドゴールに死刑を言い渡す。ドゴールは判決を無効として拒否すると返信した。この問題は「戦後、ヴィシー側と話し合うつもりである」。

ドゴールに合流した少数者のなかにアンドレ・ドヴァヴランがいた。ドヴァヴランは間もなくドゴール派の情報機関ＢＣＲＡ（情報行動中央局）編成に着手する。戦時名パッシー大佐のほうでよく知られるドヴァヴランには、多くの敵が、とくに共産党員のなかにいた。共産党は、パッシー大佐がカグラール、すなわち「頭巾をかぶったやつら」と呼ばれた革命秘密行動委員会（別称「カグール団」）に参加していたという噂を広めた。この組織は共産主義打倒に専念し、必要とあれば暗殺も辞さなかった。ドヴァヴランは、団員であったことをつねに強く否定している。

とは言うものの、ドヴァヴランは元カグラール二名、片親がロシア人のピエール・フルコー大尉とモーリス・デュクロをＢＣＲＡに採用した。ＢＣＲＡ局員の暗号名をパリ地下鉄の駅名からとろうと提案したのはデュクロである。これはカグール団で習慣的にとられてきた安全策だった。この提案が採用されたために、ドヴァヴランが地下活動で使った暗号名「パッシー」が、カグラールだった証拠として現在でも持ち出される。

ドゴール軍内のカグラールの存在はいかに少数であっても、自由主義者、社会主義者、そしてもちろん共産主義者のあいだに大きな疑念を呼び起こした。またパッシーの部下は、ドゴール派の組織内に潜入を試みたと疑われた者に対しては、相手かまわず暴力を振るうともささやかれていた。

この時点で忠誠を表明したもうひとりの重要人物は、のちにドゴールの官房長、もっとも信頼厚い助言者となるガストン・パレフスキである。パレフスキはモロッコでリヨテ元帥の青年参謀として頭角を現した。一九三四年、当時大佐だったドゴールと初めて出会った若きパレフスキは、この類い希なる軍人に強い印象を受けていたので、呼びかけが届いたときすぐに、ドゴールのために働くことを決めた。

ドゴールの支持者のそれぞれがいかに大きな勇気と才能をもっていたとしても、数の上ではいまだにごくわずかだった。一九四〇年夏にドゴールを支持した重要な軍人はカトルー将軍ただひとりである。自由フランス軍はわずか二大隊にすぎず、その多くはダンケルクからの撤退組かノルウェーに派遣された遠征隊の元兵士だった。多くの将校と水兵が個人で、あるいは小集団でなんとかフランス本土を脱出してきた。ぽつりぽつりとやってくる志願兵は続いていたものの、ドゴールが軍隊を結成する唯一の希望は海外のレヴァント、フランス領西アフリカ、そしてもっとも重要な北アフリカ植民地軍にかかっていた。フランスの将来の指導者はそこ、北アフリカで決定されることになる。

対独協力と同様に、フランス国内で成長したレジスタンスは関わり合いの度合いもさまざまなら、形も多様だった。ユダヤ人や連合軍の航空兵をかくまうこと、チラシや地下新聞の配布、詩を書くこと、小規模なサボタージュや軍事行動への参加から、一九四四年六月、ノルマンディーの橋頭堡を目指す帝国師団の前進を遅らせた総力戦にいたるまで、そこにはあらゆることが含まれていた。

男性も女性もほとんどの場合、レジスタンスに加わったのは、ある特殊な経験や事件によってナチス占領の実態に目を開かされたからだった。レジスタンスにおけるもっとも重要な殉教者となる運命にあったジャン・ムーランは、一九四〇年にはユール＝エ＝ロワール県の県知事を務めていた。敗戦時、二名のドイツ兵士がリュレ村で一軒の家を接収中に、ひとりの老女を射殺した。理由は老女が自分たちに向かって拳を振りながら怒鳴ったからだった。ドイツ兵は遺骸を一本の樹にくくりつけ、老女の娘に見せしめとしてそのままにしておくよう命じた。ムーランはシャルトルの公務室から地域のドイツ軍司令部に電話をかけ、兵士の処罰を要求した。

同夜、ムーランに司令部への出頭命令が届いた。ひとりの下士官が一枚の公式声明文に署名するよう求めてきた。声明文には、フランス領セネガル歩兵の一団がこの一帯で恐ろしい虐殺をおこない、女性や子どもを強姦、殺害したと明記されていた。なにかこの種の事件が起きていたら自分も報告を受けているはずだとわかっていたので、ムーランは証拠を要求。あくまでも署名を拒否したために銃尾で激しく殴られ、独房に放りこまれた。これ以上の拷問に耐えられなくなるのを恐れて、ムーランはガラスの破片で喉を切った。この絶望的な行為は自殺を試みたというよりは、脱出の可能性に賭けたのだろう。顎の近くを大量出血はするが、意識を失ったり動脈を切断することのないよう傷の深さに気を配っていたからだ。ムーランは病院に搬送され、その直後に解放された。さらに四か月間をユール＝エ＝ロワール県知事として過ごし、ヴィシー政府に解任されたあと、アヴィニョン近くのサン＝タンディオル村にもどり、しばらくは半ば引退したように見えた。レジスタンスと接触を始めたのはようやく一九四一年四月のことである。

レジスタンス組織は多数あり、ある組織は連合軍の航空兵や逃亡してきた捕虜の隠匿を、またある組織は連合軍のための情報収集を専門にした。「レミ大佐」は、ドゴールのもとにはせ参じた映画監督、ジルベール・ルノーの戦時名である。ルノーの作りあげた情報網は「ノートルダム同信会」と呼ばれ、大成功をおさめた。構成員が暗号名に鳥や動物の名前を使ったので、ゲシュタポ〔ナチスの秘密警察〕から「ノアの箱船」と呼ばれた連合軍の組織は、ペタン元帥の元副官ジョルジュ・ルストノ＝ラコが結成し、ルストノ＝ラコがゲシュタポに逮捕されたあとを、戦争直前にルストノ＝ラコの極右雑誌で秘書をしていたマリ＝マドレーヌ・フルカドが引き継いだ。フルカドは「ハリネズミ」の暗号名でイギリスの秘密諜報局と連携し、驚くべき勇気をもって全国的な情報網を構築し続けた。

ひとつの運動――フランス共産党――は一九三九年に禁止されていたので、地下活動の経験に不足はなかった。とは言うものの、一九三九年八月にナチスとソ連が結んだ独ソ不可侵条約のために、すっかり方向を見失っていた。国民議会議員二七名が党を脱退。翌一九四〇年、ドイツ軍のフランス侵攻にどう対応すべきか、共産党員にはほとんどわからなかった。ソ連の外務大臣モロトフはヒトラーにパリ陥落を祝うメッセージを送り、忠実な党員の一部は征服者を歓迎した。

一九四一年六月、ヒトラーがソ連に侵攻。その知らせはほとんど安堵感とともに迎えられた。ナチスはふたたび敵になった。だが、苦い思いは完全には消え去らなかった。党を裏切った者のブラックリストが暗殺命令とともに回覧されていた。リストに掲載された多くはヴィシー政権の協力者だったが、レジスタンスで勇敢に戦っていた者も大勢含まれた。その罪は一九三九年と四〇年に独ソ不可侵条約をあからさまに批判したことだった。転向者――「ゲシュタポのスパイ」と偽りの告発をされた――は、ドイツ軍、ミリスだけでなく、親スターリンの指導部が送る殺し屋――たいていは自転車に乗り、拳銃で武装した忠誠心厚い熱血青年闘士――にも背中を狙われないよう注意しなければならなかった。

ドイツ軍情報部とゲシュタポにとって、共産党系レジスタンス組織は潜入がもっとも難しかったが、その理由のひとつは三人からなる細胞に基礎をおく構造をとっていたことである。しかし、もっとも重要な革新は一連の情け容赦のない安全策で、これを設定したのはオギュスト・ルクール青年である。ルクールは、不在の党首モーリス・トレーズ同様に、北部炭鉱地帯出身の頑健で賢い炭坑労働者だった。ルクールは、不在の党首モーリス・トレーズ同様に、北部炭鉱地帯出身の頑健で賢い炭坑労働者だった。共産党が非合法の存在だったこの歳月、党の安全維持のために殺害され、犠牲にされた無辜の男女の数はただ推測するしかない。

最初にドイツ人をあからさまに襲撃したのが共産党員だったか否か——この疑問の答えはいまだに明らかではない——はともかくも、党は最初に死傷者を出したと主張する。プロパガンダにとって殉教者はきわめて重要だ。フランス共産党は——犠牲者数を大幅に水増しして七万五〇〇〇人と主張し——のちに自らを「銃殺された者たちの党」と呼んだ。

最初のドイツ人将校暗殺は、予測もできなかった深刻な結果をもたらした。八月二一日、ロシア侵攻の二か月後、のちにレジスタンスの指導者ピエール・ジョルジュ・ファビアン大佐となる一共産党系戦闘員がパリの地下鉄駅で、モーゼルというドイツ海軍下士官を射殺した。過去に遡って効力を有する法令が可決されたことにより、実質的にすべての服役者がその罪状にかかわらず死刑に処しうる人質となった。ドイツ軍当局の気を鎮めるために、襲撃とはなんの関係もない共産党員三名に死刑が宣告され、一週間後、サンテ刑務所の中庭でギロチンにかけられた。三名の控訴を却下したヴィシーの内相ピエール・ピュシュがこの残虐な弾圧策の黒幕と考えられた。

その直後、別のドイツ人士官がナントの路上で射殺された。一〇月二七日、二七名の共産党員が処刑され、翌日、二一名がシャトーブリアンで銃殺刑に処された。一二月一五日、ドイツ軍は、共産党所属の国民議会議員ガブリエル・ペリを銃殺。ペリは最後の手紙に、共産主義は世界の若者を代表し、「歌う明日[8]」を準備しているとつづった。その処刑をきっかけにして、党の桂冠詩人ルイ・アラゴンは一五連のバラードを書いた。ペリは党の主要な殉教者のひとりとなり、「歌う明日」は解放の日が約束する革命の希望を象徴する言葉になった。

第3章

国内のレジスタンスとロンドンの男たち

　ドイツによる占領とヴィシー政権が揺るぎなく見えるあいだ、レジスタンス活動は大した成果をあげなかった。しかし、一九四二年末ごろ、エル・アラメインの戦いにトーチ作戦、連合軍の北アフリカ上陸、さらにスターリングラードの戦いが続いたとき、戦局は劇的に変化した。スターリングラードは心理的な決め手となった。枢軸国の不敗神話が崩壊したのである。

　連合軍のアルジェリアとモロッコ上陸は、ペタン政権にはダブルパンチとなった。ヴィシーは北アフリカの植民地を失い、一方、ドイツ軍の南部地域侵攻はヒトラーとのモントワール合意の根拠を打ち崩した。「対独協力への道」をとったことについての元帥の理由づけは完全に破綻した。支持者の大部分さえ、老人が北アフリカに脱出して、自分をペテンにかけたヒトラーの手から逃れることを期待した。だが、ペタンは屈辱を呑みこみ、そのため、これまで忠実に従ってきた人びとの多くの信頼と尊敬とを失った。ドイツの占領に反対を試みた唯一の上級将校はド・ラトル・ド・タシニー将軍である。将軍は身を隠さねばならず、のちにハドソン型航空機に拾われて、空路、イギリスに脱出した。「休戦軍」と通称されたヴィシー軍は解体され、士官と兵員の多くがレジスタンスに加わった。

　おそらくトーチ作戦のもっとも意外な側面は、それがある程度、不意打ちとなりえたことだろう。何か月ものあいだ、計画の全体が、非占領地域内と北アフリカのヴィシー支持者に何度も提案されていた。しかし、ドゴールとその支持者はまったく口出しを許されず、それがドゴールを激怒させた。

チャーチルとドゴールの関係は、一九四〇年九月、ヴィシーからのダカール奪取を目指した遠征が不幸な結果に終わったあと、急速に悪化し始めていた。イギリス側がロンドンのフランス人は口が軽いと非難したという説があるが、実際にイギリスは、真の問題がドゴールの参謀本部による現代的な通信暗号システム採用拒否に由来するのを知っていた。フランス人将校は、ドイツ軍が暗号をやすやすと解読しているのを信じようとしなかった。一回限りしか使用しない暗号用無作為数列に切り替えたのは、ようやく一九四四年、あるイギリス人将校がフランスの暗号をその目の前で解読して見せたあとである。結果として、イギリスとアメリカは、フランス領土を巻きこむ作戦を含めたすべての作戦について、ドゴールの参謀本部に予告するのを避けた。アメリカ政府は、北アフリカのフランス植民地軍がトーチ上陸作戦に抵抗する可能性を恐れ、そうなるのをぜひとも防ごうとした。そのために、ローズヴェルトの代理ロバート・マーフィーは、主として親ヴィシーの北アフリカ駐屯将校たちにも受け容れられる指導者を探していた。ヴェガン将軍も含めてさまざまな人物が検討され、接触が試みられたが、ほとんど成功しなかった。そのあと、一見理想的な候補者が、アンリ・ジロー将軍の姿をとって現れた。

ジローは、ドイツのケーニクシュタイン刑務所を脱走して以来、フランスで英雄となっていた。脱走後、よき軍人であるジローは、ペタン元帥に報告するためヴィシーに向かったが、これはヴィシーの対独関係にとっては有り難迷惑だった。アメリカが将軍をスカウトし、将軍は潜水艦で運び出された。

ここでヴィシー全軍最高司令官ダルラン提督が舞台に登場する。一九四二年四月一七日、ラヴァルに首相の座を追われたあと、提督はレジスタンスとアメリカ軍当局に用心深く接近した（政界の長老エドゥアール・エリオは休戦直後、ダルランについて「この提督は泳ぎ方を知っている」[1]と言った）。アメリカ軍侵攻二日前の一一月五日、ダルランは入院中の息子を見舞うため、ヴィシーからアルジェに飛んだ。提督の到着はアメリカ軍陣営に大混乱を巻き起こした。アメリカには、ダルランが自分たちの目的に力を貸すのか、あるいは上陸に反対するのかわからなかった。その間に、アメリカの選んだ指導者ジローは、ジブラルタルにいて、最後の瞬間に心を変え、さらに大きな混乱を巻き起こしていた。

二日後におこなわれた上陸作戦の成功は、アルジェのダルラン提督とジュアン将軍による停戦確保によるところが大きい。このとき、いまだにペタン元帥に忠誠を公言するダルランとアメリカ軍が交わした取引は、純粋に軍事的な視点からは満足できたものの、アメリカ合衆国とイギリス国内では政治的な嵐を巻き起こした。もっとも腹を立てたのは、驚くこともないが、ロンドンの自由フランス軍と国内のレジスタンスだった。

ドゴールには一一月七日の上陸作戦は伝えられていなかった。翌朝、知らせを聞いたドゴールは怒り心頭に発して、怒鳴りちらした。「ヴィシーの連中がやつらを海に放りこめばいい! 押しこみ強盗ではフランスにははいれない!」ダルランとアメリカとの取引が暗に意味したもの――ローズヴェルトは、頑固なペタン支持者を使うのもやぶさかではない――がのちに明らかになったときには、ドゴールは政治から忘れ去られかけているように見えた。北アフリカの新政権には「裏返しのヴィシー」とあだ名がつけられた。ダルランは考え方はもちろん、政治上の主義もほとんど変えなかったからだ。相変わらずペタンを指導者と認め、ドゴール派のロレーヌ十字は相変わらず非合法で、ユダヤ人は黄色の星をつけ続けなければならなかった。しかし一九四二年のクリスマスイブ、王党派の青年少尉フェルナン・ボニエ・ド・ラ・シャペルがイギリス特別作戦局(SOE)ダグラス・ドッズ゠パーカー大佐提供の.38口径コルト自動拳銃でダルラン提督を暗殺したとき、フランス政治の力の均衡は変化する定めにあった。

作戦全体を組織したのはレジスタンス運動〈解放〉の指導者エマニュエル・ダスティエ・ド・ラ・ヴィジュリーの兄アンリである。軍事情報部将校アンリ・ダスティエは、フランス王位を主張するパリ伯爵にきわめて近い王党派集団の一員だった。実際には王党派でありながらドゴール派でもあり、この組合せは見かけほど矛盾はしていない。ドゴールは、フランス王家の王政復古をもたらす摂政と見られていた。

ドゴール配下の将校、そしておそらくは将軍自身が計画を知り、関与していたことに疑いの余地はない。ダスティエ家三人目の兄弟、最近ドゴールに合流したばかりのフランソワ・ダスティエ将軍が、短期間の任務のためアルジェに滞在中、ボニエのグループに二〇〇〇ドルをおいていったことがわかった。紙幣の出所を探ると、イギリスがロンドンのドゴールの国民委員会に渡した秘密資金にたどり着いた。ドゴールは関与についてむしろ曖昧に否認するだけで、とくにダルランの死がドゴールの政治的希望を甦らせたことをだれもが知っているだけに、ほとんど説得力をもたなかった。

暗殺の知らせでたたき起こされたとき、アイゼンハワー将軍は大きな衝撃を受けた。クリスマスの朝、アルジェの連合軍参謀本部で会議を召集。ボニエがSOEの拳銃を使用したという事実に促されて、もしイギリスの暗殺関与が明らかになった場合、自分は辞任すると脅した。ドッズ゠パーカーはSOEの責任を回避する報告書を提出し、それは受理された。奇妙なことに、のちのフランス側による解剖は、おそらく複雑な政治的理由のためか、銃弾を口径7・65ミリのフランス製と記している。

ダルランの死のシェイクスピア的なドラマは野心と野心の競い合いと、裏切りの要素をすべて備え、長いあいだ強い魅力を発揮してきた。数多くの陰謀説があり、細部が論争の的になった。しかし現時点の証拠は、当時、北アフリカにいた別のSOE将校が言ったように、「イギリスもある程度関与したドゴール派と王党派の陰謀[2]」だったことを強く示唆している。いまだに明確にできないのは「ある程度」

がどのくらいだったかということだ。同じ将校によれば、ドッズ゠パーカーは――完全に自分ひとりの責任で――暗殺直前にSOEの海事部司令官に接近し、ある人物を戦艦〈ミュタン〉にかくまえるか問い合わせたという。

ロンドンのチャーチルが「ダルランに一発お見舞いしてくれる人間をここで手に入れた」という伝言を受けとっていた話は、ほぼ確実に間違いだろう。だが、近いうちに暗殺が試みられるという噂は、たとえベーカー街のSOE本部には不意打ちだったとしても、明らかにロンドンまで届いていた（たとえ不意打ちでも、知らせが届いたとき、数人の人間はかまわずにシャンパーニュを注文したようだ）。アメリカの戦略事務局（OSS）ロンドン事務所は計画を事前に知り、賛同していた。OSS将校のほとんどは、自分たちの大統領がヴィシーに寛容であることに腹を立てていた。しかし、いまではローズヴェルト自身も、かつての秘蔵っ子の死にまったく興味なさそうに肩をそびやかすだけだった。ローズヴェルトはダルランを「スカンク」[3]と呼び、ホワイトハウスの新年晩餐会で「ろくでなし」と片づけて、招待客の多くをあきれさせた[4]。

ダルランの代わりとしてローズヴェルトが唯一受け容れられるのは、名誉はあるものの頭のよさでははるかに劣るジロー将軍だった。ドゴールはこの件についてはほとんど語らなかった。適切に扱いさえすれば、「鉛の兵隊」はすぐ場外に押し出されてしまうと感づいていたのだろう。ドゴールは、ローズヴェルトの動機がなんであれ、その政策が自分自身の最善の利益に働くかもしれないことを決して認めなかった。ダルラン、次いでジローに対するアメリカの支持は、ヴィシーから自由フランスへの踏み石二個を提供し、それによってフランス領北アフリカにおける内戦の危険を回避した。

非占領地域へのドイツ軍侵攻は事態を別の形で変化させた。ヴィシーの「休戦軍」が解体され、大量の武器が突然レジスタンスの手にはいることになった。「休戦軍」将校の多くがルヴェール将軍率いるORA（フランス陸軍レジスタンス組織）麾下の集団に加わるか、新たに集団を結成して、その配下にはいった。将校たちはドゴール支持には気乗りがせず、ジロー将軍を承認するつもりだった。

しかしながら、もっとも大きく影響されたのは士気だった。フランス人志願兵にドイツ国防軍の軍服を着せてロシア戦線に急送するといったような、ラヴァルのあからさまなナチス・ドイツ支持は反逆行為としてなおいっそう目につくようになった。しかし、最悪の隷属の形はSTO（対独協力強制労働）である。これは、ペタンの「対独協力への道」が他の被占領国と同様の運命からフランスを救ってきたという論法の最後の切れ端をずたずたに破り去った。徴兵適合者はドイツに送られ、過酷な条件下で強制労働につかされた。何千人もが身を隠したり、レジスタンス軍に加わることで徴用を逃れた。

レジスタンスはすでに、その内部に特筆すべき政治的社会的混合を抱えこんでいた――正規軍将校、社会主義者、左翼系とカトリック系両方の学生、スペイン人共和主義者が肩を並べて戦う集団もあった――しかし解放の予測が近づき、それとともに戦後秩序の政治的意味合いが手近になるにつれて、主要な運動組織はその思想をより明確にしていった。ドゴールは政治意識と党活動に強い反感を抱いていた。解放時の権力闘争は騒乱、あるいは内戦にさえつながりかねず、フランスに対してアメリカとイギリスによる軍政を押しつける口実を、英米両国にあたえかねなかった。

このような危険を回避するには、さまざまなレジスタンス運動を統一して、政治の影響外にあるドゴール自身の司令下におくしかない。レジスタンス諸運動の統一は大部分がジャン・ムーランの努力と人格を通して達成された。

一九四一年四月から九月にかけて、ムーランは三つの主要な集団に分けられていたフランス国内のさまざまなレジスタンス運動について、できるかぎりの知識を仕入れ、この情報を手に、イングランドに渡ってドゴール将軍と会うことに決めた。

スペインとポルトガルを経由した長旅のあと、ムーランはボーンマスに上陸。SOEのF局局長モーリス・バックマスターに拾われた。バックマスターはフランス国内にいる自分のグループの調整役候補としてムーランをスカウトしたがったが、ムーランはドゴールに報告することに固執した。初期のレジスタンスとは違い、ムーランは将軍を未来の軍事的独裁者として恐れてはいなかった。統一の象徴としてのドゴールの姿がなければ、レジスタンスは「ばらばらに」[5]なってしまうと考えていたのである。

パッシーが最初にムーランと会い、レジスタンスを自由フランス軍の掌握下に引き入れるのには理想的な人物だと気づいた。パッシーはすでにイギリスSOEの自由フランス軍版として、独自の組織BCRAの創設を計画していた。レミのようなドゴール派情報網からの報告に基づき、戦闘においては国内のレジスタンス集団も国外の自由フランス正規軍同様に重要になりえると確信していた。レジスタンス集団はまた、解放後に必ずや起こる政治闘争でも重要な役割を果たすだろう。

一九四二年一月一日、ムーランは護衛役の将校ドッズ゠パーカー（のちにダルラン暗殺に関与）に付き添われて、イギリス空軍のホイットリー爆撃機に乗せられ、ドゴールの権威と無線機一台とで武装して、その夜、小規模なリエゾン・チームとともにプロヴァンスに落下傘降下した。マルセイユに向かい、レジスタンス運動〈闘争〉の指導者アンリ・フルネと会う。フルネは最初、提携案に夢中になるが、ロンドンからの指示をより詳しく検討したあとでは、熱意は冷めた。ドゴールとパッシーはレジスタンス集団がきっちりとした階級にはめこまれて、気をつけの姿勢をとることを期待しているようだった。すべてを秤にかけたうえで、フルネは、中道および中道左派の主要な活動組織――〈闘争〉〈解放〉〈義勇遊撃隊〉――にとって、可能なところでは手を結ぶのが正しいはずであることを認めてはいた。憤慨した理由は、ロンドンの連中が、ドゴールとはまったく独立してフランス各地に芽生えたレジスタンスから服従と忠誠とを期待し、各地のレジスタンス運動が日々、直面していた問題と危険とをあまりにも過小評価していたことだった。だが、おそらくロンドンのドゴール派に対する最大の怒りを引き起こしたのは、ドゴール派が、一九四〇年にロンドンのドゴール将軍に合流せず、むしろフランスの地に残った者は、ある意味で義務を果たさなかったのだとほのめかしたことだろう。

有効な上部機構を形成する試みの一環として、ムーランは、レジスタンスの広報部門である情報報道局の局長に、中道左派のカトリック教徒、ジョルジュ・ビドーを採用した。

もうひとつ、ムーランが発案したのは、戦後フランスの行政機構と連合国との関係を準備するための、一種の憲法制定会議「研究総合委員会」の旗揚げである。委員会の構成員はほとんど全員が法律家で、のちの大臣数名が含まれていた。解放後、フランスの初代司法大臣になるフランソワ・ド・マントンと二代目のピエール＝アンリ・テトジェン、アレクサンドル・パロディ、そしてのちの首相ミシェル・ドブレである。

こういった展開のなかでもっとも重要だったのは、一九四二年九月、〈闘争〉〈解放〉〈義勇遊撃隊〉の戦闘翼が合流して、秘密軍を結成したことである。ドゴールはただちに祝福をあたえた。秘密軍結成はドゴールの目に、再構築された正規軍の枠内にレジスタンスを組み入れるためには必要不可欠な第一歩に見えた。フランスのレジスタンス集団の多くが、初期の段階からイギリス軍とともに活動していたことは、ドゴールの目には裏切りすれすれに映っていた。

一方、イギリス側は、レジスタンスが三つの異なる形で成長してきたことに安堵していた。すなわちイギリスのＳＯＥと秘密情報局（ＳＩＳ）の後援を受けている集団、ドゴール派の集団、そして共産党である。イギリスは、このことがドゴール派と共産主義者のあいだの内戦の可能性を減じると感じていた。イギリス軍は、ライサンダー機による月夜の上陸や落下傘投下で、無線機や移動手段を提供できた。パッシーは、手にはいるどんな飛行機だろうと武器だろうと資金だろうと、イギリスはその大部分を自分たちの作戦に使用し、一方、自由フランス軍の作戦はいつも物資不足だと主張した。とは言うものの、どんなにわずかであってもロンドンが支援を提供できることは、「ロンドンの連中」と「国内の連中」のあいだで増大せざるをえない誤解、疑惑、憤りが、永遠の別れには帰結しえないことを意味した。

一九四二年一一月、アメリカがダルランと取引したとき、共産主義者とドゴール派はどちらも腹を立て、この共通の怒りは両者が合同で活動する可能性を著しく増大させた。スターリンがロンドンの亡命政府に送った大使ボゴモロフも、コミンテルンの老書記長ゲオルギ・ディミトロフも、ドゴール派と協定を結ぶというフランス共産党の決定を「名案」(6)と考えた。しかし、スターリンがフランスにはほとんど興味を示さず、敵の占領地域との通信は簡単とは言いがたかったので、ディミトロフはなんの口もはさまなかった。

その直後、共産党の軍事組織〈フランス義勇遊撃隊(FTP)〉は、秘密軍との提携を決め、それによって少なくとも理論上はドゴール将軍の軍事的権威を承認した。共産党にとって、それはまた、イギリス軍が投下する武器を受けとる唯一の手段でもあり、この点に固執したことが多くの論争を招いた。しかし、これは純粋に形の上だけにすぎなかった。フランス国内のフランス共産党員は将来の解放について、ドゴール派とはまったく異なる見方をしており、ドイツ軍のフランス撤退を蜂起と完全なる社会革命の契機と見ていた。ドゴールの命令を受け容れるどころか、FTPが解放後の「民主化された」フランス軍の土台となることを望んだ。共産党はこの政策を進めるために、他のレジスタンス集団との提携に合意し、一方で「潜水艦」、つまり隠れ共産党員を要のポジションに潜入させた。パリ以上にこれに成功した場所はなく、共産党はまもなく首都の解放委員会を掌握する。解放委員会はひとつの臨時地域行政体であり、共産党はドゴール派の政府関係者がロンドンから到着する前に、そのすべてを乗っ取ろうとした。

一九四三年一月のカサブランカ会談で、アメリカはチャーチルの支持を受け、「花婿」ドゴールと「花嫁」ジローの「できちゃった婚」を画策した。しかしながらローズヴェルトは、象徴にすぎない軍事指導者の承認にしか関心はなかった。ローズヴェルトに関するかぎり、最終的に全領土内で選挙がおこなわれるまで、フランスは政治的実体として存在していなかった。大統領は相変わらずドゴールの野心が独裁にあるのではないかと疑っていた。

ローズヴェルト、そしてチャーチルも、フランスの占領地域で、事態がいかに変化していたかに気づいていなかった。ドゴール有利の方向に劇的な転換を遂げたことは、一九四三年五月一〇日のドイツ軍侵攻記念日に全国抵抗評議会（ＣＮＲ）が結成され、ドゴールを指導者として承認したときに確認された。

ジロー将軍は騎兵のような口髭と仕立てのいい制服を自慢にしていたが、個人的野心は皆無だった。その基礎的な政治教育はローズヴェルトに派遣されたジャン・モネが監督した。ドゴールに対抗して大統領自身の影響力を強めるのが狙いだったが、ローズヴェルトが完全なる信頼を寄せた数少ないフランス人のひとりモネは、大統領よりもはるかに現実主義者であり、ドゴールへの秩序正しい権力委譲を準備するために、できるだけのことをした。

ドゴールは五月三〇日、アルジェに到着。ジローは、フランス共和国国歌『ラ・マルセイエーズ』を演奏する楽隊を従えて、ドゴールを迎えるために滑走路で待機、アメリカとイギリスの代表団は後列に控えていた。続く二、三日は騒々しい工作活動が目につく。クーデタや誘拐計画の噂まであった。陰謀は、ド・ベヌヴィル将軍をして、「アルジェほどヴィシーに似ているものはない[7]」と言わしめたほどである。

ここでもまた、抑えようのない義務感に根ざすドゴールの確固不動たる姿勢は、相手がだれだろうと、ドゴールほど強固な意志をもたない者には決して屈服しないことが明らかになった。六月三日、アルジェに国民解放フランス委員会が結成された。その憲法はほぼ完全にドゴールの指示を引き写していた。ジローは自分がほとんどすべての決定で譲歩を余儀なくされているのに気づいた。もっとも重要なのは共産党の合法化だった。この劇的な変化は、レジスタンス内における共産党の重要性を認め、共産党が来るべき政府の指導者にドゴールを承認するための道筋をつけた。

新たに合法化されたアルジェの共産党は、不倶戴天の敵ピエール・ピュシュがモロッコに姿を見せたと聞いたとき、ピュシュの向こう見ずと自分たちの幸運とがほとんど信じられなかった。

一九四二年四月一七日、ピエール・ラヴァルがダルラン提督と交代したあと、ピュシュはヴィシーの政治から身を引き、その一年後、北アフリカの「悔い改めたヴィシー支持者」――あるレジスタンス指導者が「ヴィシーのアメリカ風ソース添え[8]」と呼んだもの――に加わることに決めた。ジローは、政治に口は出さないという条件でピュシュに通行証をあたえた。ピュシュは条件を受け容れたが、内相時代に自らが生み出した憎悪についても、ダルラン暗殺後の北アフリカにおける力の均衡の劇的な変化についても、まったく理解できていなかった。

八月一四日、ピュシュは逮捕される。続く数か月間で、ヴィシー政府関係者を扱うための新たな法律が可決された。ピュシュの通行証に署名したジローは二方向から攻撃を受けるはめになった。ヴィシーを支持した右派の植民地住民は、通行証が身を守ってくれないのなら、ジローの署名になんの価値があるのかと問い、共産主義者はピュシュの保護者であったことでジローの首を要求した。

ドゴールにとって、ピュシュにはさらにもうひとつの価値があった。ピュシュにあたえられた有罪判決は、ヴィシー政府に対する有罪判決としても使えるだろう。一九四四年三月、ピュシュは自分の生命と元帥の評価とをかけて公判に付された。この裁判は政権の犯罪性の証明を求めていたが、犯罪性の証明は必ずしもその非合法性の証明にはならない。だが、それは心理戦における有効な一手だった。パリのカフェで、シモーヌ・ド・ボーヴォワールはふたりの対独協力者が裁判について話すのを小耳にはさんだ。ひとりが言った。「あれはわれわれの裁判だ(9)」。連れの男も同意した。そのほか大勢、とくに作家ピエール・ドリュ・ラ・ロシェルはこの裁判によって、自分が支持している側がいまや敗北に直面していることを痛切に感じとった。

勝利者による公式の裁判に向き合った最初の対独協力者ピュシュは、果敢に抵抗しながら死んだ。ピュシュは銃殺隊に命令を下したのは自分だと言い張った。しかし、解放後に発見された資料が疑いの余地なく証明しているように、その罪は共産主義者が怪しんでいたとおり、ドイツ軍に処刑されるべき人質を選んだことにあった。

アラメインに続き、スターリングラードに先立つトーチ作戦は、初期のレジスタンス集団、「ロンドンの連中」と占領の全期間を耐えてきた「国内の連中」双方を大いに元気づけた。だが、一九四三年にはいるとまもなく、フランス国内では過酷な挫折が続き、一方をゲシュタポとミリス、他方をレジスタンスとする戦いはしだいに暴力的になっていった。

五月にレジスタンス統一の目的を果たしていたジャン・ムーランは、ゲシュタポの包囲網が狭まってきているのを感じ、すでにロンドンのＢＣＲＡにだれか自分の交代要員を用意しておくよう警告していた。代理を送れというムーランの要請に、ドゴール将軍の軍事補佐クロード・ブシネ＝セリュルが志願し、落下傘降下した。六月一九日、セリュルはリヨンでムーランと接触。しかし、その二日後、ムーランはカリユール郊外の丘でドイツ軍の罠にかかり、クラウス・バルビーの指示のもとで激しい拷問を受けて死亡した。

セリュルはほとんど身動きのとれない状況におかれたにもかかわらず、秘密軍を構成するさまざまな運動の指導者たちとの連絡網をすぐに再構築した。

ドゴールにとって、もっとも差し迫った関心はレジスタンスでなく、アングロ＝サクソンの両指導者との関係だった。ローズヴェルトは相変わらずかつての駐ヴィシー政権大使レーヒー提督から、国を統一する唯一の人物はペタンだと忠告されており、まるで待機中のドゴール政府もレジスタンスも存在しないかのように、フランス領土内を統治する準備を進めた。ドゴール派がもっとも嫌い恐れた占領地域連合軍政府――略称ＡＭＧＯＴ――のために、すでにヴァージニア州シャーロッツヴィルで行政官の養成がおこなわれていた。

腹を立てていたにもかかわらず、ドゴールは賭け率計算の能力を失ってはおらず、もし解放後のフランスにＡＭＧＯＴが課せられれば、あらゆる協力を停止すると脅した。アイゼンハワーも含めてヨーロッパの舞台にいたアメリカ人は、大衆の意に反して軍政を導入しようとするすべての試みが破滅的結果に終わることを知っていた。

Ｄデイ〔ノルマンディー上陸作戦開始日〕の三日前、一九四四年六月三日、アルジェの国民解放フランス委員会は、自らフランス共和国臨時政府を宣言。そのあとドゴールと参謀はイギリスに飛び、翌朝、到着と同時に連合軍がローマに入城したこと、フランス侵攻が近いことを聞かされた。

チャーチルはドゴールに寛大な顔を見せようと決めていたものの、侵攻待機中で高揚する気分を無理やり抑えこんでいた。ドゴールに貴官を呼び寄せたのはフランス向けにラジオ放送をさせるためであると告げたが、これは如才に欠けたやり方で、悪しき結果を招いた。より外交に長けたアイゼンハワーでさえローズヴェルトから新たに圧力をかけられて、選挙が実施されるまで、ドゴールとその仲間はなんの力ももたないとするアメリカの立場に逆もどりした。侵攻の朝、チャーチルは、ドゴールがフランス国民向けの放送も、連合軍に同行する連絡将校の提供も拒否していると知らされた。チャーチルの恨みと欲求不満がすべて爆発した。チャーチルは大義を裏切ったとドゴールを非難し、激高して、鎖で縛ってアルジェに送り返してやると言った。英米の当局者たちは、国家指導者間の不安定な化学反応がこんなときに爆発を起こしたことに震えあがった。「大混乱だ(10)」とあるフランス人外交官は日記に記した。ようやくイーデンがチャーチルをなだめ、一方、ドゴールの大使ヴィエノとダフ・クーパーは連絡将校を送るようドゴールを説得した。

一九四四年六月一四日、ドゴールはフランスの駆逐艦〈コンバタント〉で英仏海峡を渡った。一行には、ガストン・パレフスキ、ピエール・ヴィエノ大使、ケーニグとベトゥアール両将軍が含まれていた。そのうちのひとりが指揮官の気分を和らげようとして言った。「将軍、気がつかれましたか。ちょうど四年前のこの日、ドイツ軍がパリを行進していましたね(11)」

即座に答えが返ってきた。「ああ、ドイツ人は間違ったな！」

一行がノルマンディーのクルスール近くの海岸に上陸し、モンゴメリー将軍をそのトレーラーハウスに訪問するときになって、ドゴールはようやく緊張を緩めた。そのあと続けて、一九四〇年以来初めて、フランスの土地にいる民間人に会った。民間人たちはみんなむしろ呆然としていた。ドゴールの声を夜間のラジオ放送で聞き知ってはいたが、顔を見分けられる者はいなかった。ヴィシーはドゴールの写真の発表を一度も許さなかった。知らせはすぐに広まった。地元の司祭、パリ神父が馬を走らせてきて、将軍が握手をしなかったと責めた。ドゴールは乗っていたジープを降り、「司祭さん」と両腕を広げながら言った。「あなたの手を握ったりはしません。あなたを抱きしめます」[12]。そのあと、ふたりの憲兵が自転車で登場。敬礼しようとしたとき、自転車がよろめいた。憲兵は、将軍到来の先触れとして、バイユーに送られた。

バイユーでは、ノルマンディー人おなじみの慎み深さのために、ドゴール登場に対する感情的な反応は抑えられていた。しかしながら、この重大な瞬間の熱狂のなかで混乱してひとりの老婦人が叫んだ。「元帥万歳!」この耳障りな響きを聞いて、ドゴールはつぶやいたと言われる。「ここにもひとり、新聞を読まない人間がいる」。バイユーとリジューの司祭が、「解放者に挨拶するために」こちらに向かっていると聞かされたとき、ガストン・パレフスキはついに自分たちの勝利を確信した。「聖職者は危険を冒さない」[13]

ヴィシーに任命された副知事は、赤青白の公職の飾り帯をかけ、ドゴールの一行を歓迎した。しかし、副知事にとって政権交代はあまりにも唐突だった。突然、ペタン元帥の肖像画が貴賓室にかかっているのを思い出し、はずすために飛び出していった。将軍と元帥がミュゲ城の階段で出会って以来、四年と三日が経過していた。

第4章

パリ先陣争い

七月三一日、パットン将軍の第三軍はアヴランシュにおいてノルマンディーからの強行突破を開始した。突きだした右翼はドイツ軍を西側から包囲、連合軍をアルジャンタンまで導く。パリまであと一六七キロ。

ドゴール将軍にとって、フランス首都解放の栄誉に値する部隊はひとつしかなかった。「第二ＤＢ」と呼びならわされてきたフランス軍第二機甲師団である。指揮官はフィリップ・ド・オートクロック、戦時名ルクレール将軍だった。

第二ＤＢはほとんどの師団よりもずっと大きく、人員は一万六〇〇〇強、アメリカ軍の制服、武器、半装軌車とシャーマン戦車で武装していた。中核を構成するのは、ルクレールに従ってチャドからサハラ砂漠を越え、クフラでイタリアの守備隊を包囲し、そのあと〔一九四三年一月一二日〕イギリス軍に合流した男たち。ソミュール騎兵学校出身の騎兵を含む本国軍の正規兵、植民他の原住民騎兵、船のない海軍兵、北アフリカのアラブ人、セネガル人、それまでフランス本国の土を一度も踏んだことのないフランス人の植民地住民が、第二ＤＢの将兵として戦っていた。第九中隊はスペイン人の共和主義者、今次の戦闘よりもなお厳しかった戦闘の古参兵が大勢いたので、スペイン語で「ラ・ヌエベ」と呼ばれ、その名にふさわしく、大隊そのものは国際旅団の大隊長のなかでもっとも尊敬されていたピュッツ少佐が率いていた。ルクレール師団は、ドゴール派、共産主義者、王党派、社会主義者、ジロー派、無政府主義者が密接に協力し合う驚くべき混成部隊だったので、ドゴール将軍は戦後のフランスが自分の指揮下で統一される可能性について、過剰に楽観的な展望を育むようになった。

ドゴールはノルマンディー上陸後、アルジェに飛んだ。八月二〇日、ふたたびフランス入りし、驚天動地の知らせに迎えられる。主として共産党の音頭とりによる蜂起がパリで始まっていた。連合軍はその支援に向かえる局面にはない。ドゴールにとって、フランス解放が純粋にアメリカ軍だけの作戦ではないことを示すために、蜂起は象徴としてきわめて重要な意味をもっていた。だが、同時に、蜂起があらかじめ考えられた共産党の戦略――ドゴール自身の代表団が表舞台にしゃしゃり出てくる前に権力掌握の機会を作る――の一部であることもわかっていた。

八月一五日、ドイツ当局によるパリ警察の部分的武装解除決定をきっかけにストライキが始まった。連合軍が地中海沿岸サントロペ付近に上陸したというニュースが正午にラジオで伝えられ、スト参加者の決意を強めた。蜂起に向けて圧力を高めたがっていた共産党は、警察内に可及的速やかに潜入し、募集を開始していた。警官の多くがドイツ軍の命令に服従した記録があるのを具合悪く感じていたので、共産党員の身分証はよい保険証書となった。同日、「民衆蜂起」の呼びかけが党紙『リュマニテ』に掲載された。

二日後、全国抵抗評議会とCOMAC（軍事活動委員会）は戦闘準備発令について話し合った。キリスト教民主党のジョルジュ・ビドーが議長だったにもかかわらず、全国抵抗評議会は共産党に支配されており、COMACも同様だった。ドゴール派レジスタンスの指揮官ジャック・シャバン＝デルマス将軍二九歳が、前日、帰路の最後の行程ではドイツ軍の前線を自転車で抜けて、ロンドンからもどってきていた。この隠密旅行の目的は、時期尚早のうちにパリで蜂起が起こるのを回避はできないと連合国軍側に警告することだった。しかし、もどってきたシャバン＝デルマスが手にしていたのは、自分の命令なしで蜂起してはならぬというドゴールの参謀ケーニグの空しい指示だった。ケーニグは、親しみと軽視の両方から「フィフィ（fifi）」と呼ばれたフランス国内軍（ＦＦＩ）全軍の指揮官に任命されていたが、これまでのところ、その権威は純粋に名目上のものだった。

　シャバン＝デルマスがロンドンの軍事当局に告げたところによれば、ドイツ守備隊一万六〇〇〇強を別の師団が増強する可能性があるのに対して、パリのレジスタンスはＦＦＩ志願兵一万五〇〇〇であり、しかも二〇〇〇名分の武器しかなかった。この数字さえも楽観的に見える。パリのレジスタンスが期待できるのはせいぜいが、一九四〇年から隠匿されてきた若干の軍用小銃、たいていは銃砲店から盗んできたショットガンと拳銃、連合軍がフランスの別の場所に落下傘投下したサブマシンガン少々、そしてドイツ軍から力づくで手に入れた武器だった。たとえば一八区の共産党系青年グループは、女性の同志をピガール周辺に送り出し、ドイツ兵に声をかけさせた。横町に誘いこんだところで、待ちかまえていた同志が棍棒で殴り倒して武器を奪う。

　共産党系義勇遊撃隊（ＦＴＰ）の一グループはセヴラン火薬製造所から爆薬一トンをうまく手に入れた。だが、軍隊やレジスタンスでかなりの経験をもつ志願者はごくわずかだった。ＦＦＩ大パリ指揮官アンリ・ロル＝タンギ大佐はＢ機関（共産党の防諜機関）のルイ・トゥレリ少佐に、ノルマンディー上陸以前、共産党系ＦＴＰは大パリ全体でわずか六〇〇名だったと認めている。参加者が殺到したのはそのあとだ。

　三五名の若いレジスタンス活動家は、ゲシュタポの手先として働いていた潜入工作員から武器を渡すと約束され、頭から罠に飛びこんでしまった。約束の場所に到着したときに一斉検挙され、ソセ街のゲシュタポ本部で手荒な取り調べを受けたあと、処刑された。

それでもロル＝タンギ大佐は、用心せよとの呼びかけにも少しも動じなかった。その日、ＦＴＰは命令を出した。車輌を奪取し装甲板を取りつけて準備せよ。まるで一九四四年のパリが一九三六年七月のマドリードかバルセロナに匹敵するかのようだった。翌日、全市に張り出されたポスターがゼネストと「解放のための蜂起」を呼びかけた。

八月一七日、ドゴールから警視総監に任命されたシャルル・リュイゼが密かに到着。ドゴールの全権代表アレクサンドル・パロディを長とする行政官のスケルトンチームの一員となった。

その日はまた、ドイツ軍と対独協力者の脱出――個性的な日記作者ジャン・ガルティエ＝ボワシエールが「ドイツ兵《フリッツ》の大脱走《フユイット》」と呼んだもの――がいっそうの増加を見た。大男のガルティエ＝ボワシエールは、第一次大戦当時に生やし始めた軍人髭、ヴィクトリア朝スタイルの旅行用麦わら帽、象牙の柄の傘を手にした、矛盾に満ちた奇妙な人物だった。大ブルジョワジー出身の愉快で愛すべき無政府主義者であり、前線で伍長だったときに風刺雑誌『ル・クラプイヨ』（「塹壕砲」のスラング）を創刊。八月一七日には、出発する車輌の渋滞をドイツ軍警察が棒の先につけた円盤で交通整理するようすを書きとめた。「エトワール広場周辺の高級ホテルから出てきた輝く魚雷の群れは、紫色の顔の将軍たちを乗せて、ラファイエット街を通過していった。将軍たちは、まるで流行のリゾート地に出かけるみたいに見える優雅な金髪女性を連れていた」

ドイツ大使オットー・アベッツは、ピエール・ラヴァルの反対を押しのけて、ヴィシー行政府に対し、ドイツ国境から二、三マイルのベルフォールまで脱出を命じた。最後の数日間、ラヴァルは、国民議会議長エドゥアール・エリオのような議員を召集しようとしたが、その試みは在フランス親衛隊隊長オベルク将軍の怒りを買っただけだった。

この四年間、ドイツ人の姿を見て見ぬふりをしていたパリ市民が群れになって、出発準備をするドイツ人を軽蔑の眼差しであからさまにじっと見つめた。だが、サン＝ミシェル大通りで、ある分遣隊が嘲りの対象になったとき――シェイクスピア＆カンパニー書店の創設者シルヴィア・ビーチはパリ市民が兵士たちに向かってトイレのブラシを陽気に振っていたようすを記している――分遣隊は群衆に向かって発砲した。

多くの場合、荷造りには土壇場での略奪品が含まれていた。ゲシュタポが、クリスティーヌ街のガートルード・スタインとアリス・B・トクラスのアパルトマンに押し入った。隣人が警察を呼び、二〇名の警官が出動。クリスティーヌ街住民の半数をうしろ盾に、警官はゲシュタポの許可証を見せろと要求。ゲシュタポは脅し文句を吐きながら、その場を立ち去るしかなかった。

おそらくは上官の命令だろう。兵士の一団が、大規模な会員制クラブ《セルクル・アンテラリエ》のワインセラーの中身を大型トラックに積みこんでいた。他の軍用車輛や、救急車と霊柩車一台までも含む民間の車輛も、ルイ一六世様式の家具、医薬品、美術品、機械部品、自転車、ぐるぐる巻きにした絨毯に食料と、価値のありそうなものならなんでもお構いなしに積みこんだ。

八月一八日金曜、共産党系ポスターが張り出されたあと、あちらこちらで散発的な銃撃戦があったようだ。翌日、複数の公共施設にふたたび三色旗が掲揚された。特筆すべきはシテ島のパリ警視庁である。警察官の武装解除というドイツ側の動きに対してストライキにはいっていた警察官たちが、警察レジスタンス委員会の召集に応じて、朝の七時から到着し始め、しだいに数を増やしていった。市内を通過中のロル＝タンギ大佐は、庁舎内から聞こえる『ラ・マルセイエーズ』の歌声に驚いた。レジスタンスに参加した二〇〇〇名の警察官が建物を占拠し、ヴィシー政府の警視総監アメデ・ビュシエールを逮捕。ビュシエールに代わって、庁舎内に忍びこんでいたドゴール派のシャルル・リュイゼが総監の地位につけられた。このとき、パロディ率いるドゴール派には、成り行きを受け容れ、蜂起に参加する以外に選択の余地はなくなっていた。

公共施設に出現した三色旗をまねて、バルコニーに三色旗を掲げるほど向こう見ずなパリ市民はだれでも、通りがかりのドイツ軍パトロール隊から窓越しに一斉射撃を受けかねなかった。昼食時に、ドイツ軍戦車と歩兵部隊のトラックがパリ警視庁の蜂起鎮圧に到着。だが、戦車は徹甲弾しか装備しておらず、穴は開けたものの、壁は崩せなかった。

パリの他の地区でも、激しい銃撃戦が勃発した。ドイツ国防軍車輌が待ち伏せに遭い、その乗員が応戦したからである。銃撃戦はシテ島向かいのセーヌ左岸でとくに激しかった。その日一日でドイツ軍兵士四〇名が死亡、七〇名が負傷、その代償はパリ市民の死者数一二五名、負傷者五〇〇名近くだった。[1] レジスタンスが開始時に用意した銃弾はあまりにも少なく、その夜にはほとんど底をついていた。

包囲されたパリ警視庁内部では、状況は危機に瀕していた。スウェーデン総領事ラウル・ノルドリンクが、ドイツ軍大パリ司令官フォン・コルティッツ将軍と休戦をまとめた。

伝達経路の欠如による大混乱もひとつの理由となって、休戦は守られなかったが、フォン・コルティッツ将軍の寛容、あるいは厚情のおかげで、なんとか二日間は維持された。蜂起側は危うい楽観主義的見方をして、このことを勝利の証拠と見なした。継続的に攻撃をしかけたのは、熱心すぎる共産党系の青年集団だけではない。ドゴール派にも「共和国の合法性」を回復させるために、可能なかぎり多くの象徴的な建物を占拠する必要があった。八月二〇日、全国抵抗評議会の指導部は、あらかじめ意図的に共産党員を排除した作戦で、パリ市庁舎を占拠した。

続く四日間、ドイツ軍はパリ市庁舎の壁面に機関銃の弾を浴びせかけた。しかし決定的な攻撃はかけなかった。これは幸運だった。というのも蜂起側にはわずか四丁の機関銃と拳銃数丁しかなかったからである。

八月二一日、全国抵抗評議会は休戦を話し合うために会議を開いた。緊張した会議で激論が交わされたが、共産党が優勢だった。評議会は翌日の休戦破棄を決定した。ここでもまたドゴール派は内戦を回避するために、共産党の指揮に従わざるをえなかった。


二日前のパリ蜂起第一報以来、ルクレール将軍はいらだちと欲求不満とを抑え難く感じていた。アメリカ人司令官たちは、市に向かって前進する意欲をまったく見せていない。アイゼンハワーはあと二、三週間、パリをドイツ軍の手中においておくつもりだった。そうすれば、パットンには北フランスを敗走するドイツ軍を追いかける余裕ができる。ドイツ軍組織が混乱しているすきに、ライン川の向こう岸まで押しやることさえできるかもしれない。もしアメリカ軍がパリを解放し、その結果、市への補給に責任をもつことになれば、アイゼンハワーにはパットンの前進を支援するための燃料も輸送手段もなくなってしまう。しかし、ドゴールとルクレールにとってパリはフランスの要であり、ふたりは共産党率いる蜂起が新たなパリ・コミューンに帰結することを恐れていた。そうしたら、アメリカが介入し、AMGOTをフランスに押しつけてくるだろう。

パリでフランス共産党が初めて蜂起を呼びかけたのは、ブル゠コモロフスキ将軍が赤軍の接近に乗じてワルシャワ蜂起を開始した二週間後である。ワルシャワ蜂起は不幸な結果に終わった。しかしながら、一九四四年夏のフランスで、雪崩を打つように革命に向かう動きがあったのは、クレムリンの政策によるのではなく、フランス共産党の一般党員のあいだから生まれた自然発生的反応だった。フランス共産党正規の政治指導部は、事態をまったく掌握していなかった。党首モーリス・トレーズはモスクワにいたし、その代理人ジャック・デュクロは地方に身を隠していて、党の戦闘機関FTPにはほとんど影響をおよぼさなかった。通信の困難と共産党自身の厳格な安全策が足かせとなって、デュクロはシャルル・ティヨンその他のFTP指導者を制御できずにいた。ティヨンらは、その支持者の多くと同様に、レジスタンスを革命の形で完遂することを望んでいた。

ルクレールはアルジャンタンの司令部で、八月二一日夜にヴェルサイユに向けて小規模の分遣隊を送ることを最終決定した。ルクレールはこれを、自分の上官にあたるアメリカ軍司令官の許可なしにおこなった。この小さな軍事的不服従の行為は、ドゴール派が連合軍の対独戦争ではなく、フランスのためのドゴール派自身の戦争を戦っているというアメリカ軍将校多くのあいだにある疑いをいっそう強めた。

ルクレールはドゴールとうまく接触できなかったが、臨時政府首班に対し書面で、これ以上の遅延なく計画を変更するようアイゼンハワーを説き伏せなければならないと強調した。パリから伝令が次つぎと到着し、どれもがもし連合軍がパリを速やかに占拠しなければ、都市は破壊されると警告していた。しかしほとんど効果はなかった。

共産党系FFI大パリ司令官ロル＝タンギ大佐は、翌八月二二日朝、戦闘を再開した。市のいたるところで、大佐の関《とき》の声――「ひとりひとりが自分の分のドイツ野郎を倒せ！」(2)――をポスターがこれ見よがしに告げていた。その直後、さらに先祖返り的な戦闘への呼びかけ――「全員、バリケードへ！」――が続き、一九世紀の失敗に終わった革命と、赤きエルサレム「パリ」という古い神話を思い出させた。スペインで国際旅団の人民委員だったロル＝タンギは、男も女も子どもも含めた全パリ市民に命じた。できるところすべての街路にバリケードを築き、ドイツ軍の移動を阻止せよ。スペイン内戦勃発時にバルセロナで学んだ教訓である。

七区、八区、一六区のような高級住宅街には、バリケードはほとんど築かれなかった。もっとも数が多かったのは市の北東地域、一九三六年には圧倒的多数が人民戦線に投票した区域である。もっとも効果的に設置されたのはパリの南東部で、三年前にドイツ軍の青年海軍将校を暗殺した共産党員ファビアン大佐が指揮を執っていた。

街路ごと、あるいは隣近所ごとで自然発生的にチームが結成された。若くて力のある者がはがした舗石を、ほとんどが女性で形成された人間の鎖が、バリケードを構築中の後方までリレーした。バリケードは、レールやベッドの鉄の骨組み、切り倒した街路樹のプラタナス、横倒しにした自動車、ある例では「ヴェスパシエンヌ」つまり公衆便所で築かれた。たいていはてっぺんに三色旗が立てられた。一方、女たちはＦＦＩの男衆のために白い腕章を縫い、普通はただ黒字でイニシャル「ＦＦＩ」だけを、あるいは三色にするために赤と青の端切れを縫いつけた。このとき、パリは噂の街だった。連合軍がどのくらい離れているのか、あるいはドイツ軍の援軍が前進中なのか、だれも知らなかった。それが緊張した雰囲気を作り出し、バリケードを守る者にも傍観者にも同じように伝染した。

「私はサン＝ミシェル広場近くの小さなＦＦＩ陣地までたどり着いた」とガルティエ＝ボワシエールは日記に書いた。「舗道に機関銃が設置され、サン＝ミシェル橋を射程に入れていた。金髪で背が高く、身なりのよい青年が射手だ。大通りの両側には約一〇名ほどの若者がシャツ一枚で二の腕に腕章を巻き、手にカービン銃をもったり、小型拳銃を振りまわしたりしている。何人かは軍用ヘルメットをかぶっていた。戦闘員たちは、なにかが起きるのを待ち受ける見物人約五〇名ほどに取り囲まれていた。橋の上に車輌が一台現れたとたんに、見物人全員が近くの建物の戸口に飛びこんだ[3]」

人びとは自分にできるやり方で支援をした。もっとも勇敢なのは担架班で、赤十字の旗一枚で身を守り、弾の飛び交う街路から何百人もの負傷者を収容した。ノーベル物理学賞受賞者で、熱心な共産党員のジョリオ゠キュリー教授は、ソルボンヌ大学構内に火炎瓶の生産ラインを作りあげた。サン゠ジェルマン゠デ゠プレとサン゠ミシェル広場のあいだで有名な画廊を経営するゼット・レリスは、サン゠タントレ゠デ゠ザアール街でＦＦＩ兵士のための食堂を始めた。建物の管理人たちは舗石の血を拭き取った。

ガルティエ゠ボワシエールが観察したように、ライフルを手に昼食に出かけられるのだから、戦闘は市外に較べて市内のほうがずっと紳士的だった。ほかにも利点があった。「隣近所全員が窓からこちらを見て、拍手喝采してくれる[4]」。しかし、身のまわりの戦闘を無視する者も大勢いた。ある者はセーヌ川の石堤で日光浴をし、腕白どもは暑さを逃れて水に飛びこんだ。ドイツ軍戦車が数百メートル先のシテ島で警視庁を攻撃しているあいだ、男たちがあちらこちらでキャンバス地の折りたたみ椅子にじっと腰をおろし、川で魚を釣っていた。セーヌ川で釣れたスズキは無料の食事を意味する。食料はあまりにも乏しかったので、一頭の馬が流れ弾を受けて死んだときには、主婦たちが琺瑯《ほうろう》のボールを手に押し寄せて、死骸からステーキ肉を切り取り始めたほどだった。

パリはパリだから、革命となると、文化的建造物が省庁や警察署同様に重要となる。演劇関係者にとって最初に解放すべきは（そこにドイツ軍がいたからというわけではなく）コメディ・フランセーズ劇場だった。最近、パリで歌手として名をあげたイヴ・モンタンは歩哨を務めるために駆けつけた。ひとりの女優が、二週間前にモンタンの愛人兼師匠になっていたエディット・ピアフに電話をかけ、もっと大勢の義勇兵が必要だと知らせたからだ。二三歳のモンタンは暗号をノックして、モリエールの劇場に立入を許された。

男優も女優も、まるで人生最大の初日打ち上げパーティであるかのように、たがいに挨拶を交わした。ジュリアン・ベルトーが自ら指揮官を名乗り、士気を鼓舞する演説をして、流行のスローガンで話を終えた。「パリはパリ市民の手で解放されるだろう！」劇場の全員が感動のあまり、気をつけをして、演奏禁止のフランス共和国国歌『ラ・マルセイエーズ』を歌った。だが、ベルトーが武器を配るよう命じたときには、ちょっと座が白けた。俳優たちのいる場所から数百メートル先で、ドイツ軍の戦車が騒乱の最初の兆候を待ちかまえる。戦車に立ち向かうために、コメディ・フランセーズが取り出してこられたのは、たった四丁のショットガンと小道具の拳銃二丁だった。

その日は、集団的勇気の日として記憶に残る日だった。集団的勇気は集団的臆病と同じように伝染性である。一七区ではすでに、全部で半ダースほどの武器しかもたない若者の集団がいくつも、複数のドイツ軍パトロール隊を相手に戦っていた。負傷者は病院に移送されるのを拒否し、包帯を巻いてもらうとすぐに自分のバリケードにもどると言い張った。ＦＦＩの特攻隊によるドイツ軍輸送隊への攻撃はとくに左岸で多数にのぼった。輸送隊が待ち伏せされ、屋根や窓から火炎瓶や柄付手榴弾で攻撃される場合もあった。また、いくつもの集団が、オステルリッツ駅からやってくるドイツ軍の配給トラックを襲った。

単独で、あるいは二人連れで外出するほど度胸のあるドイツ兵はだれでも、狙い撃ちされるか、まわりを囲まれた。第一の目的はより多くの武器と車輌を奪うことである。ひとりの大胆な若者は、リール街七八番地のドイツ大使館前から、ドイツ大使のホルヒ社製オープンカーを奪い去った。(5)

ドイツ側はしばしば攻撃に対して手荒く反応した。歩兵に支援されたドイツ軍の装甲車輌五台がリュクサンブール宮からスフロ街をのぼり、パンテオン広場の五区の区庁舎を攻撃した。ドイツ軍による武力行使はほかでも見られたが、全体としては、ドイツ軍の市内移動を効果的に封じることができた。

パリＦＦＩの従軍司祭長でドミニコ会士のブリュックベルジェ神父は「白い僧衣を戦闘の煙で汚し」(6)、一か所の戦闘地域から次の戦闘地域に自転車を走らせて、負傷者の手当てと死者への礼をとりしきった。教会の堂内に棺が積みあげられた。民間人の死傷者はそれほど多数にのぼった。この状況下で埋葬は不可能だったので、一部の遺体は八月の暑さ対策として、いまは食料が底をついた中央市場《レ・アール》の肉用冷蔵庫に保管された。

シャンゼリゼは不気味なほどに閑散としていた。わずか数日前には灰色の制服を着たドイツ兵がたむろして腰をおろし、生ビールの小グラスを飲んでいた道端のカフェが、いまは空っぽだった。凱旋門にいたる緩やかな傾斜は、コンコルド広場のドイツ軍戦車に絶好の射界を提供する。だが、パリのこの地区が作り出す静かな印象に騙されてはならない。よそでは、希望と恐怖のどちらかから湧き出してくる噂が混乱を合成していた。いわく、アメリカ軍が南西から接近してくる。新しいドイツ軍機甲師団が北から到着した。もう銃弾が残っていない。ドイツ軍は、パリ中心部のすべての建物に地雷をしかけた。フィフィが起爆装置の線をなんとか切断した……なにが起きているのか、たしかなことはだれにもわからなかった。

この日、八月二二日、新しいラジオ局、フランス国民放送局が放送を開始。レジスタンスの声として活動することになる。さまざまな組織体からの声明文が読みあげられ、しばしばそのあとに、この四年間禁止されていた『ラ・マルセイエーズ』が続いた。通りのみんなの耳にも確実に届くようにと、人びとは音量をあげ、窓を開け広げた。

新放送局はすぐに、特定の地域を避けるように警告を出し始めた。サンジェルマン＝デ＝プレのセーヌ街は、リュクサンブール宮に設置されたドイツ軍防御陣地からの砲列線にあたったので、とくに危険だった。サン＝ミシェル大通りの突端、サン＝ミシェル広場はあまりにも危険だったから「死の十字路」

と呼ばれた。しかし、放送がいかに貴重な情報を流そうとも、聴取できたのは電気の供給が復旧したわずかの時間だけだった。

夕方、砲声がやんだ。「ドイツ兵《フリッツ》とフィフィは晩飯を食べに出かけた」と、ジャン・ガルティエ＝ボワシエールは書いた。すぐに見物人が損害を調べに現れた。

ドイツ軍はパリ中心部の主要な防御陣地の補強を続けた。レピュブリック広場近くのオイゲン公兵舎、リュクサンブール宮（元老院）、ブルボン宮（国民議会）、陸軍学校、アンヴァリッド、クレベール大通りのホテル《マジェスティック》。フォン・コルティッツ将軍の参謀本部がおかれたリヴォリ街のホテル《ムリス》はそこまで厳重な防御はされなかった。

大パリの司令官はこのホテルでヒトラーの参謀本部から、最後の一兵卒になってもパリを死守し、市を「瓦礫の山」にせよとの正式な命令を受けとった。パリ市民は不朽の感謝を捧げるべきだが、コルティッツ将軍にはこの命令を実行したい気持ちはなかった。だが、正規軍に降伏できるよう、連合軍にただちに到着してもらう必要があった。もし連合軍が間に合わず、ヒトラーが自分の指示の実行がぐずぐずと引き延ばされていることに気づいたら、ドイツ空軍に命令を下すだろう。

その夜ようやく、バイユーの南西二〇キロの連合軍宿営で、心境が変化する。ひとりの伝令がアイゼンハワー将軍の参謀をなんとか説得した。間髪を入れずにパリに進撃しなければ、恐ろしい虐殺と、場合によっては市の破壊につながるだろう。二晩前にはドゴールの訴えを却下していたアイゼンハワーが今回は説得された。日没直前、ルクレールはオマー・ブラッドリー将軍から迅速にパリに進軍せよとの命令を受けとった。高揚した叫び声「パリへ移動！」が猛々しい歓喜に油を注いだ。

翌八月二三日水曜薄明、第二機甲師団は二本の縦隊になり、激しい雨のなか、平行する二本の街道をノルマンディーから東方向のイル・ド・フランスに向かってできるかぎりの速度で前進した。暑さが最悪のタイミングで終息し、戦車と半装軌車はつるつるの路面でスリップした。ルクレールが先頭に立った。首都から四〇キロの街、きわめて線引きの曖昧な前線に近いランブイエまで、あと一四〇キロ強だった。

その午後、ランブイエに到着したルクレール師団の将校たちは、奇妙な不正規兵の一集団に遭遇した。そのなかでいちばん華やかな人物はアーネスト・ヘミングウェイ。公式には週刊誌『コリアーズ』の戦争特派員だったが、それよりは職業軍人の役を演じたがっていた。地元でかり集めた重装備のごろつきに囲まれて、七年前、スペインで逃したチャンスの埋め合わせをしているように見えた。

ホテル《グラン・ヴヌール》を基地にして、第二機甲師団がパリまで最後の行程を前進してくるのを待っていたのは、合衆国戦略事務局のデイヴィッド・ブルース大佐（一九四九年に、アメリカ合衆国駐フランス大使に就任）、イギリス秘密情報局野戦部隊のジョン・モーヴィンケル、ドゴール派情報機関の上級工作員ミシェル・パストー、戦争名「ムタール」だった。

ヘミングウェイと配下のフィフィ不正規兵集団は、この数日間、パリにはいる街道を偵察していたが、そのやり方は荒っぽかった。哀れを誘うチビのドイツ兵、街道の数キロ先でつかまえた落伍兵が後ろ手に縛られて、意気揚々とホテルまで引っ張ってこられた。ヘミングウェイはモーヴィンケルに、兵隊を自室まで連れていくから手を貸してくれと頼んだ。自分の部屋でなら、もう一杯ビールを飲みながら好きなように尋問ができる。「口を割らせてみせる」とヘミングウェイは言った。部屋にはいると、モーヴィンケルに兵隊をベッドに放り出せと命じた。「長靴を脱がせろ。爪先を蠟燭で焼いてやる」(7)

モーヴィンケルはヘミングウェイにくたばれと言い、チビのドイツ兵は釈放された。とは言うものの、ヘミングウェイは「ムタール」に裏切り者を処刑するための自動拳銃を貸した。

もうひとりの到着者はMI9のエアリー・ニーヴ少佐である。報復の任務を受け、可及的速やかにパリ入りしたがっていた。少佐が追っていたのは、イギリス陸軍軍曹ハロルド・コール。一九四〇年、北フランスで脱走。その後、フランスのレジスタンスに加わったあと、仲間を裏切り、レジスタンス最大の待避路を敵に教えた。コールの裏切りの結果、ドイツ軍は一五〇名を逮捕、その三分の一は処刑された。ドイツ軍情報部のためにこの大穴を当ててやったあと、コールはパリのゲシュタポに異動になり、レジスタンス活動家たちをなおも罠にかけ続けていた。

のちに『若き獅子たち』を著すアーウィン・ショーは陸軍通信部隊の戦闘撮影班とともに姿を現した。Dデイ直前に恋人のメアリー・ウェルシュをヘミングウェイに紹介していた。この出会いの結果、ウェルシュは四番目のヘミングウェイ夫人となる（三番目のヘミングウェイ夫人、ジャーナリストで作家のマーサ・ゲルホーンは、夫にはるかに先駆けてノルマンディーに上陸したために、夫を激怒させていた）。

次にアメリカ人戦争特派員の一団が到着。ヘミングウェイがランブイエで土地の司令官面をしているのにかちんときた。シカゴの記者ブルース・グラントが「ヘミングウェイ将軍と配下のマキ[8]〔森林（マキ）を根拠地にしたレジスタンス組織〕」について侮辱的な発言をしたとき、侮辱の対象は大股で歩み寄り、グラントを殴り倒した。

午後六時、ドゴール将軍は、かつてフランス王家の居城だったランブイエ城でルクレールに合流。第二機甲師団の兵士が森のなかで携帯口糧を温め、翌日はパリという前提のもと、儀式的とも言えるほどていねいに髭を剃っているあいだ、司令官のほうは城のサロンのひとつで臨時政府首班に攻撃計画を説明した。ルクレールが説明を終えると、ドゴールはしばらく考え、そのあと提案に同意した。目の前に待つ栄光を思いながら、ドゴールは言った。「貴官は幸運である[9]」

翌八月二四日木曜朝、二本の縦隊が敵との接触を求めて前進しているあいだ、パリでは占領下最後の一日が始まろうとしていた。将来の行政府で要となる人物数名が職場に復帰するよう召集された。フランス法曹界の指導者ジャック・シャルパンティエはバリケードが築かれ、縦射にさらされた市街を通って、なにが待つのかわからない道をシテ島の裁判所に出勤。途中、一二歳の腕白小僧に出会う。小僧は死んだドイツ人将校から奪った長靴と自動拳銃を誇らしげに見せびらかし、そのあとシャルパンティエのガイドを務めて、バリケードからバリケードへと錯綜した、だが効率のよいルートを通って案内した。

この数日間示されてきた勇気は失われてはいなかった。ラジオの速報が、一一区の区庁舎がドイツ軍の猛攻に遭い、防衛側はほとんど銃弾がつきかけている、武器をもつ者はただちに支援に向かえと呼びかけたとき、人びとはすぐさま反応した。中央交換局交換手たちのたゆまぬ働きのおかげで、人びとはニュースをやりとりできた。ルクレールの先遣隊兵士のなかには、村や首都圏の外側を通過するとき、見物人たちに、パリにいる親類縁者に電話をかけて、自分たちがまもなく到着することを伝えるように頼む者もいた。ひとつの地区の住民が他の地区の住民に、最新の情報を実況中継付で伝え続けた。窓は絶好の、ただし危険な桟敷席だった。多くの見物人が狙撃手と間違えられたり、流れ弾に当たったりして命を落とした。ひとり暮らしの場合、腐敗臭が隣人の注意を引くまで、遺体が床に転がったままのことも多かった。

パリのレジスタンス戦闘員の耳に連合軍戦車砲の音が届き始めた。ドロンヌ大尉の部隊、第五〇一戦車連隊のシャーマン戦車隊一隊と「ラ・ヌエベ」の半装軌車隊がフレーヌ郊外に到着。そこからはエッフェル塔が見えた。だが、戦闘は激しく、うまく隠された対戦車砲（ヘミングウェイの斥候は気づかなかった）がルクレールのシャーマン戦車隊を待ち伏せし、多数の死傷者を出した。* フレーヌ刑務所を保持していたドイツ軍分遣隊をやっつけたあと、ドロンヌは縦隊の司令官ビヨット大佐から、引き返して先遣隊の主軸にもどるよう命令を受けた。ドロンヌは憤慨しながら、かなり数を減らした部隊を後方に導き、途中でルクレール将軍とばったり出会った。

「ドロンヌ、ここでなにをしている？」とルクレールは尋ねた。

「将軍閣下。命令に従い、後退中です」

「そうじゃない。ドロンヌ。まっすぐパリにいけ。パリにはいれ。絶対に立ち止まるな。どれでもいい。好きな道をいけ。パリ市民とレジスタンスに伝えろ。希望を捨てるな。明日の朝には全師団が皆さんとともにいる、と」

ドロンヌは車長たち――シャーマン戦車三台と半装軌車一一台まで数を減らしていた――に手短にブリーフィングをして、出発した。

その日の午後、ルクレールの上官にあたるアメリカ軍司令官は（アメリカ陸軍第四歩兵師団が支援部隊として前進しているはずの右翼に、フランス師団が先遣隊の主軸を動かしたのに憤慨して）、フランス軍がパリに一番乗りをしようがしまいが、アメリカ軍はパリに力づくで乗りこむというオマー・ブラッドリー将軍の命令を伝えた。ドゴールもルクレールも、第二機甲師団が連合軍の指揮下にあるという事実を認めたがっていなかったのは明らかである。

ルクレールからお墨付きを得たドロンヌは、市内にはいる街道の偵察を終えていたパリのレジスタンスに案内されて、ドイツ軍の防御陣地をすべて迂回し、裏道の網の目を通ることで迅速に前進できた。

＊この日、ルクレール師団は死者七一名、負傷者二二五名を出した。装甲車三五台に加えて、その他の車輌一一七台が破壊された(10)。

一時間半で——九時三〇分直前——シャーマン戦車と半装軌車、ジープの短い隊列が市庁舎広場に到着。ドロンヌはジープから降り、あたりを見まわした。有頂天になった市庁舎防衛隊がドロンヌをつかまえ、「フランス万歳!」「ドゴール万歳!」の歓声のなか、意気揚々と市庁舎内に運び入れた。全国抵抗評議会議長ジョルジュ・ビドーがドロンヌを抱擁した。

ドロンヌがオステルリッツ橋を渡ってセーヌ右岸にいたる以前すでに、その到着の知らせを自転車が広め始めていた。ラジオは司祭たちに教会の鐘を鳴らせと呼びかけた。鐘突きの一団がノートルダム大聖堂の大鐘を鳴らし始めた。ひとつ、またひとつと他の教会の鐘が続き、ついに街中に鐘の音が響き渡った。四年間の沈黙のあと、多くの人びとにとって、これが戦争全体でもっとも記憶に残る音となった。ときおり聞こえる重砲の爆音と、ラジオで流されたり街路で自然発生的に歌われ出した絶え間のない『ラ・マルセイエーズ』のリフレインとで、パリ解放はチャイコフスキー作曲『一八一二年序曲』のように聞こえ始めた。

より高級な住宅街では、歓びはこれほど自然発生的ではなかった。陰鬱な沈黙のなかで未来を待ち受けるペタン派のアパルトマン内部や、パリにとどまると決めて、いま外の歓喜の声を聞き、どんな運命が自分たちを待つのかと考えている新欧州秩序擁護者たちの隠れ家のなかだけではない。政治にはほとんど関心をもたず、以前と同じ生活を送った者たちもいた。この人びとは占領中にさまざまな形でドイツ人と交際したとしても、その動機は純粋に社交上のものであり、それについてあまり深くは考えなかったのである。

フォン・コルティッツ将軍は鐘の音を聞いて、上官のシュパイデル将軍に電話をかけ、受話器を開いた窓に向けて、相手が事態を把握できるようにした。

鐘が鳴っているあいだ、レジスタンス新聞『コンバ（闘争）』の編集室にいたアルベール・カミュは、

「巨大な無秩序と巨大な陽気さ[11]」に囲まれて、その後、有名になる社説を執筆中だった。「人間の偉大さは、自らの状況よりも強くあろうとする決意にある[12]」

多くの人びとが、その晩を興奮と期待のなかで過ごした。女性は髪をカールし、ドレスにアイロンをかけた。たいていの女性は、スカートにつける飾り布とか、あるいはせめてイヤリングとか、なにかの形で三つの色を身につけようと計画した。翌朝、フランス人やアメリカ人の解放者を迎えるために、古い衣類を使って旗を縫う者もいた。作家ジュリアン・グリーンの女友だちのひとりは夜を徹して星条旗を縫いあげ、言った。「星のせいで、星条旗にはとても苦労したわ。星をドレスから切り抜かなければならなかった[13]」

八月二五日金曜、解放の日の朝早く、ポルト・ド・サン＝クルーに群衆が集結し始めた。晴天がもどってきた。前夜、ドロンヌが市庁舎に到達した直後に、ジャック・マシュ少佐指揮の分遣隊がセーヴル橋を確保していた。ポール・ド・ラングラード大佐が一六区を通過し、エトワール広場とホテル《マジェスティック》のドイツ軍行政本部に進撃を開始するための準備がすべて整った。

パリに最初にはいったビヨット大佐の部隊がパリ警視庁を目指した。一方、ディオ大佐の部隊はポルト・ドルレアンに向かう。目標は士官学校、アンヴァリッド、国民議会のはいるブルボン宮の防御陣地だった。

灰緑色のシャーマン戦車、半装軌車、ジープ、GMCトラックを最初に目にとめたとき、人びとは車内にいるのはアメリカ兵だと決めてかかっていた。そのあと、車輌にはフランスの白地図にはめこまれたロレーヌ十字がつけられ、一部の兵士は米軍のヘルメットをかぶってはいるものの、他の兵士はフランス陸軍のケピ帽や黒いベレー帽、革製の戦車兵用ヘルメット、濃紺のサイドキャップをかぶっているのが目にはいった。解放を見そこなわないように、老人や病人も病院から運ばれてきた。子どもたちはこの日の出来事を見て、記憶しておくように高く掲げられた。群衆が舗道から波のように押し寄せ、若い娘たちは解放者にキスをするために車輌によじ登った。運転者が民間人をタイヤに巻きこむのを恐れるあまり、縦隊が実質的に停止する事例も多発した。いずれにしても、乗員はキスや、祝賀気分のなかでとまどうほど次つぎと差し出されるアルコールを拒否する理由を見出さなかった。

ジャン・ガルティエ＝ボワシエールは九時直後、経営するソルボンヌ広場の書店で、突然、ルクレール軍到着の知らせを聞き、妻とふたりで店の外に駆けだした。「感動でざわめく群衆が、旗を立て花束をぱらぱらと乗せたフランス軍戦車を取り巻いていた。どの戦車にも、どの機関銃装備装甲車輌にも、カーキ色の機械工のオーバーオールを着て小さな赤い帽子をかぶった乗員の横に、娘たち、女たち、若者たち、腕章を巻いたフィフィたちが束になって乗っていた。道の両側で人垣を作る人びとは喝采し、キスを投げ、通り過ぎる相手と握手し、勝利者に向かって解放の歓びを叫びたてた」(14)

車輌がセーヌ河岸で停止したとき、さらに大勢の若い娘たちが兵隊にキスをするためによじ登ってきた。その直後、リュクサンブール宮を囲むドイツ軍防御陣地攻撃の瞬間がやってきた。警笛が吹かれ、大声がした。「さあ、ご婦人の皆さん、降りてください……元老院を攻撃します」。娘たちは車輌を降り、射手と装塡手はふたたびシャーマン戦車の砲塔に引っこみ、縦隊はサン＝ミシェル大通りを進み始めた。野次馬が戦車のあとに続き、位置に着くのを見守っていた。その間に、反対方向の地下鉄ポール・ロワイヤル駅から、ド・ボワシュー大尉が分遣隊参謀本部防衛中隊を率いて前進してきた。義勇遊撃隊「ファビアン大隊」が自ら申し出て、大尉の歩兵隊として行動するために合流していた。若い騎兵隊将校のド・ボワシューは一七か月後にドゴール将軍の娘のひとりと結婚することになるが、自分が共産党部隊の指揮を執るとは想像だにしていなかった。大尉にはこの逆説的状況について考えている時間はほとんどなかった。リュクサンブール庭園方向からサン＝ミシェル大通りに迫撃砲弾が落ちるのを停止させなければならない。ドイツ軍が元老院の時計塔に監視所をおいていたのは明らかだった。二台の戦車が塔に砲身を向け、一瞬ののちに砲弾を放った。大尉はドイツ軍の監視兵が空中に放り出され、そのあと屋根に落ちるのを見た。

二時一五分、セーヌ右岸一六区では、ド・ラングラード大佐の装甲車縦隊がヴィクトール・ユゴー大通りをエトワール広場に向かってがしゃりがしゃりと前進しているあいだに、パリ市の消防士たちが凱旋門に巨大な三色旗を吊した。クレベール大通りのホテル《マジェスティック》攻撃を見物しようと群衆があつまり、声をかぎりと応援していた。発砲が開始されたとき、地面に身を投げたり、樹木のうしろに身を隠さねばならなかった人びとのなかには、イヴ・モンタンとエディット・ピアフもいた。

《マジェスティック》攻撃は、相変わらず混乱はしていたが、ほとんどおざなりと言ってよかった。守備隊はエリート部隊とは言いがたく、大パリ守備隊の大部分と同様に、「自殺的任務のために上官から見捨てられた[15]」兵隊たちだった。降伏をめぐっては混乱があった。プロテスタントの指導者ベグネル牧師は、灰色のシャツの前をはだけた無帽のドイツ軍兵士四名が両手を首のうしろで組み、銃口の先でエトワール広場まで引き立てられていくのを目撃した。そのうちのひとりは証拠もなしに、白旗が掲げられたあとにフランス人将校を撃ったと言われていた。四人全員が射殺された。四人を救う力がなかった牧師は「恐ろしいことだ！」と記している。その直後、エディット・ピアフは、フィフィの青年がドイツ人捕虜を満載したトラックに手榴弾を投げこもうとするのをやめさせた。

戦闘中に火災が発生して、《マジェスティック》が陥落したあと、群衆は消防士が凱旋門に掲げた三色旗の下に集まり、『ラ・マルセイエーズ』を歌った。戦闘と革命記念祭の印象が「幻覚のように混ざり合った」(16)とベグネルは記している。

ルクレール軍の兵士の多くが、四年間の別離のあと、家族のもとに帰ろうとしていた。ひとりの若い女性は、突然、半装軌車の一台に夫がいるのに気づいた。だが、感動のあまり口がきけなかった。幸い、夫も妻の姿を目にとめたが、ほとんどわが目が信じられないようだった。夫と妻はたがいの腕に飛びこみ、同じように薄汚れた髭面の仲間たちがふたりを取り囲んで、抱擁の歓びを分かちあった。

最重要目標はフォン・コルティッツ将軍を降伏させることだった。その時点で初めて、パリの他の地域で戦闘を終了できる。コルティッツは降伏を要求する文書の受領を拒否した。

ド・ラングラード大佐の部隊が《マジェスティック》攻撃を開始するのとほぼ同じころ、ビヨット大佐の部隊はホテル《ムリス》に向かって前進した。シャーマン戦車五台と歩兵の大群が、ピラミッド広場に立つジャンヌ・ダルクの金メッキ像近くの《ムリス》に向かって、リヴォリ街を動き出した。部隊は目標に近づくと、リヴォリ街に沿って柱から柱へと巧みに身を隠しながら前進した。群衆はカーニヴァル気分で攻撃側に喝采を送ったが、戦闘が開始されると、雰囲気は一瞬のうちに変化した。テュイルリー庭園とコンコルド広場のドイツ軍戦車隊は、シャーマン戦車四輌を代償にして片がつけられた。短い戦闘のあと、抵抗はやんだ。二名のフランス人将校が将軍の部屋にいき、降伏を要求した。

コルティッツ将軍が、ルクレール将軍とのあいだで降伏文書に署名するため、パリ警視庁に移送されるとき、群衆が押し寄せ、なかには唾を吐きかける者もいた。他のドイツ軍兵士は両手を掲げて参謀本部から出てきたところで、おもに女性からなる群衆に襲われた。女たちは軍服を破き、眼鏡や時計をはぎとった。

正式な降伏文書は、レジスタンス指導者立ち会いのもと、警視庁のビリヤードルームで取り交わされた。ロル＝タンギ大佐がＦＦＩパリ司令官として、ルクレールとともに降伏文書に署名をしたいと告げた。大佐の要求は、非共産党員シャバン＝デルマスとリゼ大佐も含めた他の指導者たちにも支持されたので、ルクレールは同意せざるをえないと感じた。混乱のせいで、ルクレールの署名はロル＝タンギの下になってしまった。

儀式のあと、ルクレールはフォン・コルティッツ将軍も含めた列席者のほとんどを従えて、モンパルナス鉄道駅に移動。そこでドゴールを迎えるよう手はずを整えていた。臨時政府首班は四時ごろ到着。その間にコルティッツの戦闘中止命令がドイツ軍最後の防御陣地に送られた。降伏文書を見せられたドゴールは、ロル＝タンギ大佐の署名があるだけでなく、それが一番上にあるのを見て腹を立てた。ロル＝タンギが共産党員であるという事実よりは、大佐が臨時政府、あるいはその軍隊になんの公式な地位をもたないことにいらだったのである。だが、だからと言って、ロル＝タンギにその部下の功績を讃えるのをやめはしなかった。ドゴールは蜂起が創出した神話の価値をよくわきまえていた。

この勝利の午後、ドゴールにとってはなにごとにも増して象徴化が重要だった。市庁舎でビドーやレジスタンス指導者たちと会うのも急がなかった。モンパルナス駅のあと最初に訪れたのは、一九四〇年、ペタンが介入してくる以前にドゴール自身の領土だったサン＝ドミニク街の戦争省である。ドゴールの回想録は、その場所がいかに変わっていなかったかを記している。「家具のひとつ、タペストリーの一枚、カーテンの一枚とて変えられていなかった。電話は相変わらずデスクの同じ場所にあり、押しボタンの下には正確に同じ名前があった」

そのあと、パリ警視庁に赴き、アレクサンドル・パロディとシャルル・リュイゼに会う。ドゴールは大群衆と、鼓手隊長指揮で愛国的な祝歌を演奏するパリ消防隊音楽隊に迎えられた。ようやく夜の八時すぎ右岸に渡り、ジョルジュ・ビドーと全国抵抗評議会の待つ市庁舎に向かう。

市庁舎の大ホールで、ドゴールはその生涯でもっとも感動的な演説をおこなった。「パリ！　蹂躙されたパリ、破壊されたパリ、殉教者のパリ、だが解放されたパリ。自らの手で、人民の手で、そして全フランス、すなわち、闘うフランス、真のフランス、永遠のフランスの助けを借りて解放されたパリ」

だが、レジスタンスの多くは、あるひとつの点について、将軍は充分に感情をこめてはいなかったと感じた。「より大きな理解を示してもらいたかった」と、そのひとりは日記に記している。「それに、あの演説……短くて、権威があり、非の打ち所がない。大変けっこう、完璧。だが、それでもやはり、あれほどまで献身的に活動した全国抵抗評議会とアレクサンドル（・パロディ）には感謝の言葉を告げるべきだった(17)」

ドゴールが演説を終えたとき、ビドーは下で待つ群衆に向かって、共和国を宣言してくださいと要請したが、ドゴールは拒否した。ドゴールが計算づくで高慢に振る舞った結果に負うところが大きいが、このやりとりはドゴールがビドーとレジスタンス指導者たちを冷酷に無視した場面として描かれることが多い。のちにはビドー自身までもが、激しい衝突という神話作りに貢献した。

実際には、ドゴールはただ単に、ペタン政権は非合法の逸脱だったという自らの見解をもう一度、強調しようとしただけだった。ビドーから要請が出されたとき、ビドーの官房長ルネ・ブルイエはふたりの男のすぐうしろに立っていたが、やりとりをはっきりと記憶している。「ジョルジュ・ビドーの要請は、一八四八年と一八七〇年に市庁舎のバルコニーから発せられた共和国宣言の思い出を頭のなかにもつ歴史教師の要請だった。その結果、ドゴール将軍にごく自然に要請をし、将軍も同じように自然に答えた。『だが、なぜ共和国を宣言する必要がある？　共和国は存在するのをやめたことは一度もないのだから(18)』」

とは言うものの、ドゴールは姿を見せることには同意した。市庁舎の「バルコニー」は、ただの重厚な欄干というだけではなく、中央の窓をいっそう目立たせ、それに重要な意味合いを加えていた。ドゴールはバルコニーに出て、眼下の群衆に向かい、あの果てしなく長い腕を勝利の印に掲げた。群衆は耳をつんざかんばかりの大歓声でこれに応えた。

パリの新しい軍政府長官ケーニグ将軍は、第二機甲師団の将校たちをアンヴァリッドの晩餐会に招いた。将校たちが屋内にはいる前に、ケーニグはド・ボワシュー大尉を中庭で呼び止め、腕でぐるっとあたりを払いながら言った。「見たまえ、ボワシュー、すばらしいじゃないか。パリの驚異を破壊せずに解放したんだ。首都の橋すべて、偉大な建造物すべて、芸術の至宝すべてが手つかずのままだ」

最後に到着した招待客はマシュ少佐で、相変わらず油まみれの戦闘服姿で薄汚れたままだった。少佐はナプキンをはらりと広げると、一七世紀のつづれ織りを張った椅子に注意深く広げ、そのうえに腰をおろして食事をした。

パリ中心部のいたるところで、解放者たちが祝宴の席についていた。デイヴィッド・ブルース大佐とアーネスト・ヘミングウェイが、私兵の一団を従えて《リッツ》のロビーにはいったとき、ホテルは空っぽのように見えた。だが、すぐに、支配人のクロード・オゼロが姿を現した。オゼロはヘミングウェイとブルースの両方を戦前から見知っていた。四六歳になるブルースは、F・スコット・フィッツジェラルドのプリンストン大学時代の友人で、第一次世界大戦後にフランスで軍役を務めたあと一九二七年に合衆国に帰国するまで、青春の大半をヨーロッパで過ごした。

「泰然自若」としたムッシュー・オゼロは、なにをご所望でしょうかと尋ねた。ヘミングウェイとブルースは、うしろにいる集団をちらりと見て、だいたいの数を数え、マティーニを五〇杯ほしいと答えた。マティーニは「バーテンダーが姿を消したので、あまりうまくはなかった」とブルースは日記に書いている。「だが、そのあと、すばらしい晩餐が続いた[19]」

歴史のなかでこのとき一度、兵隊たちのほうが上官たちよりも楽しい時間を過ごしたように見える。シモーヌ・ド・ボーヴォワールが昼間「博愛の放蕩[20]」と呼んだものは、日が暮れたあと、ただの「放蕩」になった。その夜、ひとりで眠らなければならなかった兵士はほとんどいない。

マシュ大佐はアンヴァリッドの晩餐会から、凱旋門の無名戦士の墓のまわりに設営している自分の大隊にもどったが、のちに、そこに見出した光景には幕をかけたかったと書いている。事実、性行為はあまりにも広い範囲に及んだので、あるカトリック団体がパリの若い女性に大急ぎでチラシを配ったほどである。「若い勤労婦人の皆さん。解放の浮かれ気分のなかで、皆さんの優しさを無駄にしてはいけません。将来の家庭のことを考えなさい」

とは言うものの、全員が自由の新時代を味わうために街路に出ていたのではない。ベグネル牧師は開いた窓越しに、隣に住む老婦人がいつもの晩とまったく同じようにテーブルに向かい、トランプでひとり遊びをしているのを見た。

第5章 解放されたパリ

戦闘の翌朝、奇妙な静けさがパリを支配した。早朝、損害を点検に出かけた者――若者たちは前の週から蓄積した疲労と前夜の騒ぎすぎを眠りで癒していたので、主として年配の世代――に、戦闘の痕跡は起きた出来事の現実を十二分に証言していた。

ホテル《ムリス》をめぐる攻防で、コンコルド広場北側に建つ海軍省の大きなファサードから巨大な円柱数本が撃ち落とされていた。広大なコンコルド広場にあると、焼けこげた戦車さえ小さく見える。そのすぐ先のテュイルリー庭園では、炭化したティガー戦車の残骸がまだ煙をあげていた。

川向こうの外務省前には、さらにもう一台、焼けこげた戦車の残骸――こちらは第二DBのシャーマン戦車――があり、その腹にはチョークで「ここで三名のフランス人兵士が死亡した」と書かれていた。その黒く焼けた車体には、すでに花が手向けられていた。街角や建物の戸口など、犠牲者が安全な場所まで逃れられなかったところにも、まもなく花々が手向けられ始めた。通行人はしばしば立ち止まり、そのあとまるで墓地にいるように、そのまわりを注意深くまわって通っていった。花束は、ふたたび自由になったパリを見るまで生きられなかったすべての人びとを思い出させた。*

他の多くの地域が戦闘で被害を受けた――リュクサンブール宮とその周辺、シャン・ド・マルス、ブルボン宮、シテ島、レピュブリック広場。だが、ケーニグ将軍が指摘したように、歴史的建造物の被害がこれほど限定的ですんだのは信じられないほどの幸運だった。浜に乗りあげた鯨のように巨大なベル・エポック時代の建物グラン・パレはほぼ骨組みだけにされてしまったが、他の主要な建物はすべて修復可能だった。

サン＝ミシェル大通りのカフェでは、銃弾で蜘蛛の巣状にひびのはいったガラスも、プライドと費用の両方から入れ替えられずにそのまま残されていた。戦闘で割れた店のウインドーはすばやく板でふさがれた。それでも人びとは、ドイツ軍がいまだに重砲射程内のル・ブルジェにいるにもかかわらず、爆撃の危険は去ったと信じて、自宅の窓に格子状に貼った粘着テープをはがし始めた。

前日の解放者はもちろん、多くの人びとがセックスや情け容赦のない乾杯の酒で頭をふらふらさせていた。デイヴィッド・ブルースは、ぐいと突き出されるボトルを断るのは不可能だったと記している。ボトルは解放の瞬間のために、ほとんど聖なるもののように秘蔵されていた。「体調を崩しかねないほど、いろんな酒がちゃんぽんにされた」とブルースは書いている。「午後だけで、ビール、シードル、ボルドーの赤と白、ブルゴーニュの赤と白、シャンパーニュ、ラム、コニャック、アルマニャック、カルヴァドスを飲んだ[1]」

解放の日がＦＦＩとルクレールの兵員のものだったとすれば、八月二六日土曜はドゴールの勝利の日となった。

ルクレールのアメリカ人上官ジェロウ将軍が不協和音を鳴らしていた。ジェロウは、この数日間、フランス人ルクレールが自分の命令を無視したことに相変わらず腹を立てており、第二機甲師団にすべての戦勝祝賀行事参加禁止を指示した。だが、市内からはいまだ敵が一掃されたわけではなく、安全を提供し、公序を維持するために、ドゴールはルクレールの兵員を必要としていた。ヴィシー配下のミリス民兵は、フォン・コルティッツ将軍の戦闘停止命令の対象外であり、また他のドイツ軍部隊が北から反攻してくる可能性はつねに残っていた。

午後早く、パリ中心街に巨大な群衆が集結した。その多くは、首都圏の外から一二キロかそれ以上を徒歩でやってきた。陽光のなか、一〇〇万を優に超す人間が、凱旋門からノートルダム大聖堂にいたる道の両側に集まっていた。** よく見える場所を確保するために、人びとは道路を見おろす窓に群がり、若者は街路樹や街灯によじ登った。屋根の上にまで人が鈴なりになっていた。これほどの数の群衆をパリが目にしたのは初めてだった。多くがお手製の三色旗を手にしていた。

三時、ドゴールが凱旋門に到着。パロディ、リュイゼ、シャバン＝デルマス、ビドーその他の全国抵抗評議会メンバー、ダルジャンリュー提督、そしてもちろんジュアン、ケーニグ、ルクレールの各将軍ら主要な人物全員がドゴールを待っていた。

臨時政府首班は、エトワール広場に展開して並ぶ連隊車輌上に立つチャド歩兵連隊〔一九四三年、モロッコにおいて、ディオ大佐のもとに植民地軍、本国軍その他で結成された部隊。第二機甲師団に配属された〕の敬礼を受け、凱旋門の下で、一九四〇年六月、ドイツ軍がパリ市内に行軍してきたとき以来消されていた無名戦士の墓にふたたび「追悼の炎」を灯した。そのあと、ルクレールのシャーマン戦車四台に先導され、シャンゼリゼをコンコルド広場に向かって歩き始めた。

＊推定の死者数には大きな幅がある。多くは数字が大きすぎるように見える。パリ市公文書館は、近郊も含めて八月中の死者数を二八七三名と記録している。

＊＊フランス世論研究所による開戦以来初めての世論調査では、サンプルとなったパリ市民の五六％が、当日、そこにいたと主張している。「これは国民投票だ[2]」という感想が巷間に広がった。

政府関係者の行列は自分の信用証明を確立しようとする多数の官僚で膨れあがったが、そのうしろにＦＦＩの義勇兵と、行列に加わろうと決めた見物人の大群が続き、歩きながら抱きあった。遠くからは岩にあたって砕け散る波の咆哮とその反響のように聞こえる喝采に応えて、ドゴールはときおり腕を掲げた。回想録に記している。「この瞬間、諸世紀を通して、ときおりわれらの歴史を照らしにくる国民意識の奇蹟のひとつ、フランスの偉業のひとつが起きた」(3)

しかしながら、全員がドゴールという男にエールを送っていたわけではない。群衆のなかには喝采をするペタン派もいたはずだ。わずか四か月前には元帥に喝采を送っていた人びとがかなりいたのはたしかである。一方、共産党員は、まだモスクワにいるモーリス・トレーズを讃えて、場違いに「モーリス万歳！」と叫ばずにはいられなかった。トレーズは、開戦時にスターリンの命令でフランス軍を脱走して以来ずっとモスクワにとどまっていた。

ミシェル・レリスと凱旋門まで出かけたシモーヌ・ド・ボーヴォワールは、その日の祝典に賛同した理由について、のちに言葉を選びながら書いている。「巨大な群衆にまざって、私たちは軍事パレードではなく、混乱した壮麗な民衆のカーニヴァルを歓呼で迎えた」(4)。ジャン＝ポール・サルトルは、ホテル《ルーヴル》のバルコニーから見物しようと、道路のずっと先で待っていた。

先頭を警察車輌、続いて戦車四台がしっかりと固め、ドゴールの護衛隊はだいたいが自ら護衛を買って出たＦＦＩ集団によって増大した。コンコルド広場では、分捕り品のミリスの制服（その出所は三色の腕章で不問に付されていた）を着たレジスタンス〈ユダヤ軍〉の小隊が加わった。ドゴールがノートルダム大聖堂まで最後の二キロをいくために、オープンカーに乗りこんだ直後に銃声がした。それが真剣な暗殺の試みだったのか、挑発だったのか、あるいはただ単に武器に不慣れなうえに緊張した人間があまりにも多すぎたせいだったのか、今日にいたるまで解明はされていない。

コンコルド広場やリヴォリ街で、群衆は地面に身を投げたり、ルクレール師団の装甲車輌団のうしろに避難したりした。ひとりの男は盾がわりに自分の自転車を頭上に掲げた。弾がどこから発射されたのかだれもわからず、その結果はパニックだった。フィフィが屋根や窓に向かって発砲を始めた。ホテル《ルーヴル》のバルコニーにいたジャン＝ポール・サルトルは、引き金に指をかけられれば大よろこびのフィフィにミリスの狙撃手と勘違いされ、銃撃された（ホテル《クリヨン》の窓から見ていたジャン・コクトーは、くわえていたタバコが「真っ二つにちぎれた(5)」と、あまり信用のできない主張をしている）。大蔵省の高級官僚が執務室の窓辺で撃たれて死亡。コンコルド広場とリヴォリ街で少なくとも半ダースの人間が死亡した。

この日はそのあと一日中、ルーフとサイドにＦＦＩのイニシャルを書き殴った黒い前輪駆動のシトロエンが、はらはらするようなスピードで、さも偉そうに走りまわり、屋根や窓に向かって発砲するときだけ停車した。レジスタンスに徴用された他の車輌には、ライフルを抱えて泥よけに横たわったり、ステップに立ったりする男たちが乗っていた。「英雄が増殖中」とガルティエ＝ボワシエールは書いた。「頭のてっぺんから爪先まで武装して、弾帯をメキシコスタイルに巻いた駆けこみレジスタンスの数はかなりの数にのぼる(6)」

その間、ドゴールは銃声が聞こえないふりをしていた。オープンカーはリヴォリ街を市庁舎まで下り続けた。市庁舎の前で共和国衛兵軍楽隊が閲兵式のために整列していた。短時間の停止のあと、ドゴールはアルコル橋を渡り、ノートルダムに向かった。

大聖堂前の歓迎団では、パリ大司教シュアール枢機卿猊下の不在が目についた。猊下は出席を望んだが、ドゴール派やレジスタンスの目から見れば、猊下に好ましいところはほとんどない。一九四二年八月、猊下はドイツ国防軍内で戦うためにロシアに向かうフランス志願兵部隊のための祝福ミサで、贖罪をあたえることを強く主張した。一九四四年四月には、パリを訪問したペタンを歓迎し、解放のわずか二か月前には、フィリップ・アンリオのために壮麗かつ厳粛なる葬儀をとりおこなって栄誉をあたえていた。アンリオはレジスタンスに暗殺されたが、ヴィシーの情報相であり、親ナチの宣伝者だった。

ドゴールがノートルダムにはいったちょうどそのとき、ふたたび銃声がした。聖堂の外では、FFI集団が塔に向かって発砲し始めた。ユダヤ人小隊は北塔を集中的に狙った。聖堂内では、警官と兵士がドゴールを守ろうとして、隅や天井を狙った。数発の弾が石の塊を落とした。信徒団は床に身を投げ、そのあと、柱や、さらには椅子の下にまで身を隠そうとした。ドゴールは混乱から抜け出し、ミサが始められることになっていた主祭壇に進んでいった。

前夜遅くパリに到着していたイギリス軍情報将校マルコム・マガーリッジは、事件全体をこう記述している。「息を吞むような効果だった。全員が起立していた巨大な信徒団が一斉に床に身を伏せた。例外がひとりいた。独りぼっちの巨人のようにぽつんと立つひとつの姿。もちろんドゴールだった。それ以来、私はドゴールをつねにこんなふうに見てきた――ただひとり、そびえ立ち、残りの者は平伏する」[7]。アレクサンドル・パロディのように、ほかにも立ったままの者はいた。だが、すべての目がドゴールに釘づけになっていた。ドゴールだけが威厳があり、恐れを知らず、そして手を触れえぬように見えた。

この事件によって、ドゴールはもっとも早い機会にFFIを武装解除しようという決意をなおいっそう強くした。公共の安全にとって、ミリスの「第五列」のどんな残り滓よりも、FFIのほうが大きな危険を意味することに、これ以上疑いの余地はなかった。騒乱は二重の驚異を意味した。「公序は生死に関わる問題である」と、数日後、サン＝ドミニク街を訪れた者にドゴールは語っている。「もし自分たちの手で再建しなければ、外国人がそれをわれわれに課してくるだろう[8]」。アメリカ軍とイギリス軍はもはや、同盟軍というよりも「外国軍」と見なされているように思えた。

戦勝祝賀第二夜、一一時半に空襲警報が発令された。ドイツ空軍が報復爆撃に訪れ、闇雲に爆弾を落とした。ある病院は重大な損害を受けた。ワイン卸市場の蒸留酒倉庫も同様だ。夜空を背景にして、オレンジ色の輝きがパリのいたるところから目にできた。


解放の日、「四四番地」と呼びならわされてきたペルティエ街四四番地の党本部には、ほとんどすべてのフランス共産党員が集まってきたように見えた。刑務所から釈放された者はニュースを求めて六階建ての建物に顔を出し、その多くが、恐ろしい歳月をだれが生き延び、だれが生き延びなかったのかわかるのではと期待して、近くのカフェに出かけた。建物の玄関は、前の占拠者、ミリス置きみやげの砂袋で守られていた。

六日後、トレーズの副官で代役のジャック・デュクロが党中央委員会を召集した。その夜の出席者はわずか二〇名ほど。なかにはソルボンヌ大学で火焔瓶を製造した科学者ジョリオ゠キュリー教授もいた。四台の机が「結婚式の祝宴」(9)のように長方形に並べられ、古参共産党員のマルセル・カシャンが議長を務めた。カシャンの頭のうしろでは、三色旗をこれ見よがしに飾った布告文が、「フランスのために命を落とした」中央委員の名前を列挙し、別の壁からはスターリンの写真が委員たちを見おろしていた。

フランス共産党の戦時三頭体制でデュクロと並んでいたのは、戦後の共産党労働組合運動で巧みな指導者となるブノワ・フラションと、占領中の共産党系レジスタンス真の指導者、冷徹で機略縦横の男、シャルル・ティヨンだった。デュクロはティヨンの影響力を恐れ、すぐに手を打って、ティヨンをドゴール内閣の共産党系大臣のひとりにした。大臣という立場はティヨンの活動の自由を制限し、共産党内部の真の権力中枢から排除するだろう。

同僚たちの前で、デュクロは微妙な立場にいた。一九四〇年、党紙『リュマニテ』復刊と共産党員受刑者釈放を手に入れるために、独ソ不可侵条約を引き合いに出して、ドイツ軍当局への接近を画策したのはデュクロだった。交換条件として、デュクロはフランスを労働の現場にもどすことを提案した。そうすればフランス共産党は依怙贔屓してもらえるという考えを、ティヨンは嘲笑した。「くそ、パリでドイツ人がわれわれをロシア人扱いすると思うのか？」[10]

デュクロは小柄で、ティヨンのような男の目にはほとんど滑稽に見えた。丸眼鏡をかけた丸顔は、デュクロを現状に満足しているプチブルに見せていた。だが、はかりがたい微笑と賢く小さな目は、この男がなぜこれほど見事に生き延びてきたのか、その理由についての手がかりをあたえる。デュクロは、最後に頂点に立つのはモスクワで定められたとおりの党方針に忠実に従う者だと知っていた。コミンテルンは一九四三年五月、主としてアメリカ政府のご機嫌をとり、武器貸与援助の流れをなおいっそう太くするために、正式に解散していた。それはただ単純に、同じ指導者ゲオルギ・ディミトロフのもとで、だが中央委員会国際局という別の名のもとで機能し続けていたのである。

レジスタンスに参加したフランス共産党員の多くは、独ソ不可侵条約締結中に党を離れていたが、このことの真の意味をよく理解せず、解放の背中に乗って革命を始めたがっていた。だが、それが同志スターリンの戦略に合うかどうかを立ち止まって考えた者はほとんどいなかった。スターリンがフランス共産党に革命開始命令を出さなかった理由はきわめて単純である。それはソ連の利益にはならない。西側連合国諸国がドイツ侵攻を準備しているときに、その背後でフランス共産党が権力奪取を試みれば、アメリカ合衆国とのあいだに大きなひびがはいる原因になるだろう。スターリンは赤軍を存続させておくために、相変わらずアメリカから大量のロジスティクス支援、とくに赤軍の機動性を変えたスチュードベーカー社とドッジ社のトラックを必要としていた。一方、激しく恐れていたのは、アメリカとイギリスがヒトラーと密かに和平を結ぶことであり、英米の背後でフランス共産党が蜂起すれば、両者にひとつの口実をあたえるかもしれなかった。

特筆すべきわずかの例外を除いて、フランスの歴史学者は、解放後の共産党による権力掌握失敗を、ただフランスの論拠のみに基づいてしか見られなかったようだ。もちろん歴史学者の場合ほど驚くには値しないが、戦争中に入党した共産党員の多くは、フランス共産党がソ連の同盟者ではなく、ソ連に全面的に従う忠実な僕《しもべ》だったことをまったく理解していなかった。しかしデュクロにとって、問題はモスクワから明確な指示が発信されなかったことである。フランスはソ連の優先リストのごく下位にあった。

トレーズが開戦時に脱走した件でドゴールから恩赦を得て、モスクワから明確な指示を手にもどれるようになるまで、デュクロは党紀を示せない。しかし、当面はトレーズにはモスクワでいらいらと待ちきれない思いでいることしかできなかった。ドゴール将軍はトレーズの電報に答える手間さえとらず、モスクワ駐在の自分の代理に、すべての遅延はカイロ経由の空路を確保するイギリスのせいだという伝言をもたせただけだった。

ティヨンとその支持者が政治変革のための兵力としてレジスタンスに武装させ続けておこうとしたのに対し、デュクロはずっと用心深かった。だが、党は可能なところすべてで、要のポストに党自身の候補者をつかせることで、相変わらずその力を増強させていた。ひとつの方法は、裏切り者に対して民衆の正義を求め、結果として始まる粛清のあいだに、反共主義者を対独協力者として告発し、党自身の人間と置き換えることである。ドイツ軍が駆けこみでおこなった虐殺の報告がフランス全土から次つぎと寄せられていた。ドイツ軍将校が政治犯を釈放した事例もあったが、ほとんどのニュースがこれほど陰鬱では、虐殺に対するほどの注意は向けられなかった。

九月一日、フランス国内外の報道機関に、ボヴォ広場の内務省真裏にあたるソセ街のゲシュタポ拷問室見学が許可された。『リュマニテ』紙は、容赦のないキャンペーンで大量虐殺や拷問の話を徹底的に利用するため、できることはすべてやった。その言わんとするところは、ヴィシーとその官僚はすべての犯罪に、直接的、間接的、あるいは提携によって関与していたということである。

解放されたパリに新たに到着した者たちは古い友人を捜しに出かけた。ヘミングウェイが最初に訪れたひとりは、オデオン街一二番地のシルヴィア・ビーチだった。一九四一年にドイツ軍がビーチのシェイクスピア&カンパニー書店を無理やり閉店させた結果、左岸のこの地区に集まった祖国離脱者たちの生活が過去のものとなってしまったことをヘミングウェイは悲しんだ。だが、少なくとも、ビーチは六か月を収容所で送りながら生き残っていた。

サン゠ジェルマン゠デ゠プレのカフェでは、人びとはさまざまな戦時体験を語り合ったり、検閲や距離によって知らずにいた事件の話を聞いたりした。レーモン・アロンはロンドン空襲の話をした。ワルシャワ蜂起や死の収容所についての最初の噂など、なおいっそう恐ろしい話も浮かびあがり始めた。あっと驚くような新しい役をまとって、ふたたび表に出てきた人間もいた。右翼の反ユダヤ主義者たちには、ゲシュタポからユダヤ人や共産主義者を救い出した手柄話がたっぷりあるように見えた。嘲りをこめて「ＲＭＡ」――résistant du mois d'août「八月のレジスタンス活動家」――と呼ばれたなかには、かつて同胞をドイツ人に告発しながら、今度は仲間の対独協力者を口をきわめて告発する人間もいた。その悪口雑言の激しさに、人びとはあえて反論をためらうほどだった。

新しい友人を作る時だった。カミュはサルトルとボーヴォワールを、ＦＦＩの従軍司祭ブリュックベルジェ神父に紹介した。ふたりが会ったとき、神父は《マルティニックのラム酒場》にいて、白いドミニコ会士の僧服姿でパイプをふかしながら、強烈なパンチを飲んでいるところだった。サルトルたちはまた作家のロマン・ギャリと詩人のリーズ・ドゥアルメとも出会った。ドゥアルメのサロンには、シュルレアリスムの生き残りたちが足繁く訪れていた。アメリカ軍の黒人兵は、サン=ジェルマンでジャズに飢えたパリジャンに迎えられ、温かい歓迎を受けたので、その多くが帰国するかわりにここにとどまろうかと考えた。

議論と思想と会話の時だった。ジャン・コクトーと友人たちは、ジャコブ街のホテル《サン=ティヴ》のバーで謁見式をおこなった。ピカソと同様に、コクトーはその独り語りで有名だった。コクトーにとって、「語りこそがその言葉であり、コクトーはそれを軽業師の巧みさで使いこなした[11]」。

祝宴と飢餓の時でもあった。タバコへの渇望は通り過ぎるジープから投げられるキャメルの箱で部分的に癒されるだけで、骨と皮の胸郭よりもずっと目についた。人びとはニコチンの最後の一滴まで吸えるように、一九二〇年代に流行したキセルを引っぱり出してきた。戦時中のピカソのミューズ、ドラ・マールを撮影したブラッサイの写真には、キセルまであと一ミリのところまで燃えて灰になったタバコが写っている。ヤミ市がどんどん発展した。夜、地下鉄ストラスブール=サン=ドゥニ駅は、「すれ違いざま、口の端でささやきかける男たちでいっぱいだった。『チョコレート？　タバコ？　ゴロワーズ？　イギリスの紙巻きタバコ？[12]』」

ワイン卸市場が破壊されたにもかかわらず、どういうわけか奇蹟的な供給量の安酒が手にはいり続け、解放のあとにパーティ熱が続いた。フランスの重要な文芸誌『ラ・ヌーヴェル・ルヴュ・フランセーズ（新フランス評論）』の右翼による乗っ取りに対抗した『レ・レートル・フランセーズ（フランス文学）』は、共産党の「ロイヤル・カップル」、ルイ・アラゴンとエルザ・トリオレ主催のカクテル・パーティを開いた。ヴェルコールの『海の沈黙』やフランソワ・モーリヤックの『黒いノート』のような地下出版物で大きな称讃を得たミニュイ書店は、ヴェルサイユでラ・フォンテーヌの芝居付きパーティを開いた。趣味の点からもまた物資不足の点からも、おしゃれをしていたのはほんのわずかだった。ボーヴォワールは大事な時のために黒いスーツを一着だけもっていたが、サルトルは着古したランバージャケットをめったに着替えなかった。

だがGIにとって、もっとも心に長く残るパリの思い出は、短いスカートに風をはらませて自転車に乗る若い娘たちだった。ガルティエ＝ボワシエールは「ランプシェード型の短いスカートが、ピンクの太腿をたっぷりと露わにしていた[13]」ようすに目をとめている。この自転車用の短いゆったりとしたドレスはパッチワークで作られた。もっともパッチワークでさえ、品質にはばらつきがあった。ボーヴォワールは「おしゃれさんたちは贅沢な絹のスカーフを使った。私たちサン＝ジェルマン＝デ＝プレでは、木綿のプリント地で間に合わせた[14]」

額の上に高く結いあげた長髪は電力不足対策のひとつだった。絶え間のない停電のために、美容師は盛んに逆毛を立てる手段に出た。リー・ミラーは、上階のドライヤーに電流を供給するために、発電機につながれた自転車を猛烈な勢いで漕ぐ二人の男の写真を撮影した。なかでも一番創意に富んでいたのは、底が木製の靴である。木靴の堅さを回避するために、小さな木ぎれを連結して靴底にした（ドイツは、ドイツ国防軍のために革の在庫をすべて接収した）。こつこつと舗道を打つ木底の靴音は戦争中でもっとも印象深い音だった。モーリス・シュヴァリエの持ち歌のひとつは『木靴の底のシンフォニー』と題されている。

モーリス・シュヴァリエは解放のとき、シャンソン『パリの花』に全力を注いだ。この感傷的な愛国歌が、ドイツ軍運営のラジオ＝パリで歌ったことやその他の告発から「税関を通して[15]」（粛清委員会という形の「税関」を通過させて）もらう助けになることを期待していたのは明らかだ。シュヴァリエ、シャルル・トレネ、歌手でありナイトクラブの所有者でもあるシュジー・ソリドールはいずれもブラックリストに掲載され、ティノ・ロッシはフレーヌ刑務所に監禁された。シュジー・ソリドールは各紙の主幹を訪ねてまわり、自分はレジスタンスのために働いたのであり、唯一非難されることがあるとすれば、『リリ・マルレーン』がイギリス軍で大流行していたときに、それを歌ったことだけだと主張した。

エディット・ピアフさえも、シュヴァリエ同様にドイツでフランス人捕虜のために歌ったことで一時疑いの目をかけられた。だがシュヴァリエとは違って、ピアフはペタン政権を一度も支持しなかった。シュヴァリエはかんかん帽を脱ぎ、記者たちに忠誠の印としてヴィシー水のボトルを飲んでみせた――このとき写真撮影に応じたのは、そのキャリアを通じてもっとも大きな判断の誤りだった。

レジスタンスとしての信任状が完璧な歌手がひとりいるとすれば、それはジョゼフィン・ベーカーである。ドゴール将軍は、ベーカーの英雄的活動に関するジャック・アブテ司令官の著作『ジョゼフィン・ベーカーの秘密の戦争』に序文まで書いている。ドゴールはまた、ベーカーの解放後初のコンサートにも出かけた。ジョゼフィン・ベーカーはド・ラトル将軍の第一軍とともにフランスにもどり、古い友人たちと会い、ベーカーは死んだという報告が時期尚早であったことを証明した。一一月にはパラマウント座で、フランス空軍チャリティのためのガラコンサートを開き、このときヴァンサン・スコットがベーカーのために書いた最後の曲のひとつ『パリ・シェリ』を歌った。ジョー・ブイヨンの楽団が伴奏を務め、そのしばらくあと、ベーカーはブイヨンと結婚した。

マルコム・マガーリッジは軍服姿のまま仲間の将校と、まったく趣の異なる左岸のキャバレに出かけた。客がぎゅう詰めになり、タバコの煙が重く垂れこめていた。「小さなステージを照らすのには、いまにも消えそうな蠟燭しかなかった。ステージでは、ひとりのつるっぱげが、大きくて悲しげなピエロの顔をして、単調なモノローグを語っていた。そのなかで、男はドイツ軍がパリにきて以来、わが身に起きた恐ろしい出来事をすべて回想した。『そして、いま』と男は果てしない悲嘆の表情を浮かべ、その悲嘆を通してなんとか歪んだ微笑を浮かべようと苦闘しながら話を終えた。『そして、いま、わたしたちは解放された！』観客はトレヴァーと私をいぶかしげに見ながら、わっと賛同の拍手を送った。どういうわけか、それはこの状況についてのもっとも完璧なコメントに思えた(16)」

第6章 亡命への道

解放時、ドゴールを迎えた喝采の響きは、ヴィシー版のフランスが、蒸発して消え去ったという印象を創出するのに手を貸した。まるでそんなものは本当には一度も存在しなかったかのようだった。これは妖精物語で終わった怪談であり、国家の誇りが受けた深い傷を癒し、共和国の合法性の概念を助長した。

だらだらと引き延ばされたペタン政権の死は、その自己欺瞞のグロテスクな結実だった。一九四〇年に老元帥を支持した愛国者も、一九四四年までには、元帥の「対独協力への道」が占領軍の手に握られた不名誉と屈辱の道であったことに気づいていた。反目しあう親ドイツ諸派――ピエール・ラヴァル、マルセル・デア、ジャック・ドリオ、ミリスの頭目ジョゼフ・ダルナンの各派閥――はようやく、自分たちが新欧州秩序の対等のパートナーからはほど遠いことに気づいた。ナチスは親ドイツ派を軽蔑し、ただ自分たちの目的のためだけに利用した。連合軍がノルマンディーを突破すると、レジスタンスの報復を免れえない者たちの脱出騒ぎは、八月一七日のドイツ人官僚の出発といい勝負だった。対独協力新聞『ジュ・スュイ・パルトゥ』(私はあらゆるところにいる)は、「ジュ・スュイ・パルティ」(私は出発した)と呼ばれ始めた。

フランス側ドイツ側双方で、極右どうしのおたがいに対する憎悪と猜疑心は、ナチス・ドイツの敗北が近づくにつれていっそう悪意に満ちたものになった。最初の犠牲者のひとりは、戦前のカグール団団長ウージェーヌ・ドゥロンクル。一九四四年一月七日、ドゥロンクル逮捕のため、ゲシュタポがアパルトマンにきた。ゲシュタポを自分を暗殺にきたレジスタンスの「テロリスト」だと勘違いしたドゥロンクルは発砲。ゲシュタポにその場で射殺された。そのあとゲシュタポの一部がアパルトマンを略奪しているあいだに、残りがドゥロンクルの家族を逮捕した。息子のひとりは意識不明になるまで殴られた。妻と娘のクロードはフレーヌ刑務所に移送され、レジスタンス活動家とともに拘留された。

一九四四年八月、ミリスの首領ジョゼフ・ダルナンは、ちりぢりになったミリスの諸集団に東方への撤退を命じた。パリでは、ジャン・ガルティエ=ボワシエールが、ミリス民兵がトラックの隊列を組んで、聖ルイ高等学校を去るところを目撃した。

報復を恐れたミリス民兵はフランス各地から妻子を連れて、ますます要塞化されていくドイツに逃亡した。南西部からは、攻撃を受けやすい小集団で敵対的な土地を長距離移動しなければならなかった。老元帥はヴィシー退去の命令に正式に抗議した。元帥はオットー・アベッツの代理大使フォン・レンテ=フィンクに護送され、フランス東の国境ベルフォールに移動。そのあと九月七日に、ヒトラーが亡命フランスの首都に指定した小さな城下町、ジグマリンゲンに到着した。

ドナウ河ほとりのジグマリンゲンは、ホーエンツォーレルン王朝揺籃の地と考えられている。その位置、歴史、そしてほとんどワーグナー的な地名までもが、フランス・ファシズムの『神々の黄昏』の舞台にぴったりの皮肉に思える。だが、現実は偉大なオペラとは大違いだった。もしなにかあるとすれば、閉所恐怖症的な口論が、Dデイの一〇日ほど前にパリで開幕したサルトルの戯曲『出口なし』の地獄の控えの間のパロディに、より似て聞こえたことぐらいだろう。あのすばらしく異彩を放つ作家ルイ=フェルディナン・セリーヌは、そのグロテスクなものに対するたしかな目によって、ジグマリンゲンの完璧な年代記作者となった。『城から城』のなかで、空しい対抗意識を「蟹どものバレエ」と呼んでいる。

　ペタンは特別待遇をあたえられた囚人だった。特別メニュー――ドイツ軍は配給カードを一六枚割り当てた――の恩恵を受け、護衛付きで田舎道を散歩した。ペタンのスイート・ルームは七階にあった。 アンリ・ルッソが著書『あるドイツの城』に記したように、一階下がるごとに階級も下がった。六階にはラヴァルその他の大臣が滞在。ラヴァルは四柱式のベッドに文句をつけた――「農民なんだよ、私は！」毎朝早い時間を、壁に青絹を張った書斎で過ごし、反逆罪の容疑でドゴールの新しい高等裁判所と対決する一般裁判の日に備えて、自分の弁護を準備し、練習した。政府のわずかな現金二〇〇〇万フランを持ち出してきていたが、ドイツの銀行は両替を拒否した。

　政府とは名ばかりのジグマリンゲンの、同じように名ばかりの首班は、破産した貴族のフェルナン・ド・ブリノンだった。ブリノンのユダヤ人妻は「名誉アーリア人」にされていた。ブリノンはヴィシーのパリ大使――ペタンのフランス政府にとって、異常だが重要なパラドックス――だった。ドイツ軍太鼓隊の早打ちに合わせて、ジグマリンゲンの屋根に三色旗が掲げられ、ミリス民兵の儀仗兵が捧げ銃《つつ》をした。フランス国は、もうひとつのばかげた人形芝居、ムッソリーニのサロ共和国と大使を交換した。

　戦争大臣に相当するブリドゥ将軍が、フランス人捕虜のあいだから親衛隊で戦う者を募集する任務につけられた。「情報大臣」は新聞界の大立者ジャン・リュシェールで、複数の愛人と三人の娘を連れていた。娘の一人は銀幕のスター、コリンヌ・リュシェールだった。図書室では、アルフォンス・ド・シャトーブリアンやリュシアン・ルバテのような超右翼の知識人が顔を合わせた。セリーヌはうまくルバテたちを避けた。妻のリュセットとともに町に住まいを見つけ、医者の仕事にもどった。

一二月、アルデンヌ総攻撃の知らせをきっかけに、城内ではほとんどヒステリーに近いような楽観主義が炸裂した。一部の人間は、フォン・ルントシュテット陸軍元帥麾下の戦車隊の燃料がつきたことを知らず、自分たちはドイツ軍を追って新年にはパリにいるはずだと宣言した。惨禍の広がりがようやく明らかにされたとき、唯一残された希望はヒトラーの秘密兵器に対する期待だけだった。より現実的な者にとって、悪夢はフランス植民地軍、セネガル兵か北アフリカ原住民兵の手に落ちることだった。セリーヌは周囲の人間全員を軽蔑しながら、妻とともに、凄まじい死の苦しみにあるナチス・ドイツを通過して北に向かい、デンマークにたどりついたところで身柄を拘束された。

ドイツに避難場所を求めたミリス民兵の妻子についても、その運命はセリーヌといい勝負だった。同盟者として扱われるどころか、最悪の強制収容所にも匹敵する条件下で監禁された。ジッセンでは六〇人の子どもが栄養失調で死亡した。体力がない男たちは強制労働に送られ、残り二五〇〇名は「シャルルマーニュ」と大仰な名がつけられたヴァッフェンSS（武装親衛隊）師団に移された。一九四五年三月、この師団はヒムラー配下の軍集団ヴァイクセル（ヴィスワ）の一部を形成し、ジューコフ元帥の戦車隊がベルリン攻撃前にヒムラーのバルティック翼を掃討したときポメラニアで壊滅した。一〇〇〇名以下がなんとか西方に逃れ、ソ連軍先遣隊の背後で雪に覆われた松林をよろよろと進んだ。

シャルルマーニュ師団の生き残りは、回復をはかるために、ベルリン北のSS訓練基地に移送された。この地で、一九四五年四月、アンリ・フネ大尉指揮下の志願兵一〇〇名がクルーケンベルク将軍に同行して、ソ連軍のベルリン包囲を突破し、帝国首都最後の戦闘に参加。地獄落ちを宣告された者特有の命を顧みない勇敢さで、対戦車榴弾発射筒「パンツァーファウスト」を手に、瓦礫のなかをソ連軍戦車に忍び寄った。SSノルトラント師団のデンマーク人、ノルウェー人数名とともに、いまは見る影もない帝国首相官邸周囲の官庁街を舞台に、赤軍の最終攻撃に立ち向かう。四月二九日のヒトラー自殺前夜、頭上ではいまだ激戦が続くなか、地下鉄の駅で蠟燭の光のもと、短い儀式が執りおこなわれた。SSのクルーケンベルク将軍が、ソ連軍装甲車六台を破壊した功績により、元ミリス民兵ウージェーヌ・ウォロに鉄十字騎士章を授与した。これら新欧州最後の擁護者で帰宅を果たしたのはごくわずかである。

占領の結果としての分裂に苦しむことのなかったイギリスには、片をつけるべき裏切り者はほんのわずかしかいなかった。そのなかでもっとも有名なひとりは、一九四四年八月、パリにいた。インド・ビルマ担当相レオ・アメリーの息子、ジョン・アメリーはナチス政権に心酔し、ベルリンからの放送でヒトラーのために戦えとイギリス人に呼びかけた。ナチスはアメリーを使って、イギリスにおける新欧州支持者集団〈聖ジョージ・レギオン軍団〉を指揮させた。志願したのはわずか六六名、レギオン軍団〔数百の騎兵と三〇〇〇〜六〇〇〇の歩兵から成る〕やコホート隊〔レギオンの一〇分の一〕はもちろん、百人隊さえできなかった。解放時にパリで逮捕されたアメリーは、空路ロンドンに移送されて裁判にかけられ、一九四五年一二月一九日、絞首刑に処された。

在パリのイギリス人で、イギリス当局が話を聞きたがったもうひとりは、裏切り者というよりも自らの政治的無知の犠牲者だった。パリ到着後、マルコム・マガーリッジ少佐に最初にあたえられた仕事は、P・G・ウッドハウス〔一八八一—一九七五。小説家。執事ジーヴス・シリーズで知られる〕の監視だった。ウッドハウスは相変わらず、ドイツ軍からあてがわれたホテル《ブリストル》に滞在していた。一九四〇年、ル・トケの別荘で妻とともに逮捕され、シュレージエンのトストにある精神病院に収容された。六〇歳の誕生日直前に自由の身になり、CBSのベルリン代表から合衆国向けの放送を依頼された。ウッドハウスは、放送がドイツのラジオ局によって都合のよいように利用される可能性があるなどとは考えもしないで、独特の陽気な口調で放送をし、自分の拘禁生活を冗談にして、ドイツ支配下の生活もそう悪くはないという印象をあたえた。

この事件は、イギリスでタイミングの悪いときに持ちあがった。空襲を耐えている人びとのほとんどには、全面戦争の時代にあってもなお人を憎めないウッドハウスは理解不能であり、その無造作な言いぐさ――もっとも悪名高いのは「イギリスが勝とうが勝つまいが」――は、大きな怒りを買った。放送でもっとも激しく攻撃をしかけたのは『デイリー・ミラー』紙の「カッサンドラ」こと新聞記者のウィリアム・コナーだった。コナーの放送は情報大臣ダフ・クーパーがＢＢＣの反対を無視し、個人的に許可を出した。

解放のちょうど一週間後、ウッドハウスはロンドンの内務大臣に宛てて書いた。「わたくしが当地におりますことを急ぎご報告いたします。いまは、わたくしが詳細な報告をおこなうべきときではございませんが、以下のように申しあげることをお許しください。わたくしがドイツのラジオ局で放送することに同意するのと引き換えに、拘禁からの解放を得たという報道機関の報告は完全に根拠を逸しております。わたくしが放送した五回の談話は拘禁解放後に決められ、わたくし自身の提案によってなされました。

ドイツのラジオ局で話をしたわたくしの愚かさは犯罪的でありました。それは認めます。しかし、話をした唯一の動機は、収容所にいたあいだに、アメリカ人読者から寄せられた多数の手紙に対するひとつの回答として、自分の冒険をアメリカ人読者に愉快に描いてみせることでした。五回の談話は、わたくしの拘禁生活の五つの段階に対応しており、イギリス人の一集団が困難な状況下でその精神と勇気とを維持していることを純粋に喜劇的な口調でアメリカ人聴取者に示すのが意図でした(1)」

イギリス当局はどうすべきか心を決められず、したがってウッドハウスをそのままにしておいた。しかし、一一月二〇日の夜、夕食会で警視総監リュイゼと同席した女性が、ベルリンから放送していたウッドハウスがパリのホテルで堂々と暮らしていると告げた。リュイゼは時間を無駄にはしなかった。革のジャケットを着てサブマシンガンで武装した警官四名が、ウッドハウス連行のためにただちに派遣された。

マルコム・マガーリッジはウッドハウスが拘留された警察署を訪れた。エセル・ウッドハウスも、愛犬のペキニーズ犬ワンダーともども連行されていた。担当の警部にとって、ワンダーのけたたましいキャンキャン声を厄介払いできれば御の字で、「マダム・ヴォーデンホース」は帰宅を許された。残るは、フランス当局を説得することだった。「ムッシュー・ヴォーデンホース」は病気であり、マガーリッジ少佐の監視下でサナトリウムに移送されるべきである。一二月一日、ダフ・クーパーはウッドハウスの義理の息子、ピーター・カザレットと面会。ふたりの意見は一致した。「起こりうる最善のことは、フランスが、ウッドハウスをパリから移すのに同意し、田舎で静かに暮らさせることだ[2]」

ジョージ・オーウェルがパリにきたとき、マガーリッジはオーウェルを案内してウッドハウスに紹介。この会見に刺激されて、オーウェルはウッドハウス擁護の記事を書いた。このふたりほど不釣り合いな組合せは想像しがたい。ウッドハウスはオーウェルを「陰気なおやじ[3]」と考えた。一方、オーウェルは、ウッドハウスが自分が想像した空想世界の住民であり、戦争社会主義のデマゴギー的雰囲気のなかで、絶好の人身御供にされたことに気づいていた。

ウッドハウス夫妻はフォンテーヌブローに短期間滞在したあと、パリにもどり、一九四七年、最終的にアメリカに出発するまで、ワンダーに自分たちの肉の配給を食べさせながら、邪魔されることなくほっておかれた。

第7章 戦争ツーリストと《リッツ》戦争

解放に続く数週間、パリはヴェルサイユ和平会議の日々をはるかにしのぐ規模のアングロ＝サクソン大量流入を経験した。いの一番に到着したなかには、情報将校、対抗諜報活動専門家、ジャーナリストが含まれた。一、二週間のあいだに、すでにパリに赴任した男たちの妻、あるいは将来の妻も含めて、ロンドンからの「遊覧飛行をまんまとせしめた」だけの者の割合が急ピッチで増加していった。

九月中旬には、士官級が公式任務でパリに派遣され、各国大使館やＳＨＡＥＦ（欧州連合国派遣最高司令部）に配属されたので、より長期にわたって滞在する人びとが集まり始めた。イギリスの参謀将校は――本人たちは腹立ちまぎれの当惑を覚えたが――軍帽に赤い帯を巻いていたために、ときおりフランス共産党員からソ連軍将校と間違えられた。共産党員は、赤軍に対する熱い称讃の表情を浮かべ、拳を掲げて歓呼の声をあげた。

パリに一番乗りをしたイギリス人将校のひとりに中佐のロスチャイルド卿がいた。ヴィクター・ロスチャイルドはＤデイ以後、アメリカ軍将校にサボタージュ（妨害行為）と反サボタージュの技術訓練をおこなうためアメリカ軍に正式に転属させられ、パリ入り後はアイゼンハワー将軍の最高司令部に加わった。ＹＷＣＡ（キリスト教女子青年会）に宿舎を提供されたが（「まことに奇っ怪」と友人のタブ・クーパーは手紙に書いた。「貴君は、青年（Young）でも女子（Women）でもキリスト教徒（Christian）でもないのだから」）、マリニー大通りにある従兄ロベール・ド・ロートシルト男爵の邸宅に宿替えをするまでに長い時間はかからなかった。邸宅はアメリカ軍部隊に占拠されていた。しかし、ロスチャイルド卿はアメリカ軍を追い出し、この家を自分の反サボタージュ班参謀本部と宣言した。

反サボタージュ班の最初の任務は、占領軍が残した大規模破壊用爆薬や偽装爆弾の位置を特定し、無害化することだった（偽装爆弾の一部は馬糞の形で、ドイツ軍が出発時に路上に撒き散らしていった）。卿の未来の妻テス・メイヤーも含めて班の残りの人員がその直後に到着し、フランス軍情報局と共同で仕事をして、第五列に使われる可能性のある武器や爆発物の隠匿所を探してまわった。

マガーリッジは、配属された秘密諜報部がいまだに仕事を開始していなかったので、マリニー大通りでロスチャイルドに合流した。とてもうまい昼食のあと、自分たちの所在地をイギリス軍当局に正式に認めてもらおうと決め、イギリス軍参謀本部が設営されたと聞いたフォブール・サン＝トノレ街のロジェ＆ガレの建物に向かった。ふたりの報告を受けた准将は、赤い襟章をつけた染みひとつない制服姿で、むさ苦しい二人組を邪魔者扱いした。しかし、話している相手がロスチャイルド卿と気づいたとたんに、態度がはっきりと恭しくなった。それはまさにロスチャイルドが嫌悪する振る舞い方だった。

ヴィクター・ロスチャイルドはさまざまな顔とさまざまな矛盾を持つ男だった。職業としては科学者、研究者、政府顧問であり、私的な立場では、社会主義者、大富豪、ジャズ・ピアニスト、特権を憎むと同時にそれを享受もする貴族だった。執事のムッシュー・フェリックスを筆頭とするマリニー大通りの使用人たちは、卿の酔狂をよく知っていた。使用人たちはイギリス軍の糧食の貧しさにわが目を疑った。ヴィクター・ロスチャイルドが部下の兵卒よりもよい食事をするのを拒否したので、マガーリッジはアメリカ軍に出かけて、Kレーション〔非常用野戦食料〕をもらってこなければならなかった。

マリニー大通りの邸宅を占拠したドイツ人は、家を非常によく手入れしており、一八六〇年代の「ロートシルト様式」の重厚な家具や装飾は略奪されずに残っていた。マガーリッジはムッシュー・フェリックスに、家を占拠していた空軍の将軍がこれほどお行儀よく振る舞ったのはなぜだと思うかと尋ねてみた。答えが返ってきた。「ヒトラーはやってきて、去っていきます、ムッシュー。けれどもロートシルト家は永遠に続きます」(1)。使用人たちもまた、邸宅内の物品を守るために、できるだけのことをした。ドイツ人の手が届かないように、もっとも価値のある陶器や銀器を隠し、解放時、もとにもどした。

パリに流れこみ始めたジャーナリストのなかで、リー・ミラーほどこの街をよく知る者はほとんどいなかった。リーは一九二九年から三二年まで、シュルレアリストの写真家マン・レイのミューズであり、愛人であり、弟子だった。今回は『ヴォーグ』誌の戦争カメラマンというすばらしく独創的な役割を帯びてやってきた。アメリカ軍戦争特派員の制服を着たまま、まっすぐにオデオン広場に向かい、画家兼舞台芸術家のクリスティアン・ベラールとその愛人ボリス・コフノに会う。ベラールとコフノはピカソと会わせるために、リーをグラン・ゾギュスタン街のアトリエに連れていった。リーは戦前にピカソのモデルとなったことがあり、ピカソはリーを抱擁して、きみは私が初めて眼にした連合軍兵士だ、もう一度、今度は制服姿の肖像を描きたいものだと言った。全員で同じ通りにあるピカソ行きつけのビストロ《ル・カタラン》に繰り出し、リーは昼食の量を増やすために、自分のKレーションを渡した。続く数日間は、ジャン・コクトーやポール・エリュアールとその妻ヌッシュなど、シュルレアリスト時代の友人たちの行方を捜した。ヌッシュは骸骨のように見えた。

ピカソはのちに友人の写真家ブラッサイに言った。「パリは解放された。だが私は包囲されていた。そしていまでもまだ包囲されたままだ」(2)。だれもがみなピカソをアトリエに訪ねたがっているようだった。

アメリカ軍に従軍していたアメリカ人画家クリーヴ・グレイはぜひともピカソに会いたいと思い、勇気をかき集めてそのアトリエの戸口までいき、扉をたたいた。ピカソの友人でなんでもござれの雑用係ハイメ・サバルテスが窓から頭を突き出し、下を見おろした。サバルテスはひどい近視で、「そこにいるのはだれだ？」と叫んだ。グレイは怒鳴り返した。「アメリカの画家です。ピカソさんにお目にかかりたいんですが」(3)

午前も遅い時間だったが、ピカソはベッドから出たばかりで、パンツ一丁。室内の壁には一枚の絵もなかった。そのあとに続いた情景は「王の起床」儀式のボヘミアン版。ピカソはベッドの横に立って共産党の党紙『リュマニテ』を片手に持ち、反対の手を伸ばしてサバルテスにシャツの袖を通してもらった。それから、新聞を反対の手に持ち替えて、反対の袖を通させた。ピカソは共産党に入党したばかりだった。

そのあと、ピカソの画商ダニエル＝アンリ・カーンワイラーがつかつかとはいってきた。ふたりが会うのは四年ぶり。どちらも言葉をほとばしらせながら、愛情たっぷりに挨拶をした。もっともカーンワイラーは第三者がいるのを見て、明らかにいらだっていた。

全員でぞろぞろと階上のアトリエに向かう。奥行きのある広い部屋で、天井には重たげな古い梁、よく使いこまれた八角形のタイル張りの床を奇妙な小さなラグが覆っていた。占領中に仕あげられた絵画は、ピカソが解放後第一回のサロンに出品するつもりのものも含めて、壁に立てかけてあった。額縁のコレクション、イーゼル、それから一台の脚立が、大きなキャンバスで仕事をするときのための台といっしょになって、物置のような印象をあたえた。ピカソの彫刻と同じくらい目を引くのが巨大な鋳鉄のストーブで、膨らんだ配管がジャイナ教寺院のように柱の層になって高くのぼっていた。

ピカソはグレイの軍靴を指さして言った。「あの靴を見ろよ。すばらしいじゃないか」。グレイにはどうしたらよいのかわからなかった。アラブの慣習に従い、その場で靴を脱いで贈物として差し出すべきか？　ピカソはそれをスケッチして不滅のものとするかもしれない。だが、もしそうしたら、部隊にもどったとき、靴がなくなったことをどう説明すればいい？　軍靴は政府の所有物であり、政府所有物を売却したかどで重罪を科せられるかもしれなかった。

ハンサムで有名なＣＢＳラジオの記者チャールズ・コリングウッドは、休暇中のイギリス兵のためにクラブを開こうとやってきたパメラ・チャーチルとモンパルナスをまわっていた。しかし、コリングウッドがちょっと人前に出にくいと感じ、顔を見分けられなければいいがと思っていたのは間違いない。コリングウッドは競争相手を出し抜くために、パリ解放を告げるレポートをあらかじめ録音していた。ところが、この録音は、ルクレールの部隊が市に到着する四八時間前に間違って放送されてしまった。周囲で戦闘が継続するなかで、パリ市民は世界的規模の祝賀レポートを腹立ちと不信の思いで聴いていた。

ロンドンでは適当な口実をもつほぼ全員が、解放後できるだけ早くパリ旅行を確保した。将来のアメリカ大使夫人エヴァンジェリン・ブルースは、この当時、秘密諜報部員の偽造身分証明書用に経歴を作成する係だったが、ロンドンのＯＳＳ事務局局員の多くと同様に、ＯＳＳのオートバイの後部座席に乗って、パリ中心街をひとまわりした。

《リッツ》で見物すべきもののひとつはアーネスト・ヘミングウェイだった。ヘミングウェイの部屋はメアリー・ウェルシュの最初の寄港地となった。ウェルシュは戦争中ずっと『タイム』『ライフ』『フォーチュン』のロンドン事務所のために仕事をし、ドゴールのシャンゼリゼ凱旋行進の取材に間に合うよう、うまくパリに到着していた。《リッツ》のもうひとりのスターはマレーネ・ディートリヒ。アメリカ軍部隊を歌で慰問するため、前線とパリを往復するあいだ、このホテルをパリ基地として使用した。ヘミングウェイとは一〇年来の知己で、相変わらず親しかった――《リッツ》のヘミングウェイの部屋にふらりとはいってきて、ヘミングウェイが髭を剃っているあいだ、おしゃべりをした――だが、ヘミングウェイはディートリヒとは一度も寝なかったと強調している。

　ヘミングウェイが滞在したのは《リッツ》だけではない。戦争特派員の報道センターとして接収されていたオペラ座近くのホテル《スクリーブ》も使った。大きな白い星のついた深緑のアメリカ軍参謀車輌とジープの行列がこの場所を参謀本部のように見せ、その印象は玄関上にずらりと掲げられた連合国諸国の国旗でいっそう強められた。パリ市民はその特権的な糧食をうらやましがった。『コンバ』紙のフランス人記者と《スクリーブ》を訪れたボーヴォワールは感心しないようすで書いている。「それはパリのど真ん中にあるアメリカの飛び地だった。白パン、生み立ての卵、ジャム、砂糖、そしてスパム」(4)

ホテル《スクリーブ》はすぐに民間伝承の種になった。部屋には軍隊の備品――石油缶、糧食の包み、水筒、武器、弾薬――があふれていた。ある訪問者は、中央の吹き抜けすべての窓に軍用シャツ姿のジャーナリストが一人ずつすわり、口のすみにタバコをくわえて狂ったようにタイプをたたいている光景を見たと回想している。

　その秋から冬にかけて、《スクリーブ》の住人には、ロバート・キャパ、ウイリアム・シャイラー、ビル・ペーリー、サム・ホワイト、サイ・サルツバーガー、『ニューヨーク・タイムズ』のハロルド・カレンダー、ウイリアム・サローヤン、『シカゴ・デイリー・ニュース』のヘレン・カークパトリック、一九二五年以来『ニューヨーカー』のパリ日誌を担当していたジャネット・フラナー、一九四〇年にフランス陥落を取材したヴァージニア・コールズとその友人のマーサ・ゲルホーンがいた。

ずっと遅れて到着したジョージ・オーウェルは、軍服姿でパリ滞在を楽しんだ。ヘミングウェイと会ったことはなかったが、やはり《スクリーブ》にいると聞き、部屋に出かけていってドアをノックした。「エリック・ブレアです」とオーウェルはためらいがちに本名を名乗った。

ヘミングウェイは荷造りの最中だった。頭をあげ、イギリス人の戦争特派員がいるのを見て顔をしかめた――ヘミングウェイは強烈な反イギリス期を通過中だった。「ああ、なんの用だ?」

「ジョージ・オーウェルです」

「なんでそう言わなかった?」とヘミングウェイは怒鳴った。スーツケースをわきに押しやり、ベッドの下に潜りこんで、スコッチのボトルを手にふたたび姿を現した。「一杯やれよ。ダブルでいけ。ストレート、水割り? ソーダはないんだ[5]」

オーウェルは、このときやはりパリにいた哲学者A・J・エアのほうとより多くの共通点――イートン校で同じ指導教員につき、ディケンズ、キプリング、ホプキンスを愛することも含めて――をもっていた。『言語・真実・論理』の著者、通称「フレディ」・エアはSOE将校で、フランスの解放された地域を調査報告する移動の多い職務についていた。任務のために、運転手つきの大型ブガッティを手に入れ、それに軍用無線機を取りつけた。このころはパリにもどり、イギリス大使館に武官として勤務。実存主義とはなにか説明できたことで、大使館の重要な客たちに強い印象をあたえていた。

一九四五年一月、ヘミングウェイをサルトルとボーヴォワールが訪ねてきた。ふたりは、重い風邪を引き、緑色の新聞記者用サンバイザーをかぶってベッドに横たわるヘミングウェイを見出した。

ヘミングウェイはすぐにサルトルの手をぎゅっと握りしめ、「あなたは将軍だ!」と叫んだ。「私、私は大尉にすぎない。あなたは将軍だ[6]」。スコッチのボトルが登場、酒盛りが始まった。サルトルはのちに、それは自分が酔いつぶれた数少ない例の一回だと認めている。午前三時ごろ、サルトルは意識をとりもどして片目を開け、ヘミングウェイが爪先立ちで部屋を歩きまわって、ホテル従業員の目から隠すために空のボトルを拾い集めているのを見て啞然とした。

連合軍将校は、パリで「非公式特権」とでも命名できるものの恩恵に浴した。占領下の「一流店」すべてを含めて、飲食店やホテルは連合軍の高級将校に対し、決まって気前がよかった。将校たちには《トゥール・ダルジャン》でのただ飯が許され、ゲランからは奥様のためにと香水が贈呈され、Ｙシャツの仕立て屋は先を争うようにして、ほとんど無料と言えるような特別価格を提供した。この先の見えない時代、最大の企業でさえ、政治的に保険をかけておくことを厭わなかった。

ラブレー街二番地の《ジョッキークラブ》は、米英軍の上級将校多数に、すばやく会員証をあたえた。イギリスの大使館付武官デニス・デーリー准将の受けた印象では、「《ジョッキークラブ》の会員はペタン政権を支持した可能性がきわめて高く」「来るべき数か月間、イギリス軍とアメリカ軍の支援を得るのが得策[7]」だろうと感じていたようだ。昼食の席では、ドゥドヴィル公爵がデーリーに赤軍の脅威について質問を浴びせかけた。デーリーが、ロシア人なしでは絶対に戦争に勝てないだろう、したがって「現実的な見地から」連合軍は赤軍に感謝すべきであると言ったとき、ドゥドヴィルは「かなり衝撃を受けた」ように見えた。

連合軍将校にとってきわめて有利なこの状況はすぐにいくぶんか制限を受けるようになる。たとえばイギリス軍将校はもはや軍服姿でレストランにはいることを許されなかった。最高の店のほとんどは、ヤミ物資に依存していたからである。この不便を回避するため、ロワイヤル街の《マキシムズ》は将校クラブとして接収された。帝国元帥ゲーリング以下ほとんどすべてのドイツ軍将校のテーブルに頭をさげた給仕長のアルベールは、ドイツ人の敵に対してもすぐに同じことをしていた。フランス軍は負けまいと《シロズ》を将校クラブに接収、シャルル・トレネとエディット・ピアフが歌いにきた。

ぜひともパリの料理を食べたいという英米の将校が大勢いたので、レストランは驚くべきスピードで再開された。金のあるほうの将校のために、《プリュニエ》やオデオン広場の《ラ・メディテラネ》が、すぐに新鮮な魚介類を出し始めた。これは交通機関の惨状に対するヤミ業者の勝利である。マドレーヌ広場《リュカ・カルトン》は、おそらくパリの全レストランのなかでは最高で、競争相手をはるかにしのぐ利点をもっていた。一九四〇年にドイツ軍がパリにはいった直後、ワインセラー（マドレーヌ広場そのものの下に広がっている）を煉瓦でふさいでいたので、相変わらず最高のビンテージ・ワインを出すことができたのである。

パリのナイトライフはとくに前線から休暇中の兵隊のあいだで需要が大きかった。《フォリー・ベルジェール》の観客の少なくとも六〇パーセントは軍服姿だった。兵隊たちは、占領中はずっと禁止され、解放とともに再開されたバル・ピュブリック〔一般に公開される舞踏会〕やダンスホールに引き寄せられた。いちばん人気があったのはバスティーユ広場近くラップ街のダンスホールと市のはずれに多数あるバル・ミュゼット〔大衆的なダンスホール〕である。ミュージシャンはパートタイムの素人で、アコーディオンと打楽器で流行歌を威勢よく演奏した。

「ダンシング」と呼ばれるもう一段階高級な店には、《ムーラン・ド・ラ・ガレット》からシャンゼリゼのもっとしゃれたナイトクラブにいたるまで、より洗練された店が含まれ、首都にいるダンス専門のプロミュージシャン一五〇〇名のほとんどを雇っていた。頂点にはアムステルダム街の《モンセニュール》のような店が君臨する。《モンセニュール》は白系ロシア色の強いごてごて趣味の高級店で、ツィガーヌのヴァイオリン弾きが夕食客にセレナーデを奏でた。マーサ・ゲルホーンの短編集『蜂蜜づけの平和』の登場人物のひとりは、《モンセニュール》にいくのは「ロマンスを始めかけて」[8]いるときだけと言っている。

公共の場でのダンスのリバイバルは短期間だった。一〇月末、このような軽薄な活動を許すにはあまりにも多くの家庭が喪に服しているというマスコミのキャンペーンに対する回答として、今度は臨時政府が公共の場でのダンスをふたたび禁止した。一月一六日、キャバレとナイトクラブも閉鎖された。

パリ音楽芸術家組合は、この措置を「戦争が要求する男らしさを理解していない、お上品ぶった行為[9]」と非難し、ロンドン空襲やVIロケットによる攻撃のあいだずっとダンスホールが禁止されなかったのは、それが士気にとっていかに大切かを当局が気づいていたからだと主張した。ダンスホールは電気を少ししか使わない。なぜならばお客は明るすぎるのは好まないからだ。そして首都では、陽気さを維持しなければならない。「パリがパリであり続けるために!」しかし、抗議をしても無駄だった。公共の場でのダンスは、ドイツ降伏直前の一九四五年四月まで許されず、そのときになっても抑留者や戦争捕虜の団体は反対した。

最高級ナイトクラブのほとんどは一月の禁止令を無視したが、禁止令発効の翌晩に衝撃を受けることになる。警察が六件の店を手入れし、合計三〇〇名の客を暖房のない監房に引き立てていった。ねらわれたクラブのひとつが《モンセニュール》。運悪く一月一七日水曜を選んでロマンスを始めた者たちは、冷え切ったスタートを切ることになった。

第8章 野放しの粛正

北フランス前進中の連合軍が、ひとつの町や村を解放するたびに発見したのは、「野放しの粛清」と呼ばれるようになるものの最初の犠牲者が共同体のもっとも弱い構成員であることだった。デイヴィッド・ブルースは日記に書いた。「昨日、サン＝ソヴール＝ル＝ヴィコントの住民が、ドイツ軍の将校や兵隊と寝ていた女性一二名の頭を剃った。女たちはこれからは村をこそこそと歩きまわらなければならない。同行のフランス人は、剃髪刑がきわめて適切かつ有益な懲罰だと考えている」[1]。六週間後、ブルースは、シャルトルの共和国地域代表委員管轄区域では、最後のドイツ人が検挙されてしまうとすぐに、剃髪の生産ラインが作られていたことを発見した。

告発された女性のなかには、夫が捕虜、あるいはＳＴＯ（対独協力強制労働）徴用者としてドイツにいる人妻もいた。この戦争では、先の大戦の死者数と同じぐらい多くの男性が投獄されたり、奴隷状態におかれたために、ほとんどの家庭で父親や息子、兄弟が欠けていた。この集団的喪失はあとに残された者に強い感情的連帯感を育んだので、「水平の対独協力」を非難された捕虜や抑留者の妻は二重の裏切りで有罪だった。共同体内の激しい怒りが解き放たれたとき、女性にとってはドイツ人と寝るのが子どもたちを飢えから守る唯一の手段だったかもしれないという事実は、ほとんど考慮の対象にならなかった。

なおいっそう大きな屈辱をあたえられた女性もいた。衣服をはがれ、鉤十字を書き殴られて、無理やりナチス式敬礼をさせられている女性たちの写真がある。そのあと、女たちは私生児を腕に抱いて通りを行進させられ、侮辱の言葉を投げつけられた。また一部の地域では、こういった野蛮な儀式のあいだに、女性が拷問を受け、殺害までされたという報告もある。労働者が住む一八区では、ドイツ人の客をとっていた娼婦がひとり蹴り殺された。犠牲者は労働者階級の女性だけではなかった。ベグネル牧師は七区で女性の頭を剃った事例を報告している。上流階級の女性で同様の扱いを受けた事例も二、三あり、そのなかには父親と夫の両方が公爵のジャクリーヌ・ブロイも含まれる。ジャクリーヌの母親はデイジー・フェローズ〔一八九〇―一九六二。欧州社交界の花形・ファッション・リーダー。母方の祖父がシンガーミシンの創設者。一九一〇年、ブロイ公爵と結婚、三人の娘をもうける。一九一九年にチャーチルのいとこで、銀行家のレジナルド・フェローズ卿と再婚〕で、ジャクリーヌの夫のオーストリア人アルフレッド・クラウスはレジスタンス活動家を密告したかどで告発された。

ある有名なフランス人伯爵も剃髪刑に処されたと言われている。伯爵は征服者ドイツ軍の軍人らしさに魅せられ、以前、ドイツ兵を「男どうしの淫らな行為」に誘いこんだとして、ドイツ軍憲兵に逮捕されたことがあった。しかし、囚われの伯爵が自分の性的嗜好は古代ギリシア人によって栄誉をあたえられているだけでなく、総統ご自身によっても実行されていると答えたとき、伯爵をつかまえた連中は、この異端話が上官まで達するのを恐れるあまり、伯爵をふたたび路上に放り出した。

レジスタンス指導者の多くが剃髪をやめさせようとした。共産党系軍事司令官ロル＝タンギ大佐はポスターを印刷して張り出させ、これ以上剃髪に手を染めた者は報復を受けると警告した。もうひとりの指導者ルネ・ポルトは、自分の住む区でとりわけその肉体的な強さによって尊敬を集めていたが、女性の髪を剃っている若者の一団を見つけたとき、若者どうしの頭をごちんとぶっつけた。ある女性は髪を

剃ろうとする者たちに向かって怒鳴ったという。「あたしのお尻は国際人だけど、あたしの心はフランス人よ」(2)

爆発性の混合物――道徳的な怒り、抑圧された恐怖、嫉妬、罪悪感――がヒステリーを作り出したように見える。それはすぐに鎮まった。あまりにも多くの場合、女性たちは共同体全体のスケープゴートにされた。結果として、男性の対独協力者がより身軽に逃げおおせたかどうかは、いまでも答えるのが難しい問題のままである。

連合軍兵士のほとんどは、剃髪の事例に衝撃を受けたり、気分を悪くしたりしたようだ。しかし戦闘地域では、裏切り者の裁判なし処刑も、はるかに少数の反対しか生まなかった。アメリカ軍やイギリス軍やカナダ軍のあいだには、自分たち、敗北と占領のトラウマに苦しまなかった者には、フランスの私的な苦悶を裁く権利はないという強い思いがあった。

政治的な熱情は灰色の色合いを拒否する。しかし、ユダヤ人を救った反ユダヤ主義者からユダヤ人を密告した反ファシストの「良識人」にいたるまで、あるいはレジスタンスを助けたヤミ業者から「収用物」を懐に入れたレジスタンスにいたるまで、四年にわたる占領期間中、フランスは想像できるかぎりすべてのパラドックスを目にした。奇妙なことに、青年時代にドレフュス派だった者の多くが熱心なペタン支持者になった。最低の悪魔的な所業があったように、聖人にも似た自己犠牲の例もあったが、こういった両極端はごくわずかの少数派であり、政治的熱狂者はそれを自分たちの主張を実証するために利用した。

戦後すぐの時期にフランスを何度も訪れた哲学者アイザイア・バーリンは、占領中の受容可能な態度について、非公式だが有効な定義を発見した。ウエイターだろうが靴屋だろうが作家だろうが俳優だろうが、生き延びるためにはドイツ人と取引をする必要があったかもしれない。だが「ドイツ人と馴れ合いの関係になってはならない」[3]。

多くの人にとって「よきドイツ人」などというものは存在しなかった。そしてとくに共産党にとって、「よきペタン主義者」という概念はそれ自体が反逆罪だった。フランスにおけるドイツ人の犯罪はすべてヴィシー政権の上に積みあげられ、すでに複雑な問題をなおいっそう見通し悪くした。共産主義者の怒りは本物でもあり、また作り物でもあった。ヴィシーが処刑のために共産党員の人質を選んだこと、あるいはゲシュタポと緊密に協働し、フランス人労働者を奴隷として働かせるためにドイツに送り出したことに対する共産党の感情の激しさを疑うことはできない。だが、党のヴィシー糾弾の背後には、あらかじめ熟慮された政治目的があった。警察から郵便局まで、ヴィシー政権下で働き続けた行政機関のすべての部局で、粛清が大がかりであればあるほど、戦後の共産党支配の機会は大きくなった。

敵の占領下における受容できる態度、受容できない態度を定義はできる。しかし、この時期の激しい感情のなかでは、罪の重さ、あるいは適切な処罰を決定するのは困難だ。しかしながら、同胞のフランス人男性や女性をドイツ軍に密告したことが銃殺刑に値するという点については、一般の同意があったように見える。

ドイツ軍が撤退直前、駆けこみ的に政治犯を大量に虐殺したニュースや、ゲシュタポによる野蛮な拷問の詳細がレジスタンス系新聞に満載され、激しい復讐の欲求に油を注いだ。

さらに、レジスタンスは、きちんと教育を受けておらず、イデオロギーがなんであれ、手に銃を持たせてくれる組織なら、なんでもかまわず加わる用意があった若者たちを惹きつけた。レジスタンスはまた多くの駆けこみ転向者——「レジスタンス以上に熱心なレジスタンス」であることで、疑わしい記録を消し去ろうとする対独協力者——や、ひと稼ぎする好機と見た便宜主義者も惹きつけた。見下げ果てた少数派ではあるものの、その犯罪は、一部の正真正銘のレジスタンス活動家の過激な行動とともに、活動全体の名を穢した。ミシェル・ドブレが共和国地域代表委員に任命されたロワール渓谷では、一五〇名強から成る最悪の強盗団のひとつが活動していた。強盗団はドイツ軍に協力し、そのあと解放時にはドイツ軍と戦った。一九四四年初秋にドブレの努力が大きく奏功して首領が逮捕されるまで、略奪と殺害が続いた。

剃髪と即決の処刑に加えて、「野放しの粛清」にはＦＦＩ軍事法廷や地方の解放委員会の下す判決、捜索を隠れ蓑にした略奪、通常の法廷が釈放した者に対するリンチも含まれた。処刑された者の多くは疑いの余地なく有罪だった。ドイツ軍の占領は犯罪が栄える風潮を創出していたからだ。この四年間のあいだほど、フランスが不正取引、ゆすり、窃盗、脅迫、誘拐、殺人を目にしたことはなかった。だが、ドイツ軍と最悪の犯罪の下手人であるミリスのほとんどが立ち去ったために、怒りと欲求不満から、有罪者と同様に無実の者も殺害された。ドイツ兵と対独協力者のどちらにも、第一次世界大戦のフランス人退役軍人によって救われた事例が多数ある。退役軍人たちは大いなる勇気を示し、処刑者になろうとする者に対し、相手がだれだろうと裁判なしで殺す権利はきみたちにはないと告げた。

占領中、ドイツ軍と手に手をとって仕事をしていたパリ警察は、いまやおたがいを攻撃しあっていた。八月一五日、ストライキがパリ警視庁で宣言されたとき、その目的がパリ解放支援であることは明確にされていた。だが、首都掌握のための市街戦に加わるかわりに、多くの警察官が（ときにはＦＦＩに付き添われて）、ある作家が「同僚狩り」と呼んだものを続けた。数百名の警察官が逮捕されて警視庁に監禁され、一、二名は自分が告発されるのを阻止しようとした者に殺害までされたようだ。

八月末には、共産党系レジスタンス活動家アルテュール・エローを委員長に、警察粛清委員会が結成された。一九四四年三月に警察の特別隊から拷問を受けていたエローは、情け容赦のないやり手であり、復讐するだけではなく、警察内にできるだけ多くの仲間の共産党員を送りこもうともした。一〇月五日までに、リュイゼは警察と司法で働く七〇〇名の停職命令に署名せざるをえなかった。翌年一年間で、停職処分となり警察粛清委員会の前に引き出された者は三〇〇〇名を超えた。

法と秩序を回復するために、骨格だけの行政府を立ちあげようとした臨時政府の努力は感銘をあたえるが、新しい共和国地域代表委員には最初の瞬間から権威を行使できると期待することはできなかった。自分たちはただ「共和国の合法性」を再導入しているだけだというフィクションを、ドゴール派が必死に維持しようとしても、多くの場所で体制を無から再構築しなければならなかった。地元の解放委員会が臨時政府代表の権威をただ無視することも多かった。

八月二六日、ドゴール将軍がシャンゼリゼを行進した日、ＦＦＩの一グループがサンマリノ共和国総領事を私邸で逮捕し、なんの説明もせずに、ビュフォン高校に設置した間に合わせの参謀本部に連行した。ＦＦＩ民兵が、由緒あるサンマリノ共和国をムッソリーニの傀儡共和国サロと混同した可能性はある。いずれにせよ、民兵は総領事の金、宝石、車をとりあげた。そのあと、総領事はフレーヌ刑務所に移送され、一一月七日、なんの告発もされることなく釈放された。

マルコム・マガーリッジは、あるＦＦＩのグループから夜間の粛清に同行しないかと誘われた。ＦＦＩは「とても若く、路上生活があたえるあの奇妙な狩猟動物の目つきをしていた」。マガーリッジは、グループの基地、「空のシャンパーニュのボトルと捨てられた春画」が示すとおり、以前はゲシュタポが占拠していたフォッシュ大通りのアパルトマンまで連れていかれた。

ＦＦＩは自分たちの手柄を自慢し、シガレット・ケースや宝石、金を見せ、あとで引き渡すときのために記録して金庫にしまい込んだ。しかし、戦利品がその後どうなったかは明らかにされていない。マガーリッジは書いている。「その若さを思えば、連中は恐ろしいまでに冷酷、傲慢、暴力的に振る舞った」(4)。のちにそのリーダーが逮捕され、対独協力の前科が見つかったと聞いても、マガーリッジは驚かなかった。

もっとも悪名高い似非レジスタンスは、マルセル・ペティオ医師である。一九四二年から四四年にかけて、ペティオは独自の逃避路を作りあげた。アルゼンチンへの安全な抜け道を手配できると言う医師のもとに、ユダヤ人、レジスタンス活動家、警察に追われているギャングまでが送りこまれた。アルゼンチン当局が予防接種を要求するという口実で、医師は依頼人に致死量のシアン化物を注射し、苦しみながら死ぬのを見ていた。少なくともその身の毛もよだつ経歴を歩み始めた時点では、手際よく遺体を処理。生石灰で溶かし、残りは燃やした。しかし、終わり近く、膨大な量の遺骸でにっちもさっちもいかなくなった。一九四四年三月一一日、有害な煙とひどい悪臭のために、近所の人がルシュール街二一番地に消防を呼んだ。扉を打ち破った消防士は、ばらばらに切断された胴体、腕、脚、顔の皮を剝がれた頭を発見した。すべて、石炭ストーブで焼かれるのを待っていたのだが、ストーブからはすでに人間の遺骸があふれだしていた。

次に起きたことは、解放にいたる数か月間、パリ警察がおかれていたねじれた難しい立場をいくぶんか明らかにする。事件を任せられたのはパリでもっとも有名な刑事のひとりで、(前任者とともに)ジョルジュ・シムノンのメグレ警部に想をあたえたジョルジュ＝ヴィクトール・マシュだった。マシュはすぐに、この事件の犯人はペティオ医師だと断定した。だが、わからなかったのは、ペティオが命令によって殺したのかどうかだった。

捜査のきわめて初期の段階で、ペティオ自身が自転車に乗って犯行現場に登場。ペティオはレジスタンス網のリーダーを装い、マシュの部下に、遺骸はレジスタンスの命令で処刑された「ドイツ野郎」と「対独協力者《コラボ》」だと告げ、そのあと群衆のあいだに姿を消した――解放時に面倒に巻きこまれたくなかった警察はペティオをそのまま立ち去らせた。

しかし、死体置き場が、ゲシュタポの手先が犠牲者を拷問・殺害していたロリスタン街のすぐ近くだったことから、ペティオがゲシュタポのために働いていた可能性が浮かびあがった。マシュはドイツ人がこの連続殺人とはなんの関係もないと確認できたあとようやく、犯罪捜査を進めてよいと感じた。七か月後、ペティオはパリの地下鉄駅で逮捕される――ＦＦＩの制服を着ていた。

激しい殴打の形で下される荒っぽい正義もまた、報復のひとつの形だった。「シュミノ」と呼ばれるフランスの鉄道員は、ドイツ側の鉄道輸送を妨害し、レジスタンスにおいて勇敢で重要な役割を果たした。多くが共産党員であり、その活動のためにかなりの数が銃殺された。対独協力を疑われた同僚に対する扱いが乱暴であっても驚くには値しない。一九四四年秋のあいだに、七七名の管理職、駅長、上級機関士が「労働不能(5)」にされた。しかし、殺害されたという記録はひとつもない。

捕虜を手ひどく扱ったのはＦＦＩだけではない。解放時に自ら再召集し、警察を粛清した古い国土監視団（ＢＳＴ）の方法は物議を醸した。メス近くのクルー収容所では女性さえ拷問されたと言われる。ある弁護士の報告によると「メスのＢＳＴは、ゲシュタポが非難されている方法――浴槽に頭を浸ける――凍えさせる――厚板にはさむ――棒で叩く、などなどを使って恥じなかった(6)」

パリでは、レジスタンス集団から対独協力を告発されたり、隣人や管理人によって匿名の告発を受けた者は通常、早朝に服を着る暇もなく逮捕された。

作家アルフレッド・ファブル＝リュス逮捕のため、ＦＦＩの一団がそのアパルトマンの扉を押し破ったが、ファブル＝リュス本人は通用口からうまく逃げおおせた（ファブル＝リュスは二重についていなかった。ペタン支持者だったにもかかわらず、反ナチス本を書いたためにドイツ軍の手で投獄された）。意図した獲物が見つからなかったので、フィフィは代わりにその老執事を連れ去った。

ファブル＝リュスの妻シャルロットは、兄のジャン＝ルイ・ド・フォシニ＝リュサンジュ大公に電話をかけた。大公は、急ごしらえの革命法廷が設けられていたバッサノ街四二番地に駆けつけ、ガラス張りのドア越しに執事と、それからブリサック公爵夫人の姿を見つけた。公爵夫人は乱れ髪で、下着の上に毛皮のコートを羽織っていた。

アルフレッド・ファブル＝リュスは、自分の代わりに執事が連行されたと聞くとすぐにバッサノ街に直行、自ら身柄を拘束された。ブリサック公爵夫人は、複数のドイツ人将校とのロマンスがらみの友だちづきあいがあまりにも有名になっていたが、「マリ・アントワネットのように」コンシエルジュリー〔パリ高等法院附属監獄〕に移送された。フォシニ＝リュサンジュは、なにが起きたかを知らせるために、その夫に電話をした。ブリサック公爵はお礼は言ったが、この件には二度と触れなかった。被告のほとんどは、警察署か各区の区庁舎に連れていかれた。ピアニストのアルフレッド・コルトーは警察のベンチで三日三晩過ごしたあと、釈放された。

次の段階はシテ島の警視庁護送。多くが、文字どおり恐怖で震えながら警視庁に到着した。屈服しない者もいた。偉大な世紀末の独身貴族ボニ・ド・カステラーヌは、その全盛期、「腐るほど洗練されている」と言われたが、弟のジャン・ド・カステラーヌ伯爵は、自分も家族の伝統にふさわしいことを証明した。看守のひとりが、首つり自殺防止のための通常の手続きとして、靴ひもとズボン吊りをはずすよう命じた。伯爵は雷で打たれたような表情で看守を見た。「もしズボン吊りをとりあげられたら、こ

こからすぐに出ていくよ」(7)

二時間から二、三日まで、さまざまな期間を過ごしたあと、囚人は通りの反対側、ロルロージュ河岸の古いコンシエルジュリーに連れていかれた。円筒形の小塔が建つ黒ずんだ石造りのコンシエルジュリーから、数時間、数日、あるいは数週間後のことさえあったが、一部の囚人は冬期競輪場の一時収容所に移された。ユダヤ人が「大規模一斉検挙」後に連行された恐ろしい記憶の残るあのスタジアムである。そのあと、フレーヌ刑務所かドランシー収容所送りになる。ドランシーは、かつてユダヤ人をドイツ行きの家畜用貨車に無理やり押しこむ前に集めておく場所だった。女囚の多くはノワジー゠ル゠セック要塞に送られた。サンテ刑務所に収容された囚人も多かった。サンテ「健康」というのは名前が悪い。いまや三〇〇〇名近くの囚人の収容数に対して、シャワーはわずか一二しかなかったからだ。

ドランシーは解放直後の二、三週間、完全にFFIの手で運営されており、当局を歯がゆがらせた。警視総監はまったく手が出せず、訪問者は歓迎されなかった。九月一五日にようやくドランシーの立入許可を得たベグネル牧師は、縦三・五メートル、横一・七五メートルの独房に六名が押しこめられているのを発見した。六名全員に対してマットレスは二枚しかなかった。リュイゼは少なくともひとつの目的だけは手早く達成した。九月二〇日、ドランシーはフィフィから「解放」され、通常の刑務所業務にもどった。

対独協力を告発された者が主として収容されたのはフレーヌだった。あまりにも多くの有名人が収容されていたので、食事提供を手伝っていたある「信頼のできる」収容者は、食事を配るときサイン帳を持参することにしていた。映画スターのアルレッティや俳優゠劇作家のサッシャ・ギトリのように、ドイツ空軍ハネッセ将軍のパーティ、オットー・アベッツのサロンのどちらでも姿を見かけられた「パリ対独協力者名士会」会員の多くがいた。《マキシムズ》の給仕長アルベール・ブラゼも短期間フレーヌにいたし、歌手のティノ・ロッシと出版者のベルナール・グラセもだ。ロッシは処刑される危険はまったくなかったものの、それでも女性ファンのひとりは、ロッシの代わりに銃殺になるためにわが身を提供すると申し出た。

ジャン・ド・カステラーヌは、フレーヌでサッシャ・ギトリと会って喜んだ。カステラーヌは大変なおしゃべりで、ギトリにはカステラーヌと似たような「言葉遊び」の趣味があったので、男ふたりは監獄での味気ない境遇と自分たち自身を待つであろう運命について、次つぎとジョークを考えた。ギトリがのちに述べているところでは、思いもよらずに釈放された囚人が使っていたベッドには運がついていると考えられたので、人びとはそれを大騒ぎして奪いあったという。

多くの収容者は自らを第二の恐怖政治の犠牲者と呼ぼうとした。だが、「粛清」が一部ではきわめて残忍だったとしても、一七九三年九月とは似ても似つかなかった。自分たちの扱われ方に憤慨しても、ヴィシー政府下の収容所や監獄がどんなだったかを自らに問う者はほとんどいなかった。身なりのよいある女性は、寝るための藁布団をあたえられたとき、もう一枚追加を要求した。収容者にはひとり一枚しか許されないと告げられると、女性は答えた。世話をさせるために呼び寄せるつもりのメイドのために必要なのだ。デイジー・フェローズのもうひとりの娘、エムリーヌ・ド・カステジャはフレーヌで、娼婦たちといっしょに投獄され、五か月間服役した。エムリーヌはのちに友人に、娼婦たちの一番の楽しみは、向かいのブロックにいる男たちに、むき出しの胸を揺すって見せることだったと語っている。

戦争前、フレーヌには一五〇〇の独房にひとりずつ囚人がいるだけだった。いまでは四五〇〇名の収容者がいた。傷病者区域のほうが、服役者区域よりも混雑しているほどだった。多くが厳しい刑務所生活には不向きだったからだ。かなりの数が高齢者で、乾燥野菜とヌードルの食事には慣れていなかった。

最初、収容者には弁護士をつける権利がなかった。手紙を書くと、ふつうは看守が読み、絶対に配達されないようにした。外の世界との唯一の接触はフランス赤十字の代表四名を通してとられた。この四名の女性は仕事に忙殺され、各収容者の住所と家族に連絡のとれる電話番号を可能なかぎり聞き出し、消息を知らせた。多くの場合、家族にはなんの知らせもなく、稼ぎ手が逮捕された場合は困窮するに任せられていた。

フレーヌをなんとしても掌握下にもどしたかった警視総監シャルル・リュイゼはフランス赤十字の仕事を盛んに応援した。解放後三週間で、ドランシーからFFIの看守を追い払い、今度はフレーヌの看守「助手」をぜひとも一掃したかった。解放直後には、多くの収容者が真夜中に連れ出され、射殺され、撲殺された者もわずかにいると言われている。しかし、だれが逮捕されたのか信頼できる資料がなく、看守は収容者の名前を明かそうとしなかったので、件数を査定するのは不可能だ。

裏切り者が華やかな生活を送っていると主張する共産党系新聞雑誌のキャンペーンにも促されて、内務省は刑務所について報告を求めた。刑務所監察官は書いた。「看守助手たちがわれわれの期待をひどく裏切ったことは認めなければならない」(8)。金や宝石が収容者から盗まれたし、ヤミ市が存在し、繁栄していた。看守は、タバコひと箱につき三〇〇フラン、アルコールのボトル一本に三〇〇〇フランを収容者に要求し、寒い季節になると追加の衣類を売りつけた。弁護士の面会中、目をつぶっていてやるのにも賄賂をとった。

刑務所所長のエスコフィエは、看守たちの良心と愛国心に訴えようとしたが、その努力が大した成果をあげなかったのは明らかだ。「ヤミ取引は、続く数か月間も、以前と変わりなく続いたからだ」。警視総監は部下を数名変装させて送りこんだが、すぐに正体をつきとめられ、なにか役に立つことをする暇もないうちに撤退させなければならなかった。六か月間で逮捕された看守はわずか一〇名だった。記録や一件書類の混沌状態は、多くの人が何か月間も拘留されたあと、証拠不十分で釈放されたことを意味する。法律家シャルパンティエは記録している。「書類の多くが白紙だった。その他には、匿名の告発が書かれているだけ。最悪なのは、なんの書類もない場合だった」。書類がなければ、事件を聴取してもらうために予審判事に会うことさえできない。

九月二一日、ドゴール将軍はベグネルにパリでは六〇〇〇名が逮捕されたが、この数字は警視庁を通して起訴された者だけを表すのだろうと言った。フランス全土で約三〇数万件の書類が告発に基づいて作成された。未処理分の未決囚、とくにもともと逮捕されるべきでなかった人びとの大部分は、一九四四年末に処理が開始されたようだ。ベグネル牧師は一九四五年一月、収容者数の激減に驚いている。だが、釈放は必ずしも一件落着を意味はしなかった。

いくつかの話はあまりにも恐ろしいので、にわかには信じがたい。元国際旅団で共産党員のロジェ・カドゥは一九四四年一〇月、リヨンに到着した。党によってアルジェリアから呼びもどされ、公式には共産党系の大臣シャルル・ティヨンの官房で仕事をしたが、またパリに秘密の身分証明書偽造工場を設営する手伝いもした。リヨンでは、共産党員のＦＴＰ（義勇遊撃隊）少佐がカドゥの世話をした。いっしょにいるあいだに、少佐はカドゥをブロンの軍用飛行場に連れていった。いまはド・ラトルの第一軍に先駆けて敵の領土に出撃する爆撃機が使用している滑走路上で、去る八月、ドイツ軍はモンリュック刑務所の囚人一〇九名を虐殺した。飛行士のひとりが尋ねた。「今夜、乗せていく客はいるか？」[9] 少佐はカドゥに説明した。リヨンの法廷で無罪とされたヴィシー派の囚人は、裏切り者に対する適切な処罰として拉致される。手足を縛られ、猿轡をはめられて、日没後、飛行場に連行され、機体の爆弾倉の爆弾の上に押しこめられる。そのあと、次の出撃中に「友人たち」の上に落とされる。五〇年近くあとになってもまだ、これが不気味な暴露話だったのか、それともただ人を驚かすための話だったのか、カドゥにはわからなかった。

「粛清」の規模と性格は今日にいたるまで激しい議論の的となっている。最大数──占領中と解放後に一〇万から一二万の犠牲者──は、かなり前に信頼できないとされた。現在ではさまざまな推定値のあいだの差──現代史研究所によれば約一万八〇〇〇名、歴史家アンリ・アムルーに言わせれば約一万四〇〇〇から一万五〇〇〇名──はかなり縮まってはいるものの、それでも、大きな意見の相違が残っている。それは二つの世代──ジレンマを経験し、多くの妥協を正当化しようとする旧世代と、ユダヤ人のドイツ強制移送におけるヴィシーの支援を見逃せない若い世代──のあいだの対立する姿勢を反映する。

しかしながら、占領中に約三万九〇〇〇名のフランス人が処刑されたことについては一般的な了解がある。この数字のうち、おそらくはミリスが二〇〇〇から三〇〇〇──全体の一〇分の一かそれ以下──を殺害した。多くの場合は情報を提供したことによって、そのほかの死にも、大きな割合でミリスに責任があったことに疑問の余地はない。それにもかかわらず、ヴィシー側のフランス人の手で、あるいは単に恨みを抱く隣人の手で、どのくらいの数のフランス人男女がドイツに差し出されたのか、正確な数字を出すことはだれにもできない。

議論の前線は、どのくらいの数がレジスタンスによって殺害されたかに集中する傾向がある。これは全体の過程を規定するのに大きな問題となる。個人的な理由も含めるのか？　レジスタンスのうわべをまとって活動した犯罪者集団の犠牲者も含めるのか？

一部の地域の数字は現在でも論議が続いている。パリ市のあるセーヌ県は人口が最大だが、それでも現代史研究所は、戦時中のレジスタンスによる殺害数としてわずかに二〇八件しか計上していない。そのうちの五七件は解放後に起きた。首都で大量殺戮がなかったのは事実だが、解放後の一六か月間には疑わしい状況下での死が数えきれないほどある。たとえば一九四四年九月以降、「未確定の性格の暴力的な死」[10]としてリストアップされる死者数が明らかに増加した。一九四四年八月から同年末まで、その数は四二四件にのぼるのに対し、解放前の五か月間では二五九件にすぎない。銃器による殺人は一九四三年の四二件から一九四四年の一〇七件へと倍増した。

たとえば、ブラックリストに載っていた出版者ドゥノエルの事件をどう分類するか？ ドゥノエルは一九三二年にセリーヌの『夜の果てへの旅』、さらに近年では親ナチスの論客リュシアン・ルバテの作品を世に出していた。ベルギー人ドゥノエルは、一九四五年一二月、自分の車の横で殺されているのが発見された。この冬、犯罪は多発していたから、これはごくありふれた犯罪だったのかもしれない。しかし、動機が政治的だった可能性も排除はできない。

フランス全土の「野放しの粛清」は、解放前後の二か月間で自然に燃えつきてしまう現象ではなかった。一九四五年一月と二月には、おそらくアルデンヌ総攻撃のあいだに生まれた恐怖感の影響で、殺人件数がふたたび膨れあがった。しかしながら、一九四五年六月、捕虜収容所や労働収容所、強制収容所からもどってきた抑留者があたえた衝撃のあとを追うようにして、より大きな波が押し寄せた。帰還した捕虜の多くに晴らすべき恨みがあった。労働者や捕虜のドイツ移送政策への関与がどんなに間接的なものであっても、ヴィシーの役人のほとんどだれもが危険にさらされた。役人以外でも、フランス人男女をこのような運命へと送り出しえた政権を支持したというだけで、有罪と見なされる者も多かった。

内務省国家警察総局所属総合情報局のファイルは、理解しやすいとはとても言えないが、それによると「政治的性格」[11]の暗殺件数が先細りになるのは、ようやく一九四五年八月後半のことである。七月三日から八月一三日にかけて、二〇の県全体で四一〇件の殺人事件があった。その後一〇月に、ふたたび件数がわずかに増加した。しかしながら、もっとも衝撃的な統計は、一九四五年八月一三日の週の詳細な数字のなかに明らかにされている。三七件の殺人のうち、三三件が爆発物による。残念ながら、このような分類が示されているのはこの週だけである。もちろん、数字を深読みしすぎないよう、細心の注意を払わなければならない。それでも、おそらくこれは、「ガス爆発」で死亡と記載された人数が奇妙に多い謎を解く鍵になるだろう。

パリ市公文書館では、分類法はつねに一定ではないものの、首都における死因数が細かく分類されている。一九四四年九月以降、ガス爆発による死傷者が劇的に増加した。一九四二年の九月、一〇月、一二月には、一八四名がガス爆発で死亡。一九四三年の同時期には一八三名である。しかし一九四四年には、少なくとも六六〇名が死亡した。戦闘中に配管が壊れ、ガスの供給がしょっちゅう停止したことを考えに入れても、このような大量の増加を説明するのは難しい。フォン・コルティッツ将軍の降伏時に発見されたドイツ軍の大量破壊用爆薬の一部が、「人民の正義」あるいは個人的な復讐に使用され、のちに爆発の種類が役人たちにもっとも都合のよいカテゴリーに分類された可能性を認めるべきである。

アルフレッド・ファブル＝リュスは「フランスとは、革命時にヒステリーが腐敗によって和らげられる国である」[12]と書いた。この見方は多くの社会的大変動について部分的には事実だとしても、一九四四年のフランスの場合は過剰にシニカルである。ヒステリーを抑制したのは、ほとんどすべてが肉体的道徳的な勇気——立ちあがり、きちんとした裁判なしで人を処罰するのは間違いだと言う勇気をもっていた男女だった。

歴史論争の真の論題は、基本的に程度の問題である。その時代の文脈において、「野放しの粛清」はどのくらい乱暴だったのだろうか？　歴史家ジャン゠ピエール・リウーによれば、フランス占領後の反応を北西ヨーロッパの他の被占領国――ベルギー、オランダ、デンマーク、ノルウェー――と比較した場合、フランスにおける「粛清」は「穏やか」だった。(13)　一方で、その同僚のアンリ・ルッソは処刑者数をドイツ軍の制服を着て奉仕したフランス人の数と較べた場合、「粛清」は他の地域よりも過酷だった(14)と主張する。もちろん、残虐行為の正確な数は重要だ。だが、そこから発生する議論はすぐに道徳的泥沼に落ちこみやすい。

第2部

国家、それはドゴールなり

第9章 臨時政府

ドゴール将軍がシャンゼリゼを行進したときに示された幸福感過剰気味の歓迎は、将軍の挑戦しがたい権威を確認したように見えた。だが、臨時政府とレジスタンスとの関係は相変わらず未解決のままだった。戦争中、フランス共産党は、将軍の政策がイギリスの支援を受けてレジスタンスの民衆的性格を「歪め」、「どんな代償を払っても、真の国民的蜂起を阻止する」(1)のではないかと疑っていたが、その疑いは当を得ていた。共産党は、連合軍が一九四四年八月、パリ入市を遅らせたのは、おおむね共産党に煽動された蜂起をドイツ軍が殲滅することを期待したからだ、とさえ主張しようとした。これはまた、赤軍がワルシャワ蜂起のあいだに、ポーランド民族自決主義者の支援に向かわなかったことに対する批判をかわすための恥知らずな試みでもあった。

ドゴールは、共産党がルクレール軍のパリ到着直前に権力を掌握したがっていると確信しきっていたが、そう信じるだけの正統な理由は多々あった。ゲオルギ・ディミトロフはモロトフとスターリンに宛てたブリーフィングに「ドゴールはフランス共産党を恐れ、その活動を自らの権威に対する脅威と考えている。だが、地下闘争のあいだに確立された共産党の力を考慮に入れざるをえない(2)」と書いた。

解放の勝利後もなお、とくに道路、橋梁、鉄道線路の破壊によって首都から切り離されていた地方において、臨時政府の権威は実体なきままにとどまっていた。ドゴールにはまた、フランスがアメリカやイギリス、ソ連と並んで会議のテーブルに席を要求するためには、フランスが使いうる部隊すべて、つまり正規軍と旅団に編成されたばかりのFFI分遣隊の両方がドイツに向かって進軍を続けることで、戦争努力に対して目に見える貢献をしなければならないこともわかっていた。したがって、法と秩序の確保のために正規軍を呼びもどすわけにはいかなかった。これはまた、FFIの残りと共産党系の「愛国民兵団」をそのままにしておくことを意味したが、そのなかにはもっとも信頼がおけず、もっとも政治化された分子が含まれている場合がよくあった。

フランス国内の移動は、車とガソリン配給券、想像しうるかぎりの通行許可証をもつ政府の役人にとってさえ簡単ではなかった。町や村で、車輛は民兵や一種の「公共安全委員会」に停止させられ、民兵たちは同乗者全員の身分証をうんざりするほど細かく調べただけでなく、愛国心を試験にかけることもよくあった。一九三六年のマドリードと同じく、パリにも象徴として大きな重要性があったかもしれないが、そこで発せられる命令は、地方、とくに南西部においてはほとんど重みがなかった。

ノルマンディー侵攻のかなり以前すでに、ドゴール将軍と側近は、直面するであろう重要な問題を予測し、地方でヴィシーの役人を引き継ぎ、共和国の合法性を、それが各地の革命委員会に乗っ取られる前に再構築するための人選を、Dデイの数か月前から始めていた。

臨時政府は、穢れのない新たな国家機構を作り出し、フランス全土に空中投下することは決して望めなかった。ほとんどが脛に疵をもつ既存の制度を使って仕事をしなければならない。たとえかつてはドイツ軍と組んで仕事をしていたとしても、民衆の正義のいきすぎを抑えるためには、憲兵が通りにいる必要があった。ペタン元帥に忠誠を誓った裁判官の大多数は法廷にもどらなければならないだろう。ヴィシー政権に忠実に仕えた公務員には、職場復帰の要請が成された。そして木っ端みじんにくだけた経済を再活性化するために、工場は多くの場合でドイツに協力した工場長によって再開されなければならなかった。この困難なプログラムを任された機関は共和国地域代表委員（以下、「共和国委員」）と呼ばれ、ひとりがひとつの地域を担当した。

共和国委員の最優先課題は、国民に食糧と基本的な公共のサービスを提供することだった。無任所の共和国委員として内務省に残ったクロード・ブシネ＝セリュルは、食糧がほとんどすべての鍵であると強調した。食糧なしでは、公序は崩壊するだろう。

粛清の最初の二、三か月、多くの地域では法も秩序も存在しなかった。一一月、元レジスタンス二〇名ほどがある刑務所に押し入り、マキに対する報復遠征を指揮した大佐をつかまえて、ドゴールが大佐の死刑を免除したという事実を傲慢にも無視し、近くの野原で銃殺した。北フランスのルイ・クロゾンは、解放された赤軍の戦争捕虜三万人に対処しなければならなかった。赤軍兵士は「自分たちが征服地にいると考えて、挑発的態度」[3]をとった。だが、おそらくフランス全土で状況がもっとも混沌としていたのは南西部、トゥールーズの周辺だった。

ＳＯＥのために南西部を半公式に視察した哲学者Ａ・Ｊ・エアは書いた。「解放のとき、この地域全体は一連の封建領主の手中にあり、その権力と影響力は一五世紀ガスコーニュの封建領主のそれと奇妙に似ていた」[4]

現代の実力者のなかでもっとも力をもっていたひとりが、フランス南西部のＳＯＥ上級将校ジョージ・スター大佐だった。スターはものすごくタフな男で鉱山技師だったが、強力な軍事指導者となり、イギリスが空中投下する武器でフランス南西部のマキのほとんどを武装させたとき、その人望は際限なく増大した。もうひとりはセルジュ・アシェ＝ラヴァネル大佐。登山家、共産党員、理工科大学出身で、二五歳にして自らがフランス・レジスタンス最高の戦士のひとりであることを証明していた。

トゥールーズそのものには、外国人多数を含む多くの武装集団が存在した。外国人のほとんどがスペイン人共和主義者だったが、ドイツに寝返ったヴラソフ将軍の軍を脱走したグルジア兵もいた。スペイン人共産主義者はアラン渓谷侵入を画策、一〇月に決行した。約三〇〇〇名が一二のゲリラ旅団に組織され、スペイン全土に蜂起を促すことを期待して国境を越えた。しかし、一度スペイン軍外人部隊に襲いかかられるとひとたまりもなかった。

「トゥールーズはあらゆる冒険家の市場だった」(5)とレジスタンス〈闘争〉のジャック・ボメルは指摘した。すべての集団が左翼というわけではない。極端な反共主義者の一大佐は、国境地域を掌握してフランコ将軍の軍と連携しようとした。この大佐はパリ伯爵に忠誠を誓う「白色マキ」の主要な組織者だと言われていた。

担当の共和国委員ピエール・ベルトーは、戦前、大学で教えていた関係で、この地域をよく知っていた。ベルトーはみんなから無視をされて、空っぽの県庁舎にぽつんとすわっていることになった。例外は二、三人の「ナフタリネ」――おもにペタン軍の将校で、最後の瞬間に防虫剤のにおいがぷんぷんする制服を着てレジスタンスに加わったので、このあだ名をちょうだいした。スター大佐が会いにきたが、大佐の目的は、自分は連合軍の指揮系統から命令を受けるのであり、いまだ承認されていない臨時政府からではない、とはっきりさせておくためだった。

九月半ば、ドゴールは解放後における自分の権威を確立するために地方都市巡行――リヨン、マルセイユ、トゥールーズ、ボルドー――を開始。明らかにトゥールーズを自分とレジスタンスの最後の対決の場と見なしていた。

ロレーヌ十字をつけたドゴールの飛行機は、九月一六日朝、ブラニャック飛行場に着陸した。飛行機は大幅に遅延し、歓迎委員会のマキ指導者一五〇名強は、冷たい風のなかでいらだちを募らせていた。飛行機の扉が開いたとき、指導者たちは歓声をあげ、フランス解放に向けて自分たちがおこなったすべてに対する暖かな祝辞をひとこと期待していた。だが、受けとったのは、短い握手、冷たいうなずきだけ。ドゴールはさっさと立ち去った。将軍の側近は、護衛車輛とオートバイの先導がついた厳戒態勢を準備していた。

ピエール・ベルトーがドゴールのトゥールーズ入りに同行した。若い共和国委員はドゴールを愉快がらせようとして、スター大佐が執務室にきて、武装した自分の部下七〇〇人がいれば、机をバシンとたたくだけでどんな問題も解決できると告げたようすを語ったが、それは大きな間違いだった。ドゴールは激高し、ベルトーになぜそのイギリス人を逮捕しなかったのかと尋ねた。ベルトーはスターを逮捕しそこねたばかりか、臨時政府首班に会わせるために、その日の午餐会に招いたことを認めなければならなかった。ドゴールは招待を取り消すように命じた。

トゥールーズ郊外に到着したとき、ドゴールは運転手に停車を命じた。県庁舎に歩いてはいるつもりだった。引き金に指をかけられればよろこびのゲリラたちがいるこの街で、ノートルダムの銃撃戦のあいだのように、もう一度、自分の権威を見せつけてやる。ドゴールは、目の前の若い共和国委員にはリーダーシップ術のレッスンが急務であると確信していることを隠そうともしなかった。だが、ベルトーがほっとしたことに、ドゴールが歩き始めたときには、銃撃どころか熱狂する群衆さえもいなかった。この実技の授業はひどく白けた雰囲気となり、将軍はこれ以上時間を無駄にするのはやめて、ベルトーに車と護衛のオートバイを呼ばせた。

スターは、午餐会の招待が取り消され、ドゴールがその午後、県知事の執務室に出頭を要請しているという伝言を受けとった。半ばは予測していたが、予測通りであってもスターの機嫌がよくなるわけではなかった。マキの首領ラヴァネルは、ケーニグ将軍に任命されていたにもかかわらず、スターと大して変わらぬ扱いを受けた。ラヴァネルは別の車で戦争大臣アンドレ・ディテルムに同乗したが、大臣はラヴァネルの存在を無視した。午餐会の会食者に含まれてはいた。しかし、ラヴァネルと部下の士官たちに対するドゴールの態度は、これ見よがしの軽蔑以外のなにものでもなかった。ドゴールはこの「雁首そろえた大佐連中[6]」のひとりひとりに、兵役中の本当の階級はなんだったのかと尋ねた。ひとりの職業軍人によるレジスタンスの階級格下げは、一般に向けた演説でレジスタンスに触れず、フランス正規軍の業績だけを語ったときに、なおいっそう大きな効果をあげた。

スターがイギリス軍の軍服姿で県知事執務室に現れたとき、一介のイギリス人がフランス領土内でこれほど大きな影響力をもつのだという思いが、将軍の怒りにふたたび火をつけた。ドゴールは、スターとその部下は傭兵集団にすぎないとさえ言った。スターは腹立ちを抑えて指摘した。自分の部下の多くがフランス軍の正規将校である。これはドゴールをなおいっそう怒らせ、ドゴールはスターにトゥールーズ即刻退去を命じた。スターは、自分は臨時政府ではなく連合軍参謀本部の命令によってきたのであり、指示があるまでは持ち場を放棄しないと答えた。ドゴール将軍が私を逮捕したいのであれば、お好きにどうぞ。

そのあとに続いた沈黙は耐えがたかった。結局、ドゴールは状況の現実を認めなければならなかった。スター逮捕のニュースが連合軍相手にさらなる問題を生むのは言うまでもなく、この地方でのスターの人気はあまりにも大きく、重大な騒擾につながる可能性があった。ドゴールは感情を抑えて立ちあがり、デスクをぐるりとまわって、イギリス人将校の手を握るだけの良識と潔さとをもちあわせていた。

それでも、スターはその後すぐにトゥールーズを去らざるをえなかった。だが、のちになってドゴールは、スターの功績が戦功十字章とレジョン・ドヌール受勲に値することに同意した。

ドゴールにとってレジスタンスとのトゥールーズ対決は、部分的には象徴的意味をもってはいたものの、決定的な一手——ＦＦＩを実際上も理論上も臨時政府の通常兵力に力ずくで組みこむ——を試みる前の実験でもあった。共産党は自分の兵力（ＦＦＩ）が連合軍の指揮下で対独戦に投下されるのを望んでいないことを、ドゴールは明確に見てとっていた。共産党は、自軍が新しい「明日の軍隊」のモデルを提供すべきであるという口実をつけて、兵力を重要な闘争のために手もとに残しておきたかった。多数の共産党指導者が、ドゴールはフランスのケレンスキー〔一八八一―一九七〇。一九一七年二月革命後の臨時政府首相。一〇月革命でボルシェビキに追放された〕であり、モーリス・トレーズは権力に復帰しようとしている自分たちのレーニンであると確信していた。

一〇月末にかけて、ドゴールは手札を切った。モスクワからのトレーズの電報を無視したように、これまでは「モーリス・トレーズの帰還」を要求する共産党の周到に準備された政治集会やデモによる組織的活動を無視してきた。（ちょうど三週間前のディミトロフ宛書簡によれば、トレーズが疑っていたとおり）トレーズはドゴールの人質であり、いまこそ取引の時がきていた。一〇月二八日、モスクワ駐在のドゴールの代理がトレーズに、一九三九年のフランス軍脱走に対する恩赦があたえられ、したがってフランス帰国が可能になることを告げた。しかし、決定が「官報」に発表されるまで、他言は無用である。ディミトロフはただちにスターリンにメモを送り、事態の展開を報告した。

同日、ドゴールは閣議を召集。ドゴールがトレーズの帰国許可に対する見返りを要求しようとしているのは、出席者全員わかっていた。閣僚のひとりひとりに対して順番に、愛国民兵団の解体が提案されたが、すべての目はふたりの共産党系閣僚、航空相シャルル・ティヨンと保健相フランソワ・ビユーに注がれていた。ふたりは選択の余地がないことを知っていた。結果として、ＦＴＰの偉大な指導者シャルル・ティヨンでさえ、自分の番がきたときには、異議を申し立てなかった。共和派の合法性が勝利した。

スターリンの政策をまったく理解していなかったフランス共産党員の大部分は、レジスタンスに加えられたこの一撃に衝撃を受けた。続く一〇日間、共産党は政治集会を開き、煽動的演説をして反対動議を次つぎと提出したが、どんな形であれ政府との対決が提案されることはなかった。デュクロ自身、この状況に満足というのとはほど遠かったのはほぼ確実だが、独ソ不可侵条約の場合と同様に、ソ連の利益がつねに優先されることはわかっていた。

兵卒はイギリスからの落下傘投下をほとんど受けとらなかったので、占領中しばしば大きな危険を冒して獲得した武器を絶対に差し出そうとしなかった。フランスのいたるところで、あらゆる種類の武器に油が差され、油布にくるまれて、庭や床下に埋められた。隠匿された量は推測するしかない。一二月、ヴァランシエンヌの憲兵分遣隊が武器隠匿所を一か所発見した。そこには戦闘機用機関銃三丁、ライフル二丁、対戦車ライフル三丁、拳銃一丁、手榴弾八個、柄付手榴弾一五個、爆薬八箱、銃弾一万九〇〇〇発、騎兵用の鞍六個が隠されていた。近くのルジエ兵営で陸軍に編入された元ＦＴＰ兵はすぐに、これ以上捜索をしたら憲兵隊を襲撃すると脅した。

国内のあちこちで、マキはパリから発せられる命令に頭を下げるのを拒否し、地域の共和国委員は、内務省がどんな発令を出そうと、じっくりと好機を待つことにしていた。だが、手は打たれたのであり、国家が軍事力の独占を全土でふたたび確立するのは時間の問題にすぎなかった。

ドゴールのトゥールーズ演説はその不正規軍嫌いを明らかにし、演説の文言は合法性と継承についてのほとんど君主主義的な見方に染まっていた。解放は革命ではなく復古であり、シャルル・ドゴールは臨時政府首班というよりも共和国の君主だった。共産党指導者ジャック・デュクロは、ドゴールのことをシャルル一一世と呼んだものである。

戦争省の一角、サン＝ドミニク街一四番地で戦前に使っていた執務室を選んだことは、フランスを過去の要素の上に再建しようというドゴールの決意を示していた。軍は確固たる基礎だった。しかし、産業については同じように感じてはいなかった。解放後第二回目のフランス巡行中、一〇月一日にリールでおこなった演説では、共産主義者とは言えないまでも、社会主義の統制経済論者の口から出かねない言葉で国有化計画を約束している。

ドゴールは、スタッフのなかでも信頼できる相手に対してしか、気を許せないようだった。クロード・ブシネ＝セリュルは、ジャン・ムーランに合流するためにフランスに落下傘降下する以前、ロンドンでドゴールの青年補佐官を務めたが、ドゴールの「たいへんな礼儀正しさ」が忘れられなかった。ブシネ＝セリュルが朝一番で一件書類を持参すると、将軍は必ず立ちあがって握手をした。食事は絶対にひとりでせず、たいてい若い同僚のだれかれを連れていっしょに食事をし、その機会を聴き手に向かって自分の考えをまとめるのに利用した。あの戦争の日々、ドゴールはつねに未来を語り、歴史に造詣が深かったにもかかわらず決して過去には触れなかった。だが、解放とともに未来がやってきた。そしてその未来は心地のよいものではなかった。主要な問題のひとつは、議論すべき案件の幅がこれほど広かったときに、ドゴールの仲間の輪がきわめて限定されていたことだった。

閣僚に対するとき、ドゴールの心は前もって決まっているのが普通だったので、ドゴールに影響をあたえられたのは、しばしば専門的知識に欠ける身近な協力者だけだった。官房長ガストン・パレフスキの仕事は、すでに仕事を背負いこみすぎたドゴールの面会相手を制限することで、そのためにパレフスキが多くの敵を作るのは避けられなかった。とくにフランス軍の上級将校からは嫌われた。パレフスキの権力神話はあまりにも広まったために、人びとは公用車に書かれたＧＰＲＦ（Gouvernement

Provisoire de la République Française フランス共和国臨時政府の頭文字）は、Gaston Palewski Régent de France フランス摂政ガストン・パレフスキ」を意味すると言ったものだ。*

九月第二週に組閣された臨時政府閣僚は、多くの驚きを――しばしば任命について――経験した。ジョルジュ・ビドーが外務大臣としては異例の選択であることを、ビドー本人が真っ先に認めた。ビドーは書いている。「この冒険は予期していなかった。そしてパラドックスの色合いを強く帯びていた」[8]。ビドーは全国抵抗評議会議長として頂点に立つまで占領中は地下活動に従事していたので、外の世界でなにが起きているのかまったくわかっていなかった。

かつてモンプリエ大学で法学を教え、レジスタンスの「総合研究委員会」のメンバーだったピエール＝アンリ・テトジェンは情報大臣に任命されてびっくり仰天した。ドイツ国防軍が映画館に改装したフリードランド大通りの美しい建物を接収。信頼のおける知人のひとりに事務局長を、もうひとりに官房長を頼んだ。

ゼロから始めたテトジェンは、既存の省のいくつかほどの困難には立ち向かわずにすんだ。ドゴールの高級外務官僚ルネ・マシグリとエルヴェ・アルファンが八月二九日、外務省に到着したとき、焼けこげた戦車が相変わらず玄関をふさいでいた。ふたりは中央階段に血痕を、空っぽでうつろな音を響かせ

＊パレフスキの護衛のひとりは、パレフスキが「マルセイユのペタンク・クラブよりもたくさんのあだ名」[7]をもっていたと指摘している。護衛たちはパレフスキを、強すぎるオー・ド・トワレットから「ラベンダー」と呼んだ。『カナール・アンシェネ』誌上では検閲に対して「ロドイスカ」とあだ名がつけられた。政治家たちは「皇帝」と呼び、一方、女性秘書たちは大多数がパレフスキから熱烈なアタックを受けたことに疑いの余地はないが、皮肉をこめて「美男のガストン」と呼んだ。

る大広間の隅にライフルを掃除するために裂かれたドイツ軍のシャツを発見した。そのうちにヴィシー政権に仕えた役人が二、三人、自分たちが銃殺されるのか、投獄されるのか、それとももともとの仕事にもどされるのかわからないまま、おずおずと顔を見せた。

ドゴールに味方したわずかを除いて、外務省はアルファンが書いたように、相変わらず「ヴィシーの巣窟」[9]だった。一九四〇年、官僚の大多数は、自分たちがフランス政府だと考えていたもののために働き続けた。このことが、機関としての外務省に対する偏見をドゴールに植えつけたのはほぼたしかだ。Dデイの二日前、ドゴールはダフ・クーパーに、ロラン・ド・マルジョリー——上海でヴィシーを代表していた——は、もっとも許しがたい男だと思うと打ち明けた。「あの男は、私を大いに助け、私が犯した多くの過ちを回避させてくれたかもしれない。もしあのとき、きていれば、いまごろは外務大臣だった[10]」

外務省での最初の数週間で、アルファンがもっとも鮮明に記憶しているのはジョルジュ・ビドーの孤独な姿である。ビドーは、だだっ広い大広間でオーバーにくるまり、薪の燃える暖炉に向かっていた。ドイツ軍は撤退時、重要な書類すべてと、タイプライター、書類キャビネットのほとんどをベルリンに持ち去った。この戦利品は、一九四五年のベルリン陥落後、モスクワに向けて発送された。

他の省庁のほとんどが同じような状況にあった。用箋の供給はあまりにもわずかだったので、残っていたヴィシーのレターヘッドを使わなければならず、一番上の「フランス国」を消して、その下に「フランス共和国」とタイプで打ちこんだ。一部の県では、このみっともない方法を、翌夏のペタン元帥裁判まで続けなければならなかった。

基本的な備品が不足していたのは政府省庁だけではない。病院では体温計どころか、薬品も包帯も足りなかった。一九四四年から四五年にかけての厳しい冬、栄養不足でもろくなり、凍結した道路で転ぶと簡単に折れた骨を治療するための焼石膏はほとんどなかった。

アルデンヌ総攻撃中の一月初めに始まり、ほぼ一月いっぱい続いた寒波は、はるか以前から数えてフランスが苦しめられた寒波のなかでも最悪のひとつだった。一九四五年一月二〇日、アメリカ大使はワシントンに次のような電報を送った。「一七日間、地面から雪が消えない。これまでの記録は一〇日である。相変わらず雪が降っており――水力発電所では水が凍り――炭坑からくる運河に張った厚さ八インチから一二インチの氷を砕氷船が砕けないために、氷に閉じこめられたバージ船のなかで七万トンの石炭が立ち往生している。一日の到着量は三分の二まで落ちこみ、パリ全体について五〇〇〇トン以下である。六六本の列車ががっちりと凍りついている[11]」

これ以前でさえ、政府最大の懸念は、やはり食糧の供給だった。解放直後、アメリカ提供の小麦粉のおかげで白パンがふたたび姿を現し、自分でなんとかするよう臨時政府の手に任されたとたんにまた消えた。食糧不足はあまりにも深刻になったので、ドイツ支配下のほうが楽だったと言われたほどだ。このような不平不満は、輸送体制が戦闘で破壊されたという事実を見落としていた。解放後何週間も、かなりの鉄道幹線が通行不能だった。ドイツ軍が撤退時にほとんどの車輛を持ち去ったので、道路による輸送はごく限られた数の石炭自動車、「ガゾジェーヌ〔ガス化装置〕」トラックに依存した。警察庁によると、基本的な問題は統制価格での義務的な食糧買上げ「ラ・コレクト[12]」に対する農家の抵抗だった。ヴァンデ県の反動的農民階級は最悪だったようで、一九四四年一〇月、全県でわずか四トンのバターしか供出しなかった。同月、乳牛の数がほんのわずか多いだけのパ・ド・カレ県は、公的市場のために三五五トンを生産した。

このご時世では、金は政治的立場とは無関係だったようだ。ムシ公爵は、オワーズ県ムシ＝ル＝シャステル村の村長で、村の農家は主として共産党に投票する。公爵はとても人気があり、信頼されていたので、ある老農民から次にパリにいくときに、娘のためにダイヤモンドの指輪を買ってきてくれと頼まれた。公爵は頼まれたとおり、指輪を購入した。だが、指輪を持ち帰ると、農民はすぐに言った。これでは大きさが足りない。そこで公爵は翌週、農民の金三五万フランを紙袋に入れてヴァンドーム広場の宝飾店ショーメにいき、巨大な指輪を買った。今回、農民は大いに満足し、公爵にまだ七〇〇万フランが食器棚にしまいこんであると請け合った。

　フランソワ・モーリヤックは政府のヤミ市対策は「聖アウグスティヌスが浜辺で見た、貝殻で海の水を空にしようとしている子ども[13]」に似ていると書いた。食糧省担当大臣のポール・ラマディエは、警察庁に「最大の積極的取締」を要求した。ラマディエは食糧不足による政府の不人気の矢面に立たされた。すぐに「ラマダン〔イスラム教の断食月〕」とあだ名がつけられ、毎日の配給はラマディエとダイエットをかけて「ラマディエット」と呼ばれた。その役所は、たいていは共産党が組織した主婦委員会のデモの目標となった。パリ市庁舎では四〇〇〇人の女性が「子どもたちにミルクを！[14]」とシュプレヒコールした。冬期競輪場の大集会ではラマディエの名があがるたびに、群衆が「死を！」と叫んだ。

　警視総監には断固たる処置をとるように命じられた。三月の第二週、市にはいるすべての街道に検問所が設けられた。この作戦はすぐに「パリ攻囲[15]」と呼ばれるようになる。だが、最優先課題は、「トランク運び[16]」がもちこむ食品の取引を取締まることだった。「トランク運び」はノルマンディーの農家から食品を直接、非合法に購入する。トランク一個に最高二〇個も詰められた熟成中のカマンベール・チーズや、処理したばかりの家畜の大きな肉片の血が網棚からしたたり落ちて、列車のなかで、こびりついて離れない強烈な悪臭を放ったので、いつもはすきま風には過剰に敏感なフランス人も、すきま風の恐れを克服して、車輌の窓を開け放った。

　リュイゼはモンパルナス駅で、北西フランスの豊かな農業地帯から帰ってくる全旅客に対し、警視庁の警官による大規模な取締を二日にわたって実行した。だが、旅客たちの怒りは激しく、実質的に暴動になりかけた。リュイゼは内相に報告した。「この状況下で、私は部下にこの形で実行される大規模の統制作戦中止を命じざるをえないと考えました」[17]

都市部では、食糧を求める闘争が日々続く一方で、フランス復興の任務は、破綻した経済に押しつぶされ、巨額にのぼるアメリカの援助と借款によってのみ、なんとか空中に浮かんでいた。工場はドイツ軍に破壊されるか、丸裸にされ、主要な港湾は爆撃のために、瓦礫と折れ曲がった鉄材の山と化していた。撤去すべき地雷がいまだに何百万個も残っていた。SHAEFの報告では破壊された建物は一五五万棟だが、この数字は第一次世界大戦終結時のほぼ二倍にあたる。また建築資材と材木も、手にはいる在庫のほとんどを連合軍が使ってしまうので、大幅に不足していた。

石炭不足はきわめて深刻だったので、冬の始まるはるか以前から、その結果について警告する知事たちからの至急電報が内務省に届き始めた。一〇月二九日、ルーアンにはあと四日間の在庫しか残っていないという警報が内務省に届いた。到着するはずの列車がまだこない。たとえきたとしても、荷下ろしに三日かかる。地方は、パリが特別扱いされているのではと疑っていた。ルーアン市長は内相に書いた。「ルーアンがなんの助けもなく廃墟のなかで苦しんでいる一方で、パリには劇場、映画館があり、就業時間後も地下鉄が動いているのを見て、われわれは大きな不満を抱いています」[18]

解放に続く時期に、世論調査が提供する大量のデータのなかで、もっとも印象的なのは、不法利益の押収が閣僚が取り組むべき優先課題の第一位にあがっていることだ。それはなんと食糧供給問題よりも上位にある。

妨害行為についてのスターリン理論――すべての後退は第五列の仕業である――に従って活動してい

た共産党は、過ちのありかに疑いをもってはいなかった。「不十分な粛清が、産業と政府諸部門の制御棒を、占領前と占領中にファシストに協力した者たちの手に残した」[19]。政府さえも、経験豊かな行政官を職務にとどめておく必要がある一方で、不正義が残っていることを非公式には認めざるをえなかった。最初に復興の責任を負った大臣は、政府が「微妙な問題」[20]に直面していると認めた。フランスが直面する厳しい使命に取り組むための準備——財務、マンパワー、原材料について——がもっとも整っていたのは、ドイツに協力した企業だった。大手建設会社の多くは戦争前には存在さえしていなかったのに、いまでは「異常な重要性」を帯びていた。一方、ドイツ協力を拒否した「愛国的」企業はきわめて脆弱だった。

共産党は解放のかなり以前から、対独協力企業に対して報復の脅しをかけ始め、それは連合軍のパリ接近につれて、『リュマニテ』紙にたびたび掲載された。「ルノー工場の工場長たちは、自分たちが敵に熱心に装備をあたえた結果として殺された連合軍兵士の生命を、償わなければならない」[21]。ルイ・ルノーは逮捕され、ドイツ軍に六〇億フラン以上の価値の資材を売却したことで九月二三日に有罪を宣告された。六七歳になる産業家は一か月後、フレーヌ刑務所で死亡した。その妻は夫が殺害されたと断言した。医師団は脳卒中だと言った。トラック製造業界の大物マリウス・ベルリエとその息子たちはリヨンで裁判もなしに拘束されたが、最悪の犯罪者とは言いがたかった。ルノー、シトロエン、プジョーの三社だけで、ドイツ国防軍のために九万三〇〇〇台近くの車輌を生産したのに対し、ベルリエはわずか二二三九台にすぎない。逮捕されたもうひとりの重要人物は銀行家イポリト・ヴォルムである。しかし、ドイツ軍大西洋防御線の施工者も含めて、ドイツのための仕事をした産業家の圧倒的多数は、手を触れられずに逃げおおせた。

企業は差し押さえられ、国有化された。一部はほんとうに対独協力をしたからであり、その他は避けられなかった対独協力が基幹産業の国営化に口実を提供したからである。シャルル・ティヨンが航空相に就任したあと、共産党は航空産業と輸送業を一〇〇パーセント国有化しようと決めていた。

革命的なレトリックと国営化の脅しに四方を囲まれ、一般的に「経営者団《パトロナ》」と呼ばれるフランスの産業家と雇用者の集団は、共産党のキャンペーンに対する不満を述べたメモランダムをドゴールに送った。メモは経営者団が「(ドイツ側に)気づかれないレベルで経営上のレジスタンスを実行する一方で、フランス国土に生産手段を維持することによって国家に対する義務を果たした。フランスが労働者階級によってのみ救われたという神話に抗議しなければならない(22)」と強調していた。だが、このような主張は不正直である。仕事をサボタージュしたのは少数の優れた管理職だけだった。生産を維持したという正当化は、フランスの長期的利益が、将来の解放よりもむしろ継続的なドイツ軍占領にあることを暗に意味していた。

ヴィシーと占領のあと、右翼が道徳的に破綻して見えた時代の風潮のなかで、変化のための変化を支持する強い世論の流れがあった。レジスタンスの業績と解放の兄弟愛は、より平等な社会を創造するために、平時のなかへと推し進められなければならなかった。この政治的な直感、あるいは感情は「進歩主義」と呼ばれた。潜在的共産党シンパ、あるいは共産党の計画を恐れているが、いまはまだ、あからさまにはそうと言えない社会主義者右派に警戒心を起こさせたくはない共産党にとって、この「進歩主義」という言葉は好都合だった。

ヨーロッパのいたるところで、あれほど多くを失った人びとにとって、「進歩主義」は戦争中の道徳的曖昧さと一九三〇年代の世界大恐慌による困窮の両方をおきざりにして前進するための唯一の道を提供するように見えた。だが、このような仮定に疑問を呈した保守派や政党にとらわれない思想家は、それを共産主義に向かって滑り落ちていくことだと見ていた。破壊されたヨーロッパをアメリカから眺めていたオルダス・ハクスリー〔一八九四―一九六三。イギリスの小説家、批評家〕は、パックス・ソビエティカ――ソ連支配による平和と安定――が大陸全体に広がると予測した。多くの人と同様に、ハクスリーは、「悪夢のような全体主義的かつ貧困化した形」以外で、「ハンプティー・ダンプティーをもう一度くっつける[23]」のは不可能ではないかと恐れていた。

第10章 外交団

ドゴール将軍がトゥールーズでスター大佐に腹を立てたのは、実際には連合軍の指揮権に対する恨みが爆発したものだった。将軍の頑固で短気な性格は解放の勝利によっても和らげられなかった。フランス国民は一団となってドゴールを指導者として歓迎したが、連合国は臨時政府の正式承認を遅らせ続けていた。ローズヴェルトの強い要求で（元ヴィシー大使レーヒー提督の助言によるのはほぼ間違いないが）、承認は、パリ解放後二か月近くにわたって遅延した。「三大国」の大使が着任済みという事実はドゴールをさらにいらだたせただけだった。

ドゴールがアルジェで出会っていたイギリス大使ダフ・クーパーは、九月一三日、四八機ものスピットファイア戦闘機に護送されたダコタ機で英仏海峡を渡り、ル・ブルジェ空港に到着した。警察のオートバイ護送隊が凱旋門までクーパーの車列の露払いを務め、クーパーは無名戦士の墓に花輪を捧げた。そのあと、《バークレー・ホテル》の先遣隊と合流。フォブール＝サン＝トノレ街の英国大使館は蜂蜜色の石造りの元ポリーヌ・ボルゲーゼ〔ナポレオン一世の妹〕邸におかれ、建物は被害は受けなかったが、水道も電気もなく、大広間には一九四〇年六月にパリを脱出した家庭の家具が積みあげられていた。

翌朝、ダフ・クーパーは外務省にビドーを訪ね、会見の模様を日記につづっている。「ビドーは奇妙に若く見え、またどことなく自分の責務に圧倒されたようすで、本人も自分はなにも知らないし、なんの経験もないと認めていた。全体としては好意をもったが、この仕事に充分なだけの実力を示すかどうかについては懐疑的にならざるをえない(1)」

ダフ・クーパーがアルジェ時代に何度も経験した立場――チャーチルとドゴールというひき臼のあいだで粉に挽かれる――に立たされるまでに長い時間はかからなかった。イギリス外務省から最初に送られてきたメッセージのなかには、チャーチルが約三週間後の訪問を希望しているという警告もあった。返信が送られた。すなわち、チャーチル首相はドゴール政府を承認し、将軍自身から正式の招待を受けるまで来仏を考えるべきではない。チャーチルはいまだにフランスを主権国家ではなく、連合軍交戦地域の一部と見なしていた。

アメリカ政府も同様に無神経だった。ダフ・クーパーがフランス外務省から非公式に聞かされたところでは、アメリカは臨時政府の同意を求めもせずにフランス大使を任命し、そのことでビドーはひどく感情を害していた。

ローズヴェルトが臨時政府を正式に承認する気になるまで、ドゴールはアメリカ大使ジェファーソン・カフェリーにも、また――ロンドンのフランス大使ルネ・マシグリは英国王に謁見し、チャーチルから田舎に招待されていたにもかかわらず――ダフ・クーパーにも会おうとしなかった。フランスをSHAEF管轄下の交戦地域と内務省管轄地域とに一時的に分割することに同意をあたえず、それによって承認の過程を遅らせていた。

最終的には、土壇場でばたばたと混乱があったあと、最後の障壁が取り除かれ、一〇月二三日月曜午後五時、アメリカ、イギリス、ソ連、カナダは臨時政府を同時に承認した。「ようやく!」とイギリス外務省のトップ、アレグザンダー・キャドガン卿は書いた。卿は、独身の老ヴィシー大使、レーヒー提督がローズヴェルトに絶大な影響力をふるってドゴールと対立させ、これほど長いあいだ事態の進展を妨げてきたのにうんざりしていた。「どうでもいいことに、なんと大騒ぎをしたことか！　あの唾棄すべき老レーヒー大おばさんのせいで。あいつが悔しがっていれば、ざまあみろだが[2]」

その夜、ダフ・クーパーと夫人のレディ・ダイアナ・クーパーはドゴール将軍主催の夕食会に招待された。夫妻はイーデン外相の夫人ベアトリス・イーデンを同伴。ブローニュの森にある将軍の私邸に招かれたのは、ビドー、ジュアン将軍、フランソワ・モーリヤック、ガストン・パレフスキらだった。ほとんど会話もなく、雰囲気は最後まで徹底的に陰気なままだった。ダフ・クーパーが臨時政府承認に触れたとき、ドゴールは返事をしなかった。大使が、将軍はすべての過程が終了したのを喜んでおられるといいのだがと、しつこく繰り返すと、ドゴールは肩をそびやかし、それはいつまでも終わらないだろうと言った。ダフ・クーパーはドゴール夫人の隣にすわっていたが、夫人は夫から一度も目を逸らさず、ひと晩中なにも言わなかった。

この「きわめて堅苦しく退屈なパーティは、ドゴールのいつものもてなしよりもなおひどくさえあったが……本来は祝祭の夜となるべきだった」とダフ・クーパーは日記に書いた。「だが、『祝祭』はドゴール将軍の語彙に含まれる言葉ではない[3]」。夕食会のあと、帰宅の車中でベアトリス・イーデンは言った。普通、ものごとは恐れているほど悪くはならないものだけれど、今夜は恐れていたよりもはるかに悪かったわね。数日後、ダフがロンドンでフランス大使マシグリと会い、その晩のようすを語って聞かせると、マシグリはわっはっはと大声で笑った。ふたりのどちらもが経験からよく知っていたとおり、ドゴールは自分の傷ついたプライドを癒しているときがいちばん無愛想だった。ドゴールが世間話を悪徳と信じていることがものごとをいっそう悪くした。あるフランス外務省高官がダフに指摘したとおり、おそらくその鍵は将軍の過剰なほどの内気さにあるのだろう。

ドゴールもある程度は社交生活に顔を出さざるをえなかった。だが、社交はドゴールの性格にはなかった。ダイアナ・クーパーはすでにアルジェで、夕食の席での将軍相手の会話は「糊のように滑らかだ」と感じていた。クーパー夫妻は、「苦悩」を意味する熟語「ワームウッド・アンド・ゴール〔にがよもぎと胆汁〕」にかけて、将軍を「チャーリー・ワームウッド〔にがよもぎのチャーリー〕」と呼んだ。ドゴール家は厳格で知られ、夫以上に世間話には縁のないイヴォンヌ・ドゴールとのお茶会を大使夫人たちは毛嫌いした。「イヴォンヌおばさん」は厳格なことで評判が悪かった。離婚した女性と会うと考えただけで偏頭痛を起こしたと言われている。

アメリカ大使ジェファーソン・カフェリーは一〇月一二日に着任。他のアメリカ人がカフェリーについて言いふらした「がっかりさせる」噂に足を引っ張られた。生まれついての外交官ではなく、しばしば居心地が悪そうに見えた。杖の助けを借りてぎくしゃくと歩いたものの、いつもぱりっとした恰好をしていた。言語障害のため、ときにはほとんどなにを言っているのかわからないこともあり、またときには直截な物言いでぶっきらぼうだった。だが、くつろいでいるときはすばらしい話し相手になった。勇敢で寛大、ホモセクシュアルであることを人に知られないように用心していた。もっとも大使館スタッフのひとりである愛人のほうは、ふたりの関係の秘密を守るのにそれほど慎重ではなかった。夫人のガートルードは姉さん女房で、とても「儀礼にこだわる」こともあったが、心根は親切だった。客の接待を夫以上に楽しんでいないのは明らかだったが、決然と努力はしていた。外交レセプションでは夫妻の欠席が目につくことが多かった。

カフェリーにはフランス経験はほとんどなかったものの、この欠陥をスタッフの数名が補っていた。政治顧問のダグラス・マッカーサー二世（ダグラス・マッカーサー将軍の甥で、前副大統領の婿）は、戦前パリの大使館に勤務、その後ヴィシーでレーヒー提督のスタッフを務めた。北アフリカにおけるロバート・マーフィーの副領事のひとり、リッジウェイ・ナイトはその人脈のおかげで大使館でもっとも情報通のなかに数え入れられた。ナイトはフランス育ちで完全なバイリンガルだった。諜報活動の点では、戦前、パリに暮らした裕福なポロ選手でプレイボーイのチャールズ・グレイとデイヴィッド・ロックフェラー大尉がいた。ロックフェラーは公式には大使館付武官補佐だったが、この役職は諜報活動の隠れ蓑として国際的に認識されている。

鷹揚で魅力的なグレイは、《トラヴェラーズ》と《ジョッキークラブ》両方の会員で、大使とはほとんど共通点がなかった。ある日、《トラヴェラーズ》で昼食後にバックギャモンのテーブルからふっと顔をあげると、白手袋をはめた《ジョッキークラブ》の会員ふたりが気をつけをしているのが目にはいった。ふたりは、グレイに侮辱されたと感じたある友人からの決闘状を渡しにきていた。ムッシュー・グレイには武器選択の権利がある。のちほど回答をご連絡ください。

決闘申込みのニュースはあっと言う間に広まったので、チャールズ・グレイが大使館にもどると、大使執務室に出頭せよとの伝言がすでにおかれていたほどである。カフェリーはグレイに厳しい口調で告げた。だれであろうと決闘に関わり合いになったスタッフはその場で辞職してもらう。グレイはしょげかえった。自分の仕事を愛していた。だが、もし決闘を断れば、パリの社交界では二度と頭をあげることはできないだろう。グレイはぎりぎりのところで解決策を思いついた。決闘受諾のメモを書き、立会人たちに知らせた。選択した武器は戦車である――射程距離はなんでもけっこう、そちらでお選びください。

おそらくこのような場所と時代には避けがたいことだったのだろうが、パリに集まった外交団は快楽主義者と厳格主義者に自動的に二分されたように見えた。カナダ大使のジョルジュ・ヴァニエ将軍は清廉潔白なカトリック教徒だった。大使館が整うまでのあいだ、最初は《リッツ》に滞在したが、ヴァニエの武官によると「《リッツ》はバケツでシャンパーニュを飲んでいる戦時不当利益者であふれかえっているように見えたので、うんざりして」(4)出ていった。ヴァニエはまた、フランス国民が家を暖める燃料のないときに、自分の執務室に暖房を入れるのを拒否し、軍用の厚い外套姿でデスクに向かった。

教皇の大使、のちにヨハネ二三世となるロンカッリ猊下はヴァニエのような戦士修道士ではなかった。猊下のささやかな昼食会で料理とワインはいつもおいしかった。だが、この種の集まりはこっそりと目立たないように開かれた。猊下は外務省儀典長のジャック・デュメーヌに説明した。ジョルジュ・ビドーや他のカトリック系大臣のおかげで、ドゴール政府は過去の多くの政府と較べれば教会に対してずっと敵対的ではないものの、目につかずにいるのが利口だと思う。

スイス大使カルル・ブルクハルトはダンツィヒで国際連盟代表を務め、戦時中は国際赤十字総裁だった。スイス大使館はグルネル街一四二番地のポンパドゥール神父の元邸宅におかれていた。この邸宅が一八世紀末にスイスの手に渡ったのは、ルイ一六世のスイス人護衛隊長であり、宮廷生活の愉快な日記作者ブザンヴァルが所有していたからである。

人道主義者の歴史家ブルクハルトは、よりまじめではあったが、ブザンヴァルにふさわしい後継者だった。背が高くハンサムで、会話はきわめて知的になることもあった――一九三〇年代末に関係のあったダイアナ・クーパーは「いつも理解できないことで死の苦しみを味わった」と書いている。クーパー夫妻とブルクハルト夫妻は固い友情で結ばれ続け、ブルクハルトはダイアナとイギリス大使館をめぐって流布していためちゃくちゃな噂話でダイアナをおもしろがらせた。

食事と飲み物はいつもおいしかったものの、豪勢というよりは狭量な道徳的立場を拒否するという意味で、イギリス大使館はたしかに厳格ではなかった。ダフ・クーパーに関して言えば、過去は過去だった。悪名高き対独協力者は招かなかった――客のリストはガストン・パレフスキの手を非公式に借りてチェックした――が、しばしば間違った情報に基づく毒を含んだ中傷戦術は相手にしなかった。『海の沈黙』の著者ヴェルコールや共産主義者ポール・エリュアールのようなレジスタンス作家も、解放後にさかんに批判されたコクトーやルイーズ・ド・ヴィルモランとの昼食に文句は言わなかった。憎み合っている政敵どうしさえ、中立地帯で顔を合わせる利益を受け容れた。共産主義詩人のルイ・アラゴンは、ますます右傾化していくアンドレ・マルローがいるのを見ても、扉を出てはいかなかった。

ダイアナ・クーパーはどういうわけか、お客を無頓着に混ぜ合わせがちだったが、いつもうまく切り抜けた。あるとき、チトーの大使とフランス共産党長老マルセル・カシャンのための昼食会に、想像しうるかぎりでもっとも社交界的な女性ふたり、デイジー・フェローズとバス侯爵夫人を放りこんだ。世界一美しく着飾った女性の名を長いあいだ、ほしいままにしてきたデイジー・フェローズが、「年寄りの管理人のおばさんみたいに見える」[5]カシャン夫人の向かいにすわったからといって、どちらかの側が落ち着かない気分になることもなかった。カシャン夫人は「芸術についての知識で教養の高さを証明し」、目覚ましい成功をおさめた。

グルネル街のソ連大使館は、のぞき穴付鉄扉その他、思いつくかぎりの警備装置が取りつけられるまでは美しい建物だった。レセプションは強烈な電気の照明で煌々と照らされた金ぴかの部屋で開かれ、弦楽合奏団のかわりにラジオがサイドボードから大音響を響かせていた。スターリンの代表セルゲイ・ボゴモロフ、全大使のなかでもっとも快楽主義者の大使――アルコール消費量で計った場合――にはぴったりの舞台だった。

ある晩、三大国の大使が共同の覚書をフランス外務省に提出したあと、ボゴモロフはカフェリーとダフ・クーパーをソ連大使館に誘った。「テーブルが二つあった」とダフ・クーパーは日記に記している。

「ひとつは三人の大使のため、もうひとつは三人の事務官、エリック(・ダンキャノン、のちのベスボロ伯爵)、マッカーサー、ラティアニのためだった」。酒のつまみとしてチョウザメの切り身、キャヴィアの壺、卵、サーディンがテーブル中央におかれていた。ボゴモロフはまず初めに、一五回ほどすべてウォツカで乾杯をした。残りの大使ふたりもこの先例に習うべきと考えられた。

最初につぶれたのはボゴモロフ自身の事務官ラティアニで、床に倒れこんだ。そこにいた他の外交官もすぐに車まで運ばれていった。カフェリーもボゴモロフ自身さえも、翌日午後遅くまで姿を見せなかった。ダフ・クーパーとマッカーサーはどちらも本当に具合が悪く、数日間、ベッドで過ごさなければならなかった。

別の機会、二組の夫婦どうしでの夕食会のときには、夫が「拒否するのは雄々しくなく非愛国的で恩知らずで不作法に見えるほどに無邪気な乾杯」を繰り返し始めたとき、幸いにもボゴモロフ夫人が「ウォツカ闘争[6]」にけりをつけてくれた。夫人は、お客さまの話をさえぎっていますよと夫に注意さえしたが、これはあまり役には立たなかった。スターリンの代表が「統計――ソ連の各共和国では何人の女性が大学入学を許可されてきたか――についてひとりでしゃべりまくり、ソ連の科学者と天文学者を自慢しているあいだ」、ボゴモロフ夫人はレディ・ダイアナに何週間も石鹸を見ていないと告白した。ソ連の石鹸危機は、翌日、お礼の品として数個の石鹸をもった使いによって是正された。

一一月七日のロシア革命記念日は、大してプロレタリア的でも平等主義的でもないと判明した。「グルネル街の交通は完全に手に負えなくなっていた[7]」とダフ・クーパーは記している。「建物まで近づくのに三〇分ぐらいかかった。全大使館員がぱりっとした制服姿で、ボゴモロフ夫人は正式のイブニングドレスを着ていた。あらゆる場所に照明があり、映画撮影の係がいた。到着のとき、そして大使夫妻と握手をしながら階段をあがるとき、だれもが写真を撮られた。若い大使館員が私を特別扱いのお客のために別にしつらえられた特別室に案内した。そこには無限の量のウォツカとキャヴィアがあった。ほかの人たちにはまずいサンドイッチしかなく、飲み物はほとんどなかった」。しかし、押し合いへし合いのなかを外側の部屋に出ていこうともがいているとき、ダフ・クーパーにとってその夜は別の意味で記憶に残るものとなった。ダフが作家のルイーズ・ド・ヴィルモランと恋に落ちたのはこの晩のことだった。

ドゴールがとくに扱いにくかったり、ぶっきらぼうだったりするとき、ダフ・クーパーにはストレスを発散する道があったのに対して、ジョルジュ・ビドーはなにを言い出すのかわからない政府首班からの攻撃を真正面から受けることになった。ドゴールは自分が任命した外相の意見を求めたり、自分の個人的な取り組みを知らせることとさえめったになく、政策を「実行する、あるいは立案することとさえ面倒にした(8)」。

続く一五か月間、ビドーはドゴールからの挑発をめぐって、イギリスやアメリカの大使に絶えず個人的に謝罪を繰り返した。英米両国の大使は逆境に立つビドーに大いに同情した。カフェリーはドゴールについてのビドーの愚痴を次から次へと報告し、外相が「見えるところにはほかにだれもいないし、たとえドゴールがフランス人を嫌っていても、フランスを愛していることは認めなければならない」と付け加えたと書いた。

ビドーはストレスから飲みすぎるようになった――外交団内では、すぐにラテン語の格言「イン・ヴィーノ・ヴェリタス」――「酒のなかに真実あり」――にかけて、「イン・ビドー・ヴェリタス(9)」のあだ名をちょうだいする――一一月、ドゴールは、重要な外遊にビドーを伴うのをほとんど拒否しかけた。

ビドーの生活は、フランス外交官僚の特徴である異様な腰の重さによって、いっそう困難にされた。

フランス外務省は世界における力の均衡の変化に、いまだに追いついていなかった。ロンドンには外交行李が週三回、送られるのに対し、ワシントン行きはわずかに月三回。フランスの外交官が、自分の国でなにが進行中なのかについて現実を把握していないことも目についた。だが、その教養の高さにはだれも疑いを差しはさめなかった。フランス外務省とは、報告書をエレガントに書くことがその内容よりもはるかに重要に見える役所だった。

　フランソワ・モーリヤックはのちに「クローデル、アレクシス・レジェ〔サン＝ジョン・ペルスの本名〕、ジロドゥ、モラン」という文学界の星座が、「一種の固定腫瘍を作り出し、その結果、彼らのあと、外交機構は知的な貧血に苦しみ、そのために高等師範学校からの輸血が必要になったのではないか[10]」と書いている。

　解放後、要となる行政上のポストは、たとえばエルヴェ・アルファンなどペタンに仕えなかったごくわずかの優秀なキャリア外交官にあたえられた。下級の官僚は粛清され、その穴は、元自由フランス軍航空兵の小説家ロマン・ギャリのように、戦功の記録をもつ者によって埋められた。

　外国の大使たちは社交的な集まりに忙殺された。絶望的な物資不足のなかでさえ、料理の品数が七品から八品に達することもあったので、公的な、あるいは半公的な午餐会が一日の真ん中の大半を占めた。いつまでも終わらないある食事で、ダフ・クーパーは隣席のジャン・モネに同意した。モネは「メニューの長さに大いに憤慨し、パリに立ち寄る人びとにパリのおかれている真の立場について完全な誤解をあたえるのは、このような宴会なのだと言った[11]」。

　一九四四年秋、ダフ・クーパーがいちばん気にしていた訪問者はウィンストン・チャーチルだった。首相がドゴールに前もってひとことも告げずにパリにいくと言い出したと聞いて、クーパーはもう一度、冷や汗をかいた。チャーチルに対し、ＳＨＡＥＦにアイゼンハワー将軍を訪ねるのはやめてくれとお願いさえしなければならなかった。臨時政府の招待がないかぎり、チャーチルのフランス領土到着は、あらたな侮辱ととられかねなかったからだ。最終的には、マシグリとビドーの助けを得て、ドゴールは一一月一〇日にイギリス首相の訪問を受けることを承諾するよう説得され、その結果、チャーチルは一一月一一日の第一次世界大戦記念式典時にパリにいることになった。

チャーチルは上機嫌でル・ブルジェ空港に到着。共産党系の航空大臣シャルル・ティヨンに迎えられ、そのあと外務省の国賓専用アパルトマンに案内された。イギリス首相は、自分用には金の浴槽があるのに、アンソニー・イーデンにはただの銀の浴槽しかないと知って大いに喜んだ。

チャーチルのパリ滞在は秘密にされていたが、一一月一一日の休戦記念日の朝、ドゴールと会見するために外務省からオープンカーで移動中に、ニュースは驚くべき早さで広まった。チャーチルは寒さに備えてイギリス空軍の厚い外套のボタンを襟元までかけ、制帽の下で晴れやかな顔をしていた。ふたりの指導者が凱旋門に向けてサン＝ドミニク街を出発したあと、「歓迎のようすを信じるにはこの目で見なければならなかった」とダフ・クーパーは日記につづっている。「私がこれまで知ったどれよりも大規模だった。どの窓にも、もっとも高い建物の最上階や屋根の上にさえも、人びとが群がり、喝采は耳をつんざかんばかりに大きく、まったく自発的でまったく本物だった」

チャーチルとドゴールが無名戦士の墓に花輪を捧げたとき、側近たちは、ドイツ軍戦闘機の襲撃から守るために上空警護体制を敷き、パリ上空を旋回するスピットファイアを見あげた。ふたりの男が一同の敬礼を受けるための壇までシャンゼリゼを歩き始めたとき、そのまわりを群衆が十重二十重に取り囲み、全員が声を合わせて叫んだ。「チャーチル万歳！　ドゴール万歳！」ドゴールは両腕を掲げ、チャーチルはVサインをして、さらに称讃の咆哮を巻き起こした。チャーチルとドゴールは「奇妙な二人組」⑫だったとマルコム・マガーリッジは書いている。「ひとりは丸まるとして陽気、もうひとりは背が高くて重々しい。ピクウィック氏〔ディケンズの小説『ピクウィック・ペーパーズ』の主人公〕とドンキホーテのようだった」

『イギリス擲弾兵』を演奏するイギリス近衛旅団の軍楽隊とともに、ケーニグ将軍がパレードの先頭に立った。キルト姿のカナダ軍パグパイプ隊、アトラス山脈からきた原住民部隊、英国海軍分遣隊と、胴鎧の制服を着て黒い軍馬にまたがった共和国衛兵もいた。

　大衆の熱狂とほとんど同じぐらい重要だったのは、ふたりの指導者間の緊張が緩んだことだった。ドゴールとチャーチルのどちらもが「最高にご機嫌(13)」だった。サン＝ドミニク街で六〇名が出席しての午餐会のあと、ふたりは席を階上に移して話し合った。ドゴール、パレフスキ、フランス外務省のクレとショヴェルがテーブルの片側にすわり、反対側のチャーチル、イーデン、ダフ・クーパーとイギリス外務省のアレグザンダー・キャドガンに向かい合った。会話は「約二時間」続き、「ほとんどの時間、ウィンストンが例の自由気ままで、よく理解のできるフランス語でしゃべっていた。ウィンストンはきわめてみごとに話すものの、ごくわずかしか理解しない。シリアも含めてほとんどすべての問題に触れられたが、不愉快な発言はひとつもなかった(14)」。しかし、本当になごやかな雰囲気――別居中のカップルが話をつけるときの安堵感のなかで見せる種類の愛情とさえ言える――にもかかわらず、ドゴールは別の方向に進もうとしていた。

　チャーチルのパリ到着三日前、ドゴールはボゴモロフに、仏ソ両国の関係についてスターリン元帥と話し合うため、ソ連を訪問したいと伝えていた。ドゴールには、英米が戦後処理についてまもなくソ連側と話し合いにはいることがわかっており、フランスがおいてきぼりにされるのは望まなかった*。

　一九四四年一一月二四日、ルクレール将軍の第二機甲師団が、去る八月のパリ入市のときと同じような光景のなかストラスブール入りをしたとき、シャルル・ドゴールは航空機でモスクワに向けて出発した。一行には外務省の高級官僚多数とともに、ガストン・パレフスキ、ジョルジュ・ビドー、ジュアン将軍が含まれた。

北アフリカに沿い、中東を越えてバクーにいたるまでのゆっくりとした歩みは、それ自体ひとつの屈辱の形を表していた。政府首班の旧式双発機は、決まりが悪いほどたびたび故障した。悪天候が主な理由で、ドゴール一行はバクーで航空機を降りた。皇帝派の最高司令官ニコライ大公の古めかしい列車を割り当てられ、そのあとなおいっそうのろのろとモスクワを目指して北へと草原を越える旅に出発。停車するたびに、唖然とさせられる貧窮と戦争被害のただなかで宴会に招かれた。スターリングラードの戦いの廃墟では、ロシア人が戦闘から二年経ってもまだ、凍りついた地面から遺骸を掘り出していた。ある日、列車のコンパートメントから、果てしなく続く冬景色にちらりと目をやったあと、ドゴールは素っ気なく指摘した。移動にこんなに時間がかかるのでは、留守中に革命が起こらなければいいが。

この当時のスターリンについては、傾斜した四角い額、青白い肌、大きくて釣りあがり、ぎらぎらと輝く眼が集中的に描かれている。微笑むとき、肌が頰の上できつく引っ張られるようすは、仮面のような印象をいっそう強めた。ドゴールはスターリンをひとことでまとめて「陸軍元帥の制服を着た共産主義者、狡猾な策略にあぐらをかいた独裁者、気さくなようすをした征服者」[16]と回想している。

これ見よがしに豪華に飾られたクレムリンでの主宴会は陽気な雰囲気ではなかった。四〇名ほどのソ

*ドゴールの右翼の政敵はこのとき、ドゴールはソ連の傀儡だと主張したが、それは大きな間違いだった。モロトフとスターリンのためにディミトロフが準備したドゴール訪問についての詳細なブリーフィング資料は、疑いの余地を残さない。「(フランス)共産党に対するドゴールの態度はうわべは礼儀正しい。しかし、ドゴールは共産党に対する隠された闘争のために可能な手段すべてを使用するつもりである」[15]

連側要人、フランス代表団、イギリス代理大使とアメリカ大使アヴァレル・ハリマンがいた。スターリンは果てしなく乾杯の音頭をとり続け、まず客人たちに敬意を表したあと、自分の部下ひとりひとり――モロトフ、ベリヤ、ブルガーニン、ヴォロシーロフ、さらに階級を下りながら三〇人ほど――のために乾杯した。

スターリンはちょっとした演説の最後でグラスを掲げるたびに、「きたまえ！」と言い、指名された名誉の受け手は大急ぎでテーブルをまわり、自分のグラスをスターリンのグラスとカチリと合わせなければならなかった。残りの列席者は凍りついた沈黙のなかでじっとすわっていた。ソビエト空軍幕僚長に向かってグラスを掲げたとき、元帥の声ははっとさせられるほど柔らかく、そのあと荒っぽいブラック・ユーモアで幕僚長を脅した。

その夜のある時点で、スターリンはガストン・パレフスキのほうを向き、悪意のあるにやにや笑いを浮かべて言った。「ムッシュー・パレフスキ。人はポーランド人であることを決してやめられません」(17)。フランス代表団がポーランドのスターリン傀儡政権の承認問題を回避したからであることに疑いの余地はない。

ドゴール訪ソの主な目的のひとつは、伝統的な対独仏露同盟を復活させることだった――ドゴールはその歴史意識ゆえに、ロシアが一九一四年にフランスを救ったことを決して忘れなかった――だが、同様に重要なのは、ドゴールがローズヴェルトとチャーチルに対する均衡勢力としてスターリンとの同盟を望んでいたことである。またフランス共産党を確実にお行儀よくさせておく必要もあった。

ローズヴェルトとチャーチルの手中に握られていたドゴールが抱いた不公平感を過小評価すべきではない。一九四二年に（トーチ作戦について）意見を求められなかったことに対する怒りはあまりにも大きく、両者との全面的な関係断絶を考えたほどだ。ロンドンでは、どこにでも顔を出すボゴモロフ大使に、スターリンが自由フランス承認と引き換えにどのような条件を課すか調べるよう依頼した。一九四三年初頭には、自由フランス軍の戦闘機乗りのグループが、赤軍支援のためにロシアに赴き、「ノルマンディー＝ニエメン」連隊として名をあげた。飛行士の多くは共産主義者というよりはドゴール主義者だったものの、「ソビエト連邦英雄」に叙された。

スターリンの誠実さを驚くほど簡単に信じたがったアンソニー・イーデンやチャーチルに較べれば、ドゴールは明らかにスターリンについてははるかに小さな幻想しか抱いていなかった。だが、ソ連に対しては最初から、アングロ＝サクソンの同盟者にはめったに見せないような遠慮を見せた。スターリン、フランス共産党、あるいは独ソ不可侵条約さえ、一度もあからさまに批判しなかった。この最後の点について、ドゴールには口を閉じておくだけの立派な理由があった。

スターリンはフランス人を軽蔑していた。一九四〇年のフランス陥落は、ヒトラーとの同盟の主要な目的の土台を揺るがした。スターリンは、西側においてナチス・ドイツと資本主義民主国家のあいだの消耗戦が長引くことを期待していた。だが、ペタン元帥の休戦協定によって、ヒトラーは力を保ったまま、ソ連に顔を向けられるようになった。しかも分捕った大量のフランス軍輸送力のおかげでその機動性は増強されていた。スターリングラードに到着したドイツ軍師団のひとつは、ほぼ全面的にフランスの自動車輸送力で装備してソ連侵攻を開始した。一九四三年のテヘラン会談で、スターリンは「フランスはドイツとの犯罪的な協力関係について代償を払うべきだ」[18]と言い放った。

スターリンはアメリカとイギリスに対してははるかに大きな疑いを抱いていた。一九四二年のアイゼンハワーとダルラン提督の取引を見て、英米がドイツとなんらかの妥協に達するつもりだと思いこんでいたので、ローズヴェルトとチャーチルは無条件降伏しか受け容れないと宣言して、スターリンを安心させなければならなかった。それでもまだスターリンはふたりを信じてはいなかった。その一方で、ドイツは小国家に分割し、その産業力をとりあげるべきだというドゴールの見解はぴくりとも揺らがなかった。こうしてドゴールはスターリンが興味をもちうるただひとつのもの、西側同盟内のワイルドカード〔トランプでどのカードの代用にもなるカード。「決め手となること」〕を提供した。

スターリンは最後に、フランスに帰国したばかりのモーリス・トレーズ問題にとりかかった。ソ連の独裁者は、トレーズの帰国と愛国民兵団解体を目に見えないようにリンクさせたドゴールの巧妙な動きを評価していたにちがいない。だが、スターリンがうかつにもトレーズの問題を直接持ち出してきたとき、ドゴールはいらだちを隠さなかった。スターリンは打ち明けるような口調でドゴールに言った。「私がはっきり申しあげるのを悪くとらないでください。私はただ、私はトレーズを知っており、私の意見では、あの男はよきフランス人だとだけ言いたいのです。もし私があなたの立場なら、投獄はしないでしょう」。そのあとスターリンは眼を細めて、あの独特の微笑を浮かべた。「少なくとも、いますぐには！」[19]

ドゴールは尊大に答えた。「フランス政府は自国民を、政府が国民に期待するものにしたがって扱います」

トレーズがパリに出発する三六時間前、スターリンはトレーズをクレムリンに呼んだ。それは五年間でフランス共産党指導者に許したわずか二度目の謁見だった。スターリンはドゴールの反動的独裁的性格について警告したあと、別れの忠告として、フランスにおける最優先課題はヒトラー失脚をもたらすための国内の統一であるべきだと念を押した。隠されたメッセージは明らかだった。そして完全に服従していたトレーズはそれを見逃さなかった。

スターリンが恐れていたのは、フランス共産党が問題を起こしたときにアメリカが供給を断つことだけではない。アメリカの背後における共産主義革命は、米軍にドイツ参謀との単独講和、あるいは――すべての悪夢のなかで最悪の悪夢――ソ連に対する軍事同盟さえも結ぶ口実をあたえるかもしれない。わずか八週間後にヤルタ会談が示したとおり、スターリンはフランスとポーランドを同等に扱おうとし始めていた。ヤルタでは、ソ連占領下のポーランドにおける自由裁量権をなんとしても得ようとした。ポーランドは赤軍の前線のすぐ背後にある。引き換えに、西側同盟国の後背地を構成するフランスではよろこんで問題を起こさずにいるつもりだとはっきりと表明した。

ポーランドのスターリン傀儡政権について妥協的な文言に達したあと、フランスとソ連の協定は午前四時に最終的に署名された。宴会のアルコールで酔いつぶれていたビドーが大急ぎでたたき起こされた。スターリンとドゴールが背後に立ち、両国の外相が署名をした。「これを祝わなくてはならん!」とスターリンは言い張り、追加の料理とウォツカが運びこまれた。

ドゴールが一九三五年のピエール・ラヴァルとソ連との仏ソ相互援助条約に触れるなど、モスクワ訪問中には、エチケットに反することが何度もあった。またソ連側からの嘲りも繰り返された。イリヤ・エレンブルグはほぼ確実にスターリンの指示を受けて、一九四〇年の崩壊を描いた自作の小説『パリ陥落』をドゴールに一冊贈呈した。それでも、クリスマスの一週間前、代表団がパリに帰ったとき、だれもが訪ソは大成功だったと考えていた。もっともエルヴェ・アルファンがおもしろがったように、それぞれの報告はひどくばらばらだったが。

ドゴールはむしろ楽観的だった。モスクワで署名した協定は国際舞台では大きな効果はあげないかもしれない。ライン西岸に対するフランスの要求への支持取りつけには失敗した。だが、国内に保険をかけたという意味ではこれ以上の政策は望みようもなかった。モーリス・トレーズは、ドゴールの留守中にフランスに到着していたが、一一月三〇日の重要な演説でフランス共産党をバリケードに召集はせず、だが、血と汗と生産力増加と国家の統一を要求した。共産党系レジスタンスはわが耳が信じられなかったが、翌日、党の機関誌がトレーズの言葉を確認した。それは明らかにクレムリンの方針を反映していた。

　フランスにおける革命の考えは、続く二週間のあいだになおいっそう非現実的になった。ドゴールがモスクワから帰国した一二月一七日、陸軍元帥フォン・ルントシュテットによるアルデンヌ総攻撃の知らせがパリに届いた。

　パニックの原因は、多くの場合、英語を話すドイツ軍特別奇襲隊が前線のはるか後方で混乱を引き起こしているという噂だった。検問所では身分証明書を見せるだけではだめで、アメリカ軍の軍服を着ている者はだれでも野球について聞かれ、一方、イギリス軍の軍服の者は「一パイントはどのくらいか？」[20]とか「ＬＢＷ〔クリケット用語 leg before wicket の略〕の意味は？」などの質問に答えを求められた。

　パリへの落下傘攻撃に備えて公共の建物を守るために軍隊が到着し、夜八時から朝の六時まで外出禁止令が発令された。ストラスブールがふたたび奪われたとか、ドイツ軍がセダン――一八七〇年の木霊を恐ろしく響かせる名前〔普仏戦争で、ナポレオン三世がドイツ軍の捕虜になった場所〕――を越えたとか、めちゃくちゃな噂が駆けめぐった。

　フランス人が新たなドイツ軍侵攻を恐れたのは、自分自身の安全のためというよりは――一部はパリを避難したものの――それによって対独協力者が逃げおおせると予測して腹を立てたからだった。フレーヌ刑務所では、親独分子がすぐに解放されると信じて大よろこびしたが、これは考えが浅かった。対独協力者を生かしておいて、もう一度、パリでドイツ軍を歓迎させはしないと決意した者は大勢――元ＦＦＩ隊員ばかりでなく――いた。

一九四四年のクリスマスは歓喜に満ちてはいなかった。三〇〇万の男女が、死亡か行方不明、あるいは未だにドイツの捕虜収容所にいた。エルヴェ・アルファンは書いた。「パリは空っぽで、まるで人っ子ひとりいないかのように陰鬱だ。それは第一次大戦終戦時のウィーン、人も明かりもない壮麗な舞台をちょっと思い出させた[21]」

アイゼンハワーが自分の前線を直線にするために、最近解放したばかりのストラスブール撤退を考えていると聞いて、ドゴールはぞっとした。その気持ちはよくわかる。幸いにも、フランスにいたチャーチルが一月三日、ヴェルサイユのSHAEF参謀本部でドゴールとアイゼンハワーに加わり、アルザスの首都を守るためにフランス二個師団を残すという妥協案を支持した。ドゴールはこの会談の結果に安堵したあまり、自画自賛のコミュニケを発表したがった。パレフスキは下書きをまずイギリス大使館にもっていった。ダフ・クーパーはパレフスキに、このコミュニケは事態改善の足を引っ張ると告げた。「コミュニケはドゴールが軍事会議を召集し、そこに首相とアイゼンハワーが出席を許されたように読めた[22]」

ドイツによる攻撃が崩壊し、ストラスブールが救われたときになっても、ドゴールには楽観視できることはほとんどなかった。フランスは凍えるような寒さのために実質的に停止していた。一月は燃料がなく、あまりにも寒かったので、ベグネル牧師は「脳の働きが鈍るのを感じた。もはや自分の言葉をいつもの速度で操れないという奇妙な感覚[23]」と日記に書いた。だがドゴールにとって最悪の一撃は、フランスが二月前半のヤルタ会談に招かれなかったことだった。

ローズヴェルトはドゴールに対する古い反感を捨ててはいなかった。モスクワの同意によってスターリンの態度が変わることもなかった。クレムリンはフランスについて「ドイツ軍を追い出し、国を解放したのはフランス軍ではなく[24]」アメリカ軍とイギリス軍だと見ていた。

このときのイギリス指導者たちの出来映えは最高とはほど遠かった。とくにイーデンは、どんな形にせよスターリンをいらだたせることを、ほとんど病的なほど恐れていたように見える。それでも、一九四四年一〇月のチャーチルとスターリンの「パーセンテージ合意〔戦後の東欧とバルカン諸国に対する英ソの発言権の割合が決定された。ユーゴスラヴィアとハンガリーには英ソが五〇パーセントずつ、ブルガリアにはソ連が七五パーセントなど〕」からポーランドに対する裏切りにいたるまで、もっとも評判の悪い同意はすべて文脈とは関係なく交わされるものだ。ドゴールがヤルタにいれば、中央ヨーロッパは約五〇年間にわたる独裁から救われたと考えるのはどうしようもない間違いである。それは、ヤルタ合意が多くの点で、テヘラン会議で決められた戦略の結果として確立された軍事的現実に、政治的な封印を押すことだったという事実を無視している。西側のどの政府も、赤軍の犠牲をさかんに称讃したあとで、復員を渇望する兵士たちに、ロシア人同盟者に立ち向かう準備をしろと命令はできなかった。

ヨーロッパはヨーロッパ大陸からただひとりの代表もないままに形作られたというフランスの恨みは、間違った方向に導かれていたものの、理解はできる。ローズヴェルト大統領がヤルタからの帰路、合意事項を伝えるために、ドゴールをアルジェに呼んだとき、不幸にして状況はいっそう悪化した。ドゴールは、ローズヴェルトが、フランス領土であるアルジェを、まるで自分自身の所有物のように扱ったことに烈火のごとく怒り、その場で拒否した。そのあと、ローズヴェルトがドゴールを「プリマドンナ」と呼んだという話が漏れ、これが状況にさらに火をつけた。

しかし、赤軍が唖然とするような速度で前進してきた一九四五年の最初の二か月間で、フランスの感情はいくらか変化した。「フランス当局はあからさまに震えあがっている」(25)とカフェリーはワシントンに報告した。ビドーは叫んだ。「だれがアッティラを止めるんだ。やつは毎日、領土を広げている」。ドゴールでさえ、フランスはアメリカ合衆国の友情を大いに必要としていることを認めた。カフェリーには好機を逃すわけにはいかなかった。「私は指摘した」と書いている。「フランス政府の官僚の一部は、必ずしもいつもこの見方を共有しているようには行動していない、と。ドゴールはわれわれに対する苦情を並べ立てることによって応え、私も同じやり方で応えた。しかし、最終的には、どちらも、たしかにいまは言い争っているときではないということで同意した」

ドゴールはすばらしい歴史意識をもっていたが、金なしでは大国になれないという俗っぽい事実を消化するのは難しかった。フランスの偉大さとイギリスの偉大さは、この二世紀間、世界のほとんどを両者のあいだで形作ってきた二つの帝国と同様に、消え去る運命にあった。いま、二つの新たなる超大国がヨーロッパ大陸を支配しようとしていた。その予測は苦い屈辱であり、それを受け容れることをドゴールとその国民の大多数は拒否した。それはフランス国民に植民地を放棄しないことを二重に決意させ、悲惨な結果を招くことになる。それはまたフランスを、ときには新たな占領――今回はアメリカ軍による――と見えたものに対して敏感にした。

第11章 解放した者と解放された者

コンコルド広場では、解放後しばらく、そして終戦時になってもまだ、白いヘルメットをかぶったMP〔アメリカ軍憲兵〕が交通を遮断して、アメリカ大使館に向かう車輌に優先権をあたえるのが普通だった。最高司令官アイゼンハワーは面の皮の厚い専制君主ではなかったが、そのアイゼンハワーと臨時政府との関係さえ、戦争中にローズヴェルト大統領とドゴールのあいだで増大していった不信感によって傷つけられた。まるで占領した敵の領土であるかのように、フランスに連合国の法規を導入する計画は、どんな同盟をも必然的に台無しにした。

ノルマンディーに上陸したとき、連合軍は広範囲の準備を整えてきていた。「フランス地域ハンドブック№16第Ⅲ部」は、見かけは「地元の情報と行政担当者名簿」を掲載していたが、実際は区ごとのパリ娼館案内だった。一九四四年五月に、おそらくは連合軍諜報部提供の情報に基づいて準備され、リストが「必ずしもすべてを網羅しているわけではなく」「あらゆる医薬品不足のために、国内では性感染症の症例が非常に増加している」という警告がついていた。

ブロンデル街の《きれいな雌鶏館》と呼ばれる娼家やヴェルテュ〔美徳〕街四番地の名前のない店、シャバネ街の《万国館》について前もって知識をもっていたことが、首都への米軍の前進を早めたか否かは判断が難しい。だが、アメリカ軍が司令官から気前よく提供された情報を有効に活用したのは明らかである。一年もしないうちに、軍当局は兵舎にポスターを張り出さなければならなかったからだ。ポスターはこう宣言していた。「淋病。家庭をもちたくないか？　淋病に感染した男性の一二パーセントは子どもができなくなる。帰国のために、体調を維持せよ」

厳格なモンゴメリー将軍は娼家への立入をイギリス軍に禁止し、赤線地帯に憲兵を配置した。これでは商売はやめさせられなかった。夏の嵐にもかかわらず、娼家の代わりに野営地近くの野原が利用された。

あふれるばかりの解放の歓びは、ちょろまかしやヤミ市に手を出すことで急速に色褪せ、フランス人愛国者を意気阻喪させた。占領中と同様に、多くの人にとって、それは生きるか死ぬかの問題だった。のちの食糧担当相イヴ・ファルジュでさえ、「不法取引をしなければ死を宣告される」(1)人びとがいることを認めた。それでもヤミ市は、最初は連合国からもフランス人自身からもフランスの恥と見なされた。

臨時政府が張り出した初期のポスターのテーマは、フランスの愛国心を脅かすものに集中していた。「フランス国民には仲間の市民を飢えさせる権利はない」……「連合国将兵は、一部の店やレストランで請求される価格に驚いている」。しかしながら、連合軍の構成員もまったく同じように、恥も外聞もなくぼろ儲けをしていることが、民政当局にも軍政当局にもすぐに明らかになった。実際に、合衆国帰国前にひと財産作ろうと決めた一部の補給係将校と青年企業家による密売のために、ヤミ取引が加速されたのではと疑う人は多かった。

フランスの商店が実質的に空っぽだったので、アメリカ軍のコルヌコピアイ〔ギリシャ神話で、望むままに飲食物、果実などがあふれ出すといわれるヤギの角〕から供給されるほとんどすべての品——コーヒー、ガソリン、タイヤ、タバコ、長靴、石鹸、弾薬、モルヒネ、スパム、ウイスキー——がヤミ市で転売され、効果的な戦時社会主義を導入しようとしている政府の目の前で、無秩序な資本主義の一面を誇示した。

一九四五年一月一三日、新聞は市民に宛てたパリ軍政府長官の布告を掲載した。「ガソリン、武器、弾薬、備品、戦争用資材の所有が明らかになった者はすべて軍法会議で裁かれる」[2]。しかし、このような警告もほとんど奏功しなかった。石油缶での燃料の盗難と販売は、対ドイツ攻撃を危険にさらしさえし始めた。

ガソリンに色をつけてもほとんど効果はなかった。米軍の軍法会議では、かなりの兵士にきわめて厳しい判決が下されたが、状況は変わらなかった。あげるべき利益はあまりにも巨額で、またあまりにも簡単に手にはいったので、フランス人の麻薬ディーラーが、ときにはアメリカ軍人と手を組んで密売に加わった。政府をほとんど絶望へと追いこんだのは、ヤミ商人の図々しさだった。一度などは、食糧担当相が「アイゼンハワー署名の書類をもって食糧を運ぶフランスのトラック三台を捕獲する」[3]ように命令を出した。

米軍人には、ほかにもフランス政府を犠牲にして大儲けをする方法があり、フランス政府を憤慨させた。アメリカ軍はフランスの為替管理と輸入税をすべて免除されていた。これは、軍人はフランで支払われる給与を公式の為替レートでドルに両替できることを意味する。多くの軍人がすぐにヤミのレートでドルをフランに交換して、大きな利益を得た。その後、フランス政府を犠牲にした金儲けが、もうひとつ出現した。カフェリーはワシントンに報告している。「ニューヨークの企業多数がアメリカ製タバコとナイロン・ストッキングを当地の（軍郵便局の）住所に送っていると言われた。フランス税関検査を免れている軍郵便局の利点を活用するアメリカ人購入者によって、商品の多くが不法に交換されたりス人女性をデートに誘うための一ちばん手頃な餌だった。シモーヌ・ド・ボーヴォワールは同じホテルに住む若い女性について、こう書

ナイロン・ストッキングはヤミ市向けではなかったかもしれない。米兵にとって、それは若いフラン

売却されたりしている[4]」

バランスがとれていた。全体としてみれば、搾取はおそらく両者間で

いている。「解放以来、リーズのいちばん大事なスポーツは、本人いわく『アメリカ人狩り』だった[5]」。

つまり、アメリカ人を魅了しておいてタバコや軍用食をもらい、そのあと転売するのである。

魅力的なミディネット（ファッション業界や店で働く若いパリジェンヌ）のお相手には、貯めたドルを手に七二時間の休暇で前線を離れ、パリ見物を心待ちにしているアメリカ兵がいくらでもいた。ミディネットの服装、とくにカルメン・ミランダのような突飛なスタイルで高く飾りつけた帽子はすばらしく創造性にあふれ、ＧＩたちはころりとまいってしまった。ある若い兵士は家族宛の手紙に書いた。「パリの帽子は本当にすごいです。ものすごく高くて、たいていは逆さまにした屑籠みたいで、そこらじゅうに羽根や花がくっついてます[6]」

当初、若い兵隊たちに対する歓迎の気持ちは、主として兵隊たちが意味するものゆえに、たしかに本物だった。「若いアメリカ人のお気楽な態度は自由そのものを体現していた……私たちはもう一度、海を渡ることを許された[7]」とボーヴォワールは書いた。

しかし若いフランス人男性は、自国の軍隊を女性の追っかけに関しては「熱心かつ、しばしば非常に積極的[8]」と描いたアメリカ大使館の婉曲語法に同意はしなかっただろう。事実、多くの報告書が、解放後数か月以内、一九四五年春には確実に、米兵の情熱はパリ娘のほとんどから、もはや相手にされていなかったことを示唆している。パリジェンヌたちは、情熱と組になっていた高慢を嫌った。口笛と突き出されたラッキー・ストライクの箱で呼び止められたある娘は、ＧＩの手からタバコをとり、地面に落

として足で踏みつけ、フランス人の見物人からやんやの喝采を受けた。

この冷淡な態度がとられ始めたのと同時期に別の現象が展開し、それはアメリカ軍当局を困惑させ、衝撃をあたえた。SHAEFの報告書によると、とても若い娘たちが大勢、アメリカ軍宿営地の外をうろつき、GIに身を売り始めたのである。困窮に追いつめられての未成年者売春[9]なのか、戦争で心を病んだ子どもたちがスリルを求めてのことだったのか、判断するのは難しい。一六歳以下の少女に対する夜間外出禁止令や、性交渉の承諾年齢を一三歳から一五歳に引きあげることなど、アメリカ軍はさまざまな提案をおこなったが、フランス政府は同盟国からのほんのわずかの干渉にも冷ややかな対応をした。

兵隊とデートする気のある若いフランス人女性が減ったので、軍人の行動は面倒を起こし始めた。前線からの休養地に指定されたナンシーにおける米軍空挺部隊の行動は、不満を爆発させる引き金になった。アメリカ軍将校が部下の自然な元気のよさと見なしたものは、フランス人からは侮辱的な振る舞いと見られることのほうが多かった。

SHAEFにとってホテル《ムリス》はパリの将校食堂だった。参謀は《クリヨン》にも宿舎を割り当てられたが、《ムリス》滞在者は戸棚から漂ってきたドイツ国防軍長靴の脂を塗った厚革のにおいを覚えている。ヴァンドーム広場のモルガン銀行はSHAEFのパリ事務局に接収された。しかし、膨張し続けるアイゼンハワーの軍事宮廷の大部分はヴェルサイユにいた。

SHAEFはアメリカ軍に支配され、ウォルター・ビーデル・スミス将軍がアイゼンハワーの参謀長だったが、イギリス軍もまた代表多数を送りこんでいた。ビーデル・スミスの副官はDデイの中心的立案者フレディ・モーガン将軍だった。だが、主たる二名の行政官は、ルイス将軍とイギリス軍側で同じ役割を担うディクシー・レッドマン将軍だった。レッドマンは、インテリア・デザイナーのエルシー・ド・ヴォルフの名でもっともよく知られるレディ・メンドルのアパルトマンを接収して、ちょっとおしゃれな生活を送り、供給量無制限のウイスキー、ジン、NAAFI（イギリス陸海空軍厚生機関）提供のパンとシャケ缶のサンドイッチで客をもてなした。

ほとんど避けがたいことだったが、SHAEFは国家のなかの国家を意味し、ダフ・クーパーの懸念は「モーガンを除いてSHAEFの将軍すべてが激しいフランス人嫌い[10]」だったことである。アイゼンハワーの主任情報将校ケネス・ストロング将軍は、諜報活動の報告書をフランス人には教えないという条件下でしか、英米の大使に見せるつもりはなかった。外交官側がフランスに好意的すぎると疑われていたのは明らかだ。ストロングはイギリス人の同僚に、SHAEFのアメリカ人将校は「カフェリー氏を高く評価はしておらず」、大使は「アイゼンハワー将軍がフランスにいるかぎり将軍に従属させられる見込みだ[11]」とまで語っている。

SHAEFが戦争をしているという事実がSHAEFに、連合国の外交団とフランス臨時政府を無視して、なんでも好き勝手をする自由をあたえた。一九四四年秋、SHAEFは、アルジェからのフランス人官僚のパリ帰還とイギリス人ジャーナリストのフランス入国を妨害した。イギリスもまた、イギリス人ビジネスマンには旅行許可が拒否されているのに、パリが「軍服を着たアメリカ人ビジネスマンであふれている[12]」と訴えた。

SHAEFの暴力的性格を表す最悪の事例は終戦時に示された。SHAEFは突然、アメリカ軍が必要としないドイツ軍の機材をすべて破壊すると決め、わずかでもフランスに渡すのを拒否した。それを聞いたとき、ダフ・クーパーは書いた。「信じ難く思える[13]」。一か月後、SHAEFはさらに先に進み、押収した敵の武器と機材すべてを破壊するために差し出すよう、フランスに命じた。六月一三日、ダフ・クーパーは「フランスは拒否をした。きわめて妥当である」と日記に書いた。

アメリカ人外交官はフランスの困窮にずっと大きな同情を抱いていたように見える。アメリカ大使が「パリのいわゆる『赤い郊外地区』をそっと目立たないように訪ねたとき、大使はそこで目にした悲惨な状況に衝撃を受けて心を乱され[14]」、住民が連合軍の爆撃による鉄道操作場破壊を取り乱すこともなく見ているようすに驚いた。ひとつの地域で一〇〇〇名以上が殺された。

大使はワシントンに報告した。「住民たちがアメリカ合衆国から適切な援助を期待しているのは明らかである」。アメリカ大使館からの電報は、一通、また一通と新たな憤りを表明していた。

一方、フランス人は、自分たちの戦功がアメリカの態度によって矮小化されたと感じていた。フランスの上級将校連中は、あからさまに不満を述べ始めた。「アメリカはフランス軍に、性能の劣る半ば旧式の戦車その他の資材を提供している[15]」。しかし、フランスを怒らせた原因でより大きかったのは、アメリカはフランスよりもドイツのほうが好きなのではないかという疑いであり、その疑いにはたしかな根拠があった。アメリカ人は主張した。フランスでは文句と言い訳しか耳にしない。それに対してドイツで出会った民衆は、赤軍の占領から救ったことを感謝してくれる。

軍事パレードや戦勝祝賀さえも連合国のあいだに悪感情を生み出した。一九四五年春から初夏にかけてわずか三か月間のあいだに、ドゴールは大規模なパレードをなんと五回も実行した。連合国の外交官や将校、とくにアメリカ人は、フランスが燃料不足をこぼしているときに、戦勝パレードで「自分たちの」戦車が自分たちのガソリンを使って轟音とともに通過していくのを、何時間も立って見ていなければならないことに、しだいにいらだちを募らせていった。

五月の戦勝祝賀のあと、六月一八日――ドゴールのロンドン放送記念日――に、最大規模のパレードがおこなわれ、第二機甲師団全軍を先頭にして五万人が行進した。それは巨大な見世物であり、フランス空軍が低空でロレーヌ十字を描いた。いつもは同情的なダフ・クーパーが書いている。「この（航空機と車輌）すべてと装備のほとんどの出所がアングロ＝サクソンであることを思わずにはいられなかった。イギリスやアメリカの国旗は一竿たりとも見られなかった。一オンスの感謝の証もなく、全体としては、フランスは自慢することがほとんどないために、大声で自慢しているのだと感じられた[16]」

SHAEFには、フランス政府が発表した追加の国民の祝日をともなう戦勝祝賀に賛成しないもうひとつの理由があった。フランスがすでに割り当てられた五万トンに加えて、ルールからさらに多くの石炭を要求しているちょうどそのとき、フランスにおける石炭の生産量は戦勝記念の週のあいだに八〇パーセント低下した。「フランス人は、自分自身の家をきちんと整えるための積極的な一歩をなにもとっていないように見える[17]」とSHAEFの報告書は結論した。仕事にもどることを決意していたドイツ人とのあいだで、またしても有難くない比較がされたのは当然だった。

フランス共産党はたまった反米感情をすばやく利用した。流布された噂の一部はばかばかしかったが、それでもある程度は信用された。共産党系大臣フランソワ・ビユーは、戦闘中にアメリカ空軍が「フランスを弱体化するために前もって考えられた計画[18]」に則って、激しい空爆をおこなったと主張した。もうひとつの噂は、アメリカは、モスクワで署名された仏ソ条約にひどく腹を立てたので、フランス人をぎょっとさせるだけのためにドイツのアルデンヌ総攻撃を許し、フランスに侵攻させたと断言まででした。ほかの噂はかなり真実に近かったが、アメリカ軍人と脱走兵による犯罪の急増に関するものだった。

ガルティエ゠ボワシエールは書いている。「（犯罪者は）サブマシンガンを手に映画『暗黒街』を演じているアメリカ人脱走兵らしい[19]」。ドイツ兵は軽蔑をこめて「フリドラン」と呼ばれたが、今度はアメリカ兵が「リカン」になった。

イギリス大使館の晩餐会で、パリの軍政府長官ルジャンティオム将軍は隣席のイギリス人女性にぞっとするような話を聞かせた。米軍人は「ロシア人よりひどい野蛮人で、状況がどんなに恐ろしいことになっているか、奥様、奥様にはご想像もつかないでしょう[20]」。偶然だが、某イギリス人外交官が妻とある夕食会から帰宅する途中、サブマシンガンで武装した男たちが道路を封鎖しているところに出くわした。男たちは通過するすべての車から盗むつもりだったが、外交官がとっさにアクセルを踏んだので、ぱっと飛び退かなければならなかった。

この種の強盗が軍人によるのか、あるいは軍服を手に入れた民間人によるのかはわからない。ＭＰの制服はとくに引っ張りだこだった。フランス人脱走兵や元フィフィが一部の襲撃に関係していたのは明らかである。警察庁長官は内務大臣に宛てた激しい調子の手紙で、この「武装襲撃の増加[21]」に触れている。ある晩ひと晩だけで、首都では七件の武装強盗があり、そのうちの二件は米兵によるものだった。

アメリカ人やイギリス人に対して示されたフランス人の寛大さは、初期のころには出し惜しみされず、解放まで隠されていたシャンパーニュのボトルなどはほんの序の口だった。「私たちはあなたがたを長いあいだ待っていました」と、フランス人は心の底からの感動をこめて何度も繰り返した。だがそのあと、マルコム・マガーリッジが観察したように、だれもが最後には自らの解放者を憎むようになった。作家アルフレッド・ファブル゠リュスは「なんの階級章もつけないで、まるでアフリカの群衆に対するように見物人にタバコを放る運転者の大群[22]」について書いた。

たしかにフランス人は自分たちをとても貧しい親戚のように感じていた。車輌の数だけでも、家畜用貨車で軌道線の終端まで運ばれたあと、戦地に向かってとぼとぼと歩いていった一九四〇年のフランス軍を痛ましく思い出させた。アメリカ軍はガソリンだけでなく、ベークドビーンズ、コーヒー、タバコ、そして想像しうるものほとんどすべてがはいった箱を燃料にして走っているように見えた。クッキー、キャンディ、コンドームだけではない。シチューやマッシュポテトの小袋、水を殺菌するための過マンガン酸塩、ピーナツバターやコンデンスミルクの缶、軍用トラックに取りつけられたドーナッツメーカー、そしてもちろんKレーション。フランス人の子どもたちはチューインガムを求めて車のまわりに群がった。まもなくトラックの運転手たちは後尾に書くようになった。「ノー・ガム・チャム〔坊や、ガムはないよ〕」

パリでは、アメリカの影響は間違いようもなかった。裕福な解放者を引き寄せようとして、典型的なフランスのバーの一部は改装された。窓は暗くされ、鉄の椅子は詰め物をした座り心地のよいものに交換され、黒いチョッキと長い白エプロンのギャルソンは、にっこり微笑む娘たちで入れ替えられた。仕上げとして、こういった新しい店には《ニューヨーク》とか《サニー・サイド・オブ・ザ・ストリート》といった名前がつけられた。

フランスの若者がアメリカのものならなんでも——探偵小説、映画、衣服、ジャズ、ビーバップ、グレン・ミラー——手当たり次第に夢中になって見えることを、多くの人がよくは思わなかった。若者たちの幻惑は、周囲を取り巻く貧困と荒廃から逃げ出したいという渇望と、厳格なヴィシーのあとの形式にこだわらないアメリカ的なやり方への好みとの両方を意味していた。しかし、それはより深いところにある心の琴線、旧世界にひとつのヴィジョンを提供する新世界という伝説にも触れていた。シモーヌ・ド・ボーヴォワールは書いた。「アメリカはあまりにも多くのものを象徴していた！ それはわが国の若者を刺激した。それはまた偉大なる神話——手を触れることのできない神話でもあった[23]」

第12章 砲列線上の作家・芸術家たち

連合軍がノルマンディーに上陸したとき、その上陸用艦艇をアルフレッド・ファブル=リュスは新たに侵略してくるバイキングの船にたとえた。対独協力を非難される可能性のある他の右翼作家、ジャーナリスト、俳優、美術家と同じで、ファブル=リュスもとどまるか、逃げるかを決めなければならなかったが、ほとんどの人よりも気楽に構えていたようだ。あの落ち着かない夏の政治の空白期間、レジスタンスに参加した知識人がパリにもどりつつあるときに、ある文学者の葬儀で「『すでにもどってきた』フランソワ・モーリヤックと『まだ出発していない』ドリュ・ラ・ロシェルが肩を並べているのを見ることができた(1)」と記している。

七月末から八月初めにかけて、緊張感は増していった。俳優で劇作家のサッシャ・ギトリは、危うい立場にある他の数人と同様に、殴り書きの殺害予告を受けとり始めた。スペイン大使ホセ・レケリカは八月一七日の晩餐会で、ギトリにスペインのヴィザ発行を申し出た。同じ提案をドリュ・ラ・ロシェルにもしたが、どちらも断った。ドリュの場合は、運命が自分を待つのは亡命先ではなくパリだと感じたからであり、ギトリは自分の人気が守ってくれると信じたからだ(フランス世論研究所の世論調査から判断すると、ギトリは過大に楽観視をしていた。回答者の五六パーセントがギトリの処罰を望んだ)。

ジグマリンゲンに逃亡したセリーヌやリュシアン・ルバテのように、わずかながら他に隠れ家を求めた作家もいた。一九一一年にゴンクール賞を受章したアルフォンス・ド・シャトーブリアン老は、オーストリア・チロルの森のなかで世捨て人の生活を送ることを選んだ。シャトーブリアンがレジスタンスのおたずね者リストに載ったのは（対ボルシェビキ）フランス義勇軍募集のための中央委員会委員だったからである。反ドレフュスで王党派の民族主義運動〈アクション・フランセーズ〉の超反動的デマゴーグ、シャルル・モラスは偽名を使ってリヨンに隠れた。メグレ警部の生みの親、ベルギー生まれのジョルジュ・シムノンは二、三の作品がドイツの映画会社、コンチネンタル社に映画化されていたために、逮捕を恐れた。一九四五年一月に三か月間、自宅軟禁されたが、告訴はされずに解放された。

レジスタンスは、敵のプロパガンダに貢献した者は全員裁きの場に引きずり出してやると脅したが、脅しにもかかわらず、ドイツに妥協的だった作家の大部分は身を隠して首都にとどまることを選んだ。「裁きの場」がなにかは定義されていなかった。しかし、六月二八日、ラヴァル最後の内閣の宣伝相フィリップ・アンリオ暗殺は、行動と同じように言葉も極刑を構成するという明快な警告だった。

パリにとどまったなかには、ドリュ・ラ・ロシェルとジャック・ブノワ＝メシャンがいる。ブノワ＝メシャンには充分に恐れるだけの理由があった。新欧州秩序支持の著述があっただけではない。ヴィシー政府で次官を務め、ロシア戦線に送る対ボルシェビキ義勇軍結成に熱心に関与した。

ドリュは一九四四年七月九日に、死ぬまでやってやる的な右翼の宣言文に署名していた。それは新たな政府を求め、内戦を扇動したり、「ヨーロッパにおけるフランスの地位」(2)を危うくした者全員に対する死刑も含む重罰を要求していた。これだけでもドリュを処刑するには充分だった。だが、この男の場合、慈悲を乞う人は大勢いたはずだ。魅力と才能のおかげで、その考え方にもかかわらず、ドリュは左翼にもたくさんの友人がいたのである。

ドリュは、青春時代から死と自殺とに取り憑かれ、パリで教会の鐘が打ち鳴らされる日の前日に自殺を試みて失敗した。「ドリュは人生相手に失敗したように、死を相手にしても失敗した(3)」とレジスタンス紙『遊撃兵』は判決を下した。さらに二度の試みを重ね、ようやく翌年に成功する。ドリュの死後、古い友人オルダス・ハクスリーは次のように書いた。「気分を憂鬱にする話全体から引き出される教訓は、現在の知識人の大多数が自らおかれた状況において二つの選択肢しかもっておらず、どちらを選んでも、たとえたまたま勝利の側を選んだとしても、つねに結果は悪いということだ(4)」

そのほか首都に残ったのは、ジャン・ジオノ、ファブル＝リュス、アンリ・ド・モンテルラン、ポール・シャック、熱狂的なファシストで例の悪意に満ちた雑誌『ジュ・スュイ・パルトゥ』の元編集長ロベール・ブラジャックである。八月最後の週、作家たちができたのは、あちらこちらのアパルトマンで閉じた窓の鎧戸のうしろに身を隠し、ただ解放の音を聞き、扉がたたかれるのを待つことだけだった。

九月一四日、屋根裏部屋に二八日間、隠れたあと、ブラジャックは自首した。決心をしたのは、自分のために母親が逮捕、投獄されたと聞いたときだった。ノートルダム対岸のセーヌ河岸に最後の一瞥を加えたあと――「去ろうとしているとき、パリは美しい(5)」と独房で回想している――午後、パリ警視庁に出頭、手錠なしでロルロージュ河岸のコンシエルジュリーに移送された。ブラジャックは続く五か月間を、最初はノワジー、次いでフレーヌの刑務所で過ごした。

舞台芸術の世界で傑出した人物は作家よりも目につきやすいターゲットだったが、そのなかには、ブラジャックが感染した一種の危険な理想主義に動かされた者はほとんどいなかった。舞台上の半＝対独協力者は反逆罪で有罪なのではなく、まるでなにも変わっていないかのように、自分たちの生活を続けようと望んだことで有罪だった。ジャン＝ルイ・バローは、仕事を続け、ドイツ人を無視するのは積極的な態度であり、活発なレジスタンス活動家でないかぎり、人にできる唯一のことだと主張した。

この態度はうまくいっているかぎりは完璧に有効だった。だが、多くの人にとっては、占領中ずっと道徳的に正しくあり続けるのは難しかった。また演劇界の人間は、パリのドイツ人をただ新しく知り合った教養あるエリートと見なしたくなりがちだった。オットー・アベッツは熱心なフランス・ファンであり、リール街のドイツ大使館でアベッツのパーティに出席した者には、それが乱暴で抑圧的な敵の文明化された顔であることを思い出すのは難しかった。

占領の上っ面の魅力を示すもっともよい例はおそらく、ドイツ空軍ハネッセ将軍の開いたパーティだろう。将軍はマリニー大通りのロートシルト私邸を自分の公邸に接収した。そこで、たとえばゲーリングなどのために豪勢なレセプションを開き、フランス演劇界のスター大勢を引き寄せた。アルレッティには出席するためのさらに強力な理由があった。《リッツ》で同棲していた愛人はハネッセ将軍付きの将校だった。将軍の客は映画スターだけではない。捕虜収容所から帰還したエリ・ド・ロートシルト男爵は、一家に古くから仕える執事のフェリックスに言った。ハネッセ将軍が使っていたあいだ、家はとても静かだっただろうね。

「とんでもございません、ムッシュー・エリ。毎晩、レセプションがございました」

「だが……だれがきたんだ」

「同じ方がたです。ムッシュー・エリ。戦前と同じ方がたです(6)」

その才能が劇作家としても俳優としてもノエル・カワードとの比較を促すサッシャ・ギトリは、早朝、服を着る暇もないうちに逮捕された。黄色の花柄のパジャマ、翡翠色のクロコダイルのパンプス、パナマ帽という恰好で外に引きずり出され、七区の区庁舎に連行された。逮捕後、予審判事からゲーリングと会うのに同意した理由を尋ねられたとき、ギトリは「好奇心から」と答えた。スターリンとの晩餐でも同じように興味をもっただろうと言ったが、おそらくそれは本心だろう。

ギトリは回想録に、ルクレール部隊のパリ接近中に、アルレッティが取り乱して電話をかけてきたと書いている。アルレッティは粛清の明白なターゲットだった。九月初めに逮捕されたときには、乳房が切断されたという恐ろしい噂がパリに流れた。これはグロテスクなでっちあげだったが、頭を剃られた可能性はある。その美容師は、アルレッティが頭にターバンを巻いていたこと、カツラを作ってやらなければならなかったことをはっきりと記憶している。アルレッティは告発者たちに怒鳴ったと言われる。「あたしたちの性生活にこんなに関心をもつなんて、この政府はいったいなんなの！」[7] 本人自身の説明は逮捕の事実を矮小化している。「とても控え目な紳士ふたりが私を連れにきた」。自動車の迎えがあり、手錠はなしだった、とアルレッティは語っている。刑務所から、監視つきで『天井桟敷の人々』の最後の撮りなおしにいくことを許された。映画は一九四五年三月一五日に封切られた。アルレッティの台詞のひとつは「あたしは誤審の犠牲者よ」[8] だった。

ガブリエル・ココ・シャネルはアルレッティ同様に貧しく生まれたが、パリでもっとも成功した服飾店の一軒の創設者にまでのしあがった。シャネルもまた無から道を切り開き、他人がどう思おうとかまわなかった。一九四三年、シャネルはコートダジュールの午餐会で、「フランスはそれにふさわしいものを手にしただけ！」[9] と言い放った。ジャン＝ルイ・ド・フォシニ＝リュサンジュ大公の夫人ババは衝撃を受けたあまり、翌日、シャネルと会ったとき、背中を向けた（その直後、警察がババ・リュサンジュをユダヤ人として――ババはエルランジェ家の生まれ――逮捕にきたとき、リュサンジュはシャネルがドイツ当局に密告したのではないかと疑った）。

アルレッティとシャネルの類似でもっとも印象的なのは、どちらもがドイツ人を愛人にし、《リッツ》

で暮らしたことである。アルレッティは、ガルティエ＝ボワシエール呼ぶところの「美男のドイツ兵《ボー・フリドラン》」をドイツ空軍から選んだ。シャネル——当時六〇歳——は、「シュパッツ〔雀ちゃん〕」と呼ばれたハンサムなドイツ人ハンス・ギュンター・フォン・ディンクラーゲと同棲した。この男はドイツ軍情報部のスパイだった可能性もある。

解放時の保険として、ココ・シャネルは、カンボン街の店からGIにシャネル5番の小瓶を何百本も無料で配ったと言われている。しかし、九月初めに《リッツ》で逮捕されたとき、助けに現れたアメリカ軍部隊はひとつもなかった。それでも、シャネルはすぐに釈放された。自分はスペインで連合国と枢軸国を和平のテーブルにつけるための秘密任務に関与したと主張し、ウィンストン・チャーチル——シャネルがウエストミンスター第二公爵ベンダーの愛人だった時代からの友人——が、自分のために口を利いたとほのめかした。しかし、釈放の理由がなんであれ、シャネルは苦い気分でフランスを離れた。解放前にフランスを出国していたシュパッツとスイスで合流。続く八年間はごくたまにフランスを訪れるだけだった。

コレットは占領中、収入の足しに、対独協力紙『ル・プティ・パリジャン』に原稿を書き、親独雑誌『ラ・ジェルブ』にも記事をひとつ掲載した。その一方で、ユダヤ人の夫モーリス・グドゥケをかくまっていた。グドゥケは一九四二年に捕虜収容所を脱走後、解放までパレ・ロワイヤルのアパルトマンを一歩も出なかった。

パレ・ロワイヤルでコレットの隣人だったジャン・コクトーは、前衛作家、同性愛者として占領中にファシストから受けた侮辱と攻撃を大げさに言い立てた。迫害されたマイノリティのひとりであれば、ドイツ大使館のオットー・アベッツのサロンに姿を現したことを帳消しにできる可能性がより高くなる。

ディアギレフの秘蔵っ子セルジュ・リファールは占領中、ヴィシーに任命されてパリ・オペラ座の総監督を務め、ドイツに公演旅行をおこなっていたが、最初はフランスの舞台から永久追放された。しかし、その後、わずか一年間の停職で放免になった。リファールは、自分はオペラ座をドイツ軍から守ったことで栄誉を讃えられるべきであり、非難されるいわれはないと反論した。だが、リファールが現実世界と触れることはめったになかった。

造形芸術の分野で対独協力者に数えられるのは、一九四二年五月、オランジュリー美術館で開かれたアルノ・ブレッカー主催のナチス承認彫刻展オープニング出席者と、ベルリンが費用をもったドイツ公式旅行に同意した者である。

ドイツ国防軍のチャリティに協力したブレッカーの展覧会は、彫刻家アリスティッド・マイヨールがテープカットをし、半＝対独協力者のほとんどが集まった。ギトリは回想録で、ブレッカーがマイヨールに展覧会のテープカットを依頼し、ずらりと並んで敬礼するドイツ国防軍将校にマイヨールを「尊敬するわが師」と紹介したのだから、展覧会全体がドイツに対するフランス芸術の優越を意味し、こうして一九四〇年の敗北を洗い流すとまで主張した。一年後、マックス・エルンスト、レジェ、ミロ、ピカビア、ピカソの「頽廃芸術」が、ジュー・ド・ポーム前で公開破壊されたことには触れていない。

顎足つきでドイツ旅行に参加した画家には、ほかにポール・ベルモンド、アンドレ・ドラン、デュノワイエ・ド・スゴンザック、キース・ヴァン・ドンゲン、ヴラマンクらがいる。ヴラマンクはシムノンの友人でピカソ不倶戴天の敵だったが、解放時には身を隠した。だが、画家に対する制裁は穏やかだった。美術学校は、画家たちのそれぞれが罰として国家のために大作を制作するように勧めた。またその作品は「解放サロン展」からは締め出された。

解放の二週間後、ガルティエ＝ボワシエールは日記に書いた。「われわれのスターの大多数が多かれ少なかれ手を汚しているのは明らかだ……だが、激しく湯気を立てている多数のキャンペーンのなかには、強い嫉妬のにおいがする」。一九九二年夏のアルレッティの死のあとでさえ、新聞にはおびただしい死亡記事に対する抗議の投書が何通も掲載された。投書が非難したのはドイツ軍将校との「水平の対独協力」ではなく、フランスの残りが飢えているときに、《リッツ》で食事をしていたことだった。

ほとんどの映画監督やスターがドイツ軍統制下のコンチネンタル社で仕事をしていた。アンリ＝ジョルジュ・クルーゾーは戦時中の最高傑作のひとつと考えられている映画『密告』の監督である。『密告』は一連の中傷の手紙が、ある村の住民を相互不信と憎しみのなかに投げこむ話であり、ドイツ軍はきわめて疑わしい作品と考えていた。多くの人がその裏には占領に対する告発が隠されていると見た。だが、解放後、クルーゾーはフランス国内での活動を禁じられた。その決定が発表されるとすぐに、クルーゾーはハリウッドに向かった。

ロベール・ブラジャックはブノワ＝メシャンの一週間後にフレーヌ刑務所に到着した。足音とがちゃがちゃと鳴る鍵、ばたんと閉まる鉄扉の音が響く異質な世界の仲間ではあったが、最初はおたがいにどちらも相手が収監されているのを知らなかった。ブノワ＝メシャンは霧のかかった薄明かりのなかで身震いする人びとの姿を「地獄でスティックス川を渡るのを待つ亡霊たちの列」[10]にたとえた。

たまに会話ができる時間をたいていは運動場で見つけると、ふたりは自分たちの弁護士、予審判事について、そして自分たちのではなく、他の人びとの無罪の可能性について話し合った。作家やプロパガンダ加担者の裁判はその秋に開始された。

一〇月最後の一日では、熱狂的なパンフレットを書いた三流作家の老アルマン・ド・シャストネ・

ド・ピュイセギュール伯爵の裁判が目につく。伯爵は自分の名刺に「反ユダヤ主義者、反フリーメーソン主義者、反ブルジョワ主義者、反資本主義者、反共産主義者、反民主主義者、反共和主義者(11)」と刷っていた。死刑判決が読みあげられるのを聞いたとき、ファシスト式の敬礼をして叫んだ。「フランス万歳！」「古き《ヴィエーユ》フランス」の反ユダヤ主義者はなにも忘れず、だれも許さなかった。〈アクション・フランセーズ〉のシャルル・モラスは、数か月後に無期懲役を宣告されたとき、被告席から叫んだ。「これはドレフュスの復讐だ！」モラスはフランス学士院の席も失った。

デンマークで投獄されていたセリーヌは、刑法第七五条により被告人不在のまま対独協力で告訴された。セリーヌの回答は予想できたとおり辛辣で、自分はマジノ線〔第二次大戦前に独仏国境に敷かれたフランス側の防衛戦〕の地図を売ってはいなかったのだがと言った。またコペンハーゲンから次のような痛烈な非難を送ってきた。「私はドイツ大使館に足を踏み入れたことは一度もない。私は戦前にオットー・アベッツと会ったことは一度もない。アベッツはいつも私を毛嫌いしてきた。私は戦争中にアベッツと二度か三度、数分間会った。私はつねにアベッツの政治活動をグロテスクで破滅的と考え、アベッツその人については、恐ろしく虚栄心の強い人物、動乱時の道化と考えてきた(12)」

作家の粛清は、単に司法上の案件というだけではなかった。それは職業意識、あるいは政治姿勢の問題になった。占領中、知識人のレジスタンス連合体として、全国作家委員会（CNE）が結成された。その代弁者は、ジャック・ドゥクール（のちにドイツ軍にモン・ヴァレリアン要塞で処刑される）と作家でガリマール社の編集委員ジャン・ポーランが創刊した『レ・レートル・フランセーズ』誌である。『レ・レートル・フランセーズ』はドリュ・ラ・ロシェルによる『ラ・ヌーヴェル・ルヴュ・フランセーズ』乗っ取りに対する大胆な挑戦だった。

解放二週間後の九月九日、初めて地下出版ではない号が発行された。この号にはモーリヤック、サルトル、ポーランの記事だけではなく、六〇名ほどの指導的知識人が署名した「フランス人著述家のマニフェスト」が掲載され、それには「簒奪者と裏切り者に対する正当な罰」の要求も含まれた。次号にはCNEが作成した九四名のブラックリストが掲載された。一〇月二一日号には一五六名の増補版リストが載った。

ジャン・ポーラン——ガルティエ＝ボワシエール呼ぶところの「正義王ポーラン」(13)——は、報復の呼びかけに、最初は落ち着かない気分を覚え、その後、強く反対するようになった。ポーラン同様に、ガルティエ＝ボワシエールは告発の嵐を信用せず、それを嫌って、「ヒトラー主義者はわれわれに、権威主義と迫害の刻印を残していった(14)」と書いた。

スターリン主義者に転向したシュルレアリスト、銀髪と冷たい視線のルイ・アラゴンは知識人のなかのロベスピエールだった。アラゴンは攻撃の矛先を共産党が嫌う作家にまで広げようとした。だが、しばしば言われているほど右翼の同業者の血に飢えていたわけではない。ドリュ・ラ・ロシェルとかつて自分の出版者だったロベール・ドゥノエルを擁護した。

ジャーナリストと作家の裁判は、一二月から一九四五年一月にかけて続いた。どんどんと進んだことを、ドゴールの次の法相となるピエール＝アンリ・テトジェンは以下のように説明している。「これらの『知識人』は、占領中に、自分自身の裁判の訴追資料を作成していた。受けて当然の告発を反論の余地なく確立するには、法廷に送る前に、当人の手になる記事や文章を読み返せばよかった(15)」。その結果、作家は復讐を求める怒号が頂点に達しているあいだに裁かれることになった。

しかし、一二月二九日、『グランゴワール』編集者アンリ・ベローの死刑宣告は人びとに衝撃をあたえた。ベローは右翼であり、反ユダヤ主義者でイギリスを嫌悪していたが、ドイツに味方して書いたことは一度もない。多くの人が嫉妬が関わっているのではと疑った。ベローはフランス一高給取りのジャーナリストで、年に六〇万フランを稼いでいた。またジャン・エロルド＝パキ（一〇月に処刑されたラジオ・パリのアナウンサー）の秘書が無期の強制労働を科せられたときには、レジスタンス系新聞さえも憤慨した。

六日後の一月四日、フランソワ・モーリヤックは『ル・フィガロ』紙に「判決をめぐって」と題する記事を発表。敵との情報操作のかどでベローを有罪にする根拠はなにもない、と論じた。

このモーリヤックの介入が、ドゴールに判決を変更させたのはまず間違いない。『ル・フィガロ』紙でモーリヤックは、不公平な粛清に対するキャンペーンを張り、人びとは間違った政治的選択をすることを許されるべきであるとまで発言した――この時期としては勇気のある立場であり、そのため多くの敵を作った。風刺誌『ル・カナール・アンシェネ』はこの率直なカトリック作家を「アシジの聖フランチェスコ」にかけて、「サン・フランソワ・デ・アシーズ」――「重罪裁判所の聖フランチェスコ」――とあだ名した。カミュは『コンバ』紙で、殺人者に対する慈悲は犠牲者から正義の権利を奪う、ファシズムの犯罪は永遠に阻止しなければならないと主張した。モーリヤックは『ル・フィガロ』で応酬し、こうして倫理論争の一大テニス試合が始まった。

一九四五年一月一九日に開廷される以前からすでに、『ジュ・スュイ・パルトゥ』誌のファシスト編集者ロベール・ブラジヤックの裁判が知識人粛清の頂点になるという雰囲気があった。フランソワ・モーリヤックとポール・ヴァレリーのどちらもが、ブラジヤック擁護の意見を提出した。

裁判当日の朝、冷え込みは厳しかった。これで一六日間、パリは雪で覆われていた。石炭を搭載したバージ船が運河で氷に閉ざされていたために、暖房用の燃料はなかった。照明の薄暗い法廷のなかで、凍える冷気に話し手の息が白く浮かびあがった。

初めは明白に見えた争点は、両方の側から完膚無きまでに打ち砕かれた。ブラジャックの弁護人ジャック・イゾルニは、七か月後にペタン元帥のもっとも雄弁な弁護者として有名になるが、政治的判断の誤りは反逆罪を構成しないと主張した。ブラジャックがドイツ軍を支持したのは、それがより強いフランスを望むブラジャックなりのやり方だったからである。弁護のクライマックスは、ブラジャックを国民的詩人の地位に引きあげたあと、腕を掲げ「文明人は詩人を銃殺刑に処するか?」と叫んだときだった。この芝居がかった問いかけは、一九三六年、国家主義者がフェデリコ・ガルシア・ロルカを処刑したときに、ヨーロッパ中を吹き抜けた感情を利用していた。イゾルニは、裁かれているのはブラジャックの文学ではなく、その弾劾ジャーナリズムだという事実を無視した。

決定的な証拠は『ジュ・スュイ・パルトゥ』誌掲載のブラジャックの記事にあった。この点について、イゾルニはより難しい論拠の上に立っていた。ブラジャックの言葉がそこ、頁の上にあった。イゾルニが「悲劇的過ち」と呼ぶものは、ほとんどの人が理解している「対独協力」のはるか先をいっていた。一九四二年一一月、ブラジャックは被占領地帯へのドイツ軍侵攻を、それがフランスを再統一するという理由で支持した。一九四〇年にレノー内閣の内相を務めたジョルジュ・マンデルのような政治家の死を要求し、マンデルはパリ解放直前、ミリスに殺害された。当局に具体的なだれかを密告はしなかった。だが人びとを活字で告発した。ドリュ同様に、一九四四年夏、レジスタンス活動家全員の即決処刑要求に署名した。だがおそらく、もっともぞっとさせられる発言は、「われわれは子どもを手元に残すことなく、ユダヤ人全体と別れなければならない(16)」だろう。ブラジャックは、自分は反ユダヤ主義者ではあるが、ユダヤ人に対する集団的暴力を擁護したことは一度もないと主張した。おそらく、ここに引用したような言葉を書いたときには、死の強制収容所の存在を知らなかったのかもしれない。それでもなお、東欧への集団再定住を考えていたのだとすれば、その発言にはやはり背筋が寒くなる。

自分に科せられた罪状の重さにもかかわらず、ブラジャックは、歴史的正確さを求めて、起訴状を自信たっぷりに細かく分析した。『コンバ』紙のために裁判を取材していた駆け出しの映画監督アレクサンドル・アストリュックは、ブラジャックが自分を「雄弁に、そして巧みに」[17]弁護したと書いている。しかし、陪審が判決に達するのには二〇分しかかからなかった。支持者の一部がブラジャックのために抗議の叫びをあげたあと、死刑についてのブラジャック唯一のコメントは「これは名誉である」だった。

夫を第一次世界大戦で失っていたブラジャックの母親は、モーリヤックに息子の命を救ってくれと嘆願した。モーリヤックは任務にとりかかった。『ル・フィガロ』紙では寛大な措置を求める論説を倍に増やし、ブラジャックの刑の執行猶予をドゴールに願う嘆願書に署名を集めた。五九名の署名者のなかには、正真正銘のレジスタンス活動家二、三名、中立者多数、そしてすでに嫌疑をかけられていた作家や芸術家が多数含まれる。

署名者には、ジャン・アヌイ、クローデル、ヴァレリー、コレット、コクトー、そして意外にもアルベール・カミュがいた。カミュは、署名するか否かで眠れぬ夜を過ごした。ブラジャックが象徴するものすべてを嫌悪していたが、死刑に対する倫理上の立場から署名をした。ジャン・コクトーが署名をしたのは、作家は他の重要な対独協力者、とくに産業家のスケープゴートにされていると感じていたからだ。産業家はドイツ軍の兵器製造を支援することで、より多くの人間を殺害したとも言える（署名を拒否したなかには、作家の責任を信じるサルトルとボーヴォワール、そして共産党の意志に従うと言ったピカソがいた）。

一九四五年二月三日正午、フランソワ・モーリヤックはサン＝ドミニク街でドゴールにたいへん礼儀正しく迎えられた。だが、モーリヤックが気づいたとおり、ドゴールの礼儀正しさはこの男がなにを考えているかを判断するための信頼のできる指標ではなかった。イゾルニはその夜、ブローニュの森のドゴール私邸まで、厳重に守られた柵を抜けて公用車で運ばれていったが、よりはっきりとした印象を受けた。イゾルニがさまざまな論拠で説得したにもかかわらず、ドゴールは訴えを退けることに決めた。

イゾルニは、ドゴールが共産党から軟弱だと攻撃されたくなかったのだと考えている。またガストン・パレフスキの回想録には、パレフスキが及ぼしていた影響力を明らかにする文章がある。「個人的には、ロベール・ブラジャックの刑の執行猶予を強く要求しなかったことを後悔している」(18)

ブラジャックは二月六日に処刑された。ちょうど一一年前のこの日、右翼による暴動が起き、コンコルド橋からの国民議会襲撃が企てられた。それが二年後の人民戦線政府へとつながる。一九四五年四月二〇日、赤軍がベルリン中心に向かって戦っているとき、ブラジャックの棺はペール゠ラシェーズ墓地に移された。

友人のジャック・ブノワ゠メシャンの命を救ったのは間違いない。ブノワ゠メシャンは二年半以上、裁判にかけられなかった。この遅延がブノワ゠メシャンの命を救ったのは間違いない。一九四七年六月六日に死刑判決を受けたものの、すぐに無期の強制労働刑に変更された。一九五四年に釈放されたが、刑務所での読書を通してイスラム世界に深く惹きつけられていた。この類いまれなる人物はイスラムについて広範囲の知識を積み重ねていたので、ドゴールは一九五八年に大統領に就任したあと、アラブ問題の特別顧問として、ブノワ゠メシャンを目立たないように使ったほどである。

セリーヌはようやく一九五〇年に被告人不在のまま裁判にかけられ、五年前には想像できなかったほど軽い刑――懲役一年と重い罰金刑――を受けた。

粛清は文学界美術界の政治的緊張を高めただけだった。ＦＦＩの恐るべき従軍司祭ブリュックベルジェ神父によれば、神父とカミュが全国作家委員会から脱退したのは、アラゴンとエルザ・トリオレがしだいに共産党支配を強めていったためである。脱退しなかったモーリヤックはのちにカミュを引き止めて、もどるように説得しようとした。

「なぜ脱退したんですか？[19]」とモーリヤックは尋ねた。

カミュは答えた。「こちらのほうがうかがいたいですよ。なぜやめないんですか？　ぼくが理由をお教えしましょう。あなたは恐いんだ」

モーリヤックは認めた。「まさにそのとおり」

幻想を抱くにしてはモーリヤックは誠実すぎた。ベグネル牧師との夕食の席で、国民戦線――共産党が支配する組織で、モーリヤックもメンバーだった――を、「その裏で共産主義者が仕事をしている幕」だと言った。「私が知っているのは、自分もその仲間だからだ[20]」

ジャン・ポーランがいちばん腹を立てたのは『レ・レートル・フランセーズ』誌乗っ取りである。ポーランは「おまえよりおれの方がレジスタンスだ」的な共産党シンパと、アラゴンとトリオレが共産党と密接に連携する作家組合に変えようとしていた全国作家委員会をあからさまに軽蔑した。

アラゴンの計画が党の参謀本部で練りあげられたことに疑いの余地はない。それはスターリン主義者の古典的な戦術を使って、粛清を共産党批判者の枠にまで拡大した。一一月二五日、『レ・レートル・フランセーズ』において、アラゴンはアンドレ・ジッド攻撃を開始、ジッドをラジオ＝パリのファシスト宣伝者エロルド＝パキと比較した。アラゴンの真の目標は、ドリュの『ラ・ヌーヴェル・ルヴュ・フランセーズ』に短期間、寄稿したジッドではなく、スペイン内戦当時、スターリン主義者からもっとも悪し様に言われた書『ソビエト連邦からの帰還』〔邦訳『ソビエト紀行』〕の著者としてのジッドだった。ジッドの友人ロジェ・マルタン・デュ・ガールは「アラゴンの悪しき信念と不名誉な動機」に愛想をつかし、アルジェにいるジッドに、フランス帰国時には注意するよう警告を発した。「パリに到達するときには注意しなさい。地面には地雷が仕かけられている」

党はまた、サルトルのもっとも古い友人で、一九四〇年、ダンケルクからの撤退中に戦死した小説家、ポール・ニザンの評判を地に落とそうとした。ニザンは一九三九年八月の独ソ不可侵条約締結までは忠実な共産党員だった。短くて簡潔な離党の手紙が発表されたとき、怒った党は事実無根の悪評を流し、モーリス・トレーズはニザンを「警察のスパイ[21]」と呼んだ。

戦後、ルイ・アラゴンはニザンに対する新たな中傷戦術の一部として、全国作家委員会仲間のサルトルに対し「ニザン・スパイ説」を繰り返した。サルトルは中傷に対する抗議声明を準備、アンドレ・ブルトン、アルベール・カミュ、ジャン・ポーラン、ジュリアン・バンダ、フランソワ・モーリヤックを説得して署名させた。サルトルは自分に向けられた共産党の怒りに立ち向かうのに充分なだけの力をもっていた。だが、嘘は何年ものあいだ、あとを引き続けた。

なにか隠すべきことのある文壇人にとっても、政治は複雑だった。老巧のカトリック詩人ポール・クローデルはドゴール将軍の栄光を讃える詩を発表し、それは解放の一〇週間ほどあとにコメディ・フランセーズで開かれたレジスタンスのための祭典で読みあげられた。だが、翌朝、意地悪な世間の口が、一九四二年にクローデルが驚くほどそっくりの詩をペタン元帥の栄光に捧げていたことを人びとに思い出させた。

何人かの出版者はさらに微妙でさえある問題に直面した。解放の一週間後、レジスタンス系新聞が対独協力を告発された出版者のブラックリスト作成を要求。そのなかにはガストン・ガリマール、ベルナール・グラセ、ロベール・ドゥノエルらがいた。グラセは逮捕され、フレーヌ刑務所に連行されたが、ガリマールは手を触れられなかった。ガリマールはドリュ・ラ・ロシェルによる『ラ・ヌーヴェル・ルヴュ・フランセーズ』乗っ取りを許したが、ジャン・ポーランがそのレジスタンス版である『レ・レートル・フランセーズ』を発刊するのを助けもして、自分の身を見事に守った。「あの親爺、ばかではないな！」[22]とガルティエ＝ボワシエールは皮肉をこめて称讃した。

ガリマールにはもう一枚、切り札があった。ガリマールの出版社はフランスの文学界を支配し、多数の全国作家委員会委員を社の誇りにしていた。占領の貧困の日々、ガリマールは著作権料の小切手の発送に心を配り、気前がよかったとさえ言えた。だから感謝しなかったのは、とてもさもしい作家だけだろう。アラゴンでさえ、ドゥノエルを見捨てて、新作小説『オレリアン』をガリマールから出版しようとしていた。

ガストン・ガリマールのドイツ軍協力はなんの秘密でもなかった。ドイツ軍による発禁作品の「オットー・リスト」（オットー・アベッツにちなんで名づけられた）を遵守した。占領中の出版については自己検閲を実践した。ドイツ学院のレセプションに出席した。それにもかかわらず。ガリマールは擁護する用意のある強力な支持者を見出し、そのなかにはサルトル、カミュ、マルローがいた。

『人間の条件』『希望』の著者アンドレ・マルローは、小説家と誇張症患者両方の才能に恵まれていた。極東の文化と言語について深い知識があると見せかけていたが、実際には東洋の骨董品売買のほうにより一生懸命だった。スペイン内戦とレジスタンスのどちらについても自分が果たした役割を大きく誇張して申し立てている。反論する者がこれほどわずかしかいなかったのは驚くべきことだ。レジスタンス活動に対するもっとも威信ある勲章をすべて受章、イギリスはヴィクトリア十字章に次ぐ二番目のランクの殊勲章を贈った。この説得力のある移り気な男は青春時代は共産党シンパだったが、一九四〇年代半ばからは積極的なドゴール主義者となり、ドゴールのもっとも身近な側近の仲間入りをした。

マルローがドゴール陣営に地位を確保したことは当然ながら、サルトルのようにさらに積極的に左派に移った者たちの共感を失わせた。四年後、ふたりの作家の対立が一気に噴き出した。マルローはサルトルに復讐するために、戦争中の記録を暴くと脅して、ガストン・ガリマールを強請った。マルロー自身の水増しされた功績に疑問が呈されたときには、レジスタンスの勲章をすべて返還すると脅した——この意思表示はあまりにも芝居がかっていたので、その批判者たちの口を閉じさせたように見える。

第13章 帰還

一九四四年から四五年にかけて安定した流れとなってパリにもどってきた帰還者たちは、すべての階級にまたがり、また国籍もさまざまだった。市内で飢えかけた労働者やその家族は農村の親戚に身を寄せていたが、段ボール製スーツケースにわずかの所有物を入れ、薪を燃料にしたさまざまな種類の乗り物に便乗させてもらったり、線路が修復されたあとは列車に乗って帰ってきた。できるときはいつも、転売するため、あるいはこの先数か月を生き延びるために、小麦を一袋か二袋持参していた。時代の大変動のなかで、労働者たちがもどったことに気づいた者はほとんどいなかった。パリ市民がその帰還を生涯忘れなかったのは、一九四五年春にドイツから帰ってきた「抑留者《デポルテ》」である。

「デポルテ」という用語は異なる三種類の抑留者を指すのに漠然と使用される。絶滅収容所に送られたユダヤ人その他の少数民族、強制収容所に送られたレジスタンス活動家、一九四三年以降、ヴィシー政府が強制労働に送り出した徴用者の三種である。一九四〇年の敗戦時の戦争捕虜は、イギリス人、オランダ人、ベルギー人と同じ扱いを受けた。

一九四五年四月、前進を続ける軍は行く先ざきで収容所を解放することになった。司令官たちは戦争終結に専念しており、何十万もの民間人に、食事とケアを提供するという問題に取り組む準備はできていなかった。その多くが死に瀕していたのである。軍用食が渡され、戦闘が終わるまで自分でなんとかするようにと告げられただけの場合が、あまりにも多かった。

パリで知らせを待つ家族にとって、希望と恐怖の入り混じった気持ちを耐え忍ぶのは難しかった。それはしばしば発熱を伴う嘔吐を引き起こした。眠るのは不可能だった。小説家マルグリット・デュラスは、夫ロベール・アンテルムが連合軍到着前、土壇場でSSに処刑された者のなかにはいると思いこみ、電話のわきに腰をおろしていた。電話が鳴るたびに、かけてきたのは「知らせはないの?」[1]と尋ねる友人だった。

ようやく帰国のための列車が手配されたあとでも、帰国には相変わらず時間がかかった。フランスまでの旅は五日を要することもあった(五月に戦争が終結するとすぐに、米軍は輸送機の大半を抑留者移送に割り当て、全体の手続きは大幅にスピードアップした)。一部は、ドゴールの弟ピエール・ドゴールが領事を務めていたスイスのジュネーヴを経由。ピエール・ドゴールの深い同情心に疑いの余地はない。マウトハウゼン収容所を生き延びた若き共産主義者ピエール・デックスをドゴールはごく自然に抱擁した。

一九四五年四月一四日、リヨン駅で、ドゴール将軍、アンリ・フルネ、フランソワ・ミッテラン、さらに二名の共産党指導者ジャック・デュクロとアンドレ・マルティを含む公式の歓迎委員会が、二八八名の第一次女性帰国者グループを迎えるために待機していた。* 篤志家は帰国女性に贈るためのリラの花束を、女性たちは配るための口紅や白粉をもってきていた。もどってくる抑留者たちが痩せて、さまざ

*しかしながら、ドゴールは「抑留者」の運命にはむしろ無関心であると見られていた。マルグリット・デュラスは、四月三日に「涙の日は過ぎ去り、栄光の日々がもどってきた[2]」と発言したことで、ドゴールを許せなかった。

まな体験のために疲れて見えるだろうという程度の予測はあった。だが、それ以上はあまり考えていなかった。背筋の寒くなるような現実はフランスの眼からは部分的に隠されていた。アイゼンハワー将軍が恐るべき収容所の実態を取材するために、時間のあるジャーナリストすべてをドイツに連れていこうとしているそのときに、捕虜、抑留者、難民を担当するフランスの役所は、収容所の情報を伏せておこうとした。カカシの恰好をしたほとんど骸骨のような姿の現実を想像した者はほとんどいなかった。「女性たちの顔は灰緑色で、赤みがかった茶色の輪が、見てはいたが理解はしていないように思えた目を取り巻いていた[3]」とアメリカ人ジャーナリストのジャネット・フラナーは書いた。ガルティエ＝ボワシエールは「抑留者」を、「緑がかった蠟のような肌、顔は縮み、小さくなって、原始的な部族が作るあの恐ろしい小さな人間の頭を思い出させる[4]」と描写した。弱りすぎてまっすぐに立っていられない者もいた。だが、できる者は歓迎委員会の前で気をつけの姿勢をとり、かすれ声で『ラ・マルセイエーズ』を歌い始めた。聴衆は激しい衝撃を受けた。

このような光景が何度も繰り返された。ビルケナウとラーフェンスブリュックの生存者ルイーズ・アルカン三四歳は、自分自身の帰国をこうつづっている。「東駅。午前八時。柵のうしろに群衆。私たちは『ラ・マルセイエーズ』を歌った。人びとは私たちを見つめ、わっと泣き出した[5]」

死の強制収容所から帰還したごくわずかのフランス国籍をもつユダヤ人も、同国人とともに整列した。ヴィシーはユダヤ人から国籍を剝奪し、ドイツに引き渡した。だが、そのためにフランス人でなくなったわけではない。ユダヤ人もまた『ラ・マルセイエーズ』、そしてフランス革命の戦闘讃歌『出陣の歌』を歌った。ほぼ八万人に達する「民族上の理由による抑留者」のうち、帰国したのはごくわずかのパーセンテージにすぎない。フランス国籍のユダヤ人全人口の四分の一が命を落とした。ヴィシーはまた、フランスに避難所を求めてきた外国籍のユダヤ人四万を引き渡した。加えて、約一〇万の政治犯と六〇万の強制労働徴用者がおり、その多くは連合軍の空爆を逃れるための地下工場建設中に死亡した。合計八二万のフランス人抑留者のうち、約二二万二〇〇〇人が死亡したと考えられている。

最初の受入窓口はオルセー駅だった。ディクシー・レッドマン将軍はアシスタントのメアリー・ヴォードワイヤーをオルセーに連れていき、言った。「きみはこれを見るべきだ。そして決して忘れてはいけない」(6)。二人は窓の外に立ち、広い空間を窓越しに見ていた。全裸の男性何百人もがシラミ取り粉とDDTに覆われて歩きまわっていた。チフスの恐れはそれほど大きかった。* 頬はこけ、剃られたのか、あるいは栄養失調が原因の脱毛症のためか頭髪はなく、視線は下を向いていた。話をしている者はひとりもいなかった。レッドマンもアシスタントも、男たちがさらなる屈辱を受けなければならないことにぞっとした。男たちは消毒がすんだと見なされると、イギリス軍の戦闘服のおあまりを着せられ、重い軍靴を履かされた。ごわごわの生地は肌をちくちくと刺し、サイズはいくつも大きいことが多かった。

抑留者はオルセー駅から、占領中はドイツ軍情報部の本部だったホテル《リュテシア》に移された。ホテルのあるブロック全体が、必死になって情報を求める家族や関係者に取り囲まれていた。新聞には、行方不明の家族の情報を求める小さな広告や、ようやく確認された死を知らせる広告が満載された。混乱と職務の規模はあまりにも大きく、一部の家族はさらに数か月待たなければならなかった。

マルグリット・デュラスの夫は奇蹟と断固たる意志によって救われた。アンテルムが所属するレジスタンス集団のリーダー、フランソワ・ミッテランは、ドイツに送られた半公式のフランス使節団に参加し、アメリカ軍がチフスの蔓延を防ぐために封鎖していたダッハウになんとかはいりこんだ。呼び声が

＊実際には、パリにおけるチフスの症例は九一例のみであり、その年にチフスで死亡したパリ市民は七七名にすぎない。二〇年前の半数である。

した。「フランソワ！」この生ける屍がだれなのか、ミッテランにはわからなかった。ロベール・アンテルムを見分けたのは同行者で、しかもようやくアンテルムの歯によって見分けたのだ。

ミッテランはパリのデュラスに電話をして、グループの活動家二名を自分の執務室に送るように言い、通行証と三組の制服を手配した。二人の友はミッテランが手に入れた自動車とガソリンを使って、夜を徹して走り続け、翌朝、ダッハウに到着。密かに持ちこんだもう一枚の制服を骸骨のような身体に着せ、両側から支えてまっすぐに立たせて守衛所を通過し、収容所の外に連れ出した。幸いにも、歩哨の米兵は感染を恐れるあまり全員ガスマスクをつけていたので、あまりはっきりと見ることができなかった。アンテルムは後部座席に寝かされ、パリまで運ばれた。帰路は三倍の時間がかかった。だれもがアンテルムが生き延びるとは思っていなかった。だが、ようやくサン＝ブノワ街に到着したとき、アンテルムはまだ生きていた。デュラス自身も夫の変わり果てた姿についてさんざん警告を受けていたにもかかわらず、ほとんど神経症の発作を起こしかけ、隣人がラム酒で意識を取りもどさせてやらねばならなかった。アンテルムを迎えるために、玄関口を飾っていた管理人は、管理人室に閉じこもり、怒りの涙を流した。

《リュテシア》では、抑留者のためにできることはすべておこなわれた。受難者の権利により、抑留者は「フランス最高の人びと」[7]と呼ばれ、抑留者にとって贅沢すぎるものはなにもなかった。ヤミ市だけで手にはいる仔牛、チーズ、本物のコーヒーが差し出された。だが、しばしば最良の意志は正しい処置にはつながらなかった。抑留者はごく簡素な食物をごくわずかの量しか必要としていなかった。胃には変化に対応する用意ができていなかったので、ひどく具合が悪くなった。また《リュテシア》周辺の大騒ぎではなく、安息と静けさを必要としていた。「われわれは本当に火星人のような気がした」とピエール・デックスは書いた。

つらい試練をまったく驚くべきやり方で生き延びた人もいた。ドイツから空路移送されたひとりにアメリカ人のモデュイ伯爵夫人がいた。夫人はメイドが密告するまで、ブルターニュの城に連合軍のパイロットを隠していた。ベッシー・ド・モデュイはラーフェンスブリュックから到着したとき、「相変わらず縞模様の囚人服を着たまま、でも相変わらずとても優雅[8]」だった。伯爵夫人は体験談をジャンとシャルロットのガルティエ＝ボワシエール夫妻に聞かせた。「二年間の監禁生活では一度も泣かなかったわ」と夫人は誇らしげな微笑を浮かべて話を終えた。「でも、もう一度パリを目にしたときには涙が出ました」。数日後、ガルティエ＝ボワシエールはベッシー・ド・モデュイが収容所の囚人服姿なのにあれほど優雅に見えたのは、囚人仲間の女性でスキャパレッリの職長が、伯爵夫人のために囚人服を仕立てなおしたからだと知った。

長い目で見れば、レジスタンス活動家がもっともうまく生き延びた。一方「カポ〔強制収容所で他の収容者の監視をした収容者〕」と対独協力者の生存率は最低だった——これは現在から振り返って見れば、倫理的正義と見なせるだろう。カポやＳＳの看守の目につかないように、自分自身の個性を消し去ろうと試みた者たちは、短期的な生存率は高かった。しかし感情を表さない自動人形——収容所では「ミュズルマン[9]〔イスラム教徒〕」と呼ばれた——になるために心のスイッチを切ることは、その後の回復をほとんど不可能にした。全体で六〇〇〇名の抑留者が帰国直後に死亡、そのなかで「ミュズルマン」はかなりの割合を占める。

昔の生活にもどるのが難しかったのは、すべての抑留者に共通する。柔らかなベッドでは眠れなかった。悪夢にうなされ、自信の欠如に苦しんだ。最悪なのは、帰郷したときの落胆だった。主として生き残ったことに対する罪悪感から引き起こされる鬱状態に対処することが、抑留者の家族にはとても難しく感じられた。デックスは書いている。「歓びは訪れなかった。なぜならば私たちはあまりにも多くの死者をともに連れて帰ってきたからだ[10]」

普通の世界との関係全体が、つい最近まで「強制収容所の宇宙[11]」の悪夢に沈みこんでいたことによって完全に歪められた。ドラ・トンネルで働いた「レジスタンスを理由とする抑留者」のシャルル・スピッツは、捕虜収容所の習慣がしつこく残り続けていることに気づいた。パリにもどって二か月後、妻が外出して、レストランで夕食をとらないかと誘った。「妻は私のために、財布と小銭入れも含めて、文明人が身につけるもの一式を買ってきてくれた。だが、妻は知らなかったが、私はドラの仲間が作ってくれた木の小箱をまだポケットに忍ばせていた。小箱には、紐の切れ端、ピン、そのほか収容所では貴重な宝物がはいっていた……支払をする段になって、私は反射的に箱を開き、中身をテーブルにぶちまけて、みんなを唖然とさせた[12]」


戦争捕虜は映画館《レックス》と《ゴーモン》で手続きを受けた。ドイツから到着したばかりのある捕虜は、自宅はフランスのどこかと聞かれてオラドゥールだと答えた。面接官は、村がほとんどの住民ともどもSSダス・ライヒ師団に破壊されたことを告げられずに、気を失った。

大きな悲劇も小さな悲劇も、多くの悲劇が戦争捕虜を待ち受けていた。アパルトマンにたどりついた捕虜が、隣人から妻が別な男と暮らすために出ていったと告げられた例は多い。ある男は家にもどったとき、生まれたのを知らされていなかった子どもがいるのを見つけた。妻は買い物に出かけていて留守だった。五年間の収容所生活のあとで、男の嫉妬心が爆発した。男は子どもを殺し、そのあと警察に自首した。だが、子どもは妻と別の男とのあいだに生まれたのではなかった。妻はわずかの金を稼ぐために、子守をしていただけだった。

特別作戦局（SOE）工作員は捕えられると強制収容所に送られた。SOEはオルセー駅の群衆のなかに、工作員を見つけようとして多大な努力を払った。FANY（SOE附属救急看護義援隊の若い女性たち）のチームが、ほとんど見分けがつかないほどに変わり果てた生存者を見つけようと、交代制で活動した。仕事はあまりにもつらく、なかの一、二名は神経がまいってしまった。

SOEはすでにロリストン街のホテル《セシル》を接収してパリに基地を設置し、工作員とその家族、その他なんらかの形でSOEを援助した者たちを、アメリカ軍の潤沢な軍糧食で助けるために、できるだけのことをした。規則にはまったく反していたために、これは目立たないように実行しなければならなかった。元工作員たちは《セシル》の食事に招かれ、そのあとできるだけたくさん持ち帰るよう勧められた。

自国民の難民とは別に、一九四五年七月までにフランスは四七か国一〇万人以上の難民の責任を負うことになった。そのなかには一万一八〇〇人の戦争捕虜を含むロシア人三万、ポーランド人三万一五〇〇、ユーゴスラヴィア人二万四〇〇〇がいた。

第一次世界大戦のはるか以前から、パリはヨーロッパのいたるところから専制政治、ユダヤ人の大量虐殺、乱暴な国家主義を逃れてくる難民の天国だった。ボルシェヴィズム、そのあとはあらゆる形のファシズムが難民の流入を大幅に増加させた。一九〇〇年以降は、トルコによる大量虐殺を逃れてきたアルメニア人、革命と内戦を逃れてきた白系ロシア人、ピウスツキ政府から逃げてきた主としてユダヤ系のポーランド人で、パリの外国人コミュニティは膨れあがった。ムッソリーニのイタリアとバルカンの独裁国家からやってきた政治亡命者。それからヒトラーのドイツ、続いてナチス占領諸国からきたユダヤ人、左翼、自由主義者。そして最後に一九三九年、打ち負かされたスペイン人共和主義者五〇万以上が、フランコの死刑執行部隊を逃れ、これまで最大の波となってピレネー山脈を越えてきた。

最大のユダヤ人ゲットーは二〇区、ペール・ラシェーズ墓地のちょうど北西「ベルヴィルのイディッシュ村」にあった。もっとも古いのはマレ地区である。しかしユダヤ人の専門職階級はパリの中産階級地区全体に広がっていた。身の毛もよだつ最悪の拷問と屈辱を受けた人びとは、医師、教師、法律家、実業家であることを、ふたたび学びなおさなければならなかった。それを可能にする唯一の方法は、過去を心の奥底にしまいこんで鍵をかけ、二度と触れないことだった。一九四〇年代後半に、フランスのユダヤ人家庭で育ったリシャール・アルツは、家ではホロコーストとユダヤ人の苦難はとにかく一度も話題にならなかったと語っている。何年もあとに、従姉妹がドイツ人と婚約したとき、アルツはその知らせが引き起こした恨みと痛みの深さに驚かされた。


もどってきたその他の外国人は、左岸だろうと高級住宅街だろうと、まったく別の世界に住んでいたように見える。ガートルード・スタインとアリス・B・トクラスは、どうやら無邪気さ、あるいは守護天使に守られていたらしく、アルプス山脈足元のサヴォワでうまく戦争を生き延びた。ユダヤ人として自分たちの身が危険にさらされているなどとは思ってもみなかった。ふたりの家を宿舎に割り当てられたドイツ兵は、スタインとトクラスがフランス人ではないことに気づかず、壁にかかったピカソをぽかんと見つめた。幸いにも、好意的な村長がふたりの名前を名簿からはずしていた。

クリスティーヌ街へのふたりの帰宅は感動の瞬間だった。「絵画はすべてそこにあった。アパルトマンはすべてそこにあった。そしてすべてが清潔で美しかった。私たちはただ見ていた。それからみんなが駆けこんできた。管理人、階下のクリーニング屋のご主人、大家さんの秘書、製本屋、全員がごきげんようと言いに駆けこんできて、私たちにゲシュタポがきた話をした。ゲシュタポのスタンプがまだドアに張ってあった[13]」

ガートルード・スタインは自分のアパルトマンが守られていたのを発見したのに対し、ナンシー・キュナードがもどったのは荒れ果てた廃墟のなかだった。キュナードは、ルイ・アラゴンの愛人だったころ、ブランシュ広場のカフェ《シラノ》のシュルレアリスト時代からパリを知っていた。その最大の功績は出版社アワーズ・プレスの創設で、エズラ・パウンド、リチャード・オールディントン、ロバート・グレイヴス、ハロルド・アクトン、サミュエル・ベケットらの独創的な作品、おもに詩を世に送り出した。

ナンシー・キュナードは一九四五年二月末にパリにはいり、市内のもっとも近づきやすい労働者階級代表である青いつなぎを着たポーターに抱きついて、その目をちょっと丸くさせた。続く数日間は市内をあちこちと歩きまわり、見物し、昔を思い出し、第一次世界大戦前に知り合ったダイアナ・クーパーやジャネット・フラナーなど、かつての友人たちと会った。だが、ノルマンディーのレアンヴィルにある家にもどったとき、キュナードは家が略奪され、汚されているのを発見した。略奪したのはドイツ人ではなく、ナンシーが友人だと思っていた近所の人たちだった。アワーズ・プレスは、アフリカのプリミティブ彫刻ともどもひどく破壊されていた。ナンシーは土地の人びとがキュナードの左翼的信条と愛人たち、とくに黒人のヘンリー・クラウダーを内心ではよく思っていなかったことをはっきりと思い知らされた。

サミュエル・ベケットはプロヴァンスの隠れ家からもどってきた。プロヴァンスでは、アップライト・ピアノで演奏されるヘンリー・クラウダー作曲の曲をよく聴いた。ナンシー・キュナードはベケットが「アステカの鷲」のように見え、「自分のまわりに砂漠のような不毛の感覚[14]」をもつと思った。ペギー・グッゲンハイムは戦前、短期間、ベケットと愛人関係にあったが、ベケットのことを、もっと散文的に、だが同じように正確に描写している。「三〇歳ぐらいの背の高い痩せこけたアイルランド人で、大きな緑の眼は決してこちらをまっすぐは見ない(15)」。ベケットはとても慎ましかったので、戦後になってからは、ベケットが戦功十字章とレジスタンス勲章を受章していたことを知る者はごくわずかだった。

家に帰るまでにもっと長い時間がかかった者もいた。ジュリアン・グリーンは、大西洋を渡る帰国便を〈エリクソン〉に予約していた。〈エリクソン〉は元軍隊輸送船で乗り心地の悪さはほとんどそのままだったが、ジョン・ダン〔一五七三―一六三一。イギリスの詩人・聖職者〕の詩がグリーンに乗り心地の悪さを忘れさせた。潜水艦の危険は去ったとしても、英仏海峡にはまだ機雷が浮いていた。もっとも衝撃的だったのは、パリに到着し、友人たちの消息を尋ねたときに受けた忠告だった。「だれだれのことについては聞かないほうがいいですよ(16)」

グリーンはアンドレ・ジッドに会いにいったが、ジッドもまた別の視点から見て、同じように元気をつけてはくれなかった。ジッドはグリーンに言った。パリにいたら寒さと飢えで死んでしまうだろう。そんな悲惨な状況から逃れるために、ジッド自身はエジプトに旅立つところだった。

もどってきた外国人たちは、わずかに異なる印象、外面的な荒廃ではなく、外側は手つかずのままなのに内面が崩壊したという印象を受けた。アイザイア・バーリンは友人に書いた。「パリは私には恐ろしく思えます――あまりに寒く、異常に清潔で空っぽ、私がこれまでに見た都市のどれよりも美しい――レニングラードよりもなお美しく、それがどれほどの意味をもつのかは言えませんが――けれども空っぽで、虚ろ、まるで優美な死骸のように死んでいます。このメタファーは稚拙だし、ありふれていますが、ほかにはなにも思いつきません(17)」。アメリカ人外交官の妻、スーザン・メアリー・パトンは

「それはカノヴァ〔一七五七―一八二二。イタリアの彫刻家〕のデスマスクを見ているようだった」と書いた。だが、パリの虚ろな優美さはすぐに、市を自分たちのお楽しみのためのもっとも文明化された舞台と見なす人びとによって満たされ始めた。

ウィンザー公爵夫妻は一九四五年九月二二日土曜の朝、定期船〈アルジェンティーナ〉丸でル・アーヴルに到着。最初の気がかりは、小さなケアンテリア犬ポーキーをこっそりと上陸させることだった。犬はアメリカ軍の某将軍の助けを借りて乗船させてきた。今度はフランス当局の目をすり抜けさせなければならない。「殿下は私にポーキーを密入国させるよう命じられた」とその夜、デーリー准将は日記に書いた。「私がもっともつかまる可能性の小さい人間だからだ。この話については、二度と聞きたくない」

公爵は待機していた新聞記者の大群に、自分たちのまわりの恐ろしい戦争被害について語り、公爵夫人は戦争犠牲者を助けるための援助団体に参加したいと言った。一三四個のスーツケースや箱が片づけられたあと、夫妻はイギリス大使館のダイムラーにデーリーと乗りこんだ。随行者――公爵夫人の秘書、メイドひとりと黒人の執事シドニー――は、うしろの車に乗せられた。そのあいだ、アメリカ軍護衛隊の運転手は五台のジープのエンジンを回転させながらいらいらと待っていた。イギリス大使館付武官は相変わらず、法律を破っていることで生きた心地がしなかった。「ポーキーが無事に車に乗って上陸し、最後のニュース映画や写真の撮影のために、記者が群がってきたとき、恐怖の瞬間が訪れた。チビの獣《けだもの》はスーツケース形の隠し箱のなかでおとなしくしていた――自分が密航者であることを知っていたにちがいない[18]」

夫妻がシュシェ大通り二四番地の貸家にもどった二日後、大使館のエイドリアン・ホールマン公使はウィンザー公――プリンス・オブ・ウェールズ〔皇太子〕時代の署名から、相変わらず「エドワード・P」

と呼ばれていた――と話をした。ホールマンは公爵に、一九四〇年に殿下がコートダジュールを出発して以来、状況は変化したと警告した。フランス政治ははっきりと左傾化し、公爵と公爵夫人は新たなる現状を認識しなければならない。また「よく見られている」のではないフランス人を避けるよう気をつけるべきだ――もっとも安全な道は、当面、イギリス人とアメリカ人の友人に張りついていることである――またヤミ市を利用してはならない。だが、戦争犠牲者のために働きたいという公爵夫人の発言がなんであれ、夫妻が自分たちの自己中心的な繭から出ないのは明らかだった。公爵夫人は指摘した。パリはいまや「自分が知るかぎりでもっとも高くつく不便[19]」を提供している。

夫妻に贅沢品を提供する用意のある人びとはいくらでもいた。アイルランド系移民の家系でヴァンドーム広場で定評のあるワイン商を営んでいたオケリー伯爵は、ワイン以上のものを提供できた。また来客もいくらでもいた。「邸宅はたくさんの花でとても美しく見えた」と、デーリーは公爵邸でのパーティのあと、日記に書いた。「パリの個人宅での最高の晩餐のひとつ[20]」。おとぎ話というほどではないにしても、現実離れのしたこの有名なカップルを近くから見ようと興味津々の人びともいた。ジャック・デュメーヌは記している。「五〇歳で、公爵は王族のピーターパンのままだった……しなびたジョッキー顔、金髪とお人好しの外観がそのしつこく残り続けている若さに貢献し、その退位の小説じみた感傷性の色合いをよりよく理解させる[21]」。ジャネット・フラナーは、公爵の顔のしわは、考えすぎたせいではなく、太陽を浴びすぎたせいだと考えた。

ダフ・クーパーにとって最大の問題は、公爵が「正しいことをしたい[22]」と強く願っていたことだった。元国王は相変わらず、できればアメリカに公的な地位を得ようとしていた。公爵はクーパーに、ドゴール将軍とビドーを訪問するのはどうかと尋ねた。ダフ・クーパーは、公爵がいまだに公的生活に憧れているのを悲しく思った。

しかし、公爵の次の懸念はフランスにおける共産党の脅威だった。自分とヒトラーとの会見のような出来事が、共産党のプロパガンダ助長に完璧な材料を提供することは、公爵の頭には浮かばなかったようである。だが共産党は明らかに、自分たちには公爵よりもよいターゲットがあると感じていた。共産党は絶えず絶滅収容所のことを指摘し、国際的な共産主義的秩序だけが、このような恐ろしい出来事の再発を防ぐと主張した。

第14章
大裁判

ナチス・ドイツが崩壊しかけていた一九四五年初め、フランスにはペタン元帥とピエール・ラヴァルとけりをつけないかぎり、戦後世界と対峙はできないことがわかっていた。だが、どちらの男もまだドイツにいた。

それまでのあいだ、レジスタンスを密告した裏切り者の裁判が、基本的な争点は明白だという偽りの安心感をあたえていた。一般人の多くが裁判手続きの報道を熱心に追いかけた。一九四四年一二月の最初の一一日間、全国民の頭をいっぱいにした裁判は、悪名高きボニー=ラフォン団、別名「フランス人ゲシュタポ」の裁判だった。

ラフォンは、服役中にドイツ軍に釈放された犯罪者数名のうちのひとりだった。ドイツ軍には犯罪者たちの才能に使い道があった。車、ガソリン、銃、偽の身分証明書と引き換えに、犯罪者側はゲシュタポとドイツ軍情報部に情報を提供し続け、その汚れ仕事の多くを引き受けた。ラフォンはゲシュタポの一員となり、一九四一年にドイツ国籍を取得。その右腕はボニーと呼ばれる元警察官で、戦前のスキャンダルの数件に加担していた。ラフォンとボニーは子分ともども、パリでもっとも憎まれた暴力団のひとつを結成した。ゲシュタポに守られて、数百名の人間を逮捕、告発し、脅迫、窃盗、密売、テロで財産を作った。ロリストン街の本部では犠牲者を拷問にかけ、ときには殺害した。

パリの怪しげな対独協力者社会で、ラフォンはある種の重要人物になった。ヌイイに屋敷を購入し、いいコネのある友人や愛人たちをもてなした。客のなかには、リュイゼが解放時に取って代わったパリ警視総監ビュシエールがいる。ラフォンはジャーナリストのジョルジュ・シュアレスと、のちにジグマリンゲンで「情報大臣」になる報道界の大物ジャン・リュシェールと親しく交際した。モーリス・シュヴァリエも友人だと噂されたが、シュヴァリエはすぐに声明を出し、ラフォンとは一度会っただけだと言った。ラフォンは、ラヴァルとオットー・アベッツの仲介役を務めたと自慢さえしている。

ラフォンは解放時に、子分のひとり、ジョアノヴィチ某に密告された。ジョアノヴィチはわが身を救うために、駆けこみでレジスタンスに参加し、シテ島の警視庁を守る警官に武器を提供までした。パリ警察内の新共産党分子と手を組んだジョアノヴィチは二年後、政府が共産分子の浸食に対して反撃に出たとき、共産党側破滅の原因となる。

「フランス人ゲシュタポ」の主要な構成員一二名は同時裁判にかけられた。起訴状は一六四頁にわたり、読みあげるのに三時間かかった。裁判のある時点で、ラフォンは拘留中に暴行を受けたと訴えたが、それを聞いた法定内からは警察に対して拍手喝采が巻き起こった。二名をのぞき、暴力団全員に死刑が宣告された。ラフォンと面談したマガーリッジは、アザミのように「地中海風のうしろがとがった小ぎれいで黄ばんだ頭」[1]がギロチンで切断されるところを想像した。実際には、ラフォンは一二月二六日、弁護人に見守られ、最後まで高慢なまま、銃殺隊に向きあった。

法廷に引き出された他の裏切り者について言えば、その動機はさまざまだったが、そこに大きな違いがあるわけではない。一九四三年六月、パリで〈彗星〉ネットワークを密告した熱狂的ナチス・シンパのジャック・ドゥスブリは、リールの法廷で国家社会主義に対する信念をとうとうと述べ立てて、処刑された。だが、裏切り者のほとんどは、なにか信念に基づく勇気をもっていたわけではなかった。ドイツがスカウトしたスパイで、「指欠け男」と呼ばれたプロスペル・ドゥジテルとその愛人のフロール・ダンは、ゲシュタポによる〈彗星〉ネットワーク殲滅に手を貸した罪で死刑を宣告された。処刑の前夜、ドゥジテルは恐怖のあまり、独房のなかでわめき声をあげていたと言われる。

スーザン・メアリー・パトンは書いた。「粛清裁判がその年一年間、私たちの関心を占めていた。そして正義が下されるときの一貫性の欠如は、フランス人のあいだにクリーズ・モラル、つまり良識の危機を引き起こすのに多大の貢献をした(2)」。当時、対独協力で告発された者たちを公正な裁判にかけるときに障害になったのは、大衆の気分だけではない。臨時政府が設立した「正義の法廷」は、痛ましくも皮肉な意味でヴィシーの「特別法廷」の新たな一形式だった。問題は、ひとつの形のフランスがもうひとつの形のフランスを反逆罪で法廷にかけることを、だれも予見していなかったことにある。したがって対独協力者に対して使われた基本的な法律は、「敵との諜報活動」に対応する刑法第七五条だった。

臨時政府の目から見れば、法廷がまったくないよりも、不完全な司法があるほうがまだましだった。ドゴール側近のひとりが言ったように、解放後に存在した状況のなかでは「正義を落ち着いて実行するのは不可能だった(3)」。対独協力者が裁判にかけられ、刑を宣告されなければ、民衆は単純に革命裁判とリンチとによって、法を自らの手に握っただろう。だが、司法相は、陪審員がレジスタンス活動家であったり、陪審員の親類がドイツの収容所にいたような陪審体制を決して許すべきではなかった。

ジャーナリストや作家の裁判は、証拠と同じように、タイミングも被告の運命に決定的役割を果たしえたことを示してきた。ヴィシー高官の裁判においては、時間的な論理の欠如がさらにいっそう目についたほどである。一九四五年三月、エステヴァ提督の裁判がおこなわれているとき、ベグネル牧師は書いた。「元帥の裁判が、元帥に服従したにすぎない者たちの裁判の前に開かれるべきであることが、ますますはっきりしてきた」[4]。この命令服従の問題が、新法の基本的な欠陥であることが明らかになった。一九四四年一一月二八日の法令第三条は、被告が命令に服従した――「個人の発意がいっさい含まれない厳格な実行」[5]――のであれば、罪を犯したことにはならないと認めていた。だが、別の条項は「自称『フランス国政府』」からの命令はなんであろうとすべて無効だと規定していた。

一九四五年の春は、藤やマロニエ、リラの花が早く咲き、美しく始まった。だが、このときパリにいた外国人はだれもが、街中で出会う、悲しげでなにかに取り憑かれたような、そしてしばしば苦々しい表情に強い印象を受けた。ドイツの収容所から最初に帰国した抑留者や捕虜の姿は深い衝撃感を作り出した。これはそのあと、映画館で上映されたベルゼンやダッハウの死の収容所解放のニュース映画でさらに深められた。司法相ピエール゠アンリ・テトジェンは、群衆がディナンとキュセの刑務所二か所を襲い、かなりの数の対独協力者をリンチにかけたと記録している。

衝撃感は、パリで抑留者の姿が見られるたびに新たにされた。抑留者は一目で見分けられた。リリアーヌ・ド・ロートシルトは抑留者が痛ましく背を丸め、痩せていたようすを回想している。歯は虫歯で黒ずみ、肌は黄ばんで冷たく、いつも汗をかいていた。地下鉄では、どんなに高齢の婦人でも、「骸骨の一体が車輌にはいってくると、静かに立ちあがり、席を譲った」[6]。解放後の気分はゆっくりと少しずつ変化していったものの、その変化は衝撃的だった。一九四四年九月、フランス世論研究所の調査では、ペタンは処罰されるべきと回答したのは三二パーセントだけだった[7]。死刑を望むのはわずか三パーセントにすぎない。一一か月後にペタン裁判が開始されるころには、処罰を要求する割合は、倍以上の七六パーセント、老元帥に死刑を望むのは三パーセントから三七パーセントに跳ねあがった。

共産党はこの怒りを利用でき、しかも他の政党がそれを支持せざるをえないのを知っていて、元帥の死刑を要求するための強力かつ継続的なキャンペーンを開始した。ルイ・アラゴンのようなスター演説者が出席する会合は、うわべはレジスタンスを記念するために召集されたが、真の目的は明白だった。

ペタン元帥の裁判手続きは一九四五年四月、ドイツにいる元帥不在のまま開始された。ジグマリンゲンのペタンはこのことをラジオで聞き、外相リッベントロップに書面を送り、告発者と対決するためにフランス帰国を許可してほしいと書いた。回答はなかった。

四月二〇日、ド・ラトル・ド・タシニー将軍の第一軍が黒い森に到達。翌朝の夜明け前、前進する軍を逃れて、ペタンはジグマリンゲンの城からワンゲン、さらに別の城に移送された。ドイツ人の護衛隊は、唯一の分別ある道は、ブレゲンツ〔現オーストリア領〕で元帥にスイス国境を越えさせることだと気づいた。

国境に到着したペタンは歓びと安堵を覚えた。スイス当局は入国を許可し、そのあとペタンが高等裁判所の裁判権にわが身をゆだねられるよう、フランスに向けてスイス国内を通過することを許可した。四月二六日、スイス儀仗兵一名の敬礼を受けたあと、ペタンはリムジンに乗車し、ヴェリエール＝スー・ジューニュでフランス国境を越えた。ケーニグ将軍と地元の共和国委員を含む受け容れ委員会が国境のフランス側で待機していた。ペタンは手を差し出したが、ケーニグはじっと敬礼をしたまま四五秒間動かず、元帥がさらに二度、試みたにもかかわらず握手を拒否した。

元帥はこういった身振りの意味するところにも無感覚で、のんきに話し続け、ケーニグの戦功を祝った。ケーニグは、とくにレジスタンス系新聞で、元帥に少なくとも敬礼はしたことを激しく非難されて以来、「ペタンを迎えにいかされたことで、ドゴールに対しかんかんに腹を立てていた[8]」。

新しい囚人をパリに運びもどしたプルマン式車輌〔寝台付特別列車〕が、ドイツに家畜用貨車で送られた抑留者を帰国させるためのはるかに質素な車輌に優先して通された事実をめぐっても、かなりの辛辣な発言があった。だが、元帥がどんな乗り心地を楽しんだとしても、それはいく先ざきで共産党が組織したデモによって台無しにされた。ポンタルリエでは、二〇〇〇名の群衆が車輌に向かって小石を投げつけ、怒鳴った。「老いぼれの裏切り者を銃殺しろ！　ペタンを銃殺隊に！」

到着後、ペタンはパリのはずれにあるモンルージュ要塞に連行された。ひと続きの独房が急ぎ元帥夫妻のために用意された。中心となる独房には三色のリボンで囲まれたドゴールの肖像が掲げられ、ちょっとした屈辱の色合いを加えていた。

パリ法曹界のトップ、弁護士会会長のジャック・シャルパンティエは、裁判のための弁護団選出を要請され、この件を話し合うために元帥を訪れた。ありふれたことについてはペタンの頭ははっきりして見えたが、自分の弁護の問題になると、現実を把握していないのは明らかだった。

「なぜきみが私の件を弁護しないのかね？」(9)とペタンは突然言った。

「私があなたの政府に対し、反対の立場をとったからです」とシャルパンティエは答えた。

ペタンは驚いた。分別ある男にそんなことができたなどとは信じられなかったのだ。シャルパンティエはペタンの自己満足の鎧に唖然とした。それは、世界をたやすく遮断する老人特有の能力によって、いっそう強固になっていた

ペタンの帰国は、一九四〇年に国民の大半がペタンを救世主と見なしたことを不愉快に思い出させるきっかけとなり、パリに強度の不安感を生み出した。いまやその存在は、国家統一の直接の脅威と見なされた。中道右派と右派は、共産党がペタン裁判をすべての色合いの保守主義者をたたくための棒として使うことを恐れ、一方、『義勇兵』紙のような革新派レジスタンス新聞は、ペタン帰国をフランスに対するドイツの秘密兵器と見なした。圧倒的多数が、これから始まる内輪の恥の晒しあいを恐れた。いくらかでも期待を見せたのは、「民衆の正義」を渇望する者だけだった。

共産党系新聞のキャンペーンで、悪口雑言の奔流が細くなることは決してなかったが、当時の気分をもっともよく示す事件は、一九四五年六月第三週、共産党が圧倒的多数を占めるフランス婦人連合の会議で起きた。ペタン死刑を要求する決議が提案され、熱狂的な喝采を浴びた。しかし、投票のときになって、キリスト教民主主義系MRP（人民共和派）の女性数名が反対票を投じた。* クレムリンに報告した。「会議は怒りで爆発した」(10) とソ連婦人代表団の団長ポポヴァ同志は、数週間後、クレムリンに報告した。「会議は要求しました。動議に反対する婦人たちは壇上にあがり、そのような投票をした理由を説明すべきだ――それが個人の意見なのか、それともMRP代表団の意見なのか。反対票を投じた女性のひとりが演壇まで引きずられてきました。女性は言いました。『ペタン元帥は老人です。老人を殺すことにどんな利点があるのでしょうか？　有罪なのは元帥ひとりではないし、私はカトリック教徒ですから、元帥を殺すことには反対です』。会議は大荒れになり、だれかが『ラ・マルセイエーズ』を歌い始めたときようやく、騒ぎは収まりました」**

七月二三日、うだるような暑さのなか、ペタン元帥の裁判がパリ裁判所で開始された。数百名の警官が裁判所の内外を警備していた。法廷には六〇〇名分の席しかなく、傍聴希望者にはまったく足りなかったので、近くのカフェが満員になった。陪審団はレジスタンス活動家一二名と、一九四〇年にペタンへの全権委譲に反対票を投じた国民議会議員一二名で構成されていた。

九〇歳の囚人は護衛につきそわれ、自分がいまだにフランス元帥であることを強調するために軍服姿で入廷した。勲章はただひとつ、戦功勲章だけをつけていた。ガルティエ=ボワシエールによれば、大理石色の顔は「グレヴァン美術館にある元帥の蠟人形を思わせた」。裁判長による冒頭の注意のあと、ペタンははっきりとした力強い声で三頁にわたる陳述を読みあげた。

ペタンはまず、自分は、自分を裁くために召喚された法廷が代表しているのではないフランス国民に対して語りかけると言った。ひとたび陳述を読みあげたあとは、裁判の残りのあいだ口をつぐんでいるつもりである。ペタンは、自分のおこなったことはすべてフランス最良の利益に合致していたと主張した。法廷が自分を有罪とするならば、法廷は無実の男を刑に処すのであり、神と未来の審判の前で答えることになるだろう。審問のあと、ペタンは看守に言った。「いい演説だった[11]」

ペタンの言葉が陪審員の心を変えることはほとんどなかった。陪審団にとって、ペタンの有罪は明らかだった。弁護側が陪審員の選択に拒否権を行使したとき、不適格と見なされた大勢の共産党員のひとりは怒鳴った。自分を排除しても「ペタンが銃殺隊から弾一二発を受けるのを阻止はできない」。他の陪審員数名は、死刑避けがたしと発言したのを聞かれている。

司法大臣ピエール＝アンリ・テトジェンには、ペタン裁判の扱い方について明確な考えがあった。フランスの敗北とペタンの国家元首抜擢、休戦はすべて避け、訴追は一九四二年一一月の連合軍北アフリカ上陸後のペタンの行動に集中する。一九四二年一一月、ペタンが連合軍に向かって発砲せよと命令を下し、ドイツ軍の非占領地帯侵攻に反対しなかった瞬間からあとは、フランス最良の利益のために行動したというペタンの主張は崩壊しうる。テトジェンは六月二七日の段階で、この計画の要点をアメリカ

＊ＭＲＰは「Mouvement Républicain Populaire 人民共和運動」を意味する。『ル・カナール・アンシェネ』誌は「Machine à Ramasser les Pétanistes ペタン主義者収集機械」を意味すると言った。
＊＊一〇名から成るポポヴァ代表団は、典型的なソ連女性の代表を集めたと考えられ、彫刻家、作家、医学者、俳優、教員、レーニン図書館館長、ソビエト連邦英雄、労働者で構成されていた。

大使ジェファーソン・カフェリーに説明していた。しかし、事実から判断すると、テトジェン案はドゴールによって却下されたようだ。ドゴールは、ペタン裁判が証明すべきなのはヴィシーが非合法の政権であり、その中心的な犯罪はフランスの名誉を穢したことであると決めていた。自分の心情に深く関わる問題について、ドゴールが大きな失敗を犯したのはこれが初めてではない。*

主任検事はアンドレ・モルネ検事長。二八年前、この同じ建物の軍事法廷でマタ・ハリに下された死刑判決を担当した男だった。マタ・ハリの裁判は、乱暴でもあり、また無能でもあった司法の失策だった。ペタン裁判の遂行はマタ・ハリ裁判ほど乱暴ではなかったものの、無能の点ではそれに勝ってさえいた。おそらく裁判にドゴールの介入があったことを考えれば、すべてがモルネの失敗ではないが、しかし検察側はすぐに一九四〇年の出来事の泥沼にはまりこみ、抜け出せなくなった。

シャルパンティエは辛辣に書いている。「検察側は停戦を裁判にかけた。検察は、元帥は共和国を打倒するために、自ら戦争に負けたと考えているように見える……ヴィシーの真の犯罪、国家元首の並ぶものなき特権に覆い隠され、あまりにも多くのフランス人を裏切りへと導いたぞっとするような曖昧さには、決して正面から取り組もうとしない(12)」

裁判はほとんどが無関係な長い論告で構成され、それを要点にもどす努力を、裁判長モンジボー――大方の裁判官と同様にペタンに忠誠を誓っていた――はほとんどしなかった。最初に召喚された政治家たちはペタンを非難するよりも、自分の評判を守ることのほうに関心があった。社会党指導者レオン・ブルムの道徳的権威はドイツで投獄されていたことによって増大していたが、そのブルムだけが強い印象をあたえた。ブルムは言った。ペタンはフランス国民に対し、屈辱的な休戦は「不名誉な行為ではなく、だが、国益に合致する行為である」と告げた。そして元帥は名誉と栄光の名のもとに話し、国民は話した人物が人物だけに、その言葉を信じた。「元帥の恐ろしい道徳意識の乱用、そう、私はそれを反

逆と考える」(13)

政治家のあとに外交官と将軍連中が続いたが、証人席にすわった者でなにか特別に言うべきことがある者はほとんどいなかった。いくつかの場合、弁護側――とくに弁護団最年少だが、もっとも優秀なジャック・イゾルニ弁護士――は、検察側の証人が被告席の老人と同じぐらいに――反逆者としてでなければ、愚か者として――危うい立場にいることをうまく示した。

証人に次ぐ証人がだらだらしゃべっているあいだ、ペタンは黙って腰をおろし、傍聴席はいらだちでざわめいていた。傍聴人が見たかったのは政治家や官僚ではなく、ヴィシーの犠牲者――とくに「抑留者《デポルテ》」――だった。しかし、出廷した一人目の抑留者は、典型的というのとはほど遠く見えた。マウトハウゼンで服役後、骸骨のように痩せ、松葉杖をついたジョルジュ・ルストノ゠ラコはペタン元帥の元副官であり、元帥に忠実なままだった。マリ゠マドレーヌ・フルカドと情報網〈ノアの箱船〉を創設、レジスタンスのなかでは珍しく、激しい反共主義者だった。ルストノ゠ラコは法廷をにらみつけ、裁判とその証人を非難した。「私はペタン元帥になんの借りもない。だが、だからと言って、この部屋のなかで、自分の過ちすべてを、ほとんど一〇〇歳になろうという老人に負わせようとする者たちの光景を見て、吐き気を催さないわけではない」

フランス・プロテスタント連盟会長ベグネル牧師が召喚されたとき初めて、もっとも重要な事実がひとつ浮かびあがってきた。ペタンにはヴィシーが犯した非道と不公正が知らされていたのである。ベグネルは最初から人種法と強制移送に反対し、ずっと反対を続けていた。一九三〇年代にフランスに避難

＊テトジェンは回想録で、アメリカ大使との会見には触れず、ドゴールはペタン裁判の扱い方になんの影響もあたえていないと強く申し立てている。しかし、説得力には欠ける。

場所を求めてきたドイツ系ユダヤ人を、フランスがドイツに強制移送している事実に元帥の注意を引き、一九四二年八月二二日には元帥宛ての書簡で、リヨン近郊ヴェニシュー駅からのユダヤ人児童移送を知らせた。ベグネルはペタンがつねに嫌悪と怒りを表明したが、犯罪を止めるためには指一本動かさなかったと証言した。

すべての証人が検察側だったわけではない。多数の将軍が召喚され、そのほとんどは自分たちの老指導者に忠実だった。イゾルニ弁護士はローズヴェルトのヴィシー大使レーヒー提督の書面を読みあげて、アメリカ大使館を当惑させた。レーヒーは、自分の意見では、ペタンはつねにフランス最良の利益を心にかけていたと書いていた。だが、外国人傍聴者は裁判全体の遂行に感銘を受けなかった。陪審も含めてほとんどだれもが意見を言ったり、侮辱的発言をする権利をもつように見え、裁判長からなんの注意も受けなかった。純粋に伝聞の証言が証拠として採用された。カフェリーはワシントンの国務長官への通信連絡で、裁判を追っているアメリカ人で法律の訓練を受けている者は、これまで提出された証拠の大部分がアメリカの法廷では却下されるだろうという意見だと報告した。

記憶に残る瞬間は裁判第二週の八月三日金曜、ピエール・ラヴァルの登場だった。観衆は、ペタンとラヴァルがふたたび並ぶところを見たくてうずうずしていた。ふたりの男はたがいに相手を「見下げ果てたやつ」と呼んだ。しかし、ラヴァルの入廷は強い印象をあたえなかった。ラヴァルは柄にもなく落ち着かないようすで、茶色のアタッシュケースを胸に抱きしめて入廷し、どこにすわるべきか迷っているように見えた。相変わらず灰色のフェルトのホンブルグ帽をかぶり、もうひとつのトレードマーク、やくざ風の白ネクタイを締めていた。しかし、人びとにもっとも衝撃をあたえたのはその肉体的な変化だった。『ニューヨーカー』誌の取材で法廷にいたジャネット・フラナーは書いた。「顔の脂肪はなくなっていた。脂ぎったムーア人のような黒髪はいまはばさばさの灰色で、口ひげはタバコ汁の色だった。

ヤニのついた乱杭歯《らんぐい》は、厚い唇のために黒い洞窟のような背景を形作っていた……灰色と白の縞のしわくちゃのスーツは、その身体にはあまりにも大きすぎたので借り物に見えた(14)」

最初は脅え、神経質に見えたものの、ラヴァルは自分の声を聞いていつもの自己過信を取りもどした。みごとに語りはしたが、発言はすべて聴衆とジャーナリストに向けられていた。そのメッセージの要点は、自分がヴィシーという硬貨の黒い側として投げあげられたことに対する憤りだった。ノルマンディー上陸五日後のペタンの声明を法廷に思い出させた。「ラヴァル氏と私は手に手をとって歩む。氏と私のあいだには、考え方と行動のどちらについても完璧な同意がある」。しかし、ラヴァルが真正面から答えた質問はひとつもない。

ラヴァルの存在はペタンをその長い沈黙から呼び覚ました。老人は、一九四二年六月二二日に、ラヴァルがラジオで「私はドイツの勝利を期待する。なぜならばそれなしでは、共産主義がヨーロッパ全体に蔓延するだろうから」と告げるのを聞いたときの衝撃を語った。ラヴァルは、自分は演説の草稿を元帥に見せたと反論した。この段階で、どちらを信じるべきか、だれにもわからなかった。

人びとが期待していたように圧倒的多数ではなかったものの、陪審団はペタンに死刑を宣告した。検察側の無能とイゾルニの手腕が、以前にはなんの疑いももっていなかった人びとのあいだに、多くの疑いの種を撒き散らした。陪審はまた、判決が無期懲役に変えられるようにという要請も付け加えた。イゾルニ弁護士は、この要請はドゴールが老人の命を助けることで得点をあげるのを防ぐためだったと主張している。元帥は一九五一年に逝去するまでユー島の監獄にとどまった。

裁判はペタン元帥の謎にはいりこむのに失敗した。元帥は自分が「二枚舌」を使ってヒトラーを出し抜いたと本当に信じていたのか？　北アフリカでアメリカ軍上陸に対する反撃命令を出したときでさえ、あるいはディエップに対するイギリス＝カナダ軍の空爆のあと、ヒトラーに手紙を書き、フランス国土を掃き清めたことで祝辞を送ったときも、本人が言うように、連合国の大義につくしていたのか？元帥はこのすべてを信じていたのか、あるいは自分が信じる必要のあることを、うまく自分に信じこませたのか？

ペタン元帥は一九四四年八月六日――連合軍がノルマンディーに上陸した日の正確に二か月後――にラヴァルに宛てた書簡で、強姦、殺人、窃盗を含むミリスの犯罪について「何か月にもわたって(15)」聞いてきた報告に対する嫌悪感を記していた。ミリスが「ゲシュタポに同国人を手渡し、ゲシュタポと緊密に仕事をしている」ことによって「生み出される嘆かわしい結果」に対する自分の不安を表明し続けた。

ミリスの首領ジョゼフ・ダルナンは、ペタンの非難に印象的な回答をしている。「四年のあいだ、私は閣下からおほめと祝いの言葉をいただき、閣下は私を励まされました。そして今日、アメリカ軍がパリの門にいるからと言って、閣下は私がフランス史上の汚点となると言い出されました。人は自分の心をもう少し早く決めておくべきでした(16)」。ダルナンは自分自身の裁判でも同じように率直だった。「私は、あなたがたに対して自分が二枚舌を使っていたと言う者のひとりではありません。私について申しあげれば、私は先頭に立ち、とことんやってきたのです(17)」

自分の政権がとった行動の責任を逃れるためのペタンの主要な方法は、自分自身の肖像をドイツ軍の捕虜として描き出すことだった。「毎日、喉元に匕首を突きつけられ、私は敵の要求に対して闘った(18)」と裁判で主張した。だが、もし本人が言うように、ドイツの捕虜だったのであれば、一九四四年五月末ナンシーにおける演説で、相変わらずフランス国民に対し、自分に従い続けるよう呼びかけたのはなぜなのか？「私を信じなさい。私にはかなりの経験の積み重ねがあり、私は正しい方向を指さしてきた(19)」。自分の政権を否認はしなかった。ペタンはその政権について、のちに自分にはなんの統制権もなかったと主張する。自らの名でヴィシーがおこなったことに対するわずかの後悔もなかった。

五月二日、ペタンがスイス入りした直後、ピエール・ラヴァルはユンカース八八型三発機で、崩壊最終段階にあって百鬼夜行するドイツの混乱からなんとか逃げおおせた。逮捕を避けるためにフランスを飛び越え、バルセロナに着陸。どんな形にせよ連合国を挑発したくはなかったフランコ将軍の政府は、ヴィシーの元首相に政治亡命を認めるのは拒否したが、同時に直接フランスに引き渡すことも望まなかった。

マドリードのアメリカ大使を仲介役に、三か月に渡る紆余曲折を経た交渉のあと、ラヴァルは同じユンカース八八型機で——今回はナチスの標章を塗りつぶして——オーストリアのアメリカ占領地域に運ばれた。リンツに到着した時点で、アメリカ軍に身柄を拘束され、ペタン裁判開廷の八日後、七月三一日にフランスの軍政当局に引き渡された。翌日、空路パリに運ばれ、フレーヌ刑務所に移送される。

ペタン裁判の初めから終わりまで、弁護団はヴィシーの犯罪の責任は元帥にではなくラヴァルにあると強調した。証人としてのラヴァルの登場は、ラヴァルがペタンに大げさに敬意を払い、元帥の賛同なくしていかなる大きな決定もとったことはないと強く主張したにもかかわらず、この印象を和らげるのにはほとんど役立たなかった。

ラヴァルがフレーヌに到着したとき、ブノワ＝メシャンは自分の独房からその姿をちらりと見かけた。ブノワ＝メシャンもまた、小柄で頑強なオーヴェルニュ人が、最後に会ったとき以来、大幅に体重を減らしたことに強い衝撃を受けた。ラヴァルは癌を病んでいたにもかかわらず、一日に五箱のタバコを吸い続け、上の階の独房の「ガキたち」から、吸い殻をくれと頼まれたのをおもしろがった。吸い殻は一本一本、紐に結わえられて引きあげられた。

ひと握りほどの献身的支持者、とくに妻と娘のジョゼは、ラヴァルの発する言葉ひとことひとことすべてを信じ続けた。婿のルネ・ド・シャンブラン伯爵は、ラヴァルの汚名を注ぐことを自らのライフワークとした。岳父のどこをもっとも称讃しているのかと尋ねられたとき、シャンブランは答えた。「義父は偽りのこと、たわいのない嘘さえも口にできなかった[20]」

ラヴァルはほとんど眠らず、絶えずタバコを吸っていた――そのいらだちは、自分があれほど気をつけて救い出し、ドイツで注釈をつけた書類の参照を拒否されたという事実によって増大していた。自分の弁護を記憶と二、三通の「官報」から組み立てなければならない。

ラヴァルはまた、だれだろうと証人となりうる人物と連絡をとることも拒否された。そして二五回の独立した「尋問」から構成されるべきだった予審は、五回目のあと突然終了した。これは臨時政府が、報道を一色に染めていたラヴァル裁判を、一〇月二一日予定の新憲法制定に関する国民投票前に片づけてしまいたかったからだ。

裁判は一〇月五日金曜に始まり、宗教裁判とパリの恐怖政治時代の裁判をかけ合わせたようなものだった。法廷はふたたびはちきれそうなほど満員で、すべての目がラヴァルに注がれた。ラヴァルは、「閣議議長〔首相〕ピエール・ラヴァル」と書かれたアタッシュケースを握りしめて入廷。弁護団なしで、ひとりきりで登場した。ラヴァル裁判の予審が突然、短縮されたことに抗議して欠席するという弁護団の声明を裁判長モンジボーが読みあげた。

「審問手続きは急がされたわけではない」と主席検事モルネが応じた。「それは五年前、ピエール・ラヴァルがペタンとともに権力を掌握した日に開始された[21]」。この瞬間、ラヴァルの両の拳が机を激しく打った。ラヴァルは顔を憤怒で歪めて叫んだ。「きみたち全員は政府の命令下にあった。きみ、主席判事さえもだ！　この場で私に罪を宣告したまえ。そのほうがはっきりするだろう」

状況は悪化の一途をたどり、裁判を指揮するはずの人びとは完全に傍観者の立場に立っていた。ラヴァルは質問に決して真正面からは答えなかった。その弁護の基本線は、自分はドイツを騙してフランスを守るために、二枚舌を使っていたというものだった。あの悪名高き声明「私はドイツの勝利を望む」は、ドイツ人に偽りの安心感をあたえるためだったと主張した。この線を追っていけば、ほとんどすべてが許される。ヒトラーの新欧州秩序を支持したこと、フランス義勇軍にドイツ軍の軍服を着せてロシア前線に送りこんだこと。ユダヤ人を強制収容所に、フランス人男性を強制労働のためドイツに送り出したことさえも、より多くの人びとを同じ運命から救い出すための戦略のひとつと説明できた。ラヴァルはまた、自分の裁判がこれほど急がれている理由は、自分が真実を知っており、高い地位にいる者たちが、自分がそれを暴露することを恐れているからだという印象をあたえるのに成功した。

しかし陪審団は恥も外聞もなく、ラヴァルの血を求めていた。ラヴァルの主張に反論し、侮辱の言葉を浴びせかけ、「背中から一二発の銃弾を浴びせてやる」――「粛清」のあいだよく使用された言葉――で脅した。時おり、裁判は陪審団と被告のあいだでの激しい罵り合いにまで堕落した。罵ったのはレジスタンスから選ばれた者たちではなく、国民議会議員たちだった。

弁護士会会長のシャルパンティエは、ラヴァルを恥ずべき闘牛場のなかのすばらしい雄牛にたとえた。「闘牛場に飛びこんでいくアンダルシアの小僧っ子どものように、陪審員は被告を侮辱し、審理の進行に介入した」[22]。「ラヴァル裁判は、名づけようもない恥辱である」[23]とベグネル牧師は日記に書いた。シャルパンティエはさらに先までいっている。裁判全体が逆効果になった。「こうして、だれからも憎まれている男、きちんとした審理を経れば、その有罪判決がささやき声さえも引き起こすはずのない男を犠牲者に変えるのに成功した」

この法廷以上の上訴はなく、その決定が最終決定となる。ラヴァルは自分自身を救う可能性が皆無なのに気づき、三日目には出廷を拒否。その日以降、独房にとどまっていた。司法大臣テトジェンはラヴァルの弁護団を送り、自分の扱われ方について雄弁に、そして悲痛に訴えかけた。テトジェンはラヴァルの弁護団に、依頼人を説得して法廷にもどすよう忠告した。さもなければ有罪宣告は確実だ。

ラヴァルはテトジェンの忠告に耳を貸さなかった。自分自身の裁判に欠席すれば、裁判継続に乗りこえがたい障害となると考え、弁護団――以前からラヴァルの魅力の虜になっていた――を説得して、自分の意見に同意させた。独房のなかで、タバコの煙と同じように厚い自己欺瞞の雲に包まれ、ラヴァルは新たな裁判のための新たな弁護を熱心に準備した。一〇月九日、法廷が死刑を宣告したことを聞いて、ラヴァルは腰を抜かした。

四日後、ベグネル牧師はラヴァルの死刑減刑を求めてサン＝ドミニク街に出かけた。ラヴァルの裁判はあまりにもひどい司法の茶番劇だったからである。牧師はドゴールに言った。「このような成り行きのあとでラヴァルが処刑されたら、それは本当の処刑になるでしょうか？」[24]牧師はドゴールの反応を注意深く観察した。ドゴールは顔の筋ひとつ動かさなかった。ラヴァルの弁護団も似たような経験をした。依頼人はすでに死んだも同然だった。フランソワ・モーリヤックもテトジェン宛に再審を求める書簡を送ったが、回答はなかった。

ほとんどの処刑はモンルージュ要塞でおこなわれたが、ラヴァルはフレーヌで銃殺に処された。主席検事、裁判長、警視総監のシャルル・リュイゼを含む公式の立会人たちは、八時半直後に刑務所に到着、一階の死刑囚独房に向かった。ラヴァルは自分の迫害者たちを最後の瞬間に笑い者にして、衣類のなかに隠しもっていたと思われる青酸カリを呑みこみ、ほとんどすぐに痙攣を始めた。公式の一団はどうすべきかわからずにパニックに陥った。刑務所の上級医官が胃洗浄のために呼ばれた。のちにセリーヌは（もうひとりの人格、デトゥーシュ医師として）青酸カリは湿気のため、ほぼ確実にだめになっていたのだろうと指摘した。ほかにもラヴァルが小瓶を振るのを忘れたと考える人もいる。

処刑ができるところまで回復させるのに二時間以上かかった。ラヴァルは靴なしで、半ば抱えられるようにして屋外に出され、椅子に縛りつけられた。銃殺隊が狙いを定めたとき、どうやら立ちあがろうとしたらしい。ブノワ゠メシャンは、兵隊たちが、待機中、神経を安定させておくためにあたえられたラム酒で酔っていたと主張した。耳障りな一斉射撃が監獄の内側に響いたとき、収監者たちは激しい怒りを表明し、扉を蹴って叫んだ。「盗賊！　げす野郎！　人殺し！」

政府はラヴァル最期のもっとも身の毛もよだつような部分を大衆からは隠しておこうとしたが、ニュースはすぐに広まった。それがどのような形であたえられたにせよ、ラヴァルはその運命に値すると感じた者と、法廷とその後における恥ずべきエピソードで気分を害した者とに、フランスは二分された。この問題は家族のあいだでさえ、議論を巻き起こした。リリアーヌ・ド・ロートシルト（その夫エリはドイツの捕虜収容所からもどったばかりだった）は言った。「私がただ一度、夫を殴ったのは、夫がラヴァルはひどい扱いを受けたと言ったときだった[25]」

一九四五年一一月初め、ドゥルオ館で、不当利益者や対独協力者から押収した宝石や毛皮が競売にかけられた。落札価格は、このような困窮のときに期待していたよりもずっと高かった。イエローダイヤモンドの指輪は四〇〇万フラン（当時の八万ドル）に達した。奇妙な形の正義がおこなわれるのを見物にきた貧しい人びとと、リュシアン・ルロンの店の新しいドレスを着た「ヤミ市の女王[26]」たちとが、観衆のなかで、めったに見られないように混ざり合った。

この催しは当時の気分について多くを語る。利益を得たうえで自分たちの行動の結果から逃げおおせた者をのぞいて、だれも満足していなかった。「粛清」はあまりにも乱暴で、あまりにも脆弱だった。最大の犯罪者、とくにユダヤ人の強制移送に責任のある者たちの一部を追跡するのに失敗したことは、歴史を書きなおし、過去に蓋をしようとする試みと混ざり合って、来るべき歳月により大きな混乱を生み出した。四半世紀以上経ったあと、新しい世代がヴィシー時代の恥ずべき秘密を詳しく調べ始める。

第15章 新しさへの渇望

占領のあと、思想界は意見を表明したいという欲求を抑えきれなかった。ガルティエ＝ボワシエールは、対独協力の新聞雑誌に寄稿を拒否していたフランス人作家による散文が、一瞬にしてわっと湧き出したようすに目を丸くした。驚くべき数の新聞と文芸誌が創刊され、思考の飢えに糧をあたえた。最大の問題は紙不足だった。『ル・モンド』紙はタブロイド版にまで縮小しなければならず、『ドゥミ・モンド』〔「半分の世界（モンド）」、「高級娼婦」のこと〕と呼ばれるようになった。紙の供給が許すかぎりにおいて、『レ・レートル・フランセーズ』誌は一九四四年末までに一〇万部以上を売りあげた。

しかし、この印刷物の洪水に対するもっとも大きな不満は、政治的アプローチが類似していたことである。エマニュエル・ムニエ〔一九〇五―五〇。哲学者。キリスト教人格主義を唱える〕発行の『エスプリ』誌でさえ、カトリックと共産主義のあいだの裂け目に橋を架けようとする、キリスト教的社会主義のひとつの形を喧伝した。レジスタンスの理想を共有した多くの人びとと同様に、ムニエはいまや革命は組織体の生命更新であると信じ、この考え方に導かれて、ソ連占領下のヨーロッパの荒々しい変化を、現状では当然のこととして受け容れさえした。

解放は若者たちを有頂天にした。シモーヌ・ド・ボーヴォワールは書いた。「一九四四年九月に二〇歳、あるいは二五歳であることは、幸運の女神からの最大の一撃だったようだ。すべての道が開かれていた。ジャーナリスト、作家、芽を出しかけた映画監督たちが、まるで未来は自分たちだけにかかっているかのように、議論し、計画し、情熱をこめて決定をした……私は老人だった。私は三六歳だった[1]」「ああ、すばらしい！」エマニュエル・ル・ロワ・ラデュリは戦後始めて見たサン＝ミシェル大通りについて書いている。「老人の国に見えていた国のなかで、私は若者たちの並はずれた人口集中ぶりに衝撃を受けた。一平方キロあたりの若者の人口密度がフランスでいちばん高かった[2]」

パリの若者が、占領中、おとなしくしていたわけではない。ペタン主義のスローガン「労働、国家、家族」に対して、若者は「レジスタンス、ヤミ市、びっくりパーティ[3]」の形で応じた。多くの若者が伝言係とかチラシや地下新聞の配達人として活動し、一方でヤミ市の周辺で取引をする者もいた。この種の活動は禁止されていたので、それ自体が反抗の神秘をまとうようになった。そして「びっくりパーティ」は政権に対する反抗を意味していた。若者たちは、政権をドイツ製の長靴を履いたボーイスカウト活動と見なしていたのである。

若者の一部は「ザズー」だった――これは臆面もなくアンチヒーロー的でアナーキー、ヴィシー、ドイツ軍、あらゆる場所での軍事的価値に対する軽蔑を表すムーヴメントである。脂を塗った長髪のために、「ザズー」はときには最初のビートニクと言われるが、男子の高い襟のついた長いジャケット、女子のとても短いスカートは、「ザズー」を一九五〇年代の「テディボーイ」のほうにより似せて見せる。一方、男子のあいだにあった反男らしさのエートスは六〇年代のヒッピーと共通するところがより大きい。徴兵を逃れるために、ザズーはアスピリン三錠をつぶしてタバコに押しこみ、それを軍の健康診断の一時間前に吸った。だが、ザズーはまた、公共の場に姿を現すたびに危険を冒してもいた。フランス人民党系のファシスト青年の一団はザズーを見つけたら、殴りかかったし、相手が女子の場合は情け容赦なく痛めつけた。

ほとんどのザズーは豊かな中産階級の子女だった。両親が一時留守にしているアパルトマンで、食べ物と飲み物持参の友人や押しかけのお客と「びっくりパーティ」――アメリカの用語が大流行していたので「ポット＝ラック」〔ありあわせの食事〕とも呼ばれた――を開いた。この種のパーティは基本的に、ヴィシーによるジャズとダンス禁止に対する反動だったので、だれかがデューク・エリントンやグレン・ミラーのレコードをもっていれば、その噂が広まった。夜間外出禁止令のため、パーティはひと晩中続くことが多かった。解放後、本物の「ザズー」ファッションは先細りになって消滅したが、「ザズー」という言葉は、右派と左派両方の厳格主義者が使う罵倒語として残った。

若者たち、つまり一五歳から二一歳までを指す配給の分類用語にちなんで、しばしば「Ｊ３」と呼ばれた者たちにとって、解放はすべてを変えた。もはや夜間外出禁止令はなく、だから、たとえそれがサン＝ジェルマン＝デ＝プレのジャズクラブの外で凍えることを意味するとしても、夜の街の自由を味わった。ひと晩中起きていることには、禁断のスリルが残っていた。食糧不足が絶えざる目まい、ときには頭のくらくらするような感覚を作り出した。一一時の地下鉄終電を無視し――多くは帰りの電車賃さえもっていなかった――だから玄関口で眠り、夜明けに歩いて帰宅した。もっとも幸運な者たちはローラースケートをもち、それでパリの半分を越えていった。

サントゥアンの蚤の市では、ニューヨークのユダヤ人コミュニティが仲間のユダヤ人を助けるために送ってきた衣類が売られており、衣服――本物のアメリカ製最高級品――が、ほとんどただ同然で手にはいった。ＧＩをまねて、たがいに髪をクルーカットにし、とても短く切りつめたので向こう臑の半分までしかこないズボンと中古のチェックのシャツ、下品な縞柄のソックスとテニスシューズとでめかしこみ、元ザズーたちは新しいスタイルを生み出した。

学生は気力と思想とで生きているように見えた。最大の飢えは読むものに対する飢えだったが、それでも時間はあまりにも少なく、読むべきものはあまりにも多かった――アラゴン、カミュ、サルトルとボーヴォワール、アポリネールやロートレアモン、ジッド。今度はヘミングウェイ、スタインベック、ダモン・ラニャン〔一八八四―一九四六。ジャーナリスト、短編作家〕、ソートン・ワイルダー、トーマス・ウルフなど次つぎと翻訳されたアメリカ小説すべて。以前に禁止されていたものは――ガルシア・ロルカの劇だろうとブリュネルの映画だろうと――なにもかも観なければならなかった。哲学科の学生だろうとなかろうと、ヘーゲルの主人＝奴隷のパラダイム、カール・マルクス選集、セーレン・キルケゴールと現象学者エトムント・フッサールからマルティン・ハイデガーを経由して、ジャン＝ポール・サルトルとモーリス・メルロ＝ポンティにいたる実存主義の――師の教えを守るというわけではない――継承者たちについて論じられる必要があった。

ル・ロワ・ラデュリの哲学教師ボフレは、学生のあいだで大いに尊敬されていた。実際にハイデガーと会ったことがあったからだ。若い共産党系の学生は、自分は重要な歴史的使命を帯びているのだという思いで増長し、少しも感銘を受けなかった。党の目から見ればハイデガーはナチスであり、実存主義はデカダンだった。

パリの高校も大学学部もきわめて政治化されており、占領中、ミリスが右翼学生を同級生をスパイさせるためにスカウトしたとき、状況は大幅に悪化した。今度は共産主義者が政治的・知的ヘゲモニーを発揮しようとしていた。最初のターゲットはカトリック系学生だったが、争点の操作により、共産党が規定したとおりの「進歩主義」に強い参加姿勢を示さない者は、たとえ左派であっても「客観的に」ファシストとされた。ル・ロワ・ラデュリは、ある共産党員の前でオズワルト・シュペングラーの『西洋の没落』に感銘を受けたと告白したとき、ひどいへまをすることになった。芸術のすべての領域がマルクス＝レーニン主義者からの容赦のない批判の的になった。アラン＝フルニエの『ル・グラン・モーヌ』がおもしろかったと認めれば、反動的傾向と同時に悲愴で「時代遅れ」の感傷趣味を示すことになった。一九四〇年、アントワーヌ・ド・サン＝テグジュペリは『戦う操縦士』に「敗北は分裂させる」と書いた。解放は、世論調査が銀行と重工業の国有化に対する大きな支持を示したように、最初は進歩主義の旗のもとに国の大多数をうまく統一した。ボーヴォワールは「ゼロ年のパリ」について書いた。そしてたしかに共産主義者とそのシンパには、歴史とともに歩んでいるという感覚があった。もうひとつ時勢を表すのは、ガルティエ＝ボワシエールが指摘するように、『ヴォーグ』誌が——あらゆる雑誌のなかで、よりによって——エリュアールの詩と筋金入りの共産主義者マルセル・カシャンの肖像を掲載したことである。

大詩人ポール・ヴァレリーの七四歳の死は、一時代の終焉を画すように見えた。ペタンがフランス学士院に選出されたとき、歓迎演説をしたヴァレリーは一九四五年七月二〇日——元帥裁判の三日前——に逝去、国葬に付された。くぐもった太鼓の音に合わせて行進する共和国衛兵分遣隊を従えて、柩はパリの街路を運ばれ、トロカデロの真下で松明がともされた黄金の棺台に安置された。フランス共和国が文人に払う敬意をつねによしとしてきたダフ・クーパーは、自分の国との違いについて悲しげに考察している。「われわれはただ、近衛旅団がT・S・エリオットの棺のあとを行進すべきだという提案が、どのように迎えられるかを想像してみればよい[4]」

風刺週刊誌『ル・カナール・アンシェネ〔鎖につながれたアヒル〕』の再登場は、フランス報道界が大いに必要としていたユーモアを運んできた。この雑誌は一九四〇年六月一一日を最後にずっと姿を消していた。ヴィシー時代のあと、人を食った話を求める気持ちはとてつもなく大きく、悪趣味に関しては『カナール』にはなんのためらいもなかった。ヒトラーの死が発表されたとき、『カナール』の漫画では、天国で総統が神の胸にダビデの星をピンでとめていた。一方で、この雑誌には独自の価値コードがあり、「粛清」の熱狂が続くあいだ、対独協力者を攻撃することを拒否した。解放時、共産党に乗っ取られる雑誌のひとつとして『カナール』をリストに入れたとき、ドゴールはこれ以上間違いようはないほど間違っていた。

右派のなかで、実存主義をマルクス主義のもうひとつの形と見ていた人びともまた間違っていた。クレムリンは実存主義を「反動的ブルジョワの哲学」[5]と定義した。なぜならば実存主義は基本的に反集団主義であり、自分自身の人生を規定する責任は個人としての人間――社会や歴史ではなく――にあると宣言しているからである。

流行を追っていたと言ってサルトルを非難はできない。解放後、進歩主義者サークルのなかでソビエト連邦礼賛が義務だったとき、サルトルはスターリン主義を警戒し続け、一九五〇年代初めに、共産党外のフランス人作家がそのありのままの姿を見始めたときに、スターリン主義を支持し出した。『存在と無』は一九四三年にガリマールから出版された。懐疑論者A・J・エアは、この本は二、三の優れた心理的直感をのぞけば、「自惚れた形而上学の論文」であると考え、「この証拠に基づき、実存主義は基本的には動詞『to be』を誤って使うための練習である」[6]と結論した。

サルトルがひとりの哲学者にすぎなかったなら、小さな知的サークルの外でその名を耳にする人はほとんどいなかっただろう。だが、自分の思想や主題を小説や戯曲を通して劇化すること、そしてなによりもまず破滅に運命づけられたアンチヒーロー――『嘔吐』のアントワーヌ・ルカンタン、『自由への道』のマテュー――を創造することによって、サルトルは若者たちの心の奥底の悲観的な琴線に触れた。それは、ゲーテの『ウェルテル』がヨーロッパの詩的魂のあいだで自殺の流行を引き起こして以来、想像もしていなかった深さにまで達した。アルベール・カミュの名声もまた、主として『異邦人』のアンチヒーロー、ムルソーに大きく由来する。現在では、実存主義は哲学の主要部分として残っているというよりは、ひとつの文芸運動として記憶される。

戦後のパリの芸術生活を支配したこのグループは、解放前の冬に集まり始めた。サルトルが初めてカミュに会ったのは、一九四三年、カミュがサルトルの芝居『蝿』の稽古に立ち寄ったときだった。ボーヴォワールはそのあと、サルトルといっしょに《カフェ・ド・フロール》でカミュと会い、カミュが「無頓着と熱意の幸せな混合に基づく魅力」[7]をもっと思った。

この友人グループはしだいに拡大し、サン＝ジェルマン＝デ＝プレあたりの安ホテルを転々としながら暮らしていた。いきつけのカフェ、たいていはサルトルとボーヴォワールが一日に六時間、執筆をしていた《フロール》、だがときには《ドゥ・マゴ》に、約束をしてというよりは、いきあたりばったりに集まった。向かいの《ブラスリー・リップ》は、そのアルザス料理があまりにも多くのドイツ軍将校を引き寄せたために、一時的に嫌われた。ときにはグラン・ゾギュスタン街の《ル・カタラン》でピカソやドラ・マールと合流。《ル・カタラン》はほとんどピカソのアトリエの延長と言ってよかった。

サルトルのまわりに集まる者たちは大ざっぱに「サルトル一家」と呼ばれるようになった。ジャック・プレヴェールのまわりに集まる者たちが「プレヴェール一味」と呼ばれたのと同様である。プレヴェールは脚本家として有名だった。一九三六年から四六年まで、マルセル・カルネ監督のために一連の脚本を書いた――そのなかには『悪魔が夜来る』と『天井桟敷の人々』がある。だが、一九四五年にガリマールが『言葉』を出版するまで、詩では大した成功をおさめていなかった。プレヴェールの明晰、不敬で、快活な詩は、新鮮な息吹のように戦後のパリを打った。詩には曲がつけられ、街中で歌われ、ガリマールは二、三年間で一〇万部以上を売りあげた。《フロール》の店主ポール・ブバルはプレヴェールと友人たちが（少なくともブバルの店では）サン゠ジェルマン現象の種を蒔いたと感じた。だがボーヴォワールは「プレヴェール一味」にはあまり感心しなかった。政治に口をはさまなかったからである。

解放を待つあいだ、シモーヌ・ド・ボーヴォワールは「歯磨きのピンク色」をしたホテルの部屋で、少なくとも半数はベッドの縁に腰をおろした客たちに、適当に料理した簡単な夕食を出した。サルトルはボーヴォワール、カミュ、メルロ゠ポンティと雑誌創刊について話し合い、その計画は一九四五年秋、『レ・タン・モデルヌ』創刊号が発行されたときに実現した。

その荒涼とした哲学にもかかわらず、サルトルは人を魅了した。当時のサルトルをよく知る人は、サルトルは「魅力があふれだしていた。私はあれほど面白くて、感じがよくて、寛大な人間をほとんど知らなかった」(8)と書いている。よき信条を支持したり、苦闘する芸術家を助けることとなると、いつも最初に駆けつけてきた。アントナン・アルトーに金銭的援助をすると同時に、アルトーのために慈善興業の夕べを開いた。多くの場合、援助相手の自尊心を傷つけないように、資金が迂回路を通って相手の手に渡るように手配した。小説家ヴィオレット・ルデュックに対する援助はつねにガリマールを通して、ルデュック自身の作品の「印税」として支払われた。

シモーヌ・ド・ボーヴォワールのサルトルとの関係は、感情の上ではボーヴォワール本人があえて認めるよりもはるかに荷が重かった。サルトルはボーヴォワールに、フランス語で「ビーヴァー」を意味する「カストール」とあだ名をつけた（他の連中は「シャルトルの聖母寺院《ノートルダム》」にかけて「ノートルダム・ド・サルトル」、あるいはカルトゥジオ会大修道院「ラ・グランド・シャルトリューズ」にかけて「ラ・グランド・サルトリューズ」と呼んだ)。その顔はときにはまだ美しく見えることもあったが、生真面目さとサルトルに対する抑圧された不安とから、とげとげしくなり始めていた。サルトルはつねにボーヴォワールを支配し、そのやむにやまれぬ女性関係――ボーヴォワールが「恋の無秩序」[9]と呼んだもの――を耐え忍ばせた。ボーヴォワールはある友人に「サルトルにはむしろ悪魔的な面がある。若い娘たちを、本人にその魂を説明することによってものにする」[10]と指摘した。

パーティと酒にもかかわらず、サルトル一家のメンバーのほとんどは解放後に出版される著作を終えかけていたようだ。《カフェ・ド・フロール》の二階は、とくに一九四三年から四四年にかけての冬、よく教室のように見えた。ひとつのテーブルではサルトルが『自由への道』、ボーヴォワールが『人はすべて死ぬ』、ムルージが自伝的な小説『エンリコ』、ジャック＝ロラン・ボストが『最高の職業』を書いていた。たがいに原稿を読み合い、たいていは友人の作品が受けるにふさわしい配慮をあたえた。

しかし、メルロ＝ポンティはサルトルに自分の原稿を、友人としてではなく哲学者として読んでもらいたがった。メルロ＝ポンティはわずかの言葉を添えただけで原稿をおいていき、いつものように多忙なサルトルはさっと斜め読みして、通り一遍のほめ言葉を口にした。メルロ＝ポンティはこれでは満足しなかった。サルトルはこの事件をこう回想している。「メルロ＝ポンティは私の隠れ家を見つけ、私の邪魔をしにきた。ふと気がつくと、メルロ＝ポンティが、私の前に立ちはだかり、微笑みながら原稿をつきだしていた。『きみに賛成だ』と私は口ごもった。『とてもうれしいよ』とメルロ＝ポンティは動かずに言い、辛抱強く『でもとにかく読んでくれなくちゃ』と続けた。私は読み、学び、そして最後には自分の読んでいるものに魅了された」[11]

詩人、小説家、文献学者のレーモン・クノーは――メルロ＝ポンティと並んで――サルトル一家でもとりわけ傑出したひとりだった。ガリマールの編集局次長を務め、深い絶望感に抑圧された学究的生活を送っていた。だが、それがいっしょにいて楽しいクノーの性格、その伝染性の笑い、ジャズへの情熱、論理と数学への陶酔に害を及ぼすことは決してなかったようだ。

ミシェルとゼットのレリス夫妻もサルトル一家の一員だった。ミシェル・レリスは小説家、民族学者で、ゼットは母の結婚相手ダニエル＝アンリ・カーンワイラーの画廊を経営していた。ピカソの画商カーンワイラーは占領中、密かにレリス夫妻と暮らした。レリスのアパルトマンには他のユダヤ人やレジスタンス活動家もよく身を隠したが、セーヌ川を見おろすグラン・ゾギュスタン河岸にあった。ピカソ、ミロ、ホワン・グリスの絵画が、よきフランスのブルジョワ風家具の上の壁にかかっていた。夫妻はアンドレ・マッソン、ジャコメッティ、ピカソなど左岸の美術家のなかに多くの友人をもち、ピカソのアトリエは文字どおり角を曲がったところにあった。ピカソの芝居『尻尾をつかまれた欲望』が、書かれてから三年以上経った一九四四年三月一九日に、朗読の形で初演されたのは夫妻のアパルトマンにおいてである。

カミュが進行役を務め、太い棒で床をドンドンとたたいて場面転換を示し、舞台の背景を口頭で説明した。劇が「一九二〇年代の前衛劇」を思わせることは、登場人物の一覧が示している。ミシェル・レリスが主役――「大足」――を演じた。他の朗読者は、サルトル「先丸」、レーモン・クノー「タマネギ」、ジャック＝ロラン・ボスト「沈黙」、女優のザニ・ド・カンパン「タルト」、ドラ・マール「痩せた不安」、シモーヌ・ド・ボーヴォワール「従姉妹」。ピカソとその友人たちはそれを自分たちの楽しみのために上演したが、「パリ知識界の精華」は一大イベントを期待して、息を呑んで待ちかまえていた。七時、レリスのサロンは満員になった。

ピカソの小喜劇は、ほとんど郷愁のなかの試みと言え、明白なことをさらにいっそう明白にする役にしか立たなかった。運動としてのシュルレアリスムは戦争前に終了していたのも同然であり、既存の概念を転覆するための潜在力を実質的に使い果たし、アラゴンやエリュアールその他が共産主義が唯一の回答であると感じたとき、政治的分裂のために挫折した。ある日、《フロール》でサルトルは元シュルレアリストのクノーに尋ねた。あの運動が残したものはなにか？　答えが返ってきた。「若さを手にしていたという印象[12]」

一九四四年五月、解放直前、サルトルとボーヴォワールが《フロール》に腰をおろしていたとき、声がした。「サルトルって、あんた？」ふたりの前に、鼻のつぶれたスキンヘッドの逞しい人物が仁王立ちになっていた。それはジャン・ジュネ、その伝記作家に言わせれば「はみ出し者のパリのプルースト[13]」だった。ジュネは矯正施設、男娼としての路上生活、そして刑務所で荒っぽい人生を送ってきた結果、「不信に満ちた、ほとんど攻撃的な外見」をしていたかもしれない。しかし、「その目は微笑み方を知り、その口には子ども時代の驚きがまとわりついていた[14]」。

一九四五年秋、ボーヴォワールはシャンゼリゼで映画の列に並んでいるとき、「粗野な醜さ、だが生命力ではち切れそうな顔をした背の高い金髪の優雅な女性[15]」と出会った。ボーヴォワールは上流社会の女性だと思ったが、実は未刊の小説家ヴィオレット・ルデュックだった。ルデュックは「トランク運び」として、ノルマンディーからバターや肉をいっぱいに詰めこんだ大きくて重いトランクをパリまで持ち帰り、ヤミのレストランに売りながら、自らの機知と体力とで生計を立てていた。

数日後、ヴィオレット・ルデュックは自作の小説『呼吸困難』の原稿を手に《フロール》までボーヴォワールを訪ねてきた。結末を変えるように忠告をもらうと姿を消し、正確に言われたとおりにした。ボーヴォワールは最終的な結果に深い感銘を受けたので、当時ガリマールの編集委員だったカミュに見せ、カミュはすぐに出版に同意した。唯一の不都合はヴィオレット・ルデュックが完全にボーヴォワールにのぼせあがってしまったことで、ボーヴォワールはふたりの友情が長続きするためには、きわめて厳格な規則を定めなければならないと考えた。

ヴィオレット・ルデュックはジャン・ジュネと密接な共謀関係を結び、このふたりのアウトサイダーはサルトルとその友人たちにのぞき趣味的な興味の種をたっぷりと提供した。ルデュックが性格的にぶつかった唯一の人物は、占領中にサミュエル・ベケットをかくまっていた小説家のナタリー・サロートである。ルデュックはサロートと仲良くやろうとしたが、ふたりのほとんど化学的とも言える折り合いの悪さは嫉妬によっていっそう悪化した。サロートは疑いもなくサルトルの秘蔵っ子であり、一方、カストールに対するルデュックの立場はずっと不安定だった。

一九四五年秋は実存主義の大流行を見た。もっともサルトルとボーヴォワールは、このラベルが、なんであろうと自分たちの書くものすべてに自動的に貼りつけられるのにいらだった。九月、ボーヴォワールのレジスタンス小説『他人の血』は批評と売上の両方で成功をおさめた。続く二か月のあいだに、サルトルの『自由への道』一巻・二巻と『レ・タン・モデルヌ』創刊号が出版された。一九四五年一〇月二九日のサルトルの講演「実存主義はヒューマニズムか？」は満員だった。何百人もが会場にはいれず、女性はもみくちゃにされて気絶した。

『レ・タン・モデルヌ』は途方もなく大きな影響力を発揮した。誌名はチャーリー・チャップリンの映画『モダン・タイムス』からも想を得ている。だが、この名前が基本的に意図していたのは、知的変化の時代を意味させることだった。編集委員会だけでも注目を浴びること間違いなし。委員にはサルトル、ボーヴォワール、カミュ、哲学担当編集委員のメルロ＝ポンティ、詩と文学担当にはミシェル・レリスとレーモン・クノー、そしてレーモン・アロンと文法学者ジャン・ポーランがいたからだ。ポーランだけに文芸誌を発行した経験があった。マルローは参加を打診されたが断った。ひとつには青春時代の急進主義を放棄しようとしていたからではないかと思われる。ボーヴォワールのマルロー嫌い――

「マルローは自分をゲーテとドストエフスキーの両方だと思っている」[16]――を考えると、マルローが手を出さずにいてよかったと言える。

ガストン・ガリマールは雑誌刊行の後援に同意し、編集室を提供した。編集委員のうちの三人――ポーラン、カミュ、クノー――はガリマール社自体の編集委員であり、その他の委員がガリマールお抱えの作家であるのは言うまでもない。最初の問題は紙の配給確保だった。ボーヴォワールとレリスはドゴールの情報大臣ジャック・スステルに会いにいったが、スステルは将軍に反旗を翻したレーモン・アロンが編集委員会にいたので、あまり気が進まないようすだった。実際には、イデオロギー上の論争のため、アロンはその後遠からずして去ることになる。

ボーヴォワールは『レ・タン・モデルヌ』を本人が呼ぶところの「サルトル的理想」のショーウインドーと見なしていた。しかし、ほとんどすぐに、洪水のように押し寄せる原稿に埋まり、真剣な野心を抱く若い作家たちに包囲される始末だった。まるで左岸の若者半分が、同じように陰鬱で、似非実存主義的なレジスタンス小説を書いているように見えた。なぜならば、それが若者たちに期待されていたことだったからだ。

占領の最後の二年間、フランス演劇界はたしかに生きていることを示してきた。もっともその結果として、解放時には指導的メンバーがさまざまな大きさの疑いの雲に覆われることになったのだが。

パリの観客は一九二〇年代に前衛劇の鑑賞力を養われており、戦争前の数年間には、アヌイ、ジロドゥ、サラクルー、コクトーがすでに、解放後の演劇と見なされるもののために地ならしをしていた。

サルトルの処女戯曲『蠅』は一九四三年に上演され、ジロドゥの『ソドムとゴモラ』も同年に上演された。ただしジロドゥの劇はフランス最大の俳優・演出家ルイ・ジュヴェなしで上演された。ジュヴェは自分の劇団を連れて国外に脱出し、南米をさまよっていた。最大の成功のひとつはジャン＝ルイ・バローによるポール・クローデルの『繻子の靴』上演だった。しかし、サルトルとボーヴォワールは、クローデルの『元帥に捧げる頌歌』に強い嫌悪感を覚えたので、その劇を客観的に評価はできないと感じた。一九四四年初め、ジャン・アヌイの『アンティゴーヌ』が上演され、ノルマンディー侵攻直前にはサルトルの『出口なし』がヴュー＝コロンビエ座にかけられた。この地獄についての劇は大きな影響をあたえた。ブラジャックは身を隠す前に観劇に出かけている。「地獄とは他人である」は国際的に通用する概念になった。

その後二年間以上にわたって、実存主義者グループの戯曲がさらに多数続いた。一九四五年にはアルベール・カミュの『カリギュラ』が絶賛され、一方、ボーヴォワールの『ごくつぶし』はあまりにも機械的すぎると見なされた。翌年、サルトルがアントワーヌ座の『恭しき娼婦』と『墓場なき死者』でふたたび登場。アントワーヌ座ではサルトルの戯曲のなかで政治的にもっとも重要性のある『汚れた手』が続く。だが、サルトルが論点と道徳的ジレンマを伴うリアリズムに回帰する一方で、いずれもピランデッロの影響を受けたアルテュール・アダモフ、ウージェーヌ・イオネスコ、サミュエル・ベケットの「不条理劇」はまったく異なる方向にさまよい出ようとしていた。

疑いもなく、戦争直後の演劇で最大の成功をおさめたのは、アテネ座で上演されたジャン・ジロドゥの『シャヨー宮の狂女』である。これは占領中の一九四四年初め、ジロドゥの死の直前に書かれ、翌年末にルイ・ジュヴェ演出で上演された。いま見るとストーリーは奇妙なラジカルシック〔過激派を支持する金持ち〕的絵空事（霊感を受けた狂女が、中世パリの貧民街「奇蹟の巣窟」の現代版のようなところで、パリの開発業者たちをその強欲を手玉にとってだまし、市の下水道に閉じこめる）だとしても、ジュヴェの演出、クリスティアン・ベラールの装置、そして俳優の演技はすばらしかった。一九四五年一二月の開幕時、それからそのあと長いあいだ、狭い劇場は上流社会の人士とボヘミアンで埋めつくされた。

絵画と彫刻の世界もまた、知的・政治的動揺の時期を経験していた。一九四四年一〇月六日に開幕したサロン・ドートンヌは「解放のサロン」と呼ばれた。ドラン、ヴァン・ドンゲン、スゴンザック、デスピオー、ベルモンド、ヴラマンクら対独協力者と考えられた画家はすべて締め出された。ひとりの外国人画家に対する前例のない敬意の表明として、「ピカソに捧げる」と題された特別展に絵画作品七四点と彫刻五点が並べられた。展覧会開催前日の一〇月五日、『リュマニテ』紙第一面はいつものように赤軍の前進の話一色ではなかった。そのかわりに五列を使った見出しはこう告げていた。

現存する最大の画家
ピカソ
フランス・レジスタンスの党に入党

ピカソの政治意識の目覚めは、非共産主義者のあいだに、かなりの騒ぎとシニスムを巻き起こした。多くが、共産党入党の決意を、六億フランの価値ありと評判の財産を保全するための一種の保険政策と考えた。コクトーは日記に、それはピカソ「初めての反革命的ジェスチャーだ」[17]と書いた。サロンが開幕したとき、伝統主義者と排斥された画家の友人たちが場内でデモをした。「そいつをはずせ！　そいつをはずせ！」デモ隊はピカソの絵の前で叫びたてた。ピカソは頭から湯気を立てて怒ったと言われている。右翼青年たちはパリの街をまわって、落書きされていた共産党のスローガン「ペタンを銃殺に」を「ピカソを銃殺に」と書き換えた。共感も敵意も強さは衰えなかった――だれもが積極的な「ピカシスト」か「反ピカシスト」だった。一年後、シャンゼリゼ劇場のバレエで、観客の多くがピカソのデザインしたカーテンを野次った。

共産主義の信条支持をピカソが表明したことは、強力な党員勧誘キャンペーンの役を果たした。ピカソは『リュマニテ』にこう書きさえした。「共産党入党は私の全人生、全作品の論理的前進である……どうしてためらうことができただろうか？　闘争に関わることに対する恐怖？　だが反対に私はもっと自由に、もっと完全に感じている[18]」

ピカソの立場はたしかに、その「おまえよりおれのほうがもっとレジスタンス」の同僚たちの行動に影響をあたえた。あるレジスタンス集団が画家たちに慈善のために販売する作品を一点ずつ依頼したとき、どちらもが対独協力を非難されていたドランとスゴンザックは作品を提供した。だが、ピカソはドランらの絵画も出されると聞いて、提供を拒否。かわりに二〇万フランを出した。すぐに他の画家たちもドランとスゴンザックのキャンバス二枚が撤収されないかぎり、展覧会をボイコットすると脅した。主催者は降参せざるをえないと感じたが、ドランとスゴンザックの絵は抗議者たちの作品よりもずっと価値があったので、ふたりの画家にはなんの謝罪もしないまま、画商を通して売却した。

戦後の進歩的インテリゲンチャの独裁は、理由はたくさんあるものの、言い訳はほとんどない現象だった。一八世紀半ばに、思想家が大衆を救済へと導くだろうという考え方を百科全書派が広めて以来ずっと、革命的かつ反聖職者主義的思想は、精神の上でそれ独自の傲慢さを生み出してきた。ジャコバン主義は暴力にロマンティックな性格をあたえて、政治的大変動を礼賛したというだけでなく、大革命をそれ自身が生命をもつ実体、崇拝すべき恐ろしい怪物と見ていた。

ブルジョワ的道徳を凌駕する理論の称揚は、レジスタンスのあいだに力を獲得した。共産主義者の無慈悲さは、大げさに称讃された党のプロ意識といっしょになって、一九四〇年のフランス崩壊とヴィシーの対独協力を恥じる人の多くを惹きつけた。国を裏切った右翼の支配を二度とふたたび許してはならない。ヨーロッパはナチ支配の恐怖を二度と許してはならない。ただひとつの国だけがファシズムの回帰に立ち向かうだけの力と決意をもつ。そしてその国とはソビエト連邦である。

共産主義者は、自らを唯物論者だと強く主張したが、それでもソビエト連邦における生活の現実に意図的に目をつぶったのは、無条件の宗教的信念のひとつの形でしかありえなかった。一九四四年初夏、アルジェでひとりの青年牧師が会いにきたとき、イギリス大使は共産主義の霊的な一面を正しく理解した。ダフ・クーパーはチャーチルの後継者クレメント・アトリー宛の報告書に書いた。「痩せ細った青年牧師が、眼のなかに宗教的な狂信の炎を燃やしながら、私に請け合いました。共産主義者がカトリック教徒とともに死ぬのを目撃したあとでは、共産主義者もまた天国にいくと信じるしかなかった。なぜならば共産主義者は自らの信仰の殉教者として死んだのだから、と牧師は言いました[19]」

知識人がよろこんで屈従し、導かれたいと願っていたことは、国民議会のフランス共産党議員アラン・シニョールがクレムリン国際局ステパノフに宛てた書簡のなかで、鮮やかに例証されている。この手紙は中央委員会のある会議のようすを記していた。「わが党の力をここまで感じたことは、これまで一度もなかったと申しあげなければなりません。ジャック（・デュクロ）は見事でした……アンドレ（・マルティ）が、それだけでもきわめて説得的だったジャックの論旨を補強しました。最後にモーリス（・トレーズ）が、その論考によって、わが党にとってモーリスが偉大な導き手、賢明な戦術家であると同時に真の政治家であることを示しました……われわれは必死に働かなくてはなりません。あなたがたに追いつくためには多くを成さなければなりません。しかし、われわれは遅れをとりもどし、あなたがたの横に立ちます[20]」

解放後、もっとお気楽な共産党系知識人のなかには、ほとんどすべての記事やチラシにあふれかえっている紋切り型の表現――「神聖なる義務……党の指導的役割……同志スターリンを頭に戴く栄光あるソビエト連邦」――に、こっそりと冗談を言う者もいた。しかし、レジスタンスのあいだは許容された不遜な態度はどんなものでも、すぐに党幹部に禁止された。入党面接では、鍵となる質問が一問あった。「一九三九年の独ソ不可侵条約をどう思うか？」[21] 正しい回答はただひとつ。「私は党を信頼します」。この条約を告発すると言った者はだれであれ、その場で疑わしきとされた。正しいか、間違っているかが問題だったことは一度もない。規律への服従だけが問題だった。

まさに党に対する恭謙卑遜の行為とも言えるのは、全党員が自分の「履歴」を書かねばならないことだった。「履歴」は些細な過失すべてを含む詳細な人生の記録だった。この書面による告白は党に対する個人の信頼を示したが、真の目的は各党員に対する有効な支配力を党にあたえることだった。

ひとつの細胞へのお披露目は、その仲間意識とともに、すべてのなかでもっとも心動かされる入党儀式――党大会出席――によって補強された。多くの知識人にとって、党大会はプロレタリアとの最初の霊的な交わりだった。もうひとつの機会はヴァンセンヌで九月初めの週末に開かれる野外の「リュマニテ祭」である。余興はすべてとても品行方正だった。カルティエ・ラタンからきた眼鏡の学生たちはあちらこちらを歩きまわって、踏みつぶされた草のにおいを味わい、アコーディオンに耳を傾け、食べ、飲み、「赤い帯」――オベルヴィリエ、バニュー、ジャンヌヴィリエ、イヴリー、モンルイユ、サン＝ドゥニ、ヴィトリーのような労働者階級が住む郊外都市――の住民たちと交流できた。党は「赤い帯」のプロレタリアの活力をたえず称讃し続けた。だが党員証をもつ知識人でこういった地域を訪れた者はほとんどいなかった。知識人は文学と政治を論じるほうにより興味があり、その最大の野心は党のスター知識人と交流することだった。

ルイ・アラゴンとエルザ・トリオレは仲のよい夫婦だった。アラゴンを好いた人の多くがトリオレに深い不信感を抱き、ソ連のスパイではないかと疑っていた。アラゴンほどエルザを猛烈に擁護できた人はいないだろう。外務省の公式午餐会にエルザなしで招かれたとき、アラゴンは悲憤慷慨して、儀典長のジャック・デュメーヌに電話をかけてきた。デュメーヌは説明した。男性を夫人の同伴なしで招くのが、午餐会の通例です。「ムッシュー」とアラゴンは言い返した。「知っておいていただきたいのですが、エルザ・トリオレは男性でも女性でもなく、だが偉大なフランス人作家です。私について申しあげれば、私には自分独自の基準があります。自らを『臨時』と呼ぶ政府が採用した習慣にお墨付きをあたえることは望みません[22]」

おそらく一九四五年後半、アラゴンは作家としてのエルザ・トリオレの評価についてとくに敏感になっていたのだろう。多くの人が、トリオレが七月二日、小説『ビリヤード台のラシャに穴を開けた場合には二〇〇フランを申し受けます〔邦訳『最初のほころびは二百フランかかる』〕』でゴンクール賞を受賞したいきさつに疑いを表明していたからだ。サッシャ・ギトリを含めて三人のゴンクール賞選考委員が嫌疑をかけられているときに、フランスでもっとも重要な文学賞に大衆の支持をとりもどす唯一の方法は、共産党の強固な支持を得ている作品に投票することだという指摘があった。批評家たちは、ゴンクールの選考委員長ロラン・ドルジュレスが投票の数か月前、アラゴンに接近したことに注意を引いた。その後、アラゴンはドルジュレスの記事を『レ・レートル・フランセーズ』に掲載した。そこには「税関通過」をさせるための取引のにおいが強くした。

トリオレとアラゴン、共産主義文学の「ロイヤル・カップル」は、全国作家委員会がエリゼ宮近くに乗っ取った宮殿のような建物で客を迎えた。いちばんお気に入りのお客たちは、芸術作品のコレクションに埋まる自宅アパルトマンのお茶会でもてなした。一方、小説家マルグリット・デュラスははるかに気軽な雰囲気を育んでいった。サン゠ブノワ街のデュラスのアパルトマンはすぐに、共産党系知識人の半永続的な集会場となり、サロンというよりは会員制クラブのようだった。友人のなかには詩人のフランシス・ポンジュ、モーリス・メルロ゠ポンティ、クララ・マルロー（戦争中にアンドレと別れていた）、スペイン人の共産主義作家ホルヘ・センプラン、ジャン゠トゥッサン・ドゥサンティとその妻のドミニク、『諸国論壇』誌編集長アンドレ・ウルマンがいた。作家クロード・ロワはそれを、前世紀のロシア人インテリゲンチャの集会場と比較した。

ヴィシーの堅苦しさのあと、ふつふつと沸きあがる解放後の興奮は、政略の衝突であるのと同時に、世代間の衝突でもあった。ある社会学者は「株式市場と金融の話、年金の計算、持参金の評価が登場するわれわれの父親のブルジョワ劇場」を「だれもが富の軽蔑、金融の無能、ブルジョワ生活の退屈を叫びたてている」(23)新しい劇場に対比させた。アヌイの登場人物は「あなたの汚いお金」と言う。サン゠ジェルマン゠デ゠プレのような場所は戦後ヨーロッパのどこにもなかった。批評家・小説家のエドマンド・ウィルソンはロンドンに憂鬱と興ざめの感覚を見出した。グレアム・グリーンはウィルソンに「ロボット爆弾のブンブンいう音に郷愁」(24)を感じさえすると言った。だが、パリでは、たとえ国が破綻していようとも、解放がインテリゲンチャに強力な希望の象徴をあたえた。それどころか、一九一四年のグランメゾン・ドクトリンが、フランスの「激情」がドイツの大砲に打ち勝つだろうという情熱的な信念を表していたように〔フランス陸軍参謀第三局局長ルイ・ロワゾー・ド・グランメゾンは（フランス陸軍の攻撃精神の欠如を非難し、精神の刷新を呼びかけた〕、解放後の知識人にとっての信条は、思想が「汚れたお金」に勝利するだろうということだった。

第16章 洪水のあと

戦後のもっとも騒然とした困難な時期、パリ市民はわざとできるかぎり普通の生活を送ろうとした。管理人は建物の玄関を同じ時間に同じやり方で掃除した。食品店は、いかに天文学的な数字だろうと、価格を同じように丸っこいきれいな文字で極小の黒板にチョークで書きつけた。ウエイターはメニューをいつもどおりのなにげない華麗な身振りで差し出した。サラリーマンや官僚は、毎朝、外の出来事についてなにか言う前に、習慣どおり握手をして挨拶を交わした。

政治的、知的に平等主義を希求していたにもかかわらず、パリは驚くべき社会的差異をもつ都会であり続けた。しかし、今回はひとつ違いがあった。パリ市民は伝統的な階級差によって分割されていただけではない。個々の階級自体のなかに、「美しいレジスタンス」の折り紙のついた「よく見られている人びと」と「解放時にいくつかの問題」にぶちあたった「悪く見られている人びと」がいた。

一九四四年九月、着任の数日後、イギリス大使はシャルル・ド・ポリニャックの午餐会に主賓として招かれた。立派な戦功のある者ははっきり目についた。そのなかにはＦＦＩの腕章を巻いたジャン・ド・ヴォギュエ伯爵――レジスタンス名「勇士」――と夫がドイツで捕虜になっていたダヤン公爵夫人がいた。夫人は夫がベルゼンで死亡したことをまだ知らなかった。

ピラミッドの頂点では、有力なコネをもつレジスタンスの英雄とドゴール派が単純な選択肢に直面していた。道徳的な怒りから、ペタン派だった友人や親戚と縁を切るか、それともより寛大な態度をとるか。ナンシー・ミットフォードの架空のヒーロー、シャルル＝エドゥアール・ド・ヴァリュベールを信じるとするならば、もっとも悩ましい罪は政治的というよりは社交上のものになりがちだった。ヴァリュベール家の弁護士は対独協力者だった。「きみはそれがなにを意味するのかわかっていない。なにか仕事にとりかかる前に、自分を正当化するために二時間をかける。対独協力者ほどうんざりさせる者はいない(1)」

疑いをかけられた人びとはしばしば、占領下では礼儀と愛国心のあいだの葛藤がもっとも厄介だったと主張する。このような状況下では礼儀作法の手引き書はなかった。女性は地下鉄でドイツ人から席を譲られたら断るべきか？　戦前からの知り合いで、ナチ党員ではない教養あるドイツ人を家に迎えるのは断るべきか？　公共の場で、ドイツ人の友人と出会ったら、背を向けるべきか？

もちろん多くは個々の場合による。だが人びとの振る舞い方については、幅広く多様な話がいろいろとある。いちばんありそうもない男性や女性がレジスタンスに参加したと主張し、一方、英雄的な行動をした人びとはほとんど語らなかった。スーザン・メアリー・パトンは書いた。「ここでのひとつの規則は、苦しんだ人たちはそれについて語らないほうを好むということだ。レジスタンスの話を引き出すのはほとんど不可能に近い(2)」。ヴォクリューズのレジスタンスで著しい働きをした司法官のマックス・フィシェは、「かつての仲間」以外を相手にしてマキ時代の話をするのは落ち着かない気分だと認めている。仲間たちとは、ほとんどマキの話しかしなかった。解放後、パリにもどったフィシェは過去を自分のあとに残し、法曹界で名を成したいと考えていた。だが、法廷では勲章をつけるのが義務だった。年上の同僚たちはかつてペタンに忠誠を誓い、そのことで受勲の機会を危うくしたのはたしかだが、すでにレジョン・ドヌールとレジスタンス勲章を獲得したこの「青二才」に不機嫌な視線を投げかけた。

ドゴール派は、ペタン元帥を支持した旧友と出会うとき、しばしば奇妙な立場に立たされた。たいていの場合、ペタン派は当惑と屈辱の入り混じった表情で突然、向きを変え、あるいは通りを走り去っていくことさえあった。その一方で、多くの人は悔い改めないままだった。ブルボン王家の花形帽章に対する共感を引きずり、共和国の「娼婦マリアンヌ」を軽蔑する者は、ここでもまたほとんど学ばず、ほとんど忘れないことを示した。レジスタンスで勇猛果敢な働きをしたジャン=ルイ・ド・ルジュモン伯爵は解放後、「一種の英雄として敬意を受けることを予期して」(3)元の連隊に復帰したが、冷淡というよりもなおひどい迎えられ方をした。同僚将校の夫人たちは、伯爵を共産党シンパも同然と見なして、「蛇蝎のように」避けた。

連合国の外交官に対してさえ、ペタンへの共感を隠さない者もいた。イギリス公使エイドリアン・ホールマンと夫人は一九四五年のある週末に、某アンシャン・レジームの家系の家庭に滞在したとき、一家の私的な礼拝堂で獄中の元帥のためにミサが挙げられると知らされた。ホールマン夫妻は急いでそこを立ち去った。

「あのころ、パリではなにも尋ねなかった」とマーサ・ゲルホーンの登場人物のひとりは言う。「友だちのあいだには極端な遠慮があった」(4)。ある種の話題は、相手をよく知っていて、ふたりきりのときでないかぎり、用心深く避けられた。だれも剃髪のこと、とくに高級住宅街で起きた事例については触れなかった。嫌らしい偽善もあった。怖じ気づきもせずにドイツ人をお客にしたしゃれた店の店員が、いまは愛国主義を発揮して、対独協力者の夫人に接客するのを拒否した。

当時の道徳判断は完全に気まぐれだった。ただ軽率なだけで、人並みに自己中心的な人間が、あたかもゲシュタポに友人を密告したかのように噂された。その一方で、レジスタンスにつかまったら処刑されて当然の連中が、せいぜいが社会的追放に苦しんだだけだった。ギ・ド・ロートシルト男爵はあるパーティでの出来事を記している。「自由フランスの将校が、お客のなかに突然、悪名高きゲシュタポ協力者を見つけた。男は出ていくように言われ、扉にたどり着くためには、ずらりと二列に並んだ他の客たちの冷たい沈黙のあいだを、妻を従えて通らなければならなかった(5)」

この海図のない海のなかで、イギリス大使夫妻は、だれを招いてよく、だれを招いてはいけないのか、忠告を求めて「パイロット・フィッシュ」のガストン・パレフスキを頼った。だがパレフスキ自身の態度にまったく私心がなかったわけではない。ジャン＝ルイ・ド・フォシニ＝リュサンジュはブリサック公爵夫人が逮捕されたのを見てからいくらも経たないうちに、パレフスキとばったり出会った。パレフスキはまさにフォシニ＝リュサンジュがフィフィを脅すのに持ち出し、ほとんど効果をあげなかった名前の持ち主だ。フォシニ＝リュサンジュはパレフスキに公爵夫人を助けるよう促したが、パレフスキはむしろ軽い口調で応じて、フォシニ＝リュサンジュを驚かせた。「ああ！　そんなことはみんな、どうでもいいよ。いい薬になるだろう(6)」。フォシニ＝リュサンジュは、「ふたりのあいだには食器棚に隠した骸骨がある」に違いないと推測し、しつこくは言わなかった。そのあと、公爵夫人が起訴されずに釈放されたと聞いた。

逮捕されてからおよそ四か月後に、公爵夫人はフォシニ＝リュサンジュを田舎の週末に招いた。ブリサック家の所有地はパリから少し離れており、このころ移動はほとんど不可能だったから、フォシニ＝リュサンジュはやむをえず交通手段の問題を指摘しなければならなかった。夫人は答えた。「あなたを簡単に乗せていってくれる人がいるわ。ガストン・パレフスキよ」

ドイツ人とただつきあっただけではなく、ドイツ人の味方をする発言をした者は、ふたたび社交界にはいるのがほとんど不可能だった。戦前から仏独同盟にあからさまな賛同を示していたメルショワール・ド・ポリニャック侯爵は、逮捕の明白なターゲットだった。侯爵はポメリー社の社長で、エペルネでは「シャンパーニュの総統」[7]と呼ばれるようになっていた。FFI民兵がクレイエール城の病の床から侯爵を引きずり出し、フレーヌ刑務所に拘留した。自分の件がようやく法廷にもちこまれたとき、ポリニャックはドイツ軍との接触のおかげで、大勢の人間を逮捕と強制移送から救ったことを証明した。釈放はされたものの、その後、パリ社交界の多くは侯爵を避けた。侯爵にとってはおそらく、禁固刑よりもなお辛い罰だったかもしれない。

パリの上流階級と交流した外国人は、豪奢と荒廃の落差に目を丸くした。新しく着任したアメリカ人外交官ビル・パトンと夫人のスーザン・メアリーは豪勢な晩餐会に出かけたが、「屋敷はヤミ市と腐敗、ドイツ国防軍将校たちの重い外套のにおいがぷんぷんした。あとで聞いたが、将校たちは占領中、貴賓として招かれていたという[8]」。翌晩はこれ以上ないほど違っていた。「ああ、ムシ家のすばらしく優雅なみすぼらしさ」とスーザン・メアリーは書いた。晩餐は「とても薄くて水のようなスープ」と豆の缶詰の主菜だけで構成されていた。「食事についての言い訳も、戦争についての苦労話もなかった。陶器は博物館並みで、一九歳になる長女は自分のドレスに大満足だった。それはなにか古いカーテンで作られていた」

毎日の生活の不便と不快は果てしがないように思われた。止まっているライフラインは電話だけではなかった。絶えず蠟燭が必要だった。少なくともひと晩に二回は停電したからだ。多くの人にとって、冬の寒さは食糧不足以上に恐ろしい思い出となった。スーザン・メアリー・パトンはロワール川のほとりの城に友人と滞在していたとき、その小さな娘から、アメリカではオーバーを着なくても客間にすわっていられるというのは本当かと尋ねられた。あるイギリス人将校は、ルーヴル美術館で一枚の絵に人びとが群がっているのを見て、フランス人の文化に対する関心の高さに驚嘆した。だが近づいてみると、みんなは温風を出す鉄格子のそばに立とうとしていたのだった。プルーストのゲルマント公爵夫人のモデル、グレフュール伯爵夫人を訪れた者は、高齢の夫人が毛皮のコート、羽根のえりまき、灰色のつや出しをしたボタン留めのブーツ姿で、サロンのストーブの上にかがみこんでいるのを見出した。

フォブール・サントノレ街では、革製品のウインドーに飾るのは本革の靴一足に限定され、それも売り物でないことを強調するために「見本」と表示がつけられていた。そのまわりには一種のウインドー装飾として麦藁が散らしてあった。カフェには偽のコーヒーか、化学薬品の味のするべたべたした炭酸飲料「ガズー」しかなかった。製菓店は空っぽで、《ランペルマイエ》のようなティーサロンのウインドーには、段ボールのケーキとチョコレートの空き箱が、ここでもまた「見本」という小さな表示をつけておかれていた。

一九四五年六月にソビエト婦人代表団がモスクワから到着したとき、団長の同志ポポヴァは、このすべてに興ざめの気分を味わった。「われわれは、フランスで美しい店をいろいろ見ると言われてきました。けれども、お店はすべて空っぽか閉じられているかです。買うものはなにもありません。市民全員が木底の靴で歩いています。だれもストッキングは履いていません。とても短いドレスを着ています。それが流行だからではなく、素材がないからです。それでも帽子の上には、菜園のすべてと燕の巣を見ることができます」(9)

広範囲の荒廃と困窮にもかかわらず、本人は否定したものの、貧困からはほど遠くとどまっている人びとも大勢いた。ひと組四〇〇ポンドで最高級サテンのシーツを販売しようとした女性は「扱える以上の注文を受けています」、と驚いたダイアナ・クーパーはイギリスの友人に書いた。「注文はすべてフランス人から――アメリカやイギリスからはゼロ――しかも成金のヤミ業者からではなく――『わたくしどもの古くからのお客様』から――ですから、あちこちにお金の壺があるのがわかります[10]」

「グラタン」すなわちフランスの最上流階級は、外から見るよりも複雑だった。ムシ公爵――ノアイユ家のやんごとなき一員――は、自分は祖母がアメリカ人なので真の「グラタン」の資格はないと主張し、同輩たちについて、本当に気の滅入るような肖像を描いている。「自分のアパルトマンにうずくまって縁談と血縁関係の遠い近いを話し合う。旅行はしない。銀器は汚れ、銅製品は磨かれず、吝嗇ゆえに召使いたちからは恨まれている[11]」

このような階級内部における政治的意見は風刺家のペンには完璧な題材だった。ナンシー・ミットフォードはイヴリン・ウォーに書いた。「今日、ある老伯爵が別の老伯爵に、また別の老伯爵について話すのを耳にしました。『しかし、わが親しき友よ。あやつは大変な左翼ですぞ。オルレアン家〔フランス王家の一族。フランス革命時、革命を支持したフィリップは「平等王」と呼ばれた〕の支持者ですからな[12]』」。だが、例外も――とくに占領後の若い世代には――いた。マルゴ・ド・グラモンは、マルゴがレジスタンスで果たした英雄的な役割に感心しなかった家族と部分的に疎遠になった。その結果、ドルドーニュのマキの重要人物のひとり、ロシア系ユダヤ人のフィリップ・ド・ギュンツブール男爵と結婚する。ラ・ロシュフーコー公爵夫人の息子はのちに自ら進んで、サン＝ジェルマン＝デ＝プレの地下ナイトクラブのドアマンになった。

田園地帯では、伝統的な生活様式が受けた影響はずっと小さかった。一九四五年一一月三日、聖ユベールの祝日に、ブリサック公爵は狩りのシーズン到来をぜひとも昔のやり方で祝おうとした。セルの教会で荘厳ミサが執りおこなわれ、正装をした狩り係の召使いが大きな銀製の円形ホルンを吹き鳴らし、ハウンド犬たちが祭壇の前に連れてこられた。続いて城館でパーティが開かれた。ロゼ・ワインが小作人に振る舞われた。小作人たちはそのあと領主に、古い習慣を復活させたお礼を言いにきた。「公爵さま、私ども、ようやく安心をいたしました(13)」

解放後のフランス社会は、その慣習のほとんどにしっかりとはまりこんではいたものの、以前に比べて外国人、とくにアメリカ人とイギリス人をはるかに歓迎するようになった。しかしムシ公爵はスーザン・メアリー・パトンに警告した。フランス人が突然変わったと思ってはいけない。公爵の説明をそのまま引き写して、パトンはこう書いている。「フランス人はドイツ軍占領の四年間、自分たちだけでほっておかれたので、退屈、退屈、ものすごく退屈しており、新しい顔を熱心に求めているのです(14)」

新参者も占領後にもどってきた者も、外国人は毎日の気がかりから気を逸らしてくれるものとして歓迎され、外国人のほうも同じようにパリの友人たちとの再会を熱心に求めた。デイジー・フェローズは、上のふたりの娘のために立たされた決まりの悪い立場を解消しようと、お客の接待を再開した。「フリルひとつとして間違った場所にはなかった」とある客は記している。「きらきらと輝き、豪華――小さな骨董品のひとつとして欠けず、カーペット、椅子にはクッション、階段をたくさんの蠟燭が照らす」。デイジーはより小規模なパーティも催した。あの当時の自分自身を「木靴を履いたスカンジナヴィアの学生」にすぎなかったと述べているクラウス・フォン・ビューロー〔デンマーク出身のイギリスの弁護士、美術評論家。一九八〇年代に妻の殺害容疑で話題になる。のちに無罪に〕は、晩餐会に出かけてデイジーとふたりきりなのに気づいたとき、「ガラガラヘビを相手にした兎(15)」のように感じた。

招待されること、なににもまして公式の集まりに招待されることを、だれよりも望んでいたのはウィンザー公爵だった。イギリス大使は、ウィンザー公夫妻はアメリカで暮らすべきだという考えを支持し、ジョージ六世の個人秘書アラン・ラセルス卿に書いた。「公爵はこの国にいてもなんのいいこともできません。夫妻のどちらもがフランス人を好きになったことはないし、フランス人を理解し始めることもないでしょう。ここでは、あの狭いコスモポリタンの世界にしか居場所を見つけられません。パリのコスモポリタン世界は永遠に存在し続けるだろうし、それは害をあたえる以外のなにもできません。ご存知のように、フランス最良の人びとはそれを避けています[16]」

ダフ・クーパーは、公爵が「なにか公的な機能を果たしているかのように、公的な要人をもてなそう[17]」と試みることを、むしろ悲しく思った。ダフ・クーパーがもはや元国王を重要視しておらず、バッキンガム宮殿と外務省の政策は、公爵を公的生活の外においておくことだと最初に気づいたのは公爵夫人だった。「ウォリー〔公爵夫人の愛称〕は私をわきに呼んだ」とダフの武官、デーリー准将はある晩餐会のあと書いた。「そして、大使は殿下を失礼に扱っていると思うと言った。フランスは、公爵が国家元首に紹介されておらず、また公式のレセプションに招かれない唯一の国だ。ハリファクス卿（ワシントンの英国大使）は公爵をすぐにトルーマン大統領との会見に連れていった[18]」

デーリー准将は公爵夫人の見解にある種の共感を覚えた。ゴルフのラウンドのあいだに、デーリーはフランが切り下げになる可能性があると話した。公爵はそれまでだれも教えてくれなかったと言って、非常にご立腹だった。「私は公爵に情報をお伝えするようにしますと言った」とデーリーは日記に書いた。「結局のところ、公爵はまだ陸軍元帥であり、戦艦の提督なのだから。人びとはそのことを忘れがちである[19]」

実際に人びとはそのことを忘れがちだった。ひとつには九年間の亡命生活が公爵をあまりにも変えてしまったからだ。公爵が短期間、イギリスを訪問したときに顔を合わせたラセルスは、とくにその変わりように衝撃を受けた。「名高い魅力は消え去り、だが昔の独裁者的な態度――『私がそう望む。だからそうあるべきである』も同じように消え去った[20]」

おそらく公爵がそうとは意図しないままにしたもっとも悲しい発言のひとつは、ガストン・パレフスキに「きみは結婚すべきだ。ぼくらを見たまえ」(21)と言ったことだろう。ガストン・パレフスキを追いかけてパリに到着したばかりのナンシー・ミットフォードは、公爵の言葉は腹をかかえて笑いたいくらい滑稽だと思った。あるいはそう思ったふりをした。心の底では、マダム・ガストン・パレフスキになることをなによりも切望していたのだから。もっともいまだにミセス・ピーター・ロッドであり、ロッドは離婚には応じないだろうから、それは不可能ではあった。

パレフスキは美男子ではなかったし、肌はひどく汚かったが、頭脳明晰で愉快、野心家で、とても虚栄心が強かった。また悪名高き女たらしでもあった。一〇回のうち九回はおそらく顔をはり倒されただろう。だが、その並はずれたしつこさはしばしば平手打ちに見合うだけのもので報われたようだ。パレフスキが食らった最高のひじ鉄砲は、晩餐会のあと、お宅まで公用車でお送りしましょうと申し出た相手の女性から受けたものだ。「けっこうよ、ガストン。とても疲れているから、歩いて帰るほうがいいわ」。男性はガストンをすばらしい仲間と考え、その容貌にもかかわらず、多くの女性はガストンを大好きになった。

パレフスキは、ナンシーに恋をしているふりをすることは決してなかった。ナンシーのパリ引っ越しに反対し、その愛には希望がないと気づかせようとした。道徳についてのドゴールの見方はきわめて保守的であり、イギリス人の人妻との関係は、自分のキャリアを修復不能なほどに傷つけるだろうと告げた。とくにイヴォンヌ・ドゴールの不貞嫌いを考えれば、これは疑いもなく真実だった。だが、パレフスキが結婚せずにいるあいだ、ナンシーは決して希望を捨てられなかった。明るい悲しみをこめて、自分自身を「ラ・パレフスカ」と呼んだ。

ふたりは規則的に会い続けた。ほとんどの場合、ナンシーは自分がガストンの人生に果たす、ごく限られた役割を受け容れていた。だが、ときおり、その自己抑制にはひびがはいり、愁嘆場を演じてはすぐに後悔した。このような爆発の一回のあと、ナンシーは電話で言った。「ああ、大佐、わたくし、自分が恥ずかしいわ」[22]。ガストンは思いやりを見せて、こう答えた。「情熱の権利はフランス革命によって宣言されています」

しかし、パレフスキは用心深く目立たずにいることに固執し、そのためふたりのデートはときおりお色気喜劇の様相を呈した。「私は最後には食器棚に閉じこめられたり、裏階段に隠れ、そこで管理人に見つけられました——あまりにもみっともなくて死にそう——時間のほとんどがこういった滑稽な振舞いにとられ、大佐といるのはせわしのない五分間だけだという事実を別にしても！[23]」

ときおり、ガストン・パレフスキはムッシュー街のナンシーの家に昼食にきたり、ナンシーをパーティに同行したりした。シクスト・ド・ブルボン゠パルム大公夫人の舞踏会に、パレフスキはナンシーと腕を組んで到着した。イヴリン・ウォー宛のナンシーの手紙によれば「大佐が私たちを取り巻く対独協力者の大群を理由にして、ここにはいられないと言い出すまでに二分もかかりませんでした。大佐は断固として私を家まで送ってきました[24]」。ナンシーは新しいドレスを見せたいと思っていたので悔しがりはしたものの、反対はしなかった。

ウォーは次の手紙で、ナンシーの誤りを正そうとした。「かわいそうなおばかさん。大陸の大佐が貴族の舞踏会にもどり、あなたが万年筆を手にして眠れずに横たわっているあいだ、生まれのいいゲシュタポの売春婦の腕のなかにいたという考えは、思い浮かばなかったのですか？[25]」

第17章

政府内の共産主義者たち

一九四五年五月七日月曜午後、パリに噂が広まった。戦争が終わった。ドイツは降伏した。だれもが鐘が打ち鳴らされるのを待っていたが、このニュースが事実であることを確認していたのは、輪転機からどんどん刷り上がってくる新聞だけだった。

夕食後、ジャン・ガルティエ゠ボワシエールは街路が人でいっぱいになるのを予測していた。しかし、祝祭の唯一の兆候は、連合軍諸国の旗を狂ったように振るフランス娘を満載して、猛スピードでときおり走り抜けていくGI運転のジープだけだった。ガルティエ゠ボワシエールは数名の友人と古いナイトクラブ《屋根の上の雄牛》に繰り出した。店では、店主のモイゼスが、お祝いにワインのボトルを一本――「勝利の一本」――無料で振る舞った。画家のジャン・オベルレが加わり、楽団が『ティッペラリー〔第一次大戦中イギリスで流行った歌〕』と『ラ・マドロン〔同じく第一次大戦中、フランス兵のあいだで流行したシャンソン〕』を演奏するのをみんなで聴いた。アメリカ、イギリス、フランスの軍人たちが歌詞を元気いっぱいに歌っていた。

だれもが上機嫌だった。だが、午前三時ごろ、奇妙な事件が起きた。オベルレは近寄ってきた男と握手するのを拒否した。男は怒りで顔をまっ赤にし、なぜだと尋ねた。オベルレは、ドイツ軍支配下のラジオ゠パリで放送していた人間の手は、だれの手だろうと握らないと返事した。男は怒鳴り散らし、自分は捕虜だったし、だれか別な人間が自分の名をかたったのだろうと主張した。近くのテーブルの連中が言い争いに加わった。突然、ギャルソンのひとりが非難するように指を突き出して、叫んだ。「この男がドイツの将校と晩飯を食ってるのを見たぞ！」[1] これは大騒ぎを巻き起こした。だが、そのあと「一種のザズー」に見える長髪の人物が口を開いて、非難された男を弁護した。

「あんたはだれだ？」数名がすぐに尋ねた。

「司法警察の刑事だ！」男は誇らしげに背筋をぴんと伸ばして返事をした。

これはわっという大笑いを引き起こした。そのあとガルティエ＝ボワシエールの友人のひとりルネ・ルフェーヴルがこの私服警官と言い争いを始め、警官を殴り倒した。警官が立ちあがると、ルフェーヴルは戸口まで引っ張っていき、通りに蹴り出した。パリの東の空はもう明るかった。戦勝記念日の夜明けだった。

長く待たれた朝は明るく晴れわたっていたが、通りは午後になるまで奇妙に閑散としていた。三時ごろ、エトワール広場（巨大な三色旗が凱旋門の下で風に揺れていた）、シャンゼリゼ、コンコルド広場が人で埋まり始めた。ほとんどすべての家と車輌が旗で飾られているように見えた。兵隊と若い娘を満載したジープがパリの若者に停止させられた――中年と老人はほとんど家に残っていた。クラクションが鳴らされ、空飛ぶ要塞〔ボーイング17型機〕が低空を通過し、礼砲が響き、教会の鐘と最後の空襲警報解除のサイレンが鳴らされて、午後は騒がしかった。

ドゴール将軍は国民に向けてラジオ放送し、フランスが降伏の儀式に出席し、勝利者の一員であるという事実を強調した。放送が終わると、コンコルド広場はなおいっそう人で膨れあがった。群衆は立錐の余地もなく、白いヘルメットをかぶった米軍のMPは、アメリカ大使館の出入りのために、道を無理やり空けさせなければならなかった。カーキ色の軍服の男がバルコニーに登場し、勝利の敬礼をしたとき、群衆はアイゼンハワーだと思いこんで、歓声をあげた。実際には、それは戦前の駐仏アメリカ大使ウィリアム・ブリットだった。

暗くなると、パリ中心の有名な歴史的建造物のほとんど――凱旋門、コンコルド広場、マドレーヌ寺院、オペラ座――は開戦以来始めて、赤、白、青のライトで照らされた。泉にもふたたび水が通され、照明がつけられた。

マドレーヌから馬に乗って堂々と登場する共和国衛兵に道を空けるために、パリ警察はロワイヤル街で群衆を押しもどそうと悪戦苦闘した。だが、衛兵の登場も周囲の光景同様に雑然としていた。衛兵たちの正装、輝く銅鎧と長い馬毛の飾りがついた龍騎兵の兜の威厳も、すべての兵士が「ナポレオン風の軍服にしがみつき、金切り声をあげている娘を少なくともひとり、鞍のうしろに乗せている(2)」という事実で劇的に帳消しにされていた。

夜が更けるにつれて風が強まり、公共の建物の屋根ではためく旗がばたばたと音を立てた。地上の群衆は『ラ・マルセイエーズ』『ラ・マドロン』『出陣の歌』、レジスタンス歌を歌い続けた。がっちりした肩章ですぐに見分けのつく赤軍将校にはお祝いの言葉がかけられたが、ボーヴォワールの友人の白系ロシア人女性がソ連兵の一団とロシア語で話し始めたとき、兵士たちは厳しい口調で、パリでなにをしているのか、なぜ祖国にいないのかと問いつめた。

カストールと友人ふたりはモンマルトルにいき、夜を《ラ・カバーヌ・キュベーヌ》で終えた。そのあとジープに拾われて、家まで送ってもらった。ちょっと気の抜けたような感じがした。「この勝利は私たちからは遠く離れたところで獲得された。私たちは解放を待っていたときのように、それを熱を帯びた期待の苦悶のなかで待っていたわけではなかった(3)」。真夜中、パリ消防隊のトランペットのファンファーレは「撃ち方やめ」の合図のように聞こえた。ボーヴォワール以外にも、解放とは違って、祝祭には人工的な側面があるのを感じた人びともいた。ひとつには「あまりにも長いあいだ待っていたフィナーレに喝采を送るには、あまりにも疲れ切っていた」[4]からだった。しかしまたドゴール将軍が強調したフランスの栄光ある役割が、真実には聞こえなかったからでもあった。自分が勝利者だとは感じられなかったのである。

唯一、勝ち誇って感じたのは共産主義者だったようであり、輝かしい赤軍の反射光を浴びて、党が近い将来、権力の座につくことを確信していた。

一九四五年、フランス共産党は国内最強の政治組織であり、多数のフロント組織――国民戦線、フランス婦人同盟、フランス共和主義青年同盟、退役軍人協会、CGT（労働総同盟）内最大の労組のほとんど――を掌握していた。しかし、いくつか驚くべき弱点もあり、とくにパリとその郊外では、党員数が一九三八年のレベルにさえもどらなかった。CGT労働組合運動の共産党幹部、ブノワ・フラションはモスクワに「基本的な理由は……労働者のあいだにある一種の一時的な落胆」であると報告した。「労働者は、ドイツ軍が追い払われたらすぐに、フランスにおける根本からの革命と社会解放が起きることをあてにしていた」[5]。だがフラションは、郊外の「赤い帯」地域の労働者が、党が認めているよりも多く失われたことには触れていない。この損失はパリ中心部における知識人入党者の数によって部分的に覆い隠されていた。

実際にレジスタンスのあいだには、多くの労働者が勝利は革命をもたらすと信じて共産党に入党した。モーリス・トレーズがフランス帰国時に生産の増大と強力なフランス軍の創設を――一九三九年のもっとも有名な脱走兵の口から――呼びかけたとき、多くの人は驚きと失望を抑えられなかった。

もちろん、このいずれもが、たとえその指導者の一部、とくにモーリス・トレーズが権力の罠によってある種の「ブルジョワ化」に引きずりこまれたとしても、フランス共産党がブルジョワ政党になったことを意味するわけではない。だが、モスクワから新たな指示を受けとるまで、その政策は二重路線にとどまっていた。一方で、党はできるかぎり多くの党員を影響力のあるポストにつけるために、議会制民主主義システムの枠内でその立場を強化した。党の得票数が全体の三分の一近くまで増加したので、憲法に則った手段で権力に到達する可能性も排除されてはいなかった。他方で、その間の革命のモラルは、対独協力者と「ヴィシーのファシスト第五列」を攻撃することによって維持された。

第五列に対する強迫観念が続いていたのは、ひとつには対立者をさらに排除するためのキャンペーンがそれに生命を吹きこんでいたからだ——それはまた無能力による敗北を説明するためのスターリン主義者の古典的な方法だった——だが、ヴィシー派第五列による破壊行為があることは本気で信じられていた。

党とドゴール将軍のあいだの緊張が高まっていったにもかかわらず、共産党系の大臣は閣内にとどまり、トレーズは非常に役立つ味方となった。一九四五年七月二一日、ヴァジエにおいて、トレーズは対独協力者狩りは終わりにしなければならない、ストライキがあまりにも多すぎると発言して、聴衆に衝撃をあたえた。九月一日、デュクロはトレーズのヴァジエ演説が石炭の増産につながったと宣言した。「今年の冬、人民が石炭を手にできるのは共産党のおかげである」

トレーズの責任路線について、政府とその官僚は自分たちの幸運がほとんど信じられない思いだったが、党が同時に潜入に努めていることに対してもなんの幻想も抱いていなかった。国内諜報網の責任者だったきわめて地位の高いある内務官僚は——フランス全土で五〇〇〇名以上のスパイが共産党の活動を厳しく監視していると自慢——アメリカ大使館に、党は、影響力を行使できる地位ならどこでもかまわず、党員をつけることにその力を傾注していると報告した。共産党は軍内部では期待よりもはるかに小さな成功しかおさめなかったが、CGTの労組運動は効率的に掌握した。他方で、「共産党が私たち政府を支持し続ける一週一週が時間稼ぎとなり、政府の立場を強める」[6]。

レアルポリティーク〔現実的外交政策〕という点については完全にシニカルな唯物論者の党であるわりには、共産党は神話と英雄的象徴を育むために驚くべき量の努力を傾注し——そして政治力を情け容赦なく行使した。一九四五年一月、党は戦前の党のスター作家ロマン・ロランをパンテオンに埋葬させるためのキャンペーンを開始した。また党員をフランス学士院に入れようとしてロビー活動もおこなった。だが、なによりも出足よく始めたのは、街路や地下鉄の駅をレジスタンスの英雄にちなんだ名称に変更させることだった。

スターリン主義のモデルに従って、モーリス・トレーズを対象にして個人崇拝が形成されていった。その政略をどう評価しようと、トレーズは畏怖すべき才能をもつ男だった。その敵は、トレーズの筋肉、ゴムのような頑強な顔を欺瞞の仮面と見たが、トレーズは献身的なスターリン主義者として嘘の必要性を信じていた。炭坑労働者の息子として育ち、自らも炭坑労働者であり、教育の欠如を驚くべき意志力で克服し、すばらしい集中力を育んでいった。

トレーズはフランス共産党から「人民の子」と称讃された。「人民の子」は党が公認したトレーズの自伝のタイトルでもあり、この男をほとんどプロレタリアのキリストのように思わせた。しかし共産主義世界におけるその地位を示す例をあげれば、この同じ男がモスクワでは、新聞記者のインタビューを受ける許しをディミトロフに申請して、まるで追加の休日を求めた事務員のように、にべもなく却下されたのである。

五〇回目の誕生日に、学童たちが「われらのモーリスは五〇歳――ハッピー、ハッピー・バースデー――ジャネットと子どもたちのために――モーリスのお母さんのために！」と歌いにきた。トレーズのパートナーでその子どもたちの母親であるジャネット・フェルメルシュは、プロレタリア的勇気の模範とされた。その貧しい子ども時代は、スターリン主義者版の聖書物語として語られた。フェルメルシュもまた伝説を育み、その火を吐くような熱弁は、本人が絶讃していたスペイン内戦のヒロイン、ラ・パショナリアをモデルにしていた。

もうひとつの、おそらく驚くこともないパラドックスは、共産党の商業帝国と組になっている。帝国拡大の好機は、対独協力組織所有の建物が没収されたときに、大幅に増加した。たとえば党の日刊紙『リュマニテ』はダンギャン街にあるポピュリスト新聞『ル・プティ・パリジャン』所有の建物を乗っ取った。

党は銀行を一行、デュ・ノール銀行と船会社フランス・ナヴィガシオン社を所有。スペイン内戦のあいだに買い取られたフランス・ナヴィガシオン社が、ソ連の軍需物資購入に転用されたスペイン共和国の金準備の一部で購入されたのはほぼ確実である。

党の出版帝国はパリと地方の両方で巨大だった。日刊紙一二紙と週刊誌四七誌を所有。加えて共産党主導の国民戦線が一七誌の週刊誌を所有、すべて厳しく統率されていた。党のフロント組織が掌握する全地方紙に向けて、毎日、「政治指針」のための指示が発信された。

党の不動産帝国の旗艦は「四四番地」、ル・ペルティエ街の大きな煉瓦造りの党本部だった。建物は少なくとも半ダースの警備員によってしっかりと守られ、精鋭ぞろいの警備隊が第五列の奇襲攻撃に備えを固めていた。

党幹部はまた暗殺にも備えていた。トレーズは毎日、「四四番地」までボディガードを従えて、厳重に装甲したリムジンで送られてきた。建物の前に到着した瞬間、中からボディガードと警備係が出てきて人間の壁を形成し、トレーズが安全に屋内にはいれるようにした。トレーズの自宅、ショワジーの小さな城では、ボディガードが食卓の給仕をし、自分たちはそのあと台所で食事をした。ある訪問者はこの家を「惨めにプチブル的[7]」と評している。城には私用の映写室があった。共産党幹部は（ロラン・カサノヴァを除いて）、あえて公共の場所に出かける危険は冒さなかったからである。家にはまた、きわめて雑多な美術品のコレクションがあった。どの作品も、党員である画家から寄贈され、「同志モーリス」に捧げられていた。

一九四五年、影響力の絶頂にあったフランス共産党は、そのもっとも野心的な戦略――融合によって社会党を乗っ取る――を推進した。労働者階級の統一というテーマは、当時、絶対多数、とくに権力の追求における共産党の冷酷非情を経験していない青年層に巨大な訴求力をもっていた。

ジャック・デュクロは労働者階級の統一に反対するのは人民の敵だけであると言い放った。統一に抵抗する社会党員は「分離主義者」である。だが社会党指導者レオン・ブルムのような古参党員は、一九三六年、スペイン内戦初期にスペイン社会党を呑みこもうとしたスペイン共産党の試みをあまりにもよく覚えていた。また、共産党が労働者の統一の名のもとに労働組合の連合体であるＣＧＴを乗っ取ったことも記憶していた。

アメリカ大使館は、こういった展開を監視し続けていた。武官補佐のデイヴィッド・ロックフェラー大尉は、フランス内務省国家警察局の情報網のひとつ、総合情報局の局員と密接に連絡を取りあった。総合情報局局員は大尉に、社会党にとって共産党に抵抗するための最高の防波堤は、最近改革されたＵＤＳＲ（レジスタンス社会民主連合）であると説明した。ＵＤＳＲは左翼だが、党員ピエール・ヴィヨンを追放することによって、その頑強な反共姿勢を明らかにしていた。ロックフェラーは、社会党とその味方がしっかりと立っていれば、共産党には閣内から脱退し、「経済復興達成努力[8]」を妨害する以外の選択肢はほとんどなくなると予測した。

社会党の頂点に立つブルムとその同僚は不安を感じていた。どちらの道をとっても共産党が勝つように見えた。社会党員の絶対多数が統一に同意すれば、共産党はより優れた党組織を遠慮会釈なく使うことによって、すべての重要な役職を押さえ、支配権を勝ちとるだろう。他方で、ブルムとその支持者が、統一に反対する投票になんとか勝ったとしても、九年前にスペインで起きたように、その結果が引き金になって、社会党は分裂するかもしれない。その場合、共産党は社会党左派と青年党員のほとんどを味方につけるだろう。ブルムらの唯一の希望は時間稼ぎにあった。

労働者階級に対する指導力を独占しようとする共産党の試みは、意外な方向からダメージを受けた。一九四五年の党のプロパガンダは赤軍の英雄的行為が目玉だった。しかし、党が、最近、帰国した戦争捕虜と抑留者を味方に引き入れようと奮闘していたとき、その多くは、ドイツのソ連占領地域で目撃した強姦と略奪、殺人に震えあがってフランスに帰ってきていたことがわかった。帰国者の目撃談は広まった。パリの共産党指導者は怒りでわれを忘れた。「赤軍に反する発言はすべて許してはならない![9]」とある大集会でアンドレ・マルティは怒鳴った。「文明世界を救った栄光ある赤軍兵士」に対する「反ソビエトの中傷を広めるために」潜入した「シニカルなヒトラー派の卑劣漢[10]」を攻撃するポスターが登場した。

一方、クレムリンはほとんど関心を示さなかった。スターリンは戦後もフランスに関心をもたなかった。赤旗がベルリンの廃墟に立てられたあと、その第一の気がかりは赤軍掌握下にある衛星諸国をソ連の「防疫線」とすることだった。ドイツの急襲に対して二度と脆さを見せてはならない。

クレムリンとフランス共産党の関係がいかに緩んでいたかを示す最良の例のひとつは、一九四五年六月一五日の国際局会議の速記録に明かされている。担当の官僚ステパノフは、フランス共産党幹部たちが道に迷いかけていると感じていた。ステパノフはポノマレフとその委員会に告げた。「解放の期間全体にわたって、共産党はきわめて聡明できわめて賢く行動したと言える。党は自らが、残りのレジスタンス運動や他の政党から孤立することを許さなかった……（しかし）共産党は、戦術的観点からは正しく行動したものの、なんの戦略的見通しも、戦略的目標ももっていないという印象を受ける」[11]

ポノマレフは同意しなかった。トレーズには「時期尚早の行動と、英米という形の外部勢力と協調した内部の反動勢力を有利にするような紛争を引き起こす危険のあるものすべてを回避する」権利がある。「したがってフランス共産党の状況は、わが赤軍が駐留し、われわれが民主的変革を成しえてきた諸国の共産党の状況よりもずっと複雑である。ソビエト連邦の近くにあることが小さくはない役割を果たす。また、その他の事情もそれなりの役割を果たす。だが決定的な事実は赤軍の存在だ」。スターリンと同様に、ポノマレフは、銃口の先で押しつけた「防疫線」にまず焦点をあてていた。だが、一九四七年、フランス共産党が間違った道にはまりこんだことによって、ステパノフの分析のほうが正確だったことが明らかになる。

第18章 シャルル二世の退位

フランスのリーダーシップ問題はパリの壁の落書きに要約されていた。「ドゴールは頭を雲に、足を糞に突っこんでる」。ダフ・クーパーはこの状況をもう少し穏健に描いている。「ドゴールは本当は自分の間違いではない国内問題で非難されている一方で、その外交における愚行や目立ちたがりの政策などはむしろ人気がある」(1)

一九四五年下半期には元気の出るようなことはほとんどなかった。フランスがその物質的貧困から立ちあがるなんの兆候も見せていないときに、ドゴール将軍の発言のいくつかは、将軍らしくもなく愚かしく聞こえた。カフェリーは六月一五日、ワシントンに報告した。「最近の地方議会選挙について尋ねたとき、将軍は人はあれやこれやの党に投票する。だが、すべての人がドゴールに票を入れると言った。そのあと続けて、ノルマンディーでどんなにすばらしい歓迎を受けたかを語り、『現在、私がいく先ざきで歓迎されているように』と付け加えた」(2)

ほとんどの人はこの状況について、ドゴールの側近、とくにガストン・パレフスキを非難しがちだった。それを不公平だと感じる人もいた。クロード・ブシネ＝セリュルによれば、ドゴールはこのような批判を認識しており、よく言ったという。「人びとが不満なとき、それは側近のせいである」(3)。ドゴールを称讃していたレオン・ブルムは、問題をむしろ異なるやり方で説明している。ブルムは、ドゴールは「過敏症の一匹狼であり、身近にいる側近は自分の意見を告げることを恐れているに違いない」[4]と言った。

さらにドゴールは、ひとつには強迫観念となっていたアメリカ嫌いのせいで、だがまた経済問題に取り組むのを拒否していたために、産業家と自由業の信頼も失い始めていた。フランス銀行総裁モニックは少々憤慨して、ある外国の外交官にベルギーは問題をフランスよりもはるかにうまく扱っていると語った。ドゴール支持者は先細りになり、戦争以来の献身的な忠臣、軍内部のより反動的な分子、そして「仏仏戦争」に典型的な皮肉だが、ドゴールを反共の防波堤と見なした生来のペタン元帥支持者が残った。

五月、シリアでの反植民地騒乱がレヴァントにおけるフランスの立場を危うくした。ドゴールは、最近までレバノンとシリアのイギリス公使だったスピアーズ将軍が、フランスを追い払うために陰謀を吹きこんだのだと確信した。スピアーズは戦争中、たしかに挑発的であり、この地域のイギリス官僚も状況沈静化のためにはほとんどなにもしなかった。しかし、イギリスが戦前には、この地域でフランスにとってかわろうとしたとしても、一九四五年、ロンドンはそこになんの未来も見ていなかった。ふたたび支配を押しつけようとするフランスの試みが中東全域に火をつけることを恐れて、イギリス政府は最後通牒を発した。シリアのフランス軍は兵舎に撤退せよ。

中東におけるイギリスの軍事力を前にして、なすすべのないドゴールは、イギリスが自分を別のやり方でも転覆させることに決めたと思いこむようになり、「イギリスはレヴァントで決定的な一撃を準備ながら」「パリに喧嘩を売るようワシントンを」[5]仕向けているとまで主張した。

シリアの事件に対する欲求不満からか、あるいはこれとは関係なく和平会議でフランス領土を拡大させようという試みからか、ドゴールはフランス軍をイタリア国境を越えたアオスタ渓谷に移動させた。このときもまた、ドゴールは自分のしていることを自分の外務大臣に知らせなかった。ビドーは憤慨し、さらにこの無意味な軽挙妄動のために、アメリカに対しては面目を失った。六月六日、トルーマン大統領はフランス軍撤退を求める強いメッセージを送り、軍事支援を停止。パリの外交団は、ドゴールが自殺への道を歩んでいると確信し、「シャルル・ル・タンポレール〔臨時王シャルル。一五世紀の最後のブルゴーニュ公、シャルル・ル・テメレール（勇胆公）にかけている〕」と呼び始めた。一週間後、ドゴールは屈辱的撤退を余儀なくされた。

翌日、ドゴールはアイゼンハワー将軍に解放十字章を授与する予定だった。しかし、土壇場になってアイゼンハワーには、レヴァントをめぐる紛争のため、イギリス人将校を同行してはならないと告げられた。アイゼンハワーは言った。連合軍最高司令官として、自分の副官二名、イギリス空軍中将テッダーとモーガン将軍を同行する。それがドゴール将軍のお気に召さないのであれば、自分はいかない。ドゴールは後退せざるをえなかった。

パレフスキはどうやらドゴールに代って、ルイーズ・ド・ヴィルモラン経由でダフ・クーパーにメッセージを送り、ドゴール、パレフスキとも「最近の事件のために、イギリス大使館との関係が、過去にあった関係であることができないのを[6]」遺憾に思うが、大使個人に対しては相変わらずもっとも深い友情以外のなにものも抱いていないことをお知りおきいただきたいと告げた。ダフ・クーパーは感心しなかった。「これは――こう言わなければならないが――きわめて例外的なやり方だと思う。ドゴール自身がこれに加わったのには驚いた」

ドゴールは、戦後のフランスに対する自分の希望が、国内からも国外からも足を引っ張られていることに気づき始めた。六月一七日、諮問議会がレヴァントの危機を論じたとき、大量の批判がイギリスではなく、自分自身の政府と中東におけるフランスの伝統的政策に向けられているのを知って、ドゴールは啞然とした。六月二六日夜、ドゴールはレジスタンスの英雄ピエール・ド・ベヌヴィル将軍に、自分は「政治から完全に身を引くつもりだ(7)」と語った。ベヌヴィルはそのあとルイーズ・ド・ヴィルモランに「秘密を守るという約束で」この発言を繰り返した——しかしルイーズはこのニュースを愛人であるイギリス大使に伝えた。

ドゴールには、レヴァントあるいは惨めなアオスタ渓谷急襲よりはるかに重大な気がかりがあった。食糧事情はあまりにも悪かったので、内相は一九四五年七月七日、アルジェリア総督に秘密電報を送り、危機回避のために船二隻分の羊を送るよう依頼した。エンドウマメとレンズマメが南米から輸入された。国内には二週間分に満たない量の穀物しかなかった。しかもこれは夏の話である。冬ははるかに悪くなるだろう。

フランス経済は壊滅的状況にあったが、ドゴールは金融問題にはほとんど注意をはらわなかった。有名な寸言「財政管理の問題は政治的決定に従わねばならぬ(8)」を口にしたか否かは枝葉末節の問題だが、たしかにそれがドゴールの態度だった。一九四四年冬のある日曜の午後、ドゴールがブローニュの森の私邸に、経済担当の二閣僚ピエール・メンデス゠フランスとルネ・プレヴェンを召集して、両者の対立する視点を論じ合わせたとき、ふたりは意見の相違のなかで立ち往生した。厳格な国家歳入政策が短期に引き起こす困窮ゆえに、プレヴェンはそれを望まず、自分の主張を三〇分もかけないで、すっきりと納得できる形で説明した。はるかに聡明なメンデス゠フランスは、二時間以上をかけて熱心に論じた。フランス政府がインフレ連動の合意賃金の支払いを停止する勇気をもたないかぎり、現在の極貧状態から は決して立ちあがれない。この会議の結果、ドゴールはこれ以降だれかが自分に対して経済について三時間話すことを、二度とふたたび許さなかった。

国家歳入の点から見れば、メンデス＝フランスの計画は完全に正しかった。だが、国と連立政府は、結果として起こりうる貧窮が政治にあたえる影響には耐えられなかっただろう。フランスの財政上の救いは、残りのヨーロッパと同様に、それ自身の財源内にではなく、より豊かな国々の気前のよさ、あるいはその自己利益のなかにあった。だが、ドゴールの次の外遊の第一の目的は借金をすることではなく、アメリカを説得して、ライン川西岸と、そして国際統治されていたルール地方をフランスの手中に握ることだった。

ビドーはダフ・クーパーに、「ドゴールの現在の心理状態では、外遊をしなければしないほどましである」(9)と言った。だが、ドゴールの合衆国訪問は、少なくとも災厄にはならなかった。

八月二一日、ペタン元帥の裁判が片づいたあと、ドゴールは、ビドー、ジュアン将軍、ガストン・パレフスキを同行してワシントンに向かった。ドゴールはトルーマン大統領に、ヨーロッパの未来の平和は、ドイツを農業のみに制限された弱小国家の集合体に縮小し、その一方で、フランスをヨーロッパの経済大国として建設することによって保障されると語り、平和確立の問題は基本的には経済問題であるというトルーマンの見解を退けた。トルーマンは礼儀正しく聞いていた。「フランスが世界をアメリカほど単純化したやり方で見ていない理由」(10)についてのドゴールのちょっとした講義を我慢さえした。

会議の前にトルーマンに提出されていたブリーフィング資料を知っていたら、ドゴールはわずかに異なる方針をとったかもしれない。この報告書は、もし「報告書」という名前に値するとすれば、相変わらずアメリカ政府内部で優勢だった態度を一連の粗雑なカリカチュアの形で伝えている。それはフランスを次のようにひとことで片づけていた。「政府の最高位から最貧の農民にいたるまで、なにかが起きるのをゆったりとすわって待っている国。アメリカの同情と援助にまったく気づいていない国。生活コストが本当に生き延びることを金持ちだけに許す国。最良から最低の家庭にいたるまで、若者がヤミ市で生活して、繁栄している国。あまりにも大きな劣等感を抱いているので、率直な議論は不可能ではないにしても困難な国。近い将来、アメリカ合衆国とロシアが戦争で決着をつけ、それまでのあいだ、共産主義者がヨーロッパを支配すると思いこんでいる国」。この痛烈な批判は三頁にわたっていた。それはドゴールがいくつかの義務と、「われわれの伝達ラインと、ドイツ駐留米軍の補給を守るために、フランス国内にかなりの数の米軍を維持する」ことに同意するという条件で、ドゴールを「その政府の継続を確実にするため、充分なほど衝撃的で宣伝効果のある外交的勝利を手にもたせて、フランスに送り返す」べきであると進言していた。

「結論。絶望し、意気阻喪した状態にある現在のフランス国民は、一二年前のドイツ国民と恐ろしいほど似ている。もう一度、本当に厳しい冬がきたら、連合国はフランス国民がロレーヌの二重十字をミュンヘンの鉤十字で置き換えたのに気づくことになるかもしれない。これは必ずしもドゴールの個人的な望みではない――だが、出来事がドゴールの手に無理やりそうさせるかもしれない。われわれはすばやく、強力に動く必要がある」[11]

幸いにも、トルーマン大統領は、ドゴールに対するローズヴェルトの歴史的嫌悪感を背負わされてはいなかった。そして全体としては、ふたりの会見はうまくいった。だが、この報告資料のなかには、トルーマンが強く同意した要件がひとつあった。それは軍事的な伝達ラインの保護だった。一年後、トルーマンは、ドイツ駐留アメリカ軍の背後を固めるために、ぎりぎりの瞬間までフランス政府に知らせることなく、軍をフランス国内に移動させる用意があることを示した。

当初、ローズヴェルトがその実施を待ってドゴールを承認しようとした「完全かつ自由な」選挙は、ようやく一九四五年一〇月二一日日曜に実施された。憲法制定議会選挙と同時に、新憲法に基づく国民投票がおこなわれた。信用を失った第三共和制を維持したがったのは急進党だけだった。第四共和制をめぐる中心的な問題は共産党がとくに要求したように、議会に最高権力があたえられるのか、あるいはドゴールが強く主張したように議会の権力が制限されるのかだった。一九四〇年のフランスの降伏は、第三共和制下における執行権の脆弱さが原因だと広く考えられていたために、有権者の六六パーセントが、議会の権力は制限されるというドゴールの意見に賛成した。

国民議会選挙については、さまざまな結果予測がなされた。多くの人が、共産党を排除しておく最良の方法として、中産階級が社会党に投票するだろうと期待した。しかし保守派の票は別のところ、モーリス・シューマン率いる〈人民共和運動〉（Mouvement Républicain Populaire＝ＭＲＰ）に向かった。ＭＲＰは申し分なくリベラルでレジスタンス派ではあったものの、カトリック系の「Machine à Ramasser Pétanistes ペタン主義者収集機械」と揶揄された。ヴィシー崩壊後には、信頼に足る右翼政党が残っていなかったからである。この欠落が戦後の政治スペクトラムを初めから歪めていた。

ＭＲＰはブルターニュ、ノルマンディー、アルザスのように伝統的に保守的な地域では善戦し、パリではかなりの数のペタン派を集めた。これは女性に参政権があたえられた最初の総選挙であり、この事実がＭＲＰ有利に働いたことに疑いの余地はない。あらゆる世論調査が示すように、一般的に女性は男性よりも保守的で信心深いからである。

最終結果は、共産党一五九議席、社会党一四六議席、ＭＲＰ一五二議席だった。共産党と社会党は両者で絶対多数を形成できたが、八月、社会党の党大会は合併の提案を拒否していた。社会党は賢明にも、三党連立だけが国にとって唯一の解決策だと力説した。三党連立を、統一と進歩主義についての善意の一般論に満ちる全国抵抗評議会憲章の具体化と主張することさえできた。

すべてがきわめて順調に進んだにもかかわらず、ドゴールは政党体制の復活に幻滅していた。とくに共産党支持層の大きさ――五〇〇万票は全体の二六パーセント強を意味する――によって、共産党がフランス最大の政党になったので、立憲政府の仕組みをあからさまに嫌った。共産党は一九三六年に較べて得票数を三倍以上に伸ばした。驚くには値しないが、党は閣内に適正な数の代表を送りこむことを期待した。

憲法制定会議の開会式は、一九四五年一一月六日、ブルボン宮内の半円形の議場でおこなわれた。一週間後、議会はドゴールの政府首班再選を投票にかけた。その日、ドゴールはウィンストン・チャーチルをたまたま昼食に招いていた。チャーチルは労働党に敗北を喫したあと、休暇を過ごしに南仏に向かう道すがら、パリに立ち寄っていた。会食者は、ドゴール、ギ大尉（ドゴールの忠実な副官）、パレフスキ、チャーチルと令嬢のメアリー、ダフ・クーパー夫妻だった。ダフ・クーパーは日記に記している。「私は（ドゴールを）これほど好きになり、また称讃したことはない。ドゴールは微笑み、礼儀正しく、ほとんど魅力的でさえあり、この日、自分の未来全体が賭けのテーブルにおかれているのとほぼ同じ時刻に、完璧に落ち着いていただけでなく、パリを離れて暮らす田舎紳士と思われかねないほどだった。中断もなく、電話も伝言もなく、早足で出たりはいったりする秘書もおらず、議会が三時に開会されているというのに、ウィンストンが三時半まで居残って昔の話をしていても、なにかが起きているという兆候はまったくなかった[12]」

結果から見れば、ドゴールには恐れることはなにもなかったと言える。ドゴールは、フランス史上めったにない栄誉「シャルル・ドゴールは祖国に貢献するところ大である」という動議を伴い、議会において全員一致で政府首班に選ばれた。これは、少なくとも理論上は、ドゴールの戦時の功績に王冠が授けられた瞬間だった。このことが、このあと続いて起きた危機にドゴールが沈みこんださまをいっそう劇的に見せた。

二日後、ドゴールはトレーズと会見し、閣僚ポスト要求を拒否した。組閣をしているのは自分、ドゴールであり、共産党ではない。トレーズはその後、ドゴールに対する回答を発表し、ドゴールは「わが党とその政策の国民的性格」と党の「七万五〇〇〇の殉教者」[13]の記憶を侮辱したと言った（ガルティエ＝ボワシエールが言ったように、占領中に処刑されたフランス人男女二万九〇〇〇人のうち、七万五〇〇〇人が共産党員だった）。

翌一一月一六日、ドゴールは自らの辞任の噂を煽り立てた。その瀬戸際戦術の演習は熟考されたものではなかった。ドゴールは自分自身をコーナーに追いつめた。一一月一七日にラジオで演説し、内相を共産主義者にゆだねて安全政策を掌握はさせないし、外交や軍備も共産主義者には任せないと言った。この無意味な挑発は高官たちを狼狽させた。

二日後、フランソワ・モーリヤックは『ル・フィガロ』紙で、政府首班にドゴールがいなければ、フランスはアングロ＝サクソンかソビエト連邦どちらかの影響下にはいってしまうだろうと強調した。同じ一一月一九日、ドゴール派は「われわれに必要なのはドゴールだ！　トレーズは引っこめ！」[14]とシュプレヒコールしながら、ラスパイユ大通りをデモ行進した。ブルボン宮は軍隊の哨兵線で閉鎖され、警察がパリのあちこちで道路を封鎖した。一方、リュイゼが内相に報告したように、共産党は明らかにごく目立たずにいるよう党員に命じていた。

哨兵線の背後で、国民議会における議論の大きな流れは反ドゴールに向かっていた。将軍に対する称讃にもかかわらず、メッセージは明白だった。ドゴールは大臣ポストを、主要三政党のあいだに多少なりとも平等に割り振ることを容認しなければならない。

その晩、気落ちしたガストン・パレフスキがイギリス大使館に立ち寄った。パレフスキはすべてが二日以内に終わるだろうと考えていた。ダフ・クーパーは尋ねた。共産党に戦争省を六か月間任せておくのは本当にそれほど危険だろうか？　パレフスキは確信していた。共産党は軍をまわれ右させて、クーデタを舞台にかけるだろう。

クーデタの話は伝染するようになった。翌朝には、共産党ではなくドゴールが、軍を後ろ盾に権力掌握を画策しているという噂が駆けめぐった。共産党は、ドゴールが共産党員を戦争大臣の地位につけるのを拒否したことに激しく文句を言うだけにしておいた。党は、ドゴールは「われわれを二級フランス人と考える」べきではないと警告し、ＦＦＩから昇進した将校のジョワンヴィル将軍を戦争大臣候補に指名した。ジョワンヴィルはよく知られた共産党シンパで、正規軍には忌み嫌われていた。

サン＝ドミニク街では、それは交渉の一日となった。大物政治家たちが集団で、あるいは単独でドゴールの呼び出しに応えてやってきたからだ。そのあいだ、ブルボン宮では代議士たちが、いらだちと噂と推測とで熱くなりながら待機していた。国全体が根底から揺れていた。多くの人が、手の打ち方があまりにも下手だったので、ドゴールは共産党の要求すべてに屈服せざるをえないのではないかと恐れた。総合情報局の幹部は、国民の気分についての状況報告を、二、三時間ごとに更新して提出した。

その晩、ようやくドゴール本人が帰宅のために姿を現したとき、ドゴールの前に質問の壁が立ちはだかった。明日、組閣はおこなわれるのか？　ドゴールはおなじみの曖昧な逃げ口上だけにとどめて、こう言った。「人にはそれを期待する権利がある」

その日にサン＝ドミニク街を訪れた全政治家のなかで、もっとも話が通じなかったのは二人の共産党指導者モーリス・トレーズとジャック・デュクロだった。翌朝、共産党本部に潜入した警察のスパイ――総合情報局の報告書では暗号名ＸＰ／23によってのみ識別される――は、デュクロが政治局会議に向かう途中で、同僚のひとりにこう言うのを聞いた。「昨日は罠にはめられた。今日、できるのは、社会党よりもひとつ多い数の省を手に入れることだけだ[15]」

最終的には妥協が成立した。共産党は「決定的な大臣ポスト」――内務省も外務省も戦争省も――手に入れなかった。しかしシャルル・ティヨンは軍需相にされた。モーリス・トレーズは閣議副議長――意味のない首相代理――にされ、共産党はほかに三つの大臣ポスト、産業生産、国家経済、労働を得た。ビドーによれば、共産党はその後、きわめて協力的になったという。

冬には改善は見られなかった。政府関係者のあいだには災厄に向かってスローモーションで滑り落ちていく感覚があった。一二月一〇日から、パリの電気は朝か午後のどちらかに切断された。夜のあいだにもしょっちゅう停電し、パーティは真っ暗闇に、エレベーターは使用休止になった。

ドゴールが新内閣の情報大臣に任命したアンドレ・マルローは、一一月三日、某大使館の午餐会で、「共産党は、今後一二か月のあいだに力ずくで権力を手に入れようと試み、失敗するだろう[16]」と予言した。

ドゴールもほぼ同じ線に沿って考えていた。一二月六日のジェファーソン・カフェリーとの会話は重要な意味をもつ。それはドゴールの考え方にある根本的な欠陥を明らかにしているからである。この状態はその後、何年間も続くことになる。

「現在のフランスに、真の力は二つしかない。共産党と私だ。共産党が勝てば、フランスはソビエトの共和国のひとつになるだろう。私が勝てば、フランスは独立を保つだろう」

「だれが勝ちますか?」とカフェリーは尋ねた。

「もし私がとくに国際的な舞台で幸運をつかめば、私が勝つ。もしフランスが陥落すれば、西ヨーロッパのすべての国も陥落する。そして大陸全体が共産主義になるだろう[17]」

逆説的ではあるが、この成りゆき任せの時期に、フランスの戦後史におけるもっとも決定的な展開のひとつが起きる。それは偉大な男たちのなかで、もっともうぬぼれを知らぬ男、ジャン・モネによってもたらされた。

モネは裕福なコニャック・メーカーの家庭の出身で、地方に深い根をもってはいたが、それでも産業の近代化を強く信じていた。この「欧州共同体の父」は、二〇世紀でもっとも称讃され、また影響力のある立案者だった。しかし、正式の肩書きはなにももっていなかった。開戦時に武器調達委員会に加わり、フランス陥落後はチャーチルに採用されて、アメリカ合衆国で同様の仕事に携わった。アメリカでは、ローズヴェルトのヴィクトリー・プランの中心的作成者となり、軍用資材の圧倒的な生産高を達成した。

モネは、実質的に出会ったすべての人から信頼を勝ち得た。主要な西側諸国のすべてで、指導的立場にある銀行家、産業家、行政官、外交官と、少人数の私的な夕食会を通して友人になった。夕食会での主要な話題は戦後ヨーロッパの再建だった。

弁論家としての才能はなかったものの、モネは相手のひとりひとりを説得するのにもっとも有効な論拠を見つけるというめったにない才能をもっていた。終戦間近、ドゴールに言った。「あなたは偉大さについて語られます。だが、現在のフランス人は小柄です。偉大さは、フランス人がそれを正当化する身体の大きさを身につけたとき、初めて存在するでしょう。そのためには近代化する必要があります。フランス人は近代的ではないからです[18]」

モネは一九四五年下半期にこの主題にもどった。もしフランスが現代世界でなんらかの尊敬を集めようとするならば、自分自身を変えなければならない。ドゴールはモネに詳細な勧告を準備するよう命じた。ドゴールには、ドイツではなくフランスをヨーロッパの産業大国にすることを目指すという戦略が気に入った。一二月五日、モネはドゴールに五頁のメモランダムを提出。これは一九四六年一月三日の閣議で承認された。法令には、共産党系四名も含めた九名の閣僚が連署。モネのすぐれた草案は、ほとんど全員――産業家から共産主義者まで――が、計画のなかに自分自身の政策を読みとり、その目的に賛成できるようにしていた。

ガストン・パレフスキの協力を得て、計画総合委員会がてきぱきと結成された。大臣間の嫉妬と操作介入とを避けるために、モネは、首相直属で仕事をした。スタッフは少人数にとどめ、まったくお役所的ではないやり方をした。一八の現代化委員会が結成されたが、モネの頭にあった鍵は鉄鋼生産だった。それまでの生産高の最高記録は一九二九年である。モネの目標は、一九五〇年に二九年と同じレベルに達し、そのあと迅速にそれを二五パーセント超えることだった。ドゴールは、フランスによるヨーロッパの産業支配をルール地方から取り立てる石炭で達成することを夢見たが、アメリカは第一次大戦後にドイツに苦々しい思いを味わせた賠償の繰り返しには強く反対した。

フランスの燃料、原材料、部品の破局的不足を考えれば、計画はあまりにも野心的すぎた。国民の圧倒的多数がこのような困窮のなかで暮らしているとき、冷酷な優先順位の実行――「バターより銃が先」的取り組み方――は、政治的には考慮の余地はなかった。だが、モネのインフラは一九四七年、マーシャル・プランがフランス人に未来を再建する機会をあたえたとき、すでに準備を整えてそこに存在していた。

クリスマスの二日後、フランは徹底的に切り下げられた。解放以来、一米ドルに対し五〇フラン、一英ポンドに対し二〇〇フランに維持されていた公的レートは、米ドルに対し一二〇、英ポンドに対し四八〇フランに急落した。ジャック・デュメーヌは、他の通貨と較べると、いまやフランは一九一四年の四八分の一にまで価値を落としたと、残念そうに記している。

一九四六年の元日は、冬の太陽がパリを照らす美しい一日だった。だが張りつめた冷たい光は、外交団を迎えたドゴール将軍のレセプションの主要な登場人物を美男美女には見せなかった。大勢がインフルエンザにかかっていた。ドゴールは「病気のように見えた」とある目撃者は書いた。「パレフスキはもっと具合が悪そうに見えた[19]」

ふたりの男には疲労困憊して見えるだけの立派な理由があった——とくにパレフスキは、ドゴールを落ち着かせようと試みたことで疲れ切っていた。前夜、イギリス軍の撤退にともなって、政府がインドシナに増援隊を派遣しようというとき、社会党が防衛費の二〇パーセント・カットを求め始めた。ドゴールは各政党が「過ぎし年のゲーム[20]」を再開したことにうんざりしていた。その最悪の疑いを確認するように、ブルボン宮の憲法制定委員会は、第四共和制の大統領を国民議会に完全に依存させると決めた。ドゴールは「リリパット人に縛りつけられたガリバーのように感じた[21]」。

二日後の一月三日、将軍はどうしても緊張を緩めなければならなかった。この日、令嬢エリザベートと元ルクレール第二DB司令官アラン・ド・ボワシューの結婚式が執りおこなわれた。結婚式のあと、花嫁の両親は休暇を過ごすため、イヴォンヌ・ドゴールの兄がアンティーブ岬にもつ別荘に出かけた。ドゴールは読書をし、別荘を取り巻く松の木立を散歩した。遠出はできなかった。夫妻の居場所を突きとめた記者連中が、将軍が姿を現すたびに写真を撮ろうとしたからだ。

ドゴールは、別荘の主で義兄のジャック・ヴァンドゥルーに、南仏まできた理由は、辞任する場合、その決定が一時の思いつきでとられたと国民から考えられることがないようにするためだと言ったらしい。

「一月二〇日」とダフ・クーパーは書いた。「ルイ一六世処刑の記念日前夜、ドゴール将軍は自分の首を切り落とし、政治の影の王国に移った[22]」。大使は二重に機嫌が悪かった。辞任が差し迫っているという噂の真偽を外務省から直接、尋ねられたとき、すべて否定していたからだ。フランスがアメリカ合衆国と生命のかかった借款を交渉しているそのときに、将軍が辞任を考えるなどとは信じたくなかった。

しかし、辞任発表はまさにドゴールらしかった。ドゴールは閣僚をサン＝ドミニク街に召集し、数分、遅刻したビドーを待たずに宣言した。「みなさん、私は辞任を決意しました。おはよう。さようなら」。ビドーがドアに姿を現した。ドゴールはただ言っただけだった。「さようなら。ビドー。きてもらった理由は、ほかの人たちから聞いてくれ[23]」

ドゴールの側近は、衝撃と困惑と悲痛と怒りの入り混じった反応を示した。数名は闘争継続の決意を口にした。辞任の二日後、イギリス大使館に昼食にきたアンドレ・マルローは「いつものようにとてもおもしろく、またいくぶんかは不安にさせた」とダフ・クーパーは書いている。「マルローはフランスが独裁に向かっていると確信しており、私が見たところ、それを残念がってはいない。問題は、それが共産党の独裁かドゴールの独裁かだ。そしてそれは力ずくで達成されるだろう。マルローは、ドゴールの辞任はドゴール主義の終焉ではなく始まりであり、それはフランス全土で大きな動きになるだろうと言っている[24]」

最初、アメリカはドゴールの突然の辞任に警戒感を抱いた。カフェリーは、社会党と共産党の連立を通して、共産党が支配を強める「第一級の政治危機[25]」を恐れた。だが、そのあと、アメリカは共産党が権力を完全に握った結果として、経済の失敗と結びつけられてしまうのを望んでいないことに気づいた。フランス国民全体は、大変動を予想していたよりも落ち着いて受けとめた。カフェリーは、ドゴールが姿を消したことは「さざ波さえも立てていない[26]」と報告。パリでは、ちょっと厭世気分で肩がそびやかされ、一方、地方では「偉人は卑劣な政治的陰謀の犠牲になった」という考えが、首都の邪悪さについての地方の疑いが正しかったことを確認した。内務省への諸知事の報告によれば、人びとは一一月の政治危機のときよりもずっと落ち着いていた。共産党は雰囲気を嗅ぎとり、「自分たちの満足を目につかないように示した[27]」。マルセル・カシャンは、自分たちは大衆を脅えさせずにドゴールを厄介払いしたと言った。

ドゴールの私物はサン＝ドミニク街から手早く運び出された。個人的な文書はすべて、ドゴールに貸されていた部屋の隅に積みあげられた。ほこりよけのカバーとしてただひとつ見つかったのは、中央に鉤十字のついた紅色の巨大なナチス旗。ホテル《コンチネンタル》にはためいていたのが、解放後、将軍に贈呈されたものだった。

一週間後、ドゴールの副官のひとりが、イギリス大使に宛てた将軍の手紙を届けてきた。筆跡は震えていた。ダイアナ・クーパーは、将軍はいかがと尋ねた。答えが返ってきた。「お元気とはとても申しあげられません。まったくお眠りになりません」

ドゴール将軍はマルリの狩猟用ロッジに引きこもった。それはルイ一四世の私的領地に唯一残る建物だった。しかし、ドゴールは、自分自身の立場を劇的に見て、それをセントヘレナ島のナポレオンの邸宅《ロングウッド》荘に見立てた。

辞任の六週間ほどあと、自ら追放の身となった統治者をエルヴェ・アルファンが訪ねた。雪が庭園とあたりの森を覆っていた。アルファンは武装した護衛がいないのに驚いた。木製の門を押しあけ、ベルを一〇分間、鳴らし続けたところで、ようやくギ大尉が出てきて、なかに入れてくれた。

一八世紀様式の書斎で仕事をしていたドゴールは、訪問者を迎えるために立ちあがった。アルファンはドゴールが過去数か月のあいだよりはるかにくつろいでいるのに気づいた。たとえなにか悔いがあったとしても、ドゴールは絶対にそれを表には出さないだろう。

アルファンはドゴールに、アメリカ合衆国がロシアに対する防波堤として、西側占領地域に新しいドイツを再建したがっていると警告した。アメリカ側、とくにロバート・マーフィーと、フランクフルトの軍政府長官ルーシャス・クレイ将軍はフランスに強い圧力をかけてきていた。「アメリカが脅迫も含めて、どんなに強い圧力をかけてきているか、閣下には想像もつかないでしょう。もし、われわれが従わなければ、ドイツのフランス占領地域に対する食糧支給を断つと脅し、われわれが状況をまったく理解していない、一九四六年と一九一九年を混同している、明日の敵は、われわれが抑えつけておこうと望んでいるドイツではなくソビエト・ロシアであり、それに対抗して、われわれは再生ドイツも含めた総力を結集しなければならないと、あらゆる機会に主張しています[28]」

この知らせは、アメリカ合衆国に対するドゴールの恨みすべてを爆発させる引き金になった。「アメリカは何年ものあいだ、われわれについて間違ってきた」。ロシア人がパリを行進するときになって初めて、アメリカは「フランスではなく、ドイツ復興を望んだことで、どんなに大きな間違いを犯したか」理解するだろう。だが、追放されたすべての統治者と同様に、ドゴールには個人的に悲憤慷慨する以上のことはできなかった。

マルコム・マガーリッジは、戦時の秘密情報局勤務を終えたあと、新聞記者としてパリにもどり、ドゴールとのインタビューをまとめた。マガーリッジは競争相手がほとんどいないのに気づいた。ドゴール派の命運はあまりにも低いところまで落ちこんでいたので、パリの外国人特派員はすべて、将軍をもはや将来的な重要性はないものとして、きれいさっぱりお払い箱にしていた。

マガーリッジはドゴールの執務室にいった。ドゴールは自分にはずっと小さすぎるデスクのうしろにすわっていた。空気はタバコの煙でよどみ、体調は悪そうだった。「その腹はすでに目につくほどに突きだし、肌は土気色で、息は臭かった。それでも、いつものように、私はドゴールのなかに気高さ、真の公平無私、一種の崇高なる不条理さえも見出した……私たちの会話は、フランス政府の腐敗についての、ドゴールの長く手厳しい批判から始まり、私がこれからなにをなさいますかと質問することで終わった。それに対してドゴールは堂々と威厳をもって答えた。『私は待つ』と[29]」


ガストン・パレフスキはボナパルト街一番地に引っ越し、家が近いことに大よろこびしたナンシー・ミットフォード――二〇番地に住んでいた――だけでなく、その後、ジャン＝ポール・サルトルともご近所になった。サルトルとは一八か月後に、サルトルとボーヴォワールがラジオ番組でドゴールとその側近を攻撃したとき、ほとんど殴り合いになりかける。

パレフスキは、もっと柔軟な対応をするようドゴールを説得するために、その魅力と如才のなさを使ってできることはすべてやった。だが、ドゴールの世界観にある潜在的な欠陥を真剣に検討したことは一度もなかった。古いロンドン・チームでそれをしたのは、相変わらず暗号名「パッシー大佐」で呼ばれていたアンドレ・ドヴァヴランただひとりだったようである。

イギリス大使館付きの武官はロンドンの軍情報部幹部に報告した。「パッシーは、ドゴールの外交政策は初めから間違っていると言った。なぜならばそれは矛盾しているからだ。ドゴールは気質的に反アングロ＝サクソンであり、その結果、フランスの未来は、フランスが大国として生き延びる唯一のチャンスであるロシアとの密接な協調にあると信じている。その一方で、ドゴールは激しい反共産主義者であり、最後には、自分がアングロ＝サクソンとソビエトとの橋渡しとして行動できると考えるようになった(30)」。これ以上に正確な評価はありえない。

第3部

冷戦突入

第19章
影絵芝居
計略と逆計

ドゴール辞任でいちばん迷惑をこうむった機関は将校団だった。軍隊を軍事費削減から守ってくれる人はだれも残っていなかったし、多くの将校がジャン・ド・ラトル・ド・タシニー将軍が状況を利用するのを恐れた。連合国もまた、ド・ラトルがドゴールの後継者を自任しているという噂を聞いていた。ド・ラトルは物議を醸しやすい人物だった。コンスタンス湖畔のリンダウから第一軍を指揮していたとき、その参謀本部にはヴェルサイユにもふさわしい興趣があたえられ、副王のようなスタイルから、ド・ラトルは「ジャン王」あるいは「太陽将軍」とあだ名された。その華麗な物腰は、左翼作家との新たなつきあい――アラゴン、エルザ・トリオレ、クロード・ロワ、ロジェ・ヴァイヤンは全員、ド・ラトルを訪問するために、ドイツに招かれた――と組み合わさって、すぐにもうひとつのあだ名「ル・テアトル・ド・マリニー〔マリニー劇場〕将軍」がつくきっかけになった。

不寛容と短気にもかかわらず、ド・ラトルは疑いもなく偉大な軍事指導者だった。物まねが上手で、いっしょにいて楽しく、その夫人はだれからも称讃され、尊敬されていた。ものごとを――ときには癇癪玉を、見ものなほど派手に激しく爆発させることで――手早く片づけさせた。だが、将軍の人格の演劇的な側面は、おそらくそのバイセクシュアルな気質となにか関係があるのだろう。大勢の将校が将軍を「この女」と呼んだ。ヴィジエ将軍は、カナダ大使館の武官にド・ラトルとの関係を問われて「とてもうまくやっていますよ。女の扱い方は心得ていますから」[1]と答えた。だが、ベグネル牧師は言った。「将軍に対する厳しい評価も、将軍が天才的におもしろい人間である邪魔にはならなかった」[2]

保守派のフランス人将校と連合軍の恐れは、ド・ラトルの野心と政治的な野合に集中していた。ド・ラトルは戦前の極右から戦後には共産党シンパを疑われるまでに変節を遂げた。ドイツで指揮権を奪われ、監察官という名ばかりの地位をあたえられたことに対する恨みが危険を大きくしているように見えた。一九四五年一一月、ストラスブールの晩餐会で、ド・ラトルはイギリス大使に、自分は「失業中」[3]で執務室さえないと、憤懣やるかたないようすでこぼした。ダフ・クーパーは日記に記している。「私は半ばふざけて、最近、共産主義者とよろしくやっていらっしゃると聞きましたよと言ってみた。将軍は否定しなかった。共産主義者が相手なら、少なくとも自分がいまどこにいるかはわかっている、と言った」。某内務省高官は、アメリカ大使館にド・ラトルは、共産党が乗っ取りを画策中の急進党に正式に入党したと伝えた。トレーズがド・ラトルに戦争大臣ポストを提供したが、ド・ラトルはルヴェール将軍から断るよう諭されたという噂があった。一九四五年一二月、カナダ大使館武官はイギリス大使館の武官に、「共産党は、二〇〇万フラン程度にのぼるド・ラトルの借金を支払った。ド・ラトルはめちゃくちゃに派手で、深刻な経済的困難に陥った」[4]と言った。ドゴール辞任のあと、噂は足を速めた。三月二〇日、ド・ラトルはイギリス大使を訪ね、ド・ラトル名義の共産党党員証を大使館が手にしているという噂が、パリを駆けめぐっていると言った。ダフ・クーパーは、そんな噂が大使館から発せられたことはないし、自分はそれを否定するだろうと言って安心させた。

多くの政治事件と同様に、これもイデオロギーというよりは人格どうしのぶつかり合いに大きく影響されていた。ジュアン将軍とド・ラトル将軍はともに軍事教練をおこなったころからおたがいを嫌いあっており、ド・ラトルは国防参謀長というジュアンの役職を望んでいた。他方で、ライバルどうしは、軍に提案された予算削減に対して闘うことには同意していた。ド・ラトルはデーリー准将に、自分が「絨毯数枚とよい絵を何枚か失いはしたものの、軍の家にしっかりとした家具は残しておいた」ことを誇りに思うと言った。デーリーとのこの会見のあいだに、サン＝シール軍学校の校長から電話がかかってきた。ド・ラトルは尋ねた。「いま、学校に生徒は何名いる？　一八〇〇だって。すぐに一二〇〇まで削減しろ。最終的には、とくに優秀な生徒六〇〇名だけにするつもりだ。いまから少しずつ減らしていく。すぐに六〇〇人を厄介払いして、子どもたちにいまやめるのが、いちばん自分のためになると説明したまえ。よく聞こえないって。そうか。通話の状態がひどいという理由で、きみの通信士官をクビにしろ[5]」

ド・ラトル将軍は、ごく少数の正規幹部が指揮する民兵団の結成を要求する共産党に激しく反対することで、共産党の意のままにはなっていないことを証明した。それでもド・ラトルに対する荒唐無稽な噂のために、ＳＨＡＥＦはフランス側に情報を渡すのをいっそうためらうようになった。フランス人は、エニグマ暗号機による暗号解読の試みに当初は密接に関与していたものの、「一三枚目のカード」――ドイツ軍の通信連絡傍受に基づくウルトラ情報――は、フランス側には伝えられなかった。*

ドゴール辞任に続く一九四六年春は、深い不安感の漂う時期だった。コロンベ＝レ＝ドゥ＝ゼグリーズにいる将軍の不気味な存在は、新首相フェリックス・グアンを落ち着かない気分にした。グアンはマルセイユ出身の法律家で社会主義者、一九四二年、ヴィシーがレオン・ブルムを裁判にかけたとき、その弁護人を務めた。解放後、国民議会議長となり、調停上手との評判は、つまり共産党がその政府首班立候補に反対しないことを意味した。ドゴールはグアンを完全に取るに足らない人物として見下し、「チビのグアン父ちゃん」と呼んだ。

続く六か月間、グアン政府は、将軍が新設したものの多くを解体し、解放が生み出した社会主義的計画を推進した。石炭産業の国有化は一時間半で可決され、最大手の銀行の国有化には丸一日がかけられた。それは共産党、社会党、キリスト教民主主義のMRPが権力を分かちあった不安定な三党連立体制の時代であり、左翼第一の政治目標は将来の第四共和制の憲法草案承認だった。

社会党は、部分的には教育問題に関する伝統的、本能的な反教会主義の影響もあり、MRPに対抗して共産党と連携した。これは、とくに社会党が相変わらず共産党からの独立を確保しようとしていた時期だけに、危険な展開だった。結果として、一九四六年五月五日の国民投票は、諮られている争点よりもはるかに大きな意味をもち、その予想外の結果は六月二日に予定されていた次の選挙に大きな影響をあたえた。国民全体、そして共産党自身が、この国民投票をフランス共産党に対する信任投票と見なし始めたのである。

一九四六年春は右翼活動の盛りあがりを見た。早くも二月四日、ビヨット将軍は英国国王陛下の政府が「新たな政治運動、おもに社会主義との戦いを目的とした一種の中道政党」[6]を支援することを期待して、ダフ・クーパーに接近した。ビヨットの「中道」という言葉の使い方は、この用語の通常の理解を

＊軍事機密情報共有の同意は、一九四五年七月三日、パリにおいて、ブロック＝ダッソー将軍（航空機メーカー、マルセル・ダッソーの兄）とアメリカ軍情報部ベッツ准将のあいだで交わされた。しかし、アメリカ側は情報をごくわずかしか提供しなかった。アメリカもまた、一九四〇年、ドイツ軍がいとも簡単に解読した旧態依然たる暗号システムにフランスが固執したときにイギリスが抱いた不信感に影響されていた。

ちょっと歪曲していた。

新しい右派諸政党の代表者たちはまた、アメリカ大使館詣でにも急いだ。カフェリーはちょっと辛辣な言葉でおもしろおかしく報告している。「私は、大使館がさまざまな集団から接触されていることを報告する栄誉に浴する。関与する仲介者によれば、すべての集団が合衆国と恋に落ちているとのことである。しかしながら、いずれの場合も、会話のあいだに、とくに関心をもたれているのは国務省からのなんらかの形の助成金であることが明確になっていく[7]」

選挙の点から見れば、新右翼政党はごく少数派だった。最大は〈自由の共和党〉――戦前の右派分子とペタン元帥支持者をまとめた「反共機関」である。パリには支持者がいたが、市の外ではきわめて脆弱だった。

状況がカフェリーの言葉によれば「混乱と独裁的国民指導者に有利[8]」になったこの時期に、王党派の期待は膨れあがった。パリ伯爵は自分が国を統一できると信じた。パリの壁にポスターが登場した。「国王……なぜいけない?」――政治的パッションの時代に奇妙に遠慮がちなメッセージではある。

パッシー大佐は、アメリカあるいはイギリスによる右翼集団支援という考えに強く反撥し、デーリー准将との夕食で、社会党が共産党に抵抗するための最良の政治力であるという認識を示した。それは正しかった。だが、他の問題については、これほど正確には予見していなかった。このとき、フランスにとっていちばん大きな危険は、右翼によるクーデタの試みだった。どんなに素人っぽく、また成功しそうになくても、それが引き金になって、一直線に共産党の思うつぼにはまりかねなかった。

些細な出来事が手に負えなくなる第一の危険は、フランスでは軍と官僚のだれもがスパイの不安に取り憑かれて見えたという事実に由来する。これは占領とレジスタンスの遺産だった。「秘密にしておくことこそが事態を進める」とフランス情報部幹部はイギリス人の同僚に認めた。

だが、イギリスの情報機関が直面していた真の問題はロンドンにあった。一九四四年、のちにソ連のスター・スパイのひとりと判明したキム・フィルビーが新設のSIS対ソ連局責任者に任命された。マガーリッジが、フランス政府内における共産党員潜入の広がりについて「A大佐」（おそらくアルノー大佐）から伝えられた報告書をロンドンに送ったとき、フィルビーは、この種の明らかに信頼のできない情報源からの情報はすべて無視せよと指示した。そのあと、ソビエトの潜入に対してフランスがとった措置について、マガーリッジに質問リストを送ってきた。皮肉にも、当時反共の砦として攻撃を受けていたパッシーの組織は、協力しないほうが賢明だと思った。そうは言ってもパッシーは質問のほとんどが滑稽なほど単純だと考えた――いくつかの答えは電話帳に見つかる、と言った。パッシーとステルは、イギリスが二重のはったりをかけてきているのではないかと疑った。

フィルビーはパリを少なくとも二度訪れている。一回目は一九四四年から四五年にかけての冬にマガーリッジを訪ね、マリニー大通りのマガーリッジのもとに滞在した。一九四六年五月に再度訪問。ダフ・クーパーは記録している。「MI6の共産主義の専門家フィルビーが会いにきた。フィルビーには、私が知っている以上のことで言うべきことは大してなかった」。だが、フィルビーは、もう一度、事態を混乱させた。マリ＝マドレーヌ・フルカドは、レジスタンス時代の情報網「ノアの箱船」の一部を共産主義者に対して使うために再活性化させ、パリのSIS代表ジョン・ブルース＝ロックハートと連絡をとり続けていた。(9) フルカドはブルース＝ロックハートにフランス共産党政治局の最新の会議議事録を見せ、この情報源を継続的に確保しておくためには毎月かなりの金額が必要だと説明した。SIS代表は議事録は本物だと確信し、戦時中フルカドの活動を監督していたロンドンの上役ケネス・コーエンもそう判断した。しかし最終的な決定権は国際共産主義を扱う部局の局長――キム・フィルビー――の手中にあった。フィルビーは主としてマルクス＝レーニン主義用語の使用法がそれらしくないという理由で、議事録は偽物だと断定した。フィルビーが専門家だったために、ロンドンのSIS幹部たちにはその意見を覆すだけの材料がなかった。幸いにもフルカドは情報源をしっかりと隠しきり、フィルビーがそれを暴露する立場に立つことは一度もなかった。*

一九四六年春にはアメリカ側も似たようなものだった。噂の洪水が真の脅威の特定を不可能にした。ソ連が落下傘降下でフランスに侵入する準備を整えたという報告書まで回覧された。Dデイは三月二六日だろう。同時期、ルヴェール将軍はイギリス大使館付武官に「共産主義者はスペイン国境で事件を起こし[10]」、フランコとの戦争を余儀なくさせて、ソ連の介入を招くと警告した。ルヴェールは熱狂的な反共主義者で、その後に流れたギリシア内戦参戦のために国際旅団がピレネー山中で訓練中という噂の出所だったかもしれない。実際には、この地域の危険は反対方向からやってきた。フランス軍内の極右分子は、スペイン軍に国境を越えさせ、共産党系マキ集団を攻撃させたいと考えていた。

アメリカ大使はこの種の話を、うんざりした口調でワシントンに伝えている。「ドイツ占領後の平均的フランス人が、その噂がどんなに荒唐無稽に見えようとも、ほとんどすべてを福音のように信じ、繰り返しがちなことで、人騒がせな報告がたやすく伝わるようになっている。事実、解放以来、『来月、共産党のクーデタが計画されている』という話が、強弱の程度はさまざまに流布してきた。特定の日付が述べられていることも多い[11]」。パリのアメリカ軍情報参謀は、チャールズ・グレイの栄誉ある例外をのぞいて、大使よりもはるかに信じやすかった。

ヨーロッパにおけるアメリカの諜報機関には情報が絶望的に不足していたことは疑いの余地がない。「フランスにおけるスターリン第一のスパイ、クレマン《ママ》・フリート[12]」についてのブリーフィングは、フリートをつかまえるのは相変わらずきわめて困難である、と警告していた。「戦争に先だって、フリートは同じ一軒の家で二日から三日以上、続けて眠ることはめったになく、フランス共産党の党員で知っているのは八人から一〇人以下である」。フリート——その名前は「クレマン」ではなく「オイゲン」だが——はたしかにフランス共産党に対するコミンテルンのお目つけ役であり、モーリス・トレーズの師匠だが、一九四六年にはつかまりにくいだけの立派な理由があった。三年前、ベルギーでゲシュタポに銃殺されていたのである。

五月五日の国民投票にいたるまでのあいだ、共産党が選挙妨害のためにクーデタを起こすという日ましに大きくなる噂を、断固として信用しなかったのはジェファーソン・カフェリーの功績だった。「このような報告の出所と目的を確信をもって述べるのは困難だが、噂は、とくにフランス人反共分子によってアメリカ軍内部その他に流されている」。あまりにも多くの場合で、噂を流している張本人が、「噂に続いて、来るべき選挙のために金銭面その他の援助を得る目的で、われわれに非公式に接触をしてくる」[13]。

カフェリーはさらに「近々のうちに共産党の武装蜂起が起こる可能性はないように思える」と主張した。「なぜならば、このような賭けによって、共産党は得るよりもずっと多くを失うからである」。その一方で、共産党が「右翼の過激派」による「試みの失敗」に利益を得るのは間違いない。それは共産党

＊マリ＝マドレーヌ・フルカドは最終的に、一九五四年、政治局アジェンダ第一項がフランス国防委員会の直近の会議の覚書を論じることになったとき、このスパイの正体を明かした。フルカドは覚書の公表を手配し、それは国をあげての激しい抗議を巻き起こし、続いて国防委員会常任書記が逮捕された。

に「独裁の試みに対する民主主義の擁護者」のポーズをとることを許すだろう。

残念ながら、アメリカ合衆国陸軍省は、五月五日関連の噂はすべて無視すべきであるという大使の警告に耳を貸そうとしなかった。陸軍省は、共産党が国民投票の翌日五月六日月曜に暴動を煽動したあと、クーデタを舞台にかける計画だという報告を受けとっていた。

五月三日金曜早朝、陸軍省は、フランクフルトに本部をおくアメリカ軍欧州戦域司令官マクナーニー将軍に対し極秘の「最高機密《アイズ・オンリー》」電報を送り、将軍に「フランスにおいて深刻な騒乱が起きた場合、軍をフランスに展開する」正式な権限をあたえた。「ただしそのような展開が貴官の意見では、米軍に安全を、繰り返す、安全を提供する、あるいは米軍に必要不可欠な補給を確保するのに必要不可欠な場合にかぎる」[14]。五月五日の国民投票前に、少数精鋭の士官による偵察が許可された。

ワシントンの通信将校のひとりが、この電報には一触即発の危険がはらまれているのに気づき、国務省暗号室に連絡をとって、このメッセージはそちら側で確実に伝えるべきだと示唆した。欧州局の上級専門職ジョン・ヒッカーソンとジェームズ・ボンブライトが緊急会議を召集し、陸軍省の代表を国務長官補佐官ディーン・アチソンに会わせた。ヒッカーソンらはアチソンに指摘した。右翼がどんな噂を流そうとも、フランスでは共産党のクーデタはまったくありえない。

アチソンと同僚は「マクナーニー将軍には、フランスに部隊を展開する自由裁量権をあたえるべきではない」という明快な意見を表明した。「内戦になった場合、米軍部隊をフランス各地に広く展開することは誤解を招き、米軍を巻きこんだ偶発事件を生じさせる。最悪の場合は、共産党がソ連に呼びかけ、アメリカの介入を理由にして救援を求めさえするかもしれない」[15]。アチソンも国務省のその部下も、一九四四年一二月にビドーとモロトフが署名した仏ソ条約第三条と第四条に気づいていなかったようである。この条項は、脅威が起きた場合、フランスあるいはソビエト連邦に「ドイツからの新たな脅威はいかなるものも、これを排除するために必要な措置すべてをとる」義務を課していた。脅威の国籍は特定されていなかった。

国務省チームは代案となる指示の草案を作成し、午後一時三〇分開催の統合参謀本部会議に提出。統合参謀本部はマクナーニー将軍宛のもともとの指示にごくわずかの変更を加えるつもりしかなかった。どちらの側もそれ以上の歩み寄りは見せなかったので、元ペタン政権大使のレーヒー提督が両方の草案を大統領に提出し、決定を仰いだ。トルーマンは陸軍省を支持し、アチソンはわが耳を疑った。

アチソンはパリのカフェリー宛電報の草案を作成。状況について警告を発し、陸軍省の指示を止める試みが失敗したことを告げる——しかし、アチソンは暗号電報が送られる前にそれを撤回した。これは驚くべきことである。なぜならば五月六日月曜がなんの騒乱もなく過ぎたあとも、フランスに部隊を展開するマクナーニーの権威は効力をとどめ続け、国務省を落胆させたからである。カフェリーがアチソン、あるいはほかのだれかから陸軍省の指示を聞いていたとしても、それを同僚のだれにも告げなかったのはたしかである。

このきわめて危ういエピソードから国務省が引き出しえた唯一の満足は、その後、この極端に異常な状況に導いたドイツの狼少年の正体を暴く連絡のなかにあった。六月五日、極秘電報がドイツの大統領代理ロバート・マーフィーに送られた。「すでに知っているかもしれないが、流された情報は……完全に偽物である。情報源は騒乱を煽動し、アメリカから武器と資金を得ようと望むフランスの極右レジスタンス集団に所属する(16)」

第20章　政治と文学

一九四六年五月五日の国民投票にいたるまでの日々、戦争と政治においてはなんでもありでよかった。右翼の噂好きは証拠もなしに、クレムリンがフランス共産党に資金を提供していると断言した。〈自由の共和党〉は、共産党指導者モーリス・トレーズがコメディ・フランセーズの女優マリ・ベルと関係しており、五万フランもする巨大な蘭の花束を届けたという噂を広めた。ガルティエ＝ボワシエールは信じなかった。「党にこれほど厳しく監視されているわれらが国民的赤ちゃんが、サブ・マシンガン携行の護衛六名を従えて、ご婦人のご機嫌をとる(1)」ところは想像しがたい。

第四共和制の憲法草案は、ほとんどの権力を国民議会の手に残し、一方、上院は廃止すべきであると提案していた。国民議会はまた、首相と大統領両方の任命権をもち、大統領の権力は純粋に儀礼上のものとなるはずだった。シュアール枢機卿は信者たちに「投票せよ」と呼びかけた。左翼的かつ反聖職者主義的憲法に「反対票を投じよ」。シュアールのメッセージは、フランス全土の大聖堂と教会の説教壇で繰り返された。ボルドーの大司教は単刀直入に、カトリック教徒は憲法批准を拒否すべきであると発言した。この発言は中道派のなかに、教会が介入してくることで、共産党の思うつぼにはまるのではないかという恐れを生んだ。

もっとも巧妙なプロパガンダの罠は、選挙のちょうど二週間前に共産党が仕かけたものである。共産党は手をまわして、名のある組合指導者のひとりを逮捕させた。逮捕の口実となった嫌疑は、かつてヴィシー政府がこの男に対してかけていたものだった。内務省はこの逮捕とは無関係で、「しかるべき情報源[2]」によれば、逮捕を実行したのは共産党が潜入していた警視庁の警官だった。

党の報道機関から抗議の声があがるのは予想できた。それは、相変わらずヴィシーの反動分子が支配しているとか、ペタン政権が墓の彼方から仕事をしているなどと主張した。作戦全体は大成功をおさめ、共産党が嫌う社会党系の内相エドゥアール・ドゥプルーをいらだたせた。勝ち誇ったデモ隊が取り囲むなか、労組の指導者エナフは釈放され、一方、ドゥプルーにはかすかにヴィシー主義者の汚点がつけられた。だが、まもなくドゥプルーは有効な報復を準備し始める。

共産党は、憲法草案に賛成の「ウイ」を要求したが、五月の国民投票が「共産主義に賛成か反対かを問う国民投票[3]」になるままにしておき、またそうなることに手を貸しさえした。一部の裕福な「パニカール〔すぐパニックに陥る人〕」は、共産党が勝ったら、フランスを脱出しようと計画した。アメリカ大使は、「コサック兵がコンコルド広場にすぐにも到着するだろう[4]」という荒唐無稽な憶測を一刀両断に切って捨てている。

ドゴールは世論調査の結果いかんにかかわらず、共産党の敗北を予測したごくわずかのうちのひとりである。秘書のクロード・モーリヤック――フランソワ・モーリヤックの息子――に、共産党は大きな間違いを犯したと言った。共産党はただの自信過剰から最後には形勢逆転を許した。それまで、左派は争点をファシズムと反ファシズムの観点からうまく操作し、定義してきた。いま、初めて、争点は共産主義か反共産主義かになった。「これは未来にとってもっとも重要な出来事だ」と将軍は言った。将軍はうまい計画を作りあげた男のようにとても満足そうだった。「私は国民投票によって、共産主義者の足にうまいこと大きな片手鍋をくくりつけた」(5)。それはドゴールが、憲法制定会議に対して実行できたごくわずかの選挙対策のひとつだった。

国民投票の前の週、パリの壁には「ウイ」や「ノン」がチョークで殴り書きされたが、それが反対陣営によって線で消されていたことも多かった。一六区では、身なりのよい少女たちがバケツとブラシを手に「ウイ」をごしごしと洗い流した。一六区ほどエレガントでない地区では、緑色の鉄の公衆便所にもっとアナーキーなスローガンが書かれた。

ウイでもノンでも
どっちにしても
あんたはアホだ！

鈴蘭の香りがしなければ、パリのメーデーではない。その朝、花売りが小さな花束を入れた大籠を腕に抱えて、パリの市内にやってくる。だれもが鈴蘭の一茎をボタンホールに挿す。レピュブリック広場からナシヨン広場までメーデー行進をしたあと、六時にコンコルド広場で共産党の大集会が開かれた。夕暮れの陽射しを浴びて、大群衆に呼びかけるトレーズを、上から見おろす人びとがいた。わずか数ヤード離れたホテル《クリヨン》では、ペントハウスに滞在中のドナルド・ブルーミングデールが、ルーフガーデンでカクテルパーティを開いていた。エリ・ド・ロートシルト男爵と友人たちは、トレーズを見るためにわざわざ双眼鏡をもってきた。

選挙当日、五月五日日曜の日記にダフ・クーパーは書いた。「ウイが過半数を獲得することをほとんど疑っていない。右派の友人は全員がフランスの終わりだと言っているが、それはもちろん戯言だ」

翌五月六日朝、アメリカ軍にフランス展開の準備が整った日、僅差での「ノン」の勝利が確実になった。共産党が多大な努力を傾注していただけに、これは大きな意味をもつ敗北と見なされた。クロード・モーリヤックは日記に書いた。「ドゴールは正しかった」

当時進行していたパリ和平会議のアメリカ代表団は、フランス外務省主催の晩餐会で歓びを隠さなかった。ジャック・デュメーヌは結果に安堵はしたものの、アメリカ人はものごとを白か黒かでしか見ないと感じた。「アメリカ人はフランスが二つの陣営に分かれていて、どちらか一方が他方に勝つだろうと思っており」、そのために「フランス政治の本質である不均質の混合」(6)を意図的に無視している。だが、フランスの政治は世界のほとんどの国と同様に、冷戦によって二極化する運命にあった。

シモーヌ・ド・ボーヴォワールはその日、《プティ・サン=ブノワ》でメルロ=ポンティと昼食をとり、国民投票について論じあった。だが、夕刻、「サルトル一家」は政治を忘れ、作家にとって最悪の悪夢を経験したばかりのジャン・ジュネのもとに結集した。ガリマールがただひとつしかないジュネの『葬儀』の原稿を紛失してしまったらしい。その結果、ジュネとガストン・ガリマールの息子、クロードとのあいだで何度も激しい言い争いが続けられていた。

その日、人びとが裏を読まなければならなかったもうひとつのニュースは、諜報関係者のあいだで起きたスキャンダルのニュースだった。前夜、投票終了直前に、フランス通信社がパッシー大佐の逮捕を報じた。この時点で発表をした動機は明らかになっていない。選挙結果に警戒感を覚え、遅ればせながら結果を変えようと試みたのか、あるいは結果によってその威信がいっそう高まるであろうドゴールを威嚇しようとしたのか、フェリックス・グアンの政府がニュースをリークした可能性はある。パッシー・スキャンダルは怪しげな事件であり、政府は大した手柄もあげずにそれを抜け出した。

五月四日、パッシーはもともと自分がロンドンで作りあげ、現在はSDECEと呼ばれている組織の事務所に呼び出された。* 新しい部長が告げた。「いくつかの不正行為を発見した。秘密資金はどこにある？[7]」正式な告訴はなされなかったものの、パッシーは諜報活動資金の横領を告発され、外部に連絡することを許されずに拘束された。パッシーの妻は、夫になにが起きたのかわからなかったので、半狂乱になった。パッシーの逮捕が五月五日夜に突然、発表された理由のひとつは、もはや秘密にしておくのが難しかったことである。

アメリカの諜報機関は、政府側によって誤った方向に導かれていたのかもしれないが、財政上の不正はしばらく前からわかっていたと報告した。諜報機関によれば、パッシー逮捕の真の理由は、パッシーが合衆国から緊急融資を求めようとするレオン・ブルムの努力を妨害しようとしていたことである。社会党とその連立相手は憤慨すると同時に警戒感を抱いた。

パッシーが自分で使うために資金を横領したというのは問題外だった。ロンドンでの不正行為という主要な嫌疑はばかげていた。BCRAはヴィシー派の潜入を非常に恐れていたので、書面の記録はごくわずかしか残さなかった。パッシーがしようとしていたのは、ほぼ確実に戦闘用資金の積み立てだった。パッシーは、第三次世界大戦――今度は共産主義が相手――は避けがたいというドゴールの確信を共有しており、将軍がパッシーにわずか二、三か月前に言ったとおり、「前回のように、われわれが準備のできないまま出発せずにすむことを望む[8]」。パッシーは、ドゴール派のレジスタンスがイギリス、あるいはアメリカの前で、二度と絶対に帽子を手にかしこまらずにすむようにしたいと思っていた。

パッシーはいかなる形の裁判も、また弁護士との接見もなしで拘留された。条件はきわめて悪く、看守に毒を盛られるのではと恐れた。ハンガーストライキにはいり、体重を二三キロ落とし、血圧は危険域まで低下した。妻がようやくヴァル＝ド＝グラース病院に移送させたとき、医者は言った。「毒を盛られていましたよ」。パッシーがどんな種類の毒かと尋ねると、医者はそっけなく答えた。「解剖のあとわかるでしょう」[9]

投獄中、パッシーはアメリカ側にメッセージを送り、グアン政府から金銭に関係するドゴールからの書面による指示を渡せと脅されていると伝えた。この種の証拠があれば、グアンとその政府は将軍の評判に傷をつけ、将軍の政治的希望を打ち砕きうる。それをパッシーは拒否した。ひとつたしかなことがあった。政府は公開裁判を望んではいない。カフェリーはワシントンに報告した。「事件を調べれば調べるほど、さまざまな政党に属する重要な政治家が、賄賂をもらっているか、あるいは秘密資金から金を受けとっていることが明らかになるようだ[10]」

八月末、閣議命令でパッシー大佐は、階級とレジョン・ドヌール、解放勲章を剝奪され、国外にもちだされたものと同額までの個人資産を没収された（レジョン・ドヌールを含む名誉のほとんどはのちに回復された）。パッシーは怒って、閣議は裁判の法廷ではないと抗議したが、それはもっともな抗議である。裁判にかけられるのなら、適切に構成された法廷で裁かれるべきだ。司法相のテトジェンさえ、個人的には事件の扱われ方にしっくりしない思いを抱いた。

パッシーのスキャンダルはパリの噂になったかもしれないが、サン＝ジェルマン＝デ＝プレにはほとんど影響をあたえなかったようだ。シモーヌ・ド・ボーヴォワールの生活は、五月一〇日金曜午後の記録

＊グアンの政府は、諜報機関の再組織化にとりかかり、国外情報防諜部（ＳＤＥＣＥ）として改組しただけではない。解放以来のドゴール派の執政制度、共和国地域代表委員も廃止した。

が示すように、いつにもまして忙しかった。《ブラスリー・リップ》で昼食のあと、ガストン・ガリマールから借りていた『レ・タン・モデルヌ』誌の編集室に出かける。イタリア共産党のヴィットリーニが訪ねてきた。ヴィットリーニはサルトルとボーヴォワールが、このあとのイタリア訪問で「反動的出版者」の客になるのを聞いて、ひどく気分を害した。

ガストン・ガリマールが出社してきた。ボーヴォワールはガリマールの執務室にいったが、そこにはアンドレ・マルローとロジェ・マルタン・デュ・ガールもいた。政敵と出会ったのにとまどっているうちに、ボーヴォワールはマルローと握手するはめになった。それから、ジュネの原稿紛失についてのガリマールの説明を聞かされたあと、ようやくその場を抜け出せた。自分の部屋にもどると、タイプライター原稿持参の若い小説家志望者につかまった。青年は無邪気に尋ねた。サルトルはプレイヤード賞の選考委員会で自分に票を入れてくれるだろうか。そのあと、ミシェル・レリスとちょっとおしゃべりし、小説家ナタリー・サロートの原稿をジャン・ポーランのところにもっていく。ポーランはボーヴォワールに、買ったばかりのヴォルス――サルトルも絶賛していた画家――の小さな絵を見せた。ようやく七時に編集室を出て、ホテル《ポン゠ロワイヤル》のバーでレーモン・クノーと会う。

この日は別の何日かと較べれば暇なほうで、身のまわりの熱に浮かされたような活動を、カストールがむしろ歓迎していたのは疑いもない。サルトルの知的パートナーとしての自分の地位をナタリー・サロートが奪おうとしていたこの時期、忙しさは不安を忘れさせてくれたにちがいない。

五月一二日、前年の勝利を記念して、凱旋門で祝典が開催された。フェリックス・グアンは「いい演説をした」とダフ・クーパーは記している。「だが、このような場では、ひどくちっぽけに見えた。さんざんドゴールのことに触れ、大喝采を浴びた」(11)。しかし、ドゴールはグアンの招待を断っていた。その代わりに、この同じ日、ジャンヌ・ダルクの記念日にヴァンデにいき、クレマンソーの墓に詣でた。数日前、クロード・モーリヤックは将軍に、この訪問では演説をするのかと尋ねていた。「そう、もしかしたら、二言三言話すかもしれない」とドゴールは言った。「だが、だれにも話してはいけない」[12]。ドゴールは率直ではなかった。ドゴールの副官クロード・ギがすでに記者会見の準備を始めていた。

クレマンソーの墓での演説は、外目にはある特定の事件、あるいはある特定の日付を記念するものでありながら、実際には、明確な政治目的をもつその後数回の演説の先触れだった。自分の威信がふたたび上昇するのを見て、ドゴールは完全にドゴール派だけで構成される政治運動設立の基礎を築こうとしていた。アンドレ・マルローはルイーズ・ド・ヴィルモランに、「将軍は九月に共和国大統領になり、自分、マルローは内務大臣になるだろう[13]」と告げた。

クレマンソーの墓では大群衆がドゴールを待っていた。クロード・モーリヤックは「ドゴールを権力に！」の叫び声に不安を覚え、この集会が見せるわずかにファシスト的な側面に当惑した。ドゴールのスタッフのひとりからブリーフィングを受けたフランスおよび海外の報道機関は、控え目な墓参になると思われていたものを大々的に取りあげた。

共産党が五月の国民投票の結果にしゅんとなったことに疑いはない。このときモロトフが外相会議のためにパリにいたので、党指導部はこの敗北に二重にばつの悪い思いをさせられた。

一九四六年、西側情報機関のほとんどは共産主義の目標について、ごくわずかの情報しか得ていなかった。パリでは、フランス共産党の中枢に何度も潜入が試みられた。当時、唯一成功したのは、元レジスタンス指導者マリ゠マドレーヌ・フルカドの作戦だけだったようだ。キム・フィルビーはフルカドの情報を退けたものの、フルカドからアメリカへの情報提供のほうは、もっとうまくいっていたように見える。

アメリカ軍情報部による最初の概括は、五月一六日、マルセル・カシャンが議長を務めた政治局会議に関する。政治局は、パリの四大国会議におけるモロトフの敗北を茫然自失として論じていた。ソ連代表団は、アメリカの国務長官ジェームズ・バーンズとイギリスの外務大臣アーネスト・ベヴィンがびくともしないのに驚いていた。

そのあと、五月五日の国民投票にがっくりきていたトレーズが、六月二日の選挙結果について悲観的な見方を表明した。共産党は野に下るか、政府内にとどまるかを決めなければならなくなるかもしれない。トレーズは「フランスにおける強力な反共活動」を恐れ、「融合その他の方法で、フランス社会党を解体する」[14]という共産党の計画に反対したことで、ブルムに腹を立てていた。トレーズは政治局に告げた。社会党を乗っ取るチャンスが永遠に消えてしまったら、自分たちは「暴力的な行動に出る前に、真剣に熟考しなければならない」だろう。ソ連外交は平和を必要としており、無理な賭けには出たがっていない。

アメリカ側に渡されたもうひとつの情報は、モロトフが国民投票の結果に「大いにがっかりし」[15]、レオン・ブルムと社会党に対する攻撃について、フランス共産党幹部に強い警告を発したと告げていた。このような行動に出れば、社会党は他の中道左派政党と連携せざるをえなくなるだけであり、社会党を「イギリス労働党政府の方にさらに押しやり、それが今度は仏英協定に帰結し、西側ブロックの基礎を形成するだろう」。

さらにその後、五月二〇日の政治局会議では、権力掌握についていっそう激しい議論が交わされた。ロラン・カサノヴァは、近い将来、武力闘争が考慮されるべきだと発言した。もし共産党が来る選挙に負ければ、新政府は行政のすべての部局から共産党員を一掃するだろう。これは「フランスの共産党に降りかかる最悪の災厄」となる。カサノヴァは警告した。もし武装蜂起を試みざるをえなくなれば、「少なくとも三〇日間」はモスクワからのいかなる支援も期待はできない。すべてを考慮すると、「政府から撤退し、野に下るのは重大な過ちだ[16]」と思う。

以上の報告は、他の証拠、とくにクレムリン国際局の同時期の資料と照らし合わせて、たしかに信用がおけるように思える。この当時、フランス共産党は詳細な指示を受けとってはいなかった。

六月初めの選挙のために、共産党は控え目な選挙戦を採用し、きいきい声のプロパガンダよりもカフェや行列でのひそひそ話によるキャンペーンに頼った。それでもソ連の穀物三四万トンがフランスに向かって黒海の港を出発し、さらに一六万トンが続くと大声で言い立てるのはやめなかった。アメリカ大使館は激怒した。一九四五年三月以来、アメリカが届けた七〇〇万トンの供給についてはひとことも触れられていなかったからだ。

六月三日、選挙結果が発表されたとき、共産党はそれが恐れていたほど悪くはなかったことを知った。がっかりするのは社会党の番で、その原因は主として国民投票をめぐる浅はかな政策にあった。社会党は、共産党を排除しておくために社会党に票を投じていた非社会党員の票のほとんどを失った。これら戦術的投票者は支持をキリスト教民主系のＭＲＰに振り替えた。ＭＲＰはいまや共産党に代わって「フランス第一党」となり、共産党をいらだたせた。共産党は初め、ジョルジュ・ビドー率いる内閣に仕えるという考えに強く反発し、もう一度グアン政府を甦らせようとしたが、社会党は実質的に破綻した経済の責任を他人の手に任せるほうを選んだ。共産党は、ビドー内閣入閣拒否が三党支配体制を終わらせることに気づき、すぐに妥協した。しばしば屈辱をあたえられてきたドゴールの外相は、ついに政府首班になるという野心を達成した。

選挙後のもっとも重要な展開は、ドゴール将軍の政治舞台再登場である。先の見えなかったこの二か月のあいだに、ドゴールの威信は大いに高まっていた。ドゴールがグアンから六月一八日のロンドン放送を記念する式典に招待されながら、出席を断ったというニュースは、その二日前にバイユーで演説をするという計画と組み合わさって、大きな関心を呼んだ。

アメリカ大使の報告によれば、バイユーでの演説は「国のいたるところで、より感じやすい人びとの心の琴線を、冷静なノルマンディーの聴衆の反応が示しているよりも強く打った」[17]。集会は激しい雨のなかで開催され、ドゴール将軍は無帽で勲章なしの軍服姿だった。ドゴールはフランス国民に対し、党派に分裂しがちなその不幸な性向に注意を促した。だが、マルロー、パレフスキ、スステルに加えて、軍服姿のドゴール側近、ティエリー・ダルジャンリュー提督、ジュアン将軍、ケーニグ将軍がいたことで、この集会は軍事的なムーヴメントという印象が強かった。

この演説は重要だった。ドゴールはフランス憲法のあるべき姿について自分の考えを明らかにした。それは多くの点で第五共和制の青写真であり、一九五八年にドゴールが権力の座にもどったとき、ついに実現されることになる。

ドゴールは、戦争中に共産主義者の悪魔と取引をし、モスクワにいってスターリンと条約を結んだために、多くの潜在的追随者、とくにペタン元帥支持者の目には疑わしいままにとどまっていた。こういった疑いは一年後、将軍があからさまに反共の立場をとったとき、消え去ることになる。ドゴールは、二つの超大国ブロックを嫌ったにもかかわらず、フランス政治を冷戦の枠組みにはめこむのに手を貸した。

第21章 外交の戦場

この三〇年間で二度目にして、パリは現代のウィーン会議を主催することになった。まず一九四六年五月に四大国の外相会議が開かれ、そのあと一六か国による和平会議が八月から一〇月半ばまで一気に続けられた。

フランス外務省と各国大使館は大忙し。儀典長ジャック・デュメーヌは、要人を迎えるために、絶えずル・ブルジェかオルリーの空港に出かけた。デュメーヌは当時の外交競争を要領よくポーカーのゲームにたとえている。「スターリンがいい手札と無制限の資金を手にしてポーカーをしているのかどうかは知らない。わかっているのは、スターリンのアメリカ人対戦者が配られた手札のままで勝負し、イギリス人が賭け金を二倍にはできないことだけだ[1]」。妻は出産を間近に控えており、デュメーヌは不安だった。「不吉な予感に満ちた」未来によって、人生は子どもになにを用意しているのだろうか?

四月二四日、デュメーヌは、アメリカ国務長官ジェームズ・バーンズとトム・コナリー、アーサー・ヴァンデンバークの両上院議員を含むアメリカ代表団を迎えるためオルリーにいた。「二四時間の飛行のあと、一行はいつもと同じように普通でにこやかで、きれいに髭を剃っている方法を見つけ出していた。一方、蘭の花を飾ったその夫人たちは溌剌として見えた」。その午後は、ル・ブルジェでモロトフを待たなければならなかった。到着したモロトフは「田舎医者のように、さっぱりしてピンク色」に見え、「その表情はためらいがちで、どちらかと言えば優しげだったが、身振りには猜疑心が刻まれ、脅しに満ちていた」(2)。

イギリス外相アーネスト・ベヴィンは翌朝到着。四か国の初会議は、いまやほとんど修復の終わったリュクサンブール宮で、その午後遅く開始された。

会議は大方の予想よりもはるかに順調に始まったが、一週間後にはいつもどおり泥沼にはまりこんだ。たとえばリビアとキレナイカを含む旧イタリア植民地をどうするかなど、いくつかの争点にはより大きな関心が集まった。ベヴィンは完全な独立をあたえたがったが、フランスは、独立がフランス自身の北アフリカ植民地におよぼしうる影響を恐れた。そのあとモロトフが、前年九月のイタリアに関する同意を撤回し、バーンズが腹を立てた。五月一日が祝日だったので、ベヴィンは議長役を務め、休養日をとろうと主張した。ベヴィンは告げた。「次の議題は半日の休養日についてです。満場一致で可決されるでしょう」(3)

休養日は、積み重なってつかえた困難の丸太をとりのぞくのにはほとんど役立たなかった。「ひとつの案件について同意が成された」と、翌日、イギリス大使は憤慨して書いている。「ペラゴサおよびピアノサ諸島の未来である。灯台がひとつあり、住民はいない」(4)。新しい恋人のグロリア・ルビオが急にニューヨークに飛ばなければならなくなったので、ダフ・クーパーは不機嫌だった。また公式午餐会の重い食事のあと、目を開いているのはほとんど不可能だった。ダフ・クーパーが居眠りをしているのに気づいたベヴィンは言った。「なにか起きたら呼ぶとダフに言ってくれ」。それからまわりにいる人びとに向かって付け加えた。「ダフはこの部屋のなかでいちばん分別のある男だ。すべては時間の無駄なのだから」(5)

こうした会議での真の悪夢は、たとえば代表団のためにソルボンヌで開かれたような巨大な宴会だった。席次はつねに、大勢の人がなんの共通言語ももたない人の隣に必ずすわるよう手配されているのかと思えた。ビドー夫人はモロトフと、うしろにすわる通訳を通して話さなければならなかった。ダフ・クーパーは書いている。「私の隣はデュアメル夫人だった。いつもとても感じよく、話していて楽しい。夫人の反対隣は、ロシアの駐ロンドン大使グーロフだった。グーロフは英語はほんのわずか話すが、フランス語はまったくだめ。夫人はひとことも話を交わせなかった……私の向かいのベヴィン夫人はソルボンヌ総長のルシ博士とトレーズにはさまれていた。どちらもが夫人の理解できる言葉はひとことも言えなかった(6)」

公式な集まりと同様に半公式の集まりもあり、一部はパリに引き寄せられてきた多数の新聞社社主と出版者がきっかけとなった。絶大な影響力をもつ者もいたが、しばしばそれをうまく使うノウハウに欠けていた。『タイム』誌の創始者ヘンリー・ルースは内気な男で、くつろぐことができず、感傷的だった。「ルースは変人だ」と、デイヴィッド・ブルースはその後のある機会に書いている。「人が言ったことでずぶ濡れになりながら、それで心が濡らされることはないという印象をあたえる。青春期の伝道師的な背景とその後の巨大な影響力と富は、他の要因と組み合わさってルースの人格を複雑にした。ルースは野心と狂信のために極端な判断に導かれているように見える(7)」。ヘンリー・ルースはイギリス大使館をちょっと訪れ、そこでルイーズ・ド・ヴィルモランと出会って、あっという間に「狂ったように恋に落ちた(8)」。ダフ・クーパーはとてもおもしろがったが、ルース夫人のクレアよりもルース本人に同情した。カフェリーが、解放後初めての冬にルース夫人をイギリス大使館に連れてきたことがあった。その当時、ダフ・クーパーは書いている。「ルース夫人はいつにも増して可愛らしく、自己満足的で、退屈で、おばかさんだ」[9]。ダフ・クーパーは『ニューヨーク・ヘラルド・トリビューン』紙の社主夫人で、新聞の真の支配者オグデン・リード夫人にはもっと時間を割いた。「O・R夫人はとても分別があり、バランスのとれた女性だ。アメリカが現在提供のできる最高のものであり――つまり、とてもすばらしいということだ。その夫は酔っぱらいの間抜けなロバで、ロバのように騒がしくいななく[10]」

会議のテーブルでは、どちらの側でも疑いがどんどんと自己増殖していった。アメリカ側がヤルタ合意の不履行をめぐってスターリンに立ち向かうたびに、スターリンはアメリカ側の自信が原爆使用の秘密計画に基づくのではないかと不安になった。世界各地でアメリカ軍が戦時編制を解除していることは考えに入れようとしなかった。

同時に、アメリカ側はスターリンのパラノイアを過小評価し、そのためにスターリンの妄執――ソ連周辺に防御のための「防疫線」を張る――について判断を誤った。赤軍占領下の中欧諸国とバルカン半島諸国支配に向けてのスターリンの動きは、イデオロギー的帝国主義だけに動機づけられているのだと考えていた。三月一日、スターリンが北部イランの油田攻撃距離内からの軍隊の撤退を拒否したのは、本人のパラノイア的心理の文脈で言えば「自衛」だった。

期限である三月一日の五日後、チャーチルはミズーリ州フルトンで「鉄のカーテン」演説をおこなった。当時のアメリカ報道機関と一般の反応は好意的ではなかった。トルーマン自身と合衆国政府高官はすでに同じ線で考え始めていたにもかかわらず、トルーマンはそのあとに続く論争に引きこまれるのを拒否した。トルーマンらはモスクワのアメリカ大使館のソ連研究家ジョージ・ケナンに強く影響されていた。ケナンはソ連の脅威を分析した長文の電報を送っていたが、それは翌年、ケナンが練りあげた封じ込め政策の序曲となる。

パリでは観察眼の鋭いトルコ大使が、ロシアが合意のとおりペルシャ湾から撤退しなかったのは「とりかえしようのない間違いだったからだ」[11]と言った。アメリカが外交政策を発展させる結果となった。それは実際には政策を発展はさせなかったかもしれないが、たしかに注意を外交政策に集中させた。これが一九四七年春、ギリシアとトルコにおけるイギリスの権力崩壊に伴って、アメリカがその地域の防衛を引き継いだとき、いわゆる「トルーマン・ドクトリン」に帰結する。

冷戦の発端をドイツにまでたどることにはより強い論拠がある。破壊され、占領された状態にあってもなお、ドイツはスターリンの悪夢の焦点にとどまっていた。ジョージ・ケナンは、モンゴル人、ポーランド人、スウェーデン人、フランス人による侵略の恐ろしい歴史と、この三〇年間で二度にわたるドイツによる占領の波を鑑みれば、ロシアの恐れは理解できると認めている。

ダフ・クーパーは、ドイツに対するフランスの恐れ――それは必然的にソ連の恐れと類似する――に共感を覚えてきたが、五月末にイギリスの参謀が、「ロシアと戦うための強いドイツ」[12]を望んでいると聞いて警戒感を抱いた。二年前、いまだにアルジェにいたとき、ダフ・クーパーは、イギリス、フランス、ベルギー、オランダ、ルクセンブルクを土台にする欧州ブロック案を提出していた。クーパーはこの考えを強く推したが、アンソニー・イーデンはスターリンを動揺させるのを恐れて反対した。終戦時、クーパーはロシア人は西側ブロックを恐れないだろうと主張した。スターリンを脅えさせるのは、アメリカに支配され、再興したドイツと結びついた西側ブロックのイメージである。

フランスは、英米の軍首脳がドイツ再興を望んでいるという、たしかな根拠のある疑いを抱き始めた。それは一九四六年六月、政治評論家ウォルター・リップマンによる記事とアーネスト・ベヴィンの演説によっていっそう強められた。フランスはドイツ国内の展開に大きな不安を覚えた。総合情報局は最近、ベルリンのアングロ＝サクソンとロシア人のあいだに生まれた「一種のいらだち」[13]を報告してきていた。

ソ連は、西側三国のドイツ占領地域における展開をフランス以上に注視し続けていた。これについてはポノマレフの部局が特別の責任を負わせられた。この件に関してポノマレフがモロトフとマレンコフに宛てた報告書からは、衝撃的な事実がひとつ浮かびあがってくる。フランス共産党がこの時点で関心の的になったのは、それがドイツの出来事に影響をあたえる可能性があったからでしかない。クレムリンは、フランス共産党が閣内に八つのポストを占めながら、「ファシストと反動分子を保護しているフランス占領当局の政策を変更させるために、なんの方策も講じていない」[14]とこぼした。クレムリンはフランス共産党がフランス軍をほとんど掌握していないという事実を、明らかに認識していなかった。

外相会議は、ジェームズ・バーンズが《ムリス》に、アーネスト・ベヴィンが《ジョルジュV》に滞在して、六月半ばに再開された。赤軍がトリエステを占領し、そのあと南フランスに向かって北イタリアを進撃中というワシントンからの報告によって、会議は再開とほとんど同時にパニックに投げこまれた。モロトフの機嫌が、その日、あまりにも奇妙だったので、ベヴィンさえもこの話を信じたくなった。この大騒ぎはたまたまドゴールのバイユー演説と同じ時に起きた。

この劇的な始まりにもかかわらず、モロトフが言い逃れに終始したために、ベヴィンとバーンズがギロチン戦術を展開して話を結論に導くまで、会議はのろのろとしか進まなかった。バーンズは議長となり、ただちに未解決の問題ひとつひとつを処理するか、それを平和会議にゆだねるかのどちらかだと強く主張した。多くの参加者は半信半疑だったが、それでも仕事を早めるためにバーンズとベヴィンが密かに立てた計画はうまくいき、八月の本会議に召集される一六か国に宛てて招待状が発送された。

この外交の夏のあいだ、パリの中心街からは戦時の物資不足の様相が消え始めた。自転車が動力のヴエロ＝タクシーは過去の乗り物だった。いまや本物のタクシー五〇〇〇台がパリで使用可能になっていた。以前、タクシーが使えたのは政府のパスか医師発行の証明書の所持者だけだった。いまではかなりの料金を払える人なら、だれの手にも届く。テュイルリー庭園では、子どもたちがロバや、じゃらじゃら鳴るハーネスをつけたヤギの牽く小さな馬車に乗って遊んだ。占領中、薪や石炭から蕪まであらゆるものを運ぶのに使われて、さんざん痛めつけられた乳母車もふたたび姿を現した。

このシーズンの大ヒットは、イヴォンヌ・プランタンとその夫ピエール・フレネのミュージカル『ぼくの金髪娘のそばで』だった。これは一九三〇年代から一八九〇年代のベル・エポックに遡る洗練されたホームコメディで、贅沢な衣装はランヴァンが担当した。

八月が近づくと七五万のパリ市民が夏のバカンスに出かけ——しだいに通常の生活にもどっていったことのもうひとつのサイン——パリの中心街はほとんど空っぽになった。外国人の到来は会議のためだけではなかった。四月にはロンドンのヴィクトリア駅からパリの北駅まで、ゴールデンアロー号が運行を再開した。アンヴァリッドにエア・ターミナルが開設され、旅の新時代を予告した。

全世界からの外交官と記者の大集合で商売になったのは、ホテルやレストラン、ナイトクラブだけではない。ナンシー・ミットフォードは妹のひとりに手紙を書いた。「マクロー〔ポン引き〕が、ほとんどリュクサンブール宮を出たとたんの平和会議の人たちを呼び止めて、アムール・アトミック〔原子力愛〕をもちかけたと聞きました。しゃれているじゃない？」[15]

接待の観覧車がふたたび回転を始めた。八月九日、ボゴモロフはモロトフのためのパーティを「これ以上ないほどの階級差[16]」をつけて開催した。頂点の賓客三〇名ほどは「他の客にはしっかりと扉を閉じた突き当たりの部屋」にモロトフとともに案内され、アメリカ人とイギリス人は、「会員制の紳士専用クラブ」の会員のように、「ウォツカをやりながらジョークを飛ばした」が、ヴィシンスキーが泥酔してその印象を台無しにした。

翌日、サイ・サルツバーガーが《ラ・リューズ》の個室で、トム・コナリー上院議員を主賓に午餐会を開いた。サルツバーガーはコナリー夫人にメニューについておうかがいを立てた。しかるべきメニューは一種類しかないようだった。ドライ・マティーニ、ステーキ、フレンチフライド・ポテト。サルツバーガーはフランス外務省のレーモン・オフロワも招いていた。「『老トーン』はカクテルでちょっと陽気になっていた」とサルツバーガーはのちに書いている。「だが、黒いストリングタイとたてがみのような白髪でとても印象的だったものの、相変わらずどこかむっつりして見えた」。「本物のステーキ」が登場したとき、コナリーは「外見にもわかるほど興奮した。二口、三口噛んだあと、重々しく私のほうに向いて尋ねた。『サイ、ウエストファリアはどこにある？』

『いや、もちろんドイツです。上院議員』

『そこで条約が署名されたな？』（オフロワはアメリカ外交の鍵と叡智を期待し、興味津々のようすで見ていた）

『はい。ウエストファリア条約です。それが一六四八年に三〇年戦争を終結させました』

『そうだ』とトーンは言った。『ナポレオンが決定的に負けたところだな』。オフロワがむせ返った[17]」

もうひとりの重要な上院議員アーサー・ヴァンデンバーグもフランス外務省の別の高官に、同じような印象をあたえてのけた。「ヴァンデンバーグ上院議員は私の隣にすわっていたが」とジャック・デュメーヌはパリ市議会主催の午餐会のあと書いた。「モーリス・トレーズの輝くばかりの顔から目を離せず、ずっと繰り返していた。『ありえない、こんなに健康そうな男が共産党員だなんて、ありえない！[18]』」

エルヴェ・アルファンはバーンズ、ベヴィン、モロトフを上手にまねて、たとえばウィンザー公爵夫人主催の晩餐会などを、抑えようのない笑いの渦に巻きこんだ。これは、わずかに諸刃の剣的な才能だった。アルファンとは友人のダフ・クーパーは日記に書いた。「アルファンがイギリス人に嫌悪と不信を吹きこむのは奇妙である。その理由は、高度に熟練した役人であり『財務監督官』なのに、役者のように見え、またそう振る舞うからだと思う。どんなイギリス人の役人も、ノエル・カワードをまじめに相手にせよと言われて、納得する者はいない[19]」

その単調さにもかかわらず、平和会議には驚くべきファンがいた。「蒸し風呂のような天気」のあいだずっと、銀行家オットー・カーンの娘のひとりモモ・マリオットは、まるでそれが好奇心をそそる殺人裁判であるかのように、毎日、議事録を追っていた。だが、これほど長く続く裁判はほとんどない。イタリア、ルーマニア、ハンガリー、ブルガリア、フィンランドを相手に、五本の平和条約が署名されたのはようやく一九四七年二月一〇日である。この手続きには丸一日かかり、ダフ・クーパーはその合間合間でグレアム・グリーンの『拳銃売ります』を読んだ。最後の儀式は、フランス外務省の大時計の間《ま》、自殺を試みて傷ついたロベスピエールが、ギロチンにかけられる前に横たえられていたテーブルの上でおこなわれた。

その夏には、平常にもどったというさまざまな外側のサインがあったにもかかわらず、一九四六年秋には、だれもがふたたび不安を覚え始めていた。スパイ妄想と共産主義に対する恐れが、いろいろと滑稽な場面を引き起こした。ナンシー・ミットフォードはイヴリン・ウォーに宛てて、ウィンザー公夫妻が相手かまわず、「フランスは共産主義の瀬戸際にあり、自分たちの宝石を安全な場所に保管しなければならない[20]」と言っていると書いた。一〇月にはまた、ソ連大使のボゴモロフがジレーヌ・ド・ポリニャック大公夫人に大いなる称讃を示しただけでなく、実際に関係をもっているという噂も広まった。大公夫人はこの噂を、とくにエリック・ダンキャノンが駆けつけてきて、イギリスのためにボゴモロフをスパイしてくれと頼んだときに、とてもおもしろがった(21)。

共産主義寄りのプティ将軍がパリの軍政府副長官に任命されたことは、神経過敏の連中に警戒感を生んだ。ルヴェール将軍はその極端な反共主義のために、完全に信頼できる情報源とは言えないが、プティ将軍の任命はモーリス・トレーズが画策したと断言した。

ロンドンではこの間ずっと、戦争省と外務省がフランス側との参謀間の話し合いに反対し続け、ダフ・クーパーをいらだたせた。フランスには効果的な安全策を維持する能力がないという疑いは、悲惨な結果に終わった一九四〇年のダカール遠征のときに生まれ、FFI士官を経由した共産党員の潜入に対する大げさな恐れによって、その度合いは大幅に強まっていた。

一九四六年秋、イギリス外務省は、クーデタにせよ、赤軍の侵入にせよ、「問題が起きたときに備えて」、フランス全土の領事館に無線送信機を密かに設置しようとした。統合情報委員会のウィリアム・ヘイター議長が提出したこの提案に、イギリス大使は強く反対した。この措置はフランス人を動揺させる役にしか立たないと感じたのである。

生まれかけの冷戦は、また文壇生活にも影響をおよぼし始めた。当時、ウェールズに住んでいたアーサー・ケストラーは、一九四六年一〇月一日、自作の戯曲『夕暮れ酒場』のリハーサルに立ち会うためにパリにやってきた。劇はクリシー劇場において、ジャン・ヴィラーの演出により『太陽酒場』のタイトルで上演される。

到着直後のある日、ケストラーはホテル《ポン・ロワイヤル》を訪ね、地下のバーでサルトルとばったり出会って自己紹介をした。「ボンジュール、ケストラーです」。サルトル一家はケストラーが生命力にあふれ、好奇心旺盛だと思った――とくにサルトルはケストラーが好きになった――だが、ケストラーの競争心むき出しの傲慢さは、フランスでは二五万部近くを売りあげた『真昼の暗黒』の大成功で助長され、むしろ一家の気に触った。＊シモーヌ・ド・ボーヴォワールにはまもなく、もうひとついらだちの理由ができた。ボーヴォワールは前の晩、例によって飲みすぎたあと、ケストラーのベッドで目を覚ました。

ボーヴォワールとサルトルはその少しあと、またしてもケストラーと予測不能の一夜を過ごした。ケストラーとその美しい連れで、まもなく結婚することになるマメーヌ・パジェは、サルトルとボーヴォワールを、アルベール・カミュとその夫人フランシーヌとともにアラブ料理店に連れ出した。サルトルは翌日ユネスコで講演をしなければならなかったので、早く寝たいと思っていた。だが、夕食後、一行は「ブルーとピンクのネオンと、帽子をかぶった男たちがとても短いスカートをはいた女の子たちと踊っている小さなダンスホール」に繰り出した。マメーヌは、ケストラーが「カストール（人生で一度でも踊ったことがあるとは思えない）をフロアをぐるぐると引きずりまわし」、一方、同じように経験に欠けるサルトルが「カミュ夫人を引きずりまわす」「愛嬌たっぷりの光景」を描き出している。

ケストラーは、占領中にドイツ軍将校が大いに好んだ白系ロシアのナイトクラブ《シェヘラザード》にいこうと言い張った。ロシアのツィガーヌ音楽、ほとんど完全な暗闇、ウォツカ、シャンパーニュ、ザクースカ〔ロシア風オードブル〕がいっしょになり、ケストラーの客たちは翌日の約束を忘れた。

＊この数字を喜んだことでケストラーを非難はできない。「フランス共産党が『ゼロと永遠』をただちに一冊残らず買い占めよと命令を出した」おかげで、「共産党の資金によってかぎりなく豊かになりつつある[22]」ところだと聞いていたのでなおさらである。

ケストラーは《シェヘラザード》が、反ソ連の長口舌をまくし立てるのに最適な場所だと考えたようだ。議論を重ねれば重ねるほど、みんな、ますます酔っぱらっていった。すぐに比較的しゃんとしているのはカミュとマメーヌ・パジェだけになり、とくにサルトルはものすごく酔っぱらった。午前四時、ケストラーは一行を中央市場《レ・アール》のビストロに連れだし、そこでオニオンスープと牡蠣を食べ、白ワインを飲んだ。サルトルはなおいっそう酔っぱらった。何枚もの紙ナプキンに胡椒と塩をぱらぱらと振り入れ続け、それを「小さくたたんでポケットに詰めこんだ」。

朝八時、陽光に半ば目を眩ませて、ボーヴォワールとサルトルは、水割りウォッカの涙を流しながら哀れな状態で、セーヌにかかる橋のひとつの上にいるのに気づいた。ふたりは大声で飛びこもうかどうするか話し合った。それでも、二時間の睡眠にもかかわらず、サルトルはなんとか原稿を書き、講演をした。

このころ、ケストラーは身辺を脅かされていると感じていた。スターリン主義者の不倶戴天の敵となり、信条を放棄したすべての党員と同様に、積極的ファシストに向けられる以上のそしりを受けた。ケストラーは《シェヘラザード》の一夜の直後にウェールズにもどった。それからいくらも経たないうちに、『レ・タン・モデルヌ』誌が「ヨギとプロレタリア〔ケストラー四五年の作品「ヨギと人民委員」にかけている〕」のタイトルで、モーリス・メルロ＝ポンティによるケストラー攻撃を掲載。この論文のなかで、高等師範学校の哲学教授メルロ＝ポンティが、孤立し、脅威下におかれていたソ連はその革命を一枚岩的な団結によって救うしかなかったという論拠に立って、一九三六年のモスクワにおける公開裁判の釈明に乗り出した。「客観的」という言葉のマルクス＝レーニン主義的意味で「客観的に」見れば、「対立」とは「反逆」を意味する。ボーヴォワールは、多くを明らかにする一節でこう書いている。「メルロ＝ポンティは、どんな実存主義者がやったよりもはるかに断固として、道徳を歴史に従属させた。私たちは道徳主義はブルジョワ的理想の最後の城塞であることを意識して——まだ身を離すことはなく——メルロ゠ポンティとともにこの溝を跳び越えた[23]」

カミュはこの記事とその掲載を是とした編集委員会の決定に腹を立てた。作家でジャズ・プレイヤーのボリス・ヴィアンとその妻のミシェルが開いたパーティで論争が勃発した。カミュは遅く夜の一一時ごろにやってきた。南フランスの旅行から帰ってきたところだった。すぐに例の記事についてメルロ゠ポンティに攻撃をしかけ、モスクワの公開裁判を正当化していると非難した。メルロ゠ポンティは自分を弁護し、サルトルもメルロ゠ポンティの肩をもった。カミュは愕然として、ドアをばたんと閉じて出ていった。サルトルはそのあとを追いかけ、通りで引き止めた。もどるようにカミュを説得しようとしたが、カミュは拒絶した。

これはカミュとサルトルの関係に亀裂がはいり始めたことを示す出来事だった。それは最終的には、数年後、『レ・タン・モデルヌ』で交わされた有名な往復書簡のなかで爆発する。一方、カミュとボーヴォワールとの友情がとくに温かかったことは一度もない。ボーヴォワールは、一九四五年一一月の内閣の危機のころから、カミュの政治的な曖昧さに疑念を抱いていた。カミュはドゴールの立場を擁護した。当時のケストラーとは違い、ドゴール派ではなかった。だが、ボーヴォワールの目には、カミュがその真の反共色を明らかにしたと映った。

サルトルとカストールはまた、一九四六年秋に、レーモン・アロンとも諍いを起こした。レジスタンスについてのサルトルの戯曲『墓場なき死者』は、同じ主題を扱ったサラクルーの劇『怒りの夜』をジャン゠ルイ・バローが上演していたのと同じころに開幕した（サルトルはサラクルーの劇について、作者はレジスタンスの登場人物より対独協力者の登場人物のほうをよく知っていると指摘したと言われる）。『墓場なき死者』初演の夜、具合の悪かったアロン夫人には、拷問の場面が——舞台の外で展開するものの

――耐えられなかった。アロンは妻を家に連れ帰った。ボーヴォワールは、アロンが席を立った妥当な理由として、アロン夫人の病気を受け容れるのを、サルトル以上に拒否した。

こういった争点についてのボーヴォワールの立場がなんであれ、サルトルが相変わらず共産党から深い嫌悪、あるいは憎しみさえももって見られていたことを忘れてはならない。その直後、文壇の昼食会でサルトルと会ったイリヤ・エレンブルグは、サルトルがレジスタンス活動家を「臆病者の策謀家」に描いたと強く批判した。サルトルはエレンブルグは明らかに劇の全体を読んでいないと答えた。それ以前のサルトルの戯曲も政治的理由から攻撃された。たとえば『恭しき娼婦』は黒人の犠牲者を「真の闘士」[24]として描くのに失敗した。次の重要な劇『汚れた手』は、スターリン主義者の罵倒用語集（たしかに、収録語数は限定されてはいるが）に含まれるすべての罵倒用語を、サルトルの身にもたらすことになる。

続く数年間、サルトルは政治と芸術表現についての立場を、冷戦の開始とともにシフトさせ始める。「共産主義者は正しい」とサルトルは、哲学的な厳密さには驚くほど欠ける妥協的な文章のなかに書いた。「私は間違ってはいなかった。押しつぶされ、消耗させられた人びとにはつねに希望が必要である。また絶望する機会もあまりにも多かった。だが、人はつねに幻想なしで働こうと励まなければならない」[25]

第22章 ファッションの世界

占領期間中、共産主義者でさえも、パリのファッションをレジスタンスの武器と見なした。シュルレアリストを客に迎えた社交界の女性リーズ・ドゥアルムは『レ・レートル・フランセーズ』に書いた。「そう、パリジェンヌ、本物のパリジェンヌは四年のあいだすばらしくエレガントだった。霊柩車の馬のエレガンスではなく、競走馬のエレガンス。目には涙、だが唇には微笑みを浮かべ、美しくお化粧をし、慎ましやかで大胆……ドイツ人をいらだたせた。その髪の、その肌の美しさ……灰色にくるまれたドイツの太った鱒の脂ぎった醜さとは対照的な、そのすらりとした姿。そう、それはドイツ人をいらだたせた。パリジェンヌたちはレジスタンスをしていた[1]」

オート・クチュール〔パリの高級注文服店の総称〕は、エレガントなパリジェンヌと同じような姿で戦争を抜け出した。衰弱すれすれまで痩せ細りながら、それでもフランス的趣味と職人芸の品質の高さはふてぶてしく維持する。だが、もしドイツ人が自分の思い通りにしていたら、フランスのファッション産業は生き延びられなかっただろう。一九四〇年八月、ドイツはクチュール組合会長のリュシアン・ルロンに、フランスの大デザイナー全員に加えて、そのアトリエの熟練工はベルリンに移されると予告した。その知識と専門技術があれば、ベルリンとウィーンは新欧州のファッションの中心地となり、一方、パリは取るに足らないものにまで縮小するだろう。

「ご自分の考えを力づくで押しつけることはできるでしょう」とルロンは回答に書いた。「しかし、パリのオート・クチュールは全体としても、あるいは部分ごとでも、よそに移すことはできません。それはパリで存在するか、まったく存在しないかのどちらかです」。これはただ勇気ある発言というだけではなかった。ファッション産業は約一万三〇〇〇の熟練技術をもつ職人を雇っていた。職人たちが仕事をする生地や装飾素材はきわめて専門化した工房の製品であり、それは何世代もかけてフランスで発展を遂げてきた。これほど広範囲に広がり、これほど深く根を張った産業をよその土地に移すのは不可能だった。ドイツ側は同意せざるをえなかった。だがそれでもパリのファッションの力を解体しようと決めていた。業界は製品の輸出を禁止された。それぞれの店はコレクションごとに、従来の一五〇ではなく四〇のモデルしか製作できず、最高に厳格な服地の割り当ての対象となった。多くが占領中に倒産した。だが、産業は死ななかった。なぜならばその仕事には相変わらず需要があったからだ。贅沢な衣服のおもな顧客は占領者自身だったと思われることが多い。だが、買い手に発行された「クチュール券」と呼ばれた配給券は、異なる事実を示している。全体の発行数は一九四一年の二万枚から一九四四年の一万三〇〇〇枚にまで減少したが、ドイツ人はそのうち毎年二〇〇枚を占めるにすぎない。

解放のとき、ルロンはクチュール産業のための「業界内粛清委員会」を召集した。委員会は五五件の対独協力を調査したが、そのほとんどは大きなクチュール店の経営というよりも、生地の不正取引に関わっていた。粛清はごく単純な理由から、きわめて穏やかだった。全世界、とくに南北アメリカ大陸の裕福な女性たちは、上等の衣服によろこんでひと財産を注ぎこむからだ。そしてフランスは外貨を喉から手が出るほど必要としていた。

しかしながら、もはやフランスのオート・クチュールは、流行をパリが独占的に決めていた戦前のような指導的立場にはなかった。とくにアメリカ人デザイナーは独自のスタイルを見つけ、フランスから切り離されていた四年のあいだにその市場を拡大し、パリのオート・クチュールは死んだという見方に力づけられていた。解放のあと、フランスのファッションの生命力はこれまで以上に強靭であり、ビジネスの準備は整っていることを世界に示すためには、なにかをしなければならなかった。

一九四四年秋、ひとつのアイディアが生まれ、それがフランスのファッション産業をめざましい形でふたたび羽ばたかせることになる。おかしなことに、ひらめきはフランス互助会――フランスにおける戦時の慈善活動をまとめていた団体――からやってきた。会長のラウル・ドトリがクチュール業界に、募金のための展示会を開催してはともちかけた。

デザイナー、ニナ・リッチの息子で組合会長のロベール・リッチはこのアイディアがすばらしい好機になることに気づいた。展示会では戦後初のパリ・コレクション（一九四五年春夏物）のミニチュア版を人形に着せて展示できた。フランスのドレスメーカーは昔から、ヨーロッパの宮廷にパリの最新ファッションを見せるため、優雅に装わせた人形を使ってきた。だが、このとても特別なコレクションのための人形は完全に新しく、思ってもみないようなものでなければならない。新しい人形のデザインは、やっと二〇歳になったばかりだが、すでにセリーヌの『夜の果てへの旅』の挿絵で知られていたエリアーヌ・ボナベルに任された。人形は針金だけで作られ、おもちゃというよりは現代彫刻に見えた。カタルーニャ人の彫刻家ホアン・レブルが人形の頭を石膏で作り、顔には化粧をしないように念を押した。

クリスティアン・ベラールが展示会の芸術監督に指名され、すばらしい美術家たちを集めて、モデルの背景を描かせた。手を貸した画家、彫刻家、舞台装置家のなかには、ベラールの愛人ボリス・コフノ、ジャン・コクトー、グロウ＝サラ、ジョルジュ・ジェフロワ、若きアンドレ・ボルペール、針金彫刻が専門でエリアーヌ・ボナベルのデザインから人形を制作したジャン・サン＝マルタンがいた。全員が無給で仕事をした。

展示会全体を統一するイメージはリッチが考えた。「私は最後に小さな劇場のアイディアを思いついた。そのなかに各芸術家がセットを組み立て、さまざまなデザイナーが服を着せた人形を舞台にのせる[2]」

それぞれの店が一着から五着のモデルを作成した。クリスティアン・ディオールはリュシアン・ルロンのデザイナーとして働いていたが、ルロンの店のためにミニチュアのドレスのうちの二点をデザインしたと考えられている。細くしまったウエストとたっぷりのスカートで、いまだに戦争の歳月を払い落としていなかった戦後ファッションのなかでは際だって見えた。

各服飾店は強い意志をもって仕事にとりかかった。あの冬のあいだずっと、裁縫師、靴や帽子、手袋を作る職人たちは、凍えるようなアトリエのなかで数分ごとに指を蠟燭の炎で暖めながら、その技術の粋を集めてミニチュアサイズで腕を振るった。店どうしの競争意識はとても大きかったから、どんなトラブルでも乗りこえられないものはなかった。パトゥは、生地がモデルにきちんと巻きつくように、わざわざ生地を織らせた。「大麦キャンディ」と名づけられたカルヴァンのドレス用の縞生地は、縞を充分に細くするために切断され縫いなおされた。

展示会は一九四五年三月二七日、ルーヴル宮のマルサン館で開幕し、きわめて大きな意義をあたえられたので、オープニングの夜は礼装をした共和国衛兵が儀仗兵として立ったほどである。続く数週間で、一〇万人以上が見学に訪れた。見学者のほとんどは一九三九年以降、新しい服を一着も作らず、オートクチュールはその財布の手には届かなかった。それでも占領中の無味乾燥とした灰色の歳月のために、人びとは色彩と贅沢に飢えていた。夢の舞台の上で美しく装った針金の人形たちは魔法のような効果をあたえた。セットのなかにはシュルレアリスティックなものもあったが、ほとんどは断固としてパリ的だった。中央にはクリスティアン・ベラールの舞台があり、そのステージと桟敷席には最高に洗練されたイブニングドレスを着て、カルティエやヴァン・クリーフ&アルペルの宝石を輝かせた人形たちが群れ集まっていた。人形のなかにはサテンとシフォンの下に絹の下着まで着せられていたものもあった。

そのファッションと手に手をとって、「パリはいつも、売れっ子の美人を必要としてきた(3)」と『ヴォーグ』誌のベッティナ・バラールは書いた。グロリア・ルビノは一九四五年夏にパリに到着し、すぐに「売れっ子」になった。グロリアはメキシコ人で、バレンシアガのモデルだった。バレンシアガは、妖婦すれすれの一種の劇的なエレガンスで知られるデザイナーである。翌年、グロリアは社交界にたびたび登場し、ふたりの夫のあいだにいることで、なおいっそう目を引いた。ドイツ人の夫フォン・フュルステンベルク伯爵と離婚の最終段階にあり、エジプトのファクリ王子と婚約中(のちにイギリス人の大富豪ローエル・ギネスと結婚する)。

ファッション界の人間にあたえられる重要性について、スーザン・メアリー・パトンが目を啓かれたのは、一九四六年夏、パリで戦後初の慈善舞踏会開催を計画したときだった。スーザン・メアリーは褐色の髪の美人で、頭がよくて話がおもしろく、教養があった。夫のビル・パトンともども、パリのフランス人と外交団の両方に大勢友だちがいた。

舞踏会は戦争で荒廃したロレーヌの孤児を助けるのが目的だった。スーザン・メアリーはブローニュの森のレストラン《プレ・カトラン》を予約し、オーケストラを雇い、このような慈善のためなら、みんなよろこんで買ってくれるだろうと考えて、仮面舞踏会のチケットを発送した。フランス人の友人のひとりが、きみはばかだと言った。「この街ではどんなものだろうと、慈善もファッショナブルじゃなければ、だれもこないよ。で、きみはファッショナブルじゃない」(4)。スーザン・メアリーは呆然として、ダイアナ・クーパーに助けを求めた。ダイアナは言った。あちこちで舞踏会の話をするわ。それからドレスメーカーめぐりをしましょう。「私たちが最初に立ち寄った店は、ルブー、スキャパレッリ、ランヴァン、バレンシアガだった」とスーザン・メアリーは書いている。「一軒一軒の店で、ダイアナは尋ねた。『《プレ・カトラン》で開かれる舞踏会用の仮面のモデルを見せていただけるかしら。いまごろになってごめんなさい。もう素材が残っていないでしょうね』」。そんな舞踏会のことなんか聞いたことがないと認めたデザイナーはいなかった。「はったりは成功した。二週間後、チケットは完売し、すてきな小さなヤミのマーケットが生まれた」

カンヌ、ビアリッツ、ドーヴィルのような海辺の町だろうと、カジノが厳格な養生法の代償である内陸の温泉町だろうと、ギャンブルはつねにフランス一利益のあがる観光アトラクションだった。

戦時中は占領地域、非占領地域にかかわらず、すべてのギャンブル場が閉鎖された。解放後は、住宅に優先順位があたえられたために、フランスのカジノは補修用の素材の割り当てを拒否された。皮肉にも、賭博免許の再発行を最初に申請した一軒はヴィシーのカジノである。申請は、かなりの数の元従業員、戦争捕虜と抑留者が「緊急事態」にあるという根拠に基づいていた。

ほとんどのカジノは一九四六年春まで扉を開かず、それも市長や国民議会議員、知事らが、内務大臣に宛てた書面で、唯一の自然資源が観光である街を救うために介入するよう懇願したあとだった。機は熟していた。一九四五年一二月のフラン切り下げは、外国人がフランスで金を遣うための強力な動機として働いたからである。高級デザイナーのドレスの価格がこれほどお手頃だったことはなく、衣服で節約した分は賭けのテーブルで浪費された。国が外貨を渇望していることが、大臣たちはカジノ所有者の意のままになっていると主張する共産党の攻撃に対する最良の論拠となった。

ギャンブル再開をもっとも熱心かつ静かに支持したのは、大規模なヤミ業者だった。カジノは大量の資金洗浄にもっとも簡便な手段を提供した。フランスのカジノが再開される以前は、男も女もくしゃくしゃのお札を詰めたスーツケースを手にモンテ・カルロまで旅行をし、バン・デ・メール銀行発行のしわひとつない小切手と、自分の財産は賭けのテーブル上での幸運の連続から生まれたという覆しようのない話を手にもどってきた。

解放に続く数年間、競馬はカジノよりもなおいっそう論争の的になった。カジノが外国人客をより多く相手にしていたのに対し、競馬は裕福なフランス人を公の場での金とファッションの誇示に引っ張りこんだからだ。ある新聞の競馬記者は、競馬ファン――大衆紙では「テュルフィスト〔ターフの常連〕」と呼ばれた――のレストランでの昼食の勘定が一万から一万二〇〇〇フランに達しているという事実を、けしからんと非難した。また「パドックには対独協力者の精華がうようよいる[5]」とも言った。ギ・ド・ロートシルトは回想録に書いている。「ロンシャン競馬場では、ある重要な厩舎のオーナーがひとりの男から公衆の面前で平手打ちを食らった。しかも殴った男自身、完全に潔白というわけではなかった。戦争の数年後、この同じオーナーは凱旋門賞を続けて二年獲得するという幸運に恵まれたが、群衆の敵対的な反応を恐れて、自分のボックスを離れさえしなかった[6]」

第四共和制初の大統領は一九四七年一月一六日に選出された。南西部出身の社会主義者、自分のラングドック風アクセントを冗談にしたヴァンサン・オリオルほど大統領になりたかった人間はいなかった。オリオルは、国民議会の選挙結果に神経質になっていたあまり、絶えず木に触れ続けていた〔木に触れると願いごとがかなうというまじないがある〕。

大統領選出の日は凍えるような寒さだったが、太陽は顔を出していた。その晩、エリゼ宮には照明があてられ、屋根には投光照明を浴びた三色旗が七年ぶりにたなびいた。二月一一日、オリオル大統領は戦争以来初めての大規模なレセプションを開催した。エリゼ宮には明かりが煌々と灯され、一部の人は明るすぎると思ったほどだ。女性はとてもフォーマルなドレスだったが、男性は燕尾服よりもむしろタキシード。ダイニング・ルームがいちばん混雑していた。

オリオルは、「ボン・ヴィヴァン〔生活を楽しむ人〕」の社会主義者で、大統領職を象徴する外側の装飾と伝統とに大きな歓びを見出したので、共産党系の大臣フランソワ・ビユーから「エリゼの中毒患者」[7]とあだ名された。オリオルは自分の新たな地位がもつ威信を強く意識していた。初閣議で、社会党の古い戦友ジュール・モックがオリオルのほうを向いて、親しげに「きみ」と話しかけた。

共和国大統領は椅子の上で居住まいを正して答えた。「公共事業担当大臣閣下に意見を申しあげることをお許しいただきたい……」[8]

新大統領はまた狩猟と鱒釣りの熱烈な愛好家で、大使が信任状を提出にくると、話は必ずすぐにそちらの方向に向かった。ランブイエの大統領専用狩猟場の価値を高めようと決めていた。オリオルにとって、それは大統領という地位がもたらす特典のなかでも、もっとも楽しめるひとつだった。

二月は春のコレクション開始を告げた。それはいつも胸躍る時であり、さまざまな「メゾン・ド・クチュール〔高級デザイナーの店〕」のショーは、どんなオペラや展覧会よりもはるかに大きな活字で新聞雑誌に予告された。一九四七年は、ファッションの方向を一夜にして変えた新人デザイナー、クリスティアン・ディオール登場の年である。

ベッティナ・バラールはディオールのことを「幼な子のふくよかさをとどめたピンク色の頬の男で、

引っこんだ顎がほとんど絶望的なほどの内気さを強めている」と書いた。一九四七年二月一二日、最初のコレクション発表の日、ディオールは朝早く、モンテーニュ大通り三〇番地の美しい大邸宅に到着。慎ましやかな黒い文字でディオールの名前が書かれた日よけを、装飾豊かな戸口が縁どっていた。

店内は上を下への大騒ぎだった。職人がまだ絨毯を鋲でとめ、人びとがレセプション・ルームに飾る花を腕いっぱいに抱えて走りまわる。舞台裏では、モデルたちがメイクアップに集中することで神経を鎮めようとしていた。中央のサロンと、その先の小さなサロンは金色の椅子でいっぱい。それぞれの椅子の上には名札がおかれ、その一枚一枚が何時間もかけての細かい調整を意味した。すべてのファッション専門誌の編集者と重要な客とが、自分にはしかるべき席が割り当てられていると感じるだけでなく、同ランクで仲のよい人の隣にすわっていると感じられなければならない。

大々的な宣伝の試みはなにもなされなかったが、ディオールには、エティエンヌ・ド・ボーモン伯爵や『ハーパース・バザー』誌特派員のマリ゠ルイーズ・ブスケ、クリスティアン・ベラール、『ヴォーグ』誌のミシェル・ド・ブリュノフなど有力な友人がいた。だれもが、ルロンの店での仕事ぶりから、ディオールを天才的なデザイナーと認めていた。このことはディオールの新しい服飾店をめぐってかなりの興奮と好奇心とをかき立てた。人混みはものすごく、なかにははしごを使って建物の屋根からはいろうとした人もいたほどだ。

一〇時三〇分、サロンは人があふれ出しそうにいっぱいになり、すべての準備が整った。ディオールは招待客を迎えたあと、キャットウォークからできるだけ遠いところでぴりぴりと張りつめた緊張に耐えるため、聖域である自分のオフィスに逃げこんだ。最初に登場したモデルは興奮のあまり足を踏みはずし、ステージをおりたあと、マスカラで黒く染まった涙に暮れて、もう一度、舞台に出ることができなかった。だが、新しいドレスが登場するたびに、それは称讃の溜息と拍手とに迎えられた。スタッフが新たな成功を報告するために、ひっきりなしにディオールのオフィスに飛びこんできた。けれどもディオールは姿を現して、雷鳴のようなスタンディング・オベーションを受けるまで、起きたことをあまり信じられなかった。もっとも熱狂したひとりに『ハーパーズ・バザー』誌のカーメル・スノウがいた。「あなたのドレス、ものすごく新しく見える《ニュールック》わ」とスノウは叫んだ——こうして「ニュールック」という名前が生まれた。

服はとてもシンプルに見えたが、構造は複雑だった。初コレクションでもっとも有名なドレスは〈バー〉。たっぷりとした黒のプリーツスカートの上に、ウエストを細く絞り、腰のカーブを強調した白のシャタンのジャケット。しかし、コレクションのなかでディオールのお気に入りは〈シェリー〉と題された。ぴったりのボディスと細いウエストの下で、スカートは何ヤードもの白いファイユ地でできていた。ディオールの後援者マルセル・ブサックが、自分の生地の売上を押しあげるために、ディオールに生地を贅沢に使うよう勧めたという噂が広まった。ディオールはこの噂をいつも激しく否定し、ブサックはおもに木綿——ディオールがほとんど使わなかった素材——を扱っていると指摘した。

ショーの衝撃は驚くほどであり、ファッション界のはるか先にまで達した。《ジョッキークラブ》の古くからの常連、ド・ラステイリ氏は、自分が会員だった四〇年間で、クラブのなかでデザイナーの名前が口にされるのを聞いたことは一度もなかったのに、いまは「ディオールのことしか話さない(9)」と感想を述べた。

ディオール同様にバルマンも、戦争の前半を非占領地域である生まれ故郷のエクス＝レ＝バンで過ごし、そこでガートルード・スタインとアリス・B・トクラスと知り合った。パリにもどったあと、バルマンとディオールは肩を並べて仕事をし、リュシアン・ルロンが製作する衣類すべてをデザインした。

ルロン自身はデザイナーを自任することはなかったからだ。ディオールは書いている。「バルマンも私も、戦時中の制約とつねにあった突然の閉店の恐れにもかかわらず、ルロンが私たちに仕事を教えてくれたことを決して忘れないだろう[10]」

一九四五年、ピエール・バルマンはルロンから独立して、自分の「メゾン・ド・クテュール」を開店した。その初コレクションは新鮮で想像力にあふれると評された。とくに前衛的というわけではなかったが、オープニングのショーは、エクス時代の友人たちご臨席の栄誉に浴した。「おなじみの短髪姿のガートルード・スタインと濃い口ひげを生やしたアリス・B・トクラスが貴賓席にすわり、かわいらしい縞模様の女の子たちが通り過ぎるのを見ながら、ふたりの人生を通り過ぎていったマティスやピカソをメモしたのと同じ興味をもって、カードに注意深くメモをとっていた[11]」

スーザン・メアリー・パトンはディオールの初コレクションに出かけ、店員のひとりと友だちだったので、「いくつかのモデルを試着するために、試着室にはいることを許された。そこは餌の時間前に雌ライオンの檻にはいる以上に危険だった。ヨーロッパで最高に豊かなレディたちが試着品を求めて金切り声をあげていたからだ。『〈ミス・ニューヨーク〉はどこ？　あたしがもっていたのに、だれかが目の前からかっさらっていったわ！[12]』」

デイジー・フェローズのほうは、モンテーニュ大通りで群衆と取っ組み合う必要はなかった――だれもが喉から手が出るほど欲しがっていたドレスは、《リッツ》のデイジーのもとにドレスのほうからやってきた。「デイジーは二階のもっとも豪華なアパルトマンに住んでいた」とダフ・クーパーは書いている。「そこでディオールの店の店員がデイジーにドレスを見せ、デイジーのシャンパーニュを飲んだ。それは莫大な富の誇示だった[13]」

ディオールのドレスが表すこれ見よがしの贅沢さは、戦争が五年間の貧困を意味した人びとにとっては我慢ができないものだった。「人びとはトラックからこちらに卑猥な言葉を投げつけてきます」とナンシー・ミットフォードはエディ・サックヴィル＝ウエストに宛てて書いた。「なぜならば、どういうわけか、それはどんな黒貂の毛皮もできないやり方で、階級の感覚を生み出すからです[14]」。それがいかに我慢のならないものだったかは、一九四七年三月に計画された写真撮影のときに明らかになった。撮影ではディオールのドレスを典型的なパリを背景にして見せる予定だった。エッフェル塔やシャンゼリゼといったありふれた舞台とともに、だれかがモンマルトルの青空市場を思いついた。

ドレスは大きな木箱に入れて、小型トラックでモンマルトルに送り出された。モデルは、あるバーの裏の部屋で着替えた。だが、最初のひとりがルピック街の市場に得意げに、優美に足を踏み入れたとき、効果は電撃的だった。通りは落ち着きのない静けさに沈みこみ、それから一軒の屋台の女将が怒りの叫びをあげ、近くにいたモデルに侮辱の言葉を吐きながら飛びかかった。別の女たちも加わり、全員でモデルを殴り、髪を引っ張り、服を引きちぎろうとした。他のモデルたちは大急ぎでバーに後退し、ドレスとモデルはあっという間に安全なモンテーニュ大通りを目指していた。

七区の保守の領土でさえ、ディオールのドレスには多少とも厳しい視線がかけられた。ナンシー・ミットフォードがディオールのスーツを着ていたとき、「見知らぬ女性が、失礼ですけれど、それはディオールかしら、と尋ねてきました。そこは行きつけのビストロで――もちろん、だれもがディオールの値段は知っています。ですから私は、戦争中ずっと新しいコートを買うために倹約をしてきたとかなんとか、ちょっとした演説をでっちあげました！　でも、私のディオールもすぐに、ルピック街のおしゃれさんたちのドレスと同じ運命をたどることになるのはわかっています。共産主義者と主婦たちのあいだで、人生は長く、危険な道のりです[15]」。

だが、社交界の重要人物たちに対する非難、そして貧しい人びとの激しい怒りにもかかわらず、あともどりはなかった。ニュールックは大変な引き合いで、一九四七年のフランスのファッション産業全輸出高の七五パーセントを占めたほどである。それはまた情け容赦なくコピーされた。「ロンドンのニュールックには笑い死にしそうです」とナンシー・ミットフォードは書いた。「文字どおり、チンツのクリノリン。どうやらディオールはロンドンにきたみたい。そしてこれを始めたのはあなたの責任ですよと指摘されたとき、自殺しかねませんでした」(16)

第23章

二都物語

共産主義者はパリを、単に明白な対照を有するひとつの都市ではなく、並列する異なる二都市と見ていた。「銀行の、役員会の、大臣たちの、アメリカ映画の、傲慢なGIたちの、大使館から出てくるアメリカ車のパリがある。政府はその大使館の別館にすぎない。むかつくような贅沢の、老いた貴族の末亡人が住む邸宅のパリがある。老婦人たちは邸宅の錯綜した部屋部屋の迷路のなかで迷子になる」。それから「もうひとつのパリ……ずっと古いと同時にずっと若いパリ」——「ベルヴィル、ラ・シャペル、ムフタール街、シャロンヌ、メニルモンタン……」[1]の労働者階級のパリがあった。

政治的なレトリックは別にして、パリが高級住宅街と貧民街にはっきりと分かれているのは、第二帝政下におけるオスマン男爵の抜本的な区画整理によるところが大きい。中心部にあった人口過密のスラム街は、住民を力ずくで立ち退かせたあと、打ち壊された。大通りが、革命時の暴徒に対する射界を提供するように戦略的に設計され、その両側では、制限のない不動産投資のゴールデンブームが始まった。「建築は行政にすぎない」[2]というオスマンの格言は都市計画を、わが物顔に勝ち誇ったブルジョワジーに利益をもたらすための軍事遠征に近いものとした。一九四六年に社会学者J・F・グラヴィエが書いたように、オスマンがパリの中心から下層階級を一掃したことが、「階級意識を強力に増大させた」

のはまず間違いない。

人口の移動により、パリを取り巻くようにして北側、東側、南側に新しいスラム街ができた。実際には市を一周していたわけではないが、このスラム街が一九三〇年代に「赤い帯」と呼ばれるようになる。立ち退きに遭った貧困層と、首都に次つぎと流れこむ移民は、安普請の共同住宅に住み、それはすぐにぼろぼろになり始めた。終戦時、パリの全建物の六分の一は深刻な老朽化の状態にあり、この割合は労働者階級の地区では四分の一を軽く超えた。中心的な問題は、賃貸料が極端な統制を受け、あまりにも低かったことである。家賃が一家の収入に占める割合は、一九〇八年の一九パーセントに対し、一九四五年ではわずか四パーセントにしか達しなかった。そのために、大家は所有不動産の改築はもとより、修繕にもまったく金を遣わなかった。家やアパートの四分の一近くが中庭か踊り場の蛇口を頼り、半数近くに屋内のトイレがなかった。衛生の欠如は料理にもおよび、狭苦しい環境で料理をするのは危険だった。セーヌ県の県知事は、市議会宛の報告書で「われわれの労働人口の健康と道徳を破壊するスラム街」について語っている。

大ざっぱに言ってパリと郊外の人口の一〇分の一にあたる約四五万人は、お役所的な婉曲語法で「もっとも恵まれない人びと」と規定された。最悪なのは「非衛生街区」――陽のあたらない道幅の狭いスラム地区――で、一八万六六五九四人が四二九〇軒の建物に、しばしば一室あたり四人から五人で居住していた。住民の三〇パーセント近くが結核で死亡。これは一九一八年と同じぐらい悪い記録である。あるスラムでは死亡率は四三パーセントに達した。しかしながら知事がもっとも気にしていたのは、両親と子どもたちが一台のベッドで雑魚寝することの道徳的側面だったようである。「われわれは破滅的な社会的意味合いをもつ深刻な危機に直面している……家庭生活は堕落の雰囲気のなかで続けられ、家庭における雑居の度合は嘆かわしいものだ」(3)

パリ北端の美しい古都サン゠ドゥニは戦前の移民の波のなかに埋没した。グラヴィエは書いている。「たとえばサン゠ドゥニの『貸家』を建設した建築家、開発業者、不動産会社を許すことはできない。それは、歴史に満ちる生きた都市を、移民のための薄汚い強制収容所に変えた[4]」

ブルターニュとオーヴェルニュ出身者がパリ移住者の大きな割合を占めた。どちらも信心深いカトリック教徒だったにもかかわらず、一度都会にたどりつくと、出身地の共同体の平均よりも少ない数の子どもしかもうけなかった。田園では、第一次世界大戦の大量殺戮のあと、出生率の向上が強迫観念になっていたので、若者を惹きつけて田園の人口を減らしたうえに、その出生率を一挙に下げるパリは吸血鬼のように見なされた。ある著者は、一九二一年から三六年までの国内からパリへの人口移動による出生数の損失は、第二次世界大戦中のフランスの戦死者数に匹敵すると論じている。この唐突な人口変化の第一の原因は冷酷なほどに単純だった。狭い賃貸アパートという物理的制約と食品の価格である。多くの若い妻たちがもぐりの堕胎医に助けを求めなければならなかった。

パリ東部では、ベルヴィルとメニルモンタン地区の大部分がビュット・ショーモン公園とリラ門、一八七一年のパリ・コミューン参加者大量虐殺の記憶が重くのしかかるペール゠ラシェーズ墓地にはさまれて広がっていた。横丁、細く険しい石畳の坂道、灰色の鎧戸と灰色の漆喰が剝がれかけた家並みが、広々とした壮麗な市の中心街とはまったく異なる種類の歴史を証言していた。

冬の深いぬかるみのあと、春のなかで唯一の色彩は、二、三本ばかりの汚れた発育不全のリラに咲く花と、枝を情け容赦なく刈りこまれたプラタナスの楽天的な新芽だけ。メニルモンタン広場に建つノートルダム゠ド゠ラ゠クロワ教会の汚れたロマネスク様式のファサードは、パリではなく、北部工業都市のもののように見えた。建物の高さはてんでんばらばらで、めちゃくちゃな屋根の稜線は、オスマンがパリ中心街に課した規律とはかけ離れていた。店の数は少なかった。ぽつりぽつりとある商品不足の食品店は、楽観的に「食品全般」と書いた看板を掲げ、オーヴェルニュ出身者経営の薄汚い小さな店はワイン、薪、石炭を売った。一日を始めるのに「白ワインちょいと一杯」を必要とする、布の帽子とオーバーオール姿の客のために、せいぜいが亜鉛のカウンターひとつの殺風景なカフェが付属していた。主婦は相変わらずほとんどすべての買い物を、たとえばメニルモンタン街に立つような青空市場でした。

ベルヴィルのユダヤ人の革職人や靴なおし、仕立て屋の工房だけでなく、この地域にはあらゆる種類の職人があふれていた。時計職人、木彫師、籐細工師、高級家具職人、ペール゠ラシェーズ墓地の墓石を彫る墓碑彫刻師、だれもが照明の暗い狭い店で、たいていは作業台と整理棚、頭上のコードに下がる裸電球一個の押入程度の店で仕事をしていた。

ベルヴィル墓地を見おろす水道塔からラ・ヴィレットの食肉処理場を経由し、ラ・シャペルの鉄道操車場と車輌基地にいたるまで、パリの東部と北部は、その職種がいかに細分化されていようとも、偉大なる労働者階級連帯の地だった。

フランス鉄道の中心的な車輌基地がある一八区では、若い共産党員がレジスタンスに参加した兄貴たちを英雄として崇めた——その活動の中心はバスケットボールクラブだった。

日曜の朝、ガジェ一家の男たちは日曜の一張羅を着て、共産党の党紙を売りに出かける。父親のエルツ・ガジェは『リュマニテ』を、長男のジョルジュは『ラヴァン゠ガルド』を売った。それぞれが市場近くのロリーヴ街に「ショバ」をもっていた。

共産党青年のための活動は、カトリック青年のための活動と同じように重要視されていた。政治的なお墨付きをえた戯曲鑑賞やフランス゠ソ連協会主催の文化プログラム参加があった。文化プログラムには通常、赤軍の英雄的行動を描いた映画鑑賞と、とても厳格な雰囲気のなかでの少年少女向けキャンプが含まれた。唯一気を抜けるのは、一八区の青年共産党員が「ラ・ゴゲット」と呼ばれるダンス・パーティを開催するときだった。この名前は、第一次世界大戦以前、マルヌ川の岸辺で土曜の夜に開かれたパーティに由来する。若者たちは「ル・スウイング」を踊り、「ル・ビーボップ」を愛した。共産党はその反ジャズ路線をあまり厳格には適用しないことに決めていた――党は若者を募集する必要があった。

エルツ・ガジェの細胞会議は、毎週、ジャン・ロベール街で開かれ、夕食のあとに始まった。エルツは出かける前、いつも髭をきれいに剃った（工場の細胞会議は仕事のあとに開かれたが、ほとんどの労働者は自分の仕事につながる細胞は避けるほうを好んだ。もし上役に見つかったら、最初に解雇の対象になるからだ）。

共産党員の一年には、共産党なりの祝祭と政治儀式の日があった。古代の春の儀式のように、おそらくいちばん楽しかったのは「党員証授与祭」だっただろう。これは家族的な催しで、ワインとお菓子が出され、アコーディオンに合わせて歌い、踊った。細胞の書記がスピーチをし、それから「今年、きっときみは『リュマ』をもうちょっとたくさん売るだろう！」(5)みたいなおどけた言葉とともに党員証を渡した。ほかの大きなお祭りには、メーデー、コミューン参加者がその前で銃殺されたペール＝ラシェーズ墓地の「パリ・コミューン兵の壁」までの集団巡礼、そしてリュマニテ祭があった。抗議デモさえも、その目標がどんなにまじめなものであっても、社交的なイベントだった。

パリをはさんでベルヴィルの職人工房地区の反対側、ブローニュ＝ビヤンクールには規律正しいルノーの広大な工場があった。一日をサイレンが管理していた。毎朝、帽子をかぶった労働者の群れが、背の高い入口ゲートに集まる。扉が開くと、男たちは警備員の目の前をゆっくりと歩いていく。そのあと、ふたたびゲートが閉じる。工場体験を共有するために、労働者に加わった若いインテリは『レ・タン・モデルヌ』誌の記事で、そのようすを毎日、牢屋にはいることになぞらえた。

パリの低所得者地区では、相変わらず食糧が最大の心配の種であり、工場労働者だろうと国家公務員だろうと、その住民はフランス全土でもっとも脆弱な人びとだった。SHAEFの報告書が述べているように、国民は「消費の不均衡のためにいっそう深刻化している慢性的食糧不足」に苦しんでいた。平均収入は戦前に較べて二〇パーセント低く、都市の低所得者と週給制の給与所得者の収入は、全国民の収入の三〇パーセント以下しか占めていなかった。

解放の九か月後、SHAEFは次のように報告した。「フランスの食料事情は相変わらず深刻である。フランス都市部の配給は、一人あたり二〇〇〇カロリーに一度も近づいていない(6)」。一九四五年夏、「非農業人口」に対する配給目標は、パンが一日あたり三五〇グラム、肉は週に一〇〇グラム、油脂が月に五〇〇グラムだった。四月、パリの平均は一日あたり一三三七カロリーにすぎなかったが、この全体的な数字には高級住宅街と労働者階級地区のあいだの恐ろしい不均衡が隠されていた。後者では、とくに高齢者が実質的に餓死したと言える。若者に対する栄養不良の影響も過小評価してはならない。子どもの平均身長は劇的に低下した。

このあと一九四五年のあいだに見られた改善は短期で終わった。一度、緩められていたパンの配給が一九四六年一月一日にふたたび導入されることになり、ドゴール政府最後の数週間に騒動を巻き起こした。新たに創設された中小製パン小売業保護委員会から共産党主導のフランス婦人連盟にいたるまで、政治的には何の共通点もない諸団体が抗議の声を叫び立てた。新年直前には、人びとがパニック状態でパン屋に殺到し、買いまくった。列のうしろに並んでいた客は、自分も許されるだけの量を買おうとしていながら、何本ものパンを抱えて店から出てくる者たちを罵倒した。

パリからあまり遠くないところに農民の親戚がいれば、食糧を手に入れる機会がずっと大きくなった。それほど幸運でない者は、生き延びるために自分の知恵を総動員する必要があった。占領中と同様に「ル・システムＤ」――Ｄは débrouiller「創意工夫で難局をなんとか切り抜ける」を意味する――に助けを求めなければならなかった。これには、兎や雌鶏の飼育から、ヤミ市での取引、職場からの盗品の故買、そしてなによりもまず貨幣経済の回避まで、ありとあらゆることが網羅されていた。ほとんどだれもが品物やサービスを交換した。娼婦、自動車修理工、配管工、職人は支払をめったに現金では受けとらなかった。工場労働者さえ、賃金の代わりに製品をあたえられた。政府が税金を集めるのにあれほど苦労したのも驚くには値しない。

貧困は、工業労働者同様に、定収入の者も苦しめた。《リッツ》の外で、半分吸ったタバコを投げ捨てたアメリカ人外交官の夫人は、身なりのよい老人がそれに飛びついたのを見て、ひどく当惑した。吸い殻の取引さえあり、一〇本一組で販売された。低賃金の者たちはできるかぎりうまくわが身を守った。満員電車の車掌は、客に空席を見つけてやるのにチップを要求した。この習慣を中産階級は強請だと訴えた。

一部の商店主、とくに肉屋は悪名が高い。在庫を売り渋り、それをより裕福な客に売って利益を増やしたからだ。「肩ロースがご入用でしたら、マダム、少々ございますよ――お値引きなしでお高くなりますが」。パリ郊外バルビゾンでは、最高の不動産の半数を肉屋が購入した。売家を見学したある肉屋は、所有者が翌日までに明け渡すという条件で、古い札で三五〇万フランを支払うと申し出た。一九四六年一月、食糧省はパリの警視総監に、肉屋組合の親分四人を逮捕するように命令したが、これはジェスチャーにすぎなかった。

最大のスキャンダルは、ワインの供給が成人ひとりあたり月三リットルにすぎなかったときに、食糧省がアルジェリアから輸入した大量のワインが姿を消した事件だった。例によって、遵法精神の持ち主はめったにワインを目にしなかった。一方、そのほかのみんな――配給を増やすために複数の酒屋に登録したり、死んだ親戚を登録し続けたりした者（農業者連盟の総書記は指摘した。「死者は大酒を飲む習慣がある」）[7]から、製品を外国に売却して莫大な利益をあげたと言われる大手卸売業者にいたるまで――は利益を得た。食糧大臣イヴ・ファルジュは、ワインを扱う管理職四〇名全員を解雇したが、その過ちはおそらく意図的な不正行為というより、経験不足に原因があったのだろう。省庁内部の粛清のために、多くの能力ある役人が排斥されていた。その職務はしばしば、レジスタンスでは立派な経歴があるが、仕事にはほとんど能のない候補者で埋められた。

事件は社会党の重要人物を次つぎと巻きこみながらどんどん広がり、ついには元首相フェリックス・グアンの名まで出た。一九四六年の大ワイン・スキャンダルで本当に利益を得たのは、思う存分に暴れまわった報道機関だけだった。*

ヤミの物資を所持していてつかまった者のほとんどが、自分は大家族の父親であり、飢えている子どもたちに食べ物をあたえようとしただけだと主張した。多くが真実を語っていたのは疑いもないが、少なくとも人口の半分がなんらかの形で、ちょろまかしや取引に手を染めていたようだ。コンドルセ高校の高校生ギャング団――ボスは一三歳半だった――は、アメリカ人からチューインガムをまとめ買いし、それを転売して大きな利益をあげていた。一味の金庫番はつかまったとき、一万フランを所持して

＊フェリックス・グアンは、ファルジュの著書『腐敗のパン』の主張に対して訴訟を起こした。しかし、一九四八年三月、裁判に負けた。この敗北は、消えずに残っていたグアンの政治的野心にとどめを刺した。

いた。

なにかほかにも「正価」で転売できるものが手にはいるときに、自分の商売に良心的にしがみついている者はいなかった。ガルティエ＝ボワシエールの床屋は、八〇〇フランでアメリカ製チョコレートはいらないかともちかけてきた。二日後、妻のシャルロットが、ようやくお魚を少し手に入れたわと言った。

「どこで？」

「いつもいく肉屋で」

飲食業界にいいコネをもつ人は、いつもうまく生き延びてきた。たとえばジジ・ジャンメールがスターのローラン・プティ・バレエ団は、占領中、プティの父親が中央市場《レ・アール》に所有するレストランで無料で食事をした。プティの父親は、息子の成功をとても自慢にしていた。車とガソリンの割り当てがある外交官、高級将校、官僚は、一軒の農家を行きつけにして、週末に車で卵やバターを買い出しにいった。もしかしたらハムもあるかもしれない。車、とくに公用車はめったに停止させられなかったから、購入品を隠す手間もとらなかった。

外交官がどんな困窮も経験しなかったのはたしかである。「きょうはちょっと二日酔い気味だった」とトルコ大使館のパーティのあと、あるお客は書いた。「トルコ人は私たちを気前よくもてなした――テーブルは重みできしんでいた。『革命のまっただなか』――というのも最近のことをここではそう呼んでいるのだが――でこれほどの伊勢海老、これほどピンクのフォワグラ――これほどの量の牡蠣――チキンの手羽肉と胸肉だけが浮かぶトルコ風のナッツ・クリームを出すのを、私だったら恥ずかしく思うだろう(8)」

わずかだが、この状況を冗談にして恥を知らない者もいた。ノエル・カワードはウィンザー公夫妻を招いた晩餐会を日記に記録している。「私は夫妻においしい夕食をご馳走した。コンソメ、トーストにのせた骨髄、伊勢海老のグリル、ベアルネーズ・ソースを添えたトルネード・ステーキ、チョコレート・スフレ。哀れな飢えたフランスよ」(9)。このような態度を許しがたいと思う者もいた。イヴ・モンタンは《ル・クリュブ・デ・サンク》で歌っているとき、舞台真下の席の客がロブスターを一匹頼み、それをちょこちょことつまんで、そのあと半分食べ残した殻に葉巻を押しつけたとき、腹を立てたあまり、その男を殴りつけた。

一組は貧者のため、一組は富者のため、そしてもう一組は英米人のためと、三組の規則があったことが、恨み心に油を注いだ。田舎に土地をもつ優雅なパリ市民は、市内に狩猟肉を持ち帰って、わずかの肉の配給を補った。占領下で銃器が没収されたあと、鹿はほとんど間引かれなかったので、弾を入手さえできれば大量の鹿肉が手にはいった。一発一発が大切だった。配給は年に弾薬二〇発だったからだ。パリのある女性は、屋根裏部屋の本の山の下に、戦前の弾薬を二箱見つけて欣喜雀躍した。一流のハンターである友人との複雑な物々交換を介して、それを「二羽のキジ、バター一キロ、仔牛のロースト肉(10)」に変えることができた。

一九四六年の冬、ヤミの交換レートが一ドルに対し二五〇フラン、一ポンドに対し一〇〇〇フランに達したために、イギリス人とアメリカ人にはなおいっそう有利になった。家政婦兼料理人が月に二五〇〇フランで雇えた時代である。多くの外交官やジャーナリストがヤミ市と関わりをもたないように、高潔なる努力をしていた。サイとマリーナ・サルツバーガー夫妻の娘は、ヤミ市に助けを求める親の子どもとは遊ぶことさえ許されなかった。ビル・パトンは自分の家でヤミの品を使うことを一切禁止した。マダム・ヴァレビルは料理人のマダム・ヴァレにKレーションのビスケットのトースト法を説明した。マダム・ヴァレは、ビルが出かけたとたんにスーザン・メアリーのところにやってきて、単刀直入に言った。ヤミ市を利用しないわけにはいきませんが、ムッシューがそれについてお知りになる必要はありません。

他のほとんど全員が「ル・システムD」のもとでは規則は破られるためにあると認めているときに、誘惑に負けてしまえというプレッシャーは絶大だった。スーザン・メアリー・パトンがメイドを雇うために職業斡旋所に出かけたとき、女性所長は目を輝かせて反射的に言った。「もちろん奥様はアメリカ軍の備蓄品をおもちですわね」。合衆国軍の配給食の重要性は、それが六週間ごとに不適切な量――巨大な缶にはいった加工済み野菜、果物のジュース、ベーコン、粉末の卵、「クリム」と呼ばれた軍用粉ミルク――ではいってくるとしても、初めから明白だった。選択の余地はほとんどなかったが、グレープフルーツ一個が熟練工の四日分の賃金に相当するとき、フランス人にとってそれは宝物だった。スーザン・メアリー・パトンの家政婦は、「ほとんど涙を流さんばかりにして、缶を撫でていた[11]」。

一九四六年秋、娼婦にはなおいっそう「ル・システムD」に頼る必要が出てきた。男性、そしてほとんどの医療関係者を身震いさせたことに、娼家が非合法化されたのである。

パリの娼家はときに、外国人がこの都会に期待するようになった一種の婉曲語法を使って、「メゾン・ディィリュジョン〔幻想の館〕」と呼ばれる。より専門的な定義では、娼婦が暮らし、食事をし、仕事をする「メゾン・ド・トレランス〔寛容の館〕」と、「女性が普通は午後のあいだに娼婦として仕事に通ってくる[12]」「メゾン・ド・ランデヴ〔逢い引きの館＝連れこみ宿〕」があった。

警察の風紀班――「社会道徳取締係」――が責任をもち、多くの規則を守らせた。窓と鎧戸は閉め切っておかなければならない。一階と二階の鎧戸は一枚板で、ルーパーがついていてはならない。各娼婦は警察に届けを出し、最新の医療カード「衛生手帳」を所持し、週に二回、指定医の検査を受けなければならない。

一九四六年四月一三日、娼家を禁止する新法が通過し、一〇月六日に発効された。この措置の裏にある主たる動機のひとつは、道徳とも健康ともなんの関係もなかった。パリ市参事会員でMRP所属の国民議会議員マルト・リカールが、娼家を買いあげて無一文の学生用に改修することを命じる法案を提出した。パリでは学生のための宿泊施設が絶望的に不足していたが、この法案は登録娼家制の利益と不利益をめぐる議論を複雑にしただけだった。

中心的な論争は医学上の問題にしぼられたようだ。もし公的な娼家が禁止されれば、登録娼婦七〇〇〇人は、街頭に立つ「非合法娼婦」の数をただ膨らませるだけであり、病気が急速に広まるだろう。しかし、この措置を支持した人のほとんどがそうしたのは、古いシステム――その下では「公権力が売春を組織していた」――は道徳的に非難されるべきであり、警察権力の濫用につながりやすいと考えたからだった。

多くの伝統主義者にとって、この法律はフランス文化への攻撃に等しかった。作家のピエール・マッコルランは「崩壊しつつあるのは一〇〇〇年の歴史ある文明の土台である(13)」と言った。ガルティエ＝ボワシエールも娼家をめぐるゴシップと冗談のやりとりに郷愁を抱くひとりだった。お気に入りの「メゾン・ド・トレランス」はサンタポリーヌ街とブロンデル街にあり、《きれいな雌鶏館》(アメリカ軍提供のリストにあった一軒)と《美しい日本娘館》も含まれた。親友で『クラプイヨ』誌の編集仲間、画家のジャン・オベルレとクロード・ブランシャールをよくいっしょに連れていった。オベルレとブランシャールはツアーリーダー役のガルティエ＝ボワシエールほど心を奪われてはいなかった。パリの地下社会――「ミリュー」――の虜になっていたガルティエ＝ボワシエールは、娼家めぐりを小説の雰囲気や会話作りに利用した。オベルレは書いている。「娼家のほとんどで、店の女たちはけばけばしく化粧をし、私には醜く見えた。その派手な色の絹の薄物はほとんどの場合、悲しい肉体を隠していた[14]」
オベルレとブランシャールはガルティエ＝ボワシエールのお供でより気楽なバル・ミュゼット——ヴェルテュ〔美徳〕街の《ハートのエース》、フォブール・デュ・タンプルの《ラ・ジャヴァ》、ラップ街の《小さなバルコニー》——に出かけるほうをずっと楽しんだ。三人の男はテーブルをひとつ見つけ、お決まりの飲み物のひとつ——「ディアボロ＝マント」か酸っぱい白ワインのグラス——を注文する。ダンスが一曲終わり、ミュージシャンがひと息入れるたびに、店主が「お支払をお願いします！」と叫び、硬貨を集めてまわる。硬貨は店主の腰にまいた袋のなかに落とされた。集金が終わると、店主はバルコニーにいるミュージシャン三人——アコーディオン、バンジョー、ハープ——に声をかける。「さあ、曲だ！」そしてカップルが次のワルツやジャヴァを踊り出す。休憩中の娼婦たちが街頭の「ショバ」からやってきて、テーブルのわきを通り過ぎ、よく磨きこまれたフロアで、お客を見つけるためではなく、純粋にお楽しみのためだけに、二曲か三曲、踊っていった。

フランスは最悪の事態を抜け出したという一九四六年夏の幻想は、数か月後、二〇世紀最悪と呼ばれることの多い冬のあいだに粉々に打ち砕かれた。多くの人にとって、寒さの記憶が飢えの記憶よりも遥かに長く残った。暖房用燃料の破滅的不足——一部の地区では割り当ての三分の一か四分の一しか受けとらなかった——のために、学校も職場も暖房がなかった。子どもたちはひどい霜焼けのために文字も書けず、フランス外務省の秘書たちはミトンをはめてようやくタイプが打てた。ナンシー・ミットフォードは家では仕事ができなかった。ナンシーはガストン・パレフスキに手紙を書き——電話は機能していなかった——指がとても冷たいのでペンも握れないから、薪を二、三本くださいと頼んだ。「ひと息ひと息が剣のようです[15]」と妹のひとりに宛てて書いている。

電力消費を押さえるために電光看板はすべて禁止され、店のウインドーは明かりが灯されず、街灯はでたらめに消された。実際に、停電はほとんど予告がなかったので、病院では外科医が手術中、暗闇のなかに取り残されることもしばしばだった。

たとえ意図はしなくても、ここでもコネが役立った。ウィンザー公夫妻の暖房のききすぎた晩餐会で、スーザン・メアリー・パトンの指の霜焼けに気づいたあるアメリカ軍将校は、翌朝、ドイツ人戦争捕虜の作業班を送りこんできて、トラック一台分の石炭を降ろさせ、スーザン・メアリーにひどくきまりの悪い思いをさせた。

悪循環は続いた。猛吹雪が石炭の生産と燃料の輸送列車を停止させた。配管は凍りついて破裂し、あふれだした水はふたたび凍って大きな氷の塊を作った。ナンシー・ミットフォードは妹のダイアナに宛てて書いた。「この街の破裂した配管のようなものは見たことがありません。どの家にも滝があります」[16]毎朝、ソックスの上の青い膝だけをむき出しにして、しっかりと全身を包んだ子どもたちが金属の容器を握りしめ、牛乳を買いにやらされた。結核の恐れのために牛乳は牛乳店に設置された巨大な金属タンクで煮沸された。店主は湯気を立てる配給の牛乳を、正確に一リットル量れるレードルで容器に注いだ。

深刻な物資不足の時代、配給は必ずヤミ市を創出する。フランスでは、ヤミ市が非生産的な影響をあたえる例があまりにも多すぎた。もっとも衝撃的な一例はブルターニュの漁港に見られる。トロール船の所有者には船を海に出すよりも、割り当てられた燃料をヤミで販売したほうがいい稼ぎになった。

他方で、配給維持の失敗は危険な不穏状態を引き起こし、そのような路線を追おうとするいかなる政府をも引きずりおろしただろう。フランスでは、不平等がイギリスよりもはるかにひどかった。イギリスでは、配給システムが全体としてより完全に、また効果的に適用された。しかしながら、システムの効率性がその後のイギリス経済の復興の歩みを遅らせたとも言える。

　フランス経済は自由市場へと非公式の地滑りを続けたために、これほどの悲惨な窮乏を生み出した。だが、そのおかげで、一九四九年に商業活動を始動させるのに充分な量の外国の援助が到着したとき、離陸するのによりよい位置に立つことになった。「それは個人企業にとっては勝利です」とダイアナ・クーパーは書いた。「もっとも、長い目で見た場合は不道徳のために崩壊するかもしれませんが[17]」

第24章　共産主義者に反撃する

一九四六年、イギリス大使は書いた。「共産主義者はあらゆるところで、あらゆることを自分の好きにできるかのようだ。自分たちの欲しいものがわかっているという大きな強みがある」(1)。この意見は広まっていたが、完全に真実というわけでもなかった。フランス共産党幹部は相変わらずモスクワから驚くほどわずかの指示しか受けとっていなかったし、民主主義のシステム内で相対的な成功をおさめたことで、誤った安心感のなかに引きずりこまれていた。

紙の上では、共産党の強さはほとんど圧倒的に見えた。六月、ブノワ・フラションはモスクワで政治局局員ミハイル・ススロフと秘密裡に会談し、共産党掌握下の労働組合運動には五五〇万以上の組合員がいると断言した。この数字は水増しされていたとしても、「CGTを通して、フランス共産党は労働者階級に影響を及ぼしている」(2)という主張は大筋においては事実だった。

しかしながら、党幹部がクレムリン宛の書簡で認めているように、フランス共産党はCGTへの統制力をできるだけ隠しておこうとした。「CGT大会後、委員会は最終的に共産党員七名、改革党員六名で構成されました。われわれの状況では、こうする必要がありました。CGTを共産主義者と呼ばせることによって、反動的な敵に弾を渡してはなりません」(3)

ススロフ宛の報告で、フラションは状況をあまり楽観的に描いてはいない。もちろん、それは、ドイツのフランス占領地域の運営に党として関与せよ、というポノマレフの要求に対する防御的な措置だった可能性はある。フラションはポノマレフに、軍内部における共産党の影響力は「とても弱い」と告げた。軍は「ヴィシー派であふれかえり」、それが「ドイツとオーストリアにおけるフランス軍政府の反動的政策」を説明する。フラションは続けて、軍内部における影響力がなんであろうと、「反動勢力がクーデタを起こし、軍をわれわれに差し向ける計画があるとは思いません」[4]と告げている。

政治舞台の袖でしだいに目につくようになってきたドゴール将軍の存在は、左派と中道の両方に警戒感を抱かせた。一九四六年六月のバイユー演説のあと、将軍はルネ・カピタンに〈ドゴール派連合〉の結成を許した。これは自分自身の威信を危険にさらさずに、ようすを見るひとつの方策だった。この試作品的な党は、九月までに党員五〇万と国民議会議員二二名を集め、自分自身の突然の成功の重さで実質的に崩壊した。共産党は「煽動的将軍」が独裁者としてもどってこようとしている、とふたたび非難し出した。MRPのキリスト教民主主義者はドゴール派に支持者を奪われるのではと心配を始めた。

MRP初の首相ジョルジュ・ビドーはドゴールとの連携を期待した。だが、ドゴールは折れなかった。ドゴールは憲法の新草案に対する怒りをふつふつと煮えたぎらせていた。腹を立てたのも驚くには値しない。最新の草案は大統領にいくらか追加の権力をあたえ、元老院を共和国評議会で置き換えた。だが真の権力は相変わらず国民議会の手にあった。政略上では、ドゴールは五月の共産党と同じ間違いを犯しつつあった。つまり、憲法をめぐる国民投票を自分に賛成するか反対するかの投票に変えようとしたのである。一〇月一三日、投票所が閉鎖されたとき、棄権は五月の国民投票よりも三〇〇万多かった。だが、第四共和制の憲法は承認された。ドゴールは辛辣だった。憲法草案を支持したのは、全有権者の三五パーセントのみである。この結果に力を得て、将軍は自分自身の大衆運動を計画する。

一二月二〇日、ドゴールはフランス通信社に宛てたコミュニケで改めて憲法を公然と非難した。九日後、憲法草案は国民議会で可決された。ドゴールは降参しようとせず、数時間後、エピナルでフランスの有権者に、憲法草案否認を呼びかけた。「はっきりとノンだ!」とドゴールは叫んだ。「私にはこのような妥協が共和国にふさわしい枠組みとは思えない(5)」。ドゴールの戒律において、妥協は相変わらず罪だった。

一一月一〇日の再度の国民議会選挙で共産党がふたたび最大の議席数を得たあと、ビドー内閣は総辞職した。全得票数に対する共産党の得票率は二九パーセントに達した。「フランス第一党」の党首として、モーリス・トレーズは首相の座を要求した。

社会党はきわめて厄介なジレンマに直面していた。トレーズが計算づくで、節度をもって行動したために、なおいっそう厄介になっていた。それはトレーズは支持を得るためのロビー活動で威厳と魅力を見せつけた。社会党幹部のひとりはわっとすすり泣きを始めたと言われている。「トレーズに投票するぐらいなら、手首を切り落としたほうがましだ!(6)」だが、グアンは自分たちには選択の余地がないと主張した。共産党を支持しなければ、社会党はすべての信頼を失ってしまうだろう。労働者には、社会党がキリスト教民主主義者のビドーを支持しておきながら、そのあとで共産主義者支持を拒むことは理解できないだろう。だが、グアンは確信していた。社会党の支持があっても、トレーズは必要な過半数は獲得しないはずだ。賢明かつ経験豊かな旧派の社会主義者ヴァンサン・オリオルもグアンに賛成した。

一二月四日、投票がおこなわれたとき、グアンらが正しかったことが証明された。トレーズは賭けに出て、負けた。数日後、ジャック・デュクロは国民議会においてトレーズの信任投票立候補の応援演説をしたとき、トレーズを「戦闘の試練に立ち向かった男[7]」と称讃して、デュクロらしくもない大失策を犯した。フランス一有名な脱走兵がこう形容されるのを聞いて、非共産党議員の席でわっと笑い声が爆発した。共産党議員は顔を石のようにこわばらせ、憤慨しながらただすわっているより仕方なかった。トレーズのあと、ビドーが信任投票にかけられたが、ビドーの得票数はさらに少なかった。

一週間後、ブルムが辞任し、オリオル大統領はまずフェリックス・グアンに頼むと見せかけたあと――ワイン・スキャンダルのあとも、グアンを信頼していることを示した――ポール・ラマディエを首相に選んだ。ラマディエはヤギ髭と気むずかしげな専門家ぶりとで、カリカチュアのターゲットになりやすかった。妥協の男として知られていた。そしてひとつの決定に達するまでに入念に時間をかけることでも有名だった。だが、野心に穢されておらず、「政治家」という高潔さで知られるわけではない職業において、細かい点にいたるまで正直だった。自分の不人気につながると知りながら、ドゴール内閣で食糧大臣を引き受けた。また仕事熱心で、しばしば朝の四時直後からデスクに向かった。その少しあと、大臣たちに電話をかけ始め、相手がまだ寝ていると知って驚いた。

しかし、新首相が共産党のフランソワ・ビユーを国防大臣に指名したとき、アメリカ大使館はひどく動揺した。ラマディエが軍に関わる三省を強力にすることによって、ビユーの立場を多分に象徴的なものにしたという事実は、右派の批判者のほとんどから見落とされた。

カフェリーはこの九か月間で以前よりもずっと心配性になっていた。三月、新聞労組とパリ警察も巻きこんだストライキの波のあと、カフェリーは国務長官に、共産党は「フランスをソ連と並んで西側に対抗させる」のに充分なほど強くはないものの、この国は西側諸大国の手を離れるかもしれないと警告した。「活動を麻痺させるストライキ、サボタージュ、その他の破壊活動と組み合わされた共産党の武力行使が、スペイン内戦さえ超える規模のソ連による介入の道を準備するだろう[8]」。すべてのアメリカ人がストライキについてこれほど大げさな見方をしていたわけではない。「フランス人は警察のストライキを楽しんでいます」とスーザン・メアリー・パトンは友人に書いた。「そして、一方通行を反対に走っておもしろがっています。料理人は、厄介払いですねと言っています。結局のところ、警察はただの殺し屋集団に過ぎませんでしたから(9)」

フェンスの反対側で、共産党も事態の展開に同じように警戒感を抱いていた。三月四日、共産党が断固として反対した仏英同盟がダンケルク条約として発効した。ダンケルクという場所は、戦争でもっとも落ちこんだ瞬間を象徴するためにビドーが選んだ。ブルムやドゥプルーのような社会主義者にとって、この条約はドゴールが署名した仏ソ条約との釣り合いをとるという意味合いがあった。二か国間の友情の表明であるこの条約のために、長いあいだ熱心に働いたダフ・クーパーは、そのあと、日記に「ヌンク・ディミッティス〔ルカによる福音書第二章29—32。「主よ、今こそあなたは、お言葉どおり、この僕（しもべ）を安らかに去らせてくださいます」で始まる詠唱〕」と書けると感じた。ダフ・クーパーは最後の仕事で、自らの最大の目標を達成した。

六日後、四大国の外相――マーシャル将軍、ビドー、ベヴィン、モロトフ――がモスクワで顔を合わせた。マーシャルとベヴィンだけが、戦後の関係が決定的な転換を遂げようとしていることを理解していた。ビドーにとって、モスクワ会議はソ連の裏切りを意味した。ビドー側は、モロトフを相手にきわめて誠実に行動したと考えていたが、ソ連外相は、ザールがフランスにあたえられるというビドーの期待に火をつけておきながら、突然、方向転換をしてフランスの主張支持を拒否し、ビドーを個人的に侮辱した。ビドーはそのことを忘れなかった。モロトフにも同じように許せないことがあった。モロトフはダンケルク条約を、ソ連を直接の目標にした一手と見なしていた。

アメリカの全官僚のなかで、もっとも誠実で無欲無私のひとり、ジョージ・C・マーシャル将軍は一九四七年一月二一日、国務長官に就任した。将軍は「タカ派」ではなかったが、前任のジェームズ・バーンズよりも大胆不敵であり、一貫して実務家だった。部下には「荒っぽい誠実さ」を期待し、自分は「ミセス・マーシャルのためにとりのけておく感情をのぞいて」[10]なんの感情ももたないのだと断言した。

二月末、国務省はワシントン駐在のイギリス大使から警告を受けた。イギリス経済の崩壊は、当時、内戦のまっただなかにあったギリシアと、相変わらず東北の国境線でソ連の一時的侵入に脅かされていたトルコに対して、イギリスがこれ以上の支援はできないことを意味する。トルーマン大統領は二月二六日水曜朝、ホワイトハウスで議会指導者との会議を召集した。事態がいかに大きく変わったのかを示すのは、マーシャルの片腕、ディーン・アチソン――去年の五月、軍をフランスに動かす計画にぎょっとさせられたのと同じ男――が、ソ連の脅威を妨げるためにアメリカが介入することを、もっとも情熱的に支持したことである。アチソンは大げさに書いている。「問題の口火を切るために召集されたとき、私にはわれわれがハルマゲドン〔善と悪との最終決戦〕と直面しているのがわかっていた」[11]

アチソンは議員たちに言った。「(ダーダネルス)海峡、イラン、ギリシア北部にかかるソビエトの圧力のために、バルカン半島は、きわめて可能性の高いソ連の突破作戦によって、三大陸がソ連の侵入に対して無防備となりかねない状況にまで達した。樽のなかのリンゴが一個、また一個と腐っていくように、ギリシアの腐敗はイランと東側全域に伝染するだろう。これはまた、小アジア、エジプトを通ってアフリカ大陸に、そしてすでに西ヨーロッパ最強の共産党に脅かされているイタリアとフランスを通ってヨーロッパにも伝染するだろう」。アチソンが話を終えたあと、「長い沈黙が続いた」。そのあとヴァンデンバーグ上院議員が重々しく発言した。「大統領閣下、もし閣下が議会と国民に対してそうおっしゃるのなら、私は閣下を支持しましょう。そしてほとんどの議員が私と同じようにすると思います」

アメリカ合衆国とソビエト連邦のあいだの紛争の予測は、どちらの側でも、自己充足的な〔その予言が実現するように行動すること〕予言に発展していった。ワシントンでは「アメリカの歴史における大きな転換点が訪れようとしている」のを疑う者はほとんどいなかった。三月一二日、トルーマン大統領は両院議員総会で演説した。「私は信じる。武装した少数者、あるいは外的な圧力が試みている支配に抵抗している自由な諸国民を支援することが合衆国の政策であるべきだ、と。私は信じる。自由な諸国民が自分自身のやり方で自分自身の運命を切り開くことを支援すべきである、と……」(12)この声明はすぐにトルーマン・ドクトリンと呼ばれるようになる。

フランスではトルーマンの演説以前に、共産党員の潜入に対する「新たなレジスタンス」が目につき始めていた。閣僚たちは、いくつかの省庁とパリ警視庁で潮の流れを逆転させ始めた。レオン・ブルムに敬服する社会党系の内相エドゥアール・ドゥプルーはあらゆる機会をとらえて、行政内部での共産党の影響力を弱めた。一九四六年七月には、金銭的な代償をもちかけて話をつけたあと、オート=ヴィエンヌ県の共産党系知事を職務からはずした。しかし最大の気がかりは、解放のあいだとそのあとに共産党員が潜入していたパリ警視庁だった。ドゥプルーは、一九四四年八月にドゴールが任命した警視総監のシャルル・リュイゼが、この流れを押し返すために充分な対策をとらなかったと非難した。しかし、共産党主導の荒っぽい粛清委員会、あるいは失脚した警官を共産党員自身で置き換えるという共産党の政策に対して警察を守るために、リュイゼにできたことはほとんどなかった。ドゥプルーのチャンスは、悪名高き二枚舌のジョアノヴィチ*を巻きこんだスキャンダルが勃発したときに訪れた。ジョアノヴィチは警官とポーカーをして、大きく負けるという方法で賄賂を贈っていた。ボニー=ラフォン・ギャング時代の元仲間に不利な証言をしたこの男は、ナチス相手に金を稼いだのと同じように、共産主義者を相手にしてもよろこんで金を稼いだ。大臣は間髪を入れずに、警察内でジョアノヴィチとつながりのあった二名の指導的な共産党員の逮捕を命じた。この時点では証拠がなかったので、危険な行動ではあった。共産党系の報道機関は怒りを爆発させたが、ドゥプルーは怖じ気づかなかった。

ドゥプルーがとったもうひとつの措置は、リュイゼをロジェ・レオナールと交代させることだった。レオナールは強硬な反共主義者で、「非常に有能な行政官」[13]と言われていた。占領中はヴィシーの官僚だったが、幸いにも早い時期に上役から解雇され、解放時には粛清委員会から目をつけられなかった。アメリカ大使館の報告によると、「一時的な政治上のご都合主義的理由から」、念を入れるためだけに共産党シンパのふりまでした。

共産党員の潜入を押し返すのは、ドゥプルーの戦略の一側面にすぎない。ドゥプルーとその同僚の大臣たちがもっとも恐れたのは、右翼によるクーデタの試みだった。それは共産主義者が自らに、共和主義的自由の救い主の役を振り当てることを許す。ドゥプルーにはなによりもまず、自分自身が純粋な反共主義者と呼ばれてはならないことがわかっていた。したがって、対独協力者をかくまった司祭や修道女のグループを逮捕するといったようなシニカルな術策も含めて、右派の陰謀に対しては、はっきりと目につく動きをとった。

ドゥプルーたちには、右翼の陰謀のせいで共産主義者の思うつぼにはまるのを恐れるだけの充分な理由があった。一九四七年五月、アメリカ大使館は、ドイツ駐留米軍の大佐二名が右翼集団に武器を提供したという情報を得た。この怪しげな事件は口止めされたが、ドゥプルーはもうひとつの事件、書類の紙が青かったので「青計画」と呼ばれた陰謀は公表した。

警察は何か月もかけて証拠を集めてきたが、ドゥプルーは公表に最適の時期を待った。好機は一九四七年六月、共産党系大臣がラマディエ内閣を辞職した直後に訪れた。ドゥプルーは共和国に対する陰謀が阻止されたと発表。そのタイミングは、自党社会党内の一部を目標にしていた。社会党左翼は、社会党系大臣の反共姿勢を攻撃したがっていたのである。

「青計画」は細かい点があまりにもずさんで、実現可能だったとはとても思えない。国家憲兵隊監察官ギヨド将軍と、ペタン元帥擁護の証言をした唯一のレジスタンス活動家ルストノ＝ラコを含む筋金入りの反共主義者数名が関わっていたようだ。ド・ラルミナ将軍も共謀を疑われ、停職処分にされた。政府に対する蜂起はブルターニュから開始されることになっていた。いくつかの小集団が武器庫と米軍の備品を押さえて、反乱軍を武装させる。「同時に、四個の戦術的集団が、そのうちの一個は装甲して、パリに向かって前進する(14)」

カフェリーはドゥプルーが強気に勝負しすぎることを恐れた。ドゥプルーが陰謀を大げさに描いて見せたおかげで、共産主義者は「陰謀を最大限に利用し、現在の、そして——ド・ラルミナ将軍、ケーニグ将軍、ドゴール将軍、さらに攻撃を『法衣と反動的西側の党』MRPにまで広げることによって——潜在的な反共分子を徹底的にたたきのめせる」ようになる。

ドゥプルーの次の動きは、一〇日後、暴動の鎮圧にあたる共和国機動隊（CRS）から軽機関銃と迫撃砲をとりあげることだった。CRSにはFFIから加わった元レジスタンス活動家の党員を通じて、共産党員が多数所属していた。フランス共産党はすぐにこの措置を、将来の軍事独裁者に対して共和国

＊ジョアノヴィチはベッサラビア出身のユダヤ人で、一九二五年にフランスに渡り、くず鉄の取引で成功した。ドゥプルーによる捜査中に逮捕されるが、その後、釈放される。一九四七年、ドイツのアメリカ占領地域に逃亡。ようやく一九四九年に裁判にかけられ、禁固五年、罰金六〇万フランの刑に処された。

を丸腰にする試みだと非難した。

在郷軍人および戦争被害者省の新大臣フランソワ・ミッテランもまた、自分の権限内における共産党の支配力を弱体化しようと努力し、そのスタミナと効率性で感銘をあたえた。省内における共産党の支配は、ロラン・カサノヴァが大臣だったあいだに強まっていた。

戦争省では共産党不俱戴天の敵ルヴェール将軍が、将軍をフランス軍最高司令官の職からはずせというあらゆる要求になんとか抵抗していた。ルヴェールは新任の国防相には細かい点にいたるまで礼儀正しく接する一方で、共産党員、あるいはそのシンパを重要な役職からさっさとはずした。また戦争省の管轄下にはいった国家憲兵隊から共産党員を一掃した。おもにFFI出身で、共産党員、あるいはそのシンパと見なされた軍人二〇〇〇名のうち、すでに多くがいわゆる「タルブ作戦」のような仕組みでわきに追いやられていた。「タルブ作戦」とは単純に、左翼シンパの軍人をピレネーのタルブのような駐屯基地に配属させることである。その地で、秘密情報に近づく手段もなく、軍人たちは手持ちぶさたでわびしい暮らしを送った。


一九四七年三月は、パリでもワシントンでも出来事の多い月だった。トルーマンが議会で演説したその日に、フランス共産党はインドシナをめぐる問題で難しい立場に立たされた。インドシナでは去る一二月、フランス軍とジアップ将軍率いるホーチミン信奉者とのあいだで戦闘が勃発していた。この件についてのモスクワの指示は明確だった。共産党議員はヴェトミンを支持し、ティエリー・ダルジャンリュー提督が立てた政策に反対しなければならない。

三月一八日、議会はインドシナで戦死したフランス軍人のために起立して黙禱を捧げた。共産党系の国防相フランソワ・ビユーは着席したままだった。これはすぐに愛国主義の問題となった。

共産党は孤立すればするほど、ますます自分のなかに引きこもっていった。国民議会ではほとんどの時間を共産党議員の演説が占めたが、それは演説の内容のためでなく、「サクラ」となった共産党員グループが、自分たちの指導者が間をおくたびに拍手喝采したからだった。ある皮肉屋は、共産党議員の手は肉体労働のためではなく、拍手のために固くなっていると寸評した。

一九四七年春には、多くの要因がドゴール将軍を政治の舞台にもどるように促した。もっとも直接的なのは、ラマディエによるビユーの国防相任命である。ドゴールの宿命感――かつて、毎日数分間は、自分の行動が歴史からどう見られるかを考えて過ごすと発言した――は将軍に、フランス国民が自分をきわめて早い時期に権力の座に呼びもどすだろうと告げていた。

ドゴールはしだいにパリで多くの時間を過ごし始め、支持者たちをほっとさせた。支持者たちはコロンベ＝レ＝ドゥ＝ゼグリーズまでの三時間のドライブを毛嫌いした。邸宅《ラ・ボワスリー》の雰囲気はあたりの光景と同様に陰鬱だった。そこで将軍は次から次へとタバコを吸いながら、戦争の記念品、剣のコレクション、世界の元指導者たちの署名入り肖像写真に囲まれて回想録を執筆し、そのあいだ「マダム・ドゴールは、雨が窓を強く打つなかで、編み針をかちかち言わせていた」[15]。

ドゴールは、凱旋門近くのホテル《ラ・ペルーズ》にパリの参謀本部をおいた。ドゴールの諜報機関が解放後最初の参謀本部として使ったホテルである。一九四七年三月三〇日、ドゴールは戦争中に特別奇襲部隊が急襲をかけたノルマンディーのブリュヌヴァルで演説をした。公的な記念式典として、集会にはイギリスとカナダ両国の大使と両国の軍の分遣隊が参加していた。しかし、レジスタンスの元活動家をドゴールの旗印の下に集める手段として、このイベントを利用することを考えついたのはレミ大佐だった。ラマディエは憤慨したが、「解放者」――ドゴール派がその指導者を呼んだように――の行動を制限しようとする政府側の試みはすべてさもしく見えた。[16]一方、共産党はドゴールの聴衆が「ミンクのコートを着たご婦人と虫よけのにおいをさせている老大佐」で構成されていると言った。

ドゴールはようやく大衆運動、〈フランス人民連合〉（ＲＰＦ）結成の計画推進を決めた。「自由フランスを作りなおす」が、ドゴールの戦時中の協力者「ロンドンの男たち」に受けのいい合い言葉だった。だが、この新しい運動を頭文字ＲＰＦで呼ぶ傾向は将軍の気に入らなかった。ＲＰＦはドゴールがあれほど嫌った政党のひとつのように聞こえた。ドゴールはこの運動をしつこく〈連合〉と呼び続けた。

ＲＰＦ創設は四月七日、ストラスブールにおいてフランス国民に告げられた。その晩、スステルがアルザスの首都で最初のグループを立ちあげた。一週間後、運動は公式に登録された。ストラスブールの祝典もまた半公式の行事と連動し、パリからアメリカ大使ジェファーソン・カフェリーを呼び寄せていた。カフェリーとドゴールは並んで儀仗兵を閲兵し、それが共産主義者の疑いをいっそう強めた。だが、フランスとソ連どちらの共産主義者も、カフェリーの出席はアメリカ政府がドゴール支援を計画している合図だと決めてかかったのは間違いだった。カフェリーはこのような機会だけを例外とし、通常、ドゴールとの会見を几帳面に断っていた。

その間に、驚くほど些細なレベルでプロパガンダ闘争が勃発した。ナンシー・ミットフォードが予想外の成功をおさめた小説『愛の追求』を最愛の「大佐」ガストン・パレフスキに捧げようとしたとき、パレフスキは自尊心をくすぐられ、ナンシーに献辞にはイニシャルだけでなくフルネームを入れるようにと言った。共産党がナンシー・ミットフォードはユニティ・ミットフォードの姉だと気づいたとき、パレフスキはそれを苦々しく後悔することになる。二月、共産党系の雑誌が不正確な記事を、同じように不正確な見出し「ヒトラーの愛人の姉さん、パレフスキ氏に大胆な本を捧げる」[17]をつけて掲載した。ほかにも記事が何本か続いた。パレフスキは将軍の怒りを恐れて、騒ぎが鎮まるまで外国に行くようにとナンシーを説得した。ナンシーはおとなしく言うことを聞いて、一時的な亡命生活に出発し、四月半ば、マドリードからパレフスキに書いてきた。「大天使ガブリエルのごとく、あなたは私を天国のようなパリから追放しました」。けれども、ナンシーは、共産主義者に仕返しをするために、次の本はジャック・デュクロに捧げると言った――「デュクロが笑ってごまかすしかないようにします(18)」。

四月末、社会党の首相ポール・ラマディエは、結局のところ、共産党なしで統治するのは可能かもしれないと考えるようになっていた。三党連立の終焉は、自党の指導者がその閣僚である政府に反対票を投じるという共産党議員の矛盾した行動によって、いっそう加速された。ラマディエは計算づくの礼儀正しい言葉遣いで、政府内の集団的責任の原則を強調した。

四月二五日、ルノー工場で勃発した非公式のストライキは、共産党の不意をついて猛烈な勢いで広がった。共産党はトロツキストが騒ぎを煽動していると非難したが、ストライキが広範な支持を得たので、労働者のあいだでなんらかの信頼性を維持するために、指導部は立場をシフトさせなければならなかった。共産党の政治局は、政府による賃金引き上げ拒否を公然と非難した。内閣の副議長トレーズはこの矛盾した破廉恥な行動がもたらす結果を心配していなかった。ラマディエが共産党系閣僚のいない行政府を熟考中だとは信じようとしなかった。

このような態度をとったのはトレーズひとりではない。ドゴール派は、社会党が三党連立の継続は不可能と考えるだろうと確信していたために、結果として起こる危機を解決できるのは、ひとり権力に舞いもどってくるドゴール派指導者のみだと考えるようになった。一方で、社会党左翼はこのような重要な一歩が、自分たちの同意なしでとられるとは想像もしていなかった。

モスクワから帰国したビドーは、閣議で共産党系の同僚を前にして、モロトフとスターリンに対する感情を隠さなかった。トレーズは間髪を入れず自らのスターリン支持を表明し、政府のコミュニケを拒否。五月一日のメーデーのデモ前夜、ラマディエはルヴェール将軍を召集。軍を目立たないように警戒態勢につけ、ゼネストが始まった場合、軍による輸送体制を準備せよと命じた。第二DBの装甲車輌がランブイエから運びこまれ、士官学校に隠された。

決定的な一日は五月四日日曜に訪れた。共産党は政府の凍結賃金政策支持を正式に撤回したので、ラマディエは国民議会に信任投票を命じた。キリスト教民主主義のMRPの支持を得て、ラマディエは大差で——三六〇票対一八六票——信任された。その夜九時直後、共産党系大臣は首相官邸のマティニョン館における閣議に召集された。ラマディエは礼儀正しかったが、動じなかった。トレーズは辞任を拒否。そこでラマディエは、首相に大臣職解任の権利をあたえる憲法の条項を読みあげた。トレーズと四人の同僚は席を立った。残りの大臣たちは、ことがあまりにも簡単に運んだのに啞然として、そこにすわっていた。

政府の再編はフランスに限らなかった。ベルギーでは共産党系大臣が三月に政府を去り、一方、イタリアでは四月に追い出されていた。西ヨーロッパは明らかに新しい段階に突入した。

これほど厄介ではないが、ポール・ラマディエには六日後におこなうべき義務があった——ウィンストン・チャーチルへの軍功章授与である。フランスでは軍功章が軍人として最高の勲章であり、すでに軍功章を受けた者でなければ授与できなかった。ラマディエはヴェルダンの防御戦のあいだに軍曹として叙勲されていたので、選択としては完璧だった。

かつて所属した第四軽騎兵連隊の軍服を着たチャーチルは、アンヴァリッドの広大な中庭の入口で、銃剣をつけた少人数の衛兵隊に迎えられた。そのあと、ラマディエが閲兵式の配列に並ぶ全大隊とともに待ちかまえる場所まで行進していった。チャーチルはラマディエのスピーチのあいだ、感動のあまりすすり泣いていた。

その晩、オリオル大統領はチャーチルの名誉を讃えてエリゼ宮で晩餐会を催した。ジャック・デュメーヌは日記に書いている。「チャーチルは、燕尾服の胸に勲章をびっしりとつけ、微笑の真ん中から一本の葉巻を突きだして、宴会の場へとフォブール＝サントノレをぶらぶら歩いていった。それはすべての人を窓辺へと引き寄せる光景であり、チャーチルが通ると喝采が巻き起こった」[19]。老政治家は、軍功章の受勲者はだれでも、酔っぱらって動けなくなると、警察の車輌によって無料で家まで送り届けてもらう権利があるという嘘話に大よろこびした。

翌日、ドイツ敗戦二周年を祝うヴァンセンヌのパレードで、群衆はチャーチルを割れんばかりの拍手で歓迎した。そのあと、ダフ・クーパーがシャンティイのサン＝フィルマン城の昼食会に連れていった。チャーチルはそこで、その美貌があまりにも有名なのでウォーレス・コレクションと呼ばれていたウォーレス将軍の三人の令嬢のひとり、オデット・ポル・ロジェと出会う。マダム・ポル・ロジェはチャーチル最後の情熱の対象となった。

ラマディエ内閣はまた、戦功章授与をドゴール将軍にももちかけたが、将軍はそれをにべもなく断った。またオリオル大統領からのチャーチルのための晩餐会招待も断った。ドゴールにはそれを認めることはできなかったものの、共産党に対するラマディエの効果的な政策は将軍をいらだたせていた。しかし、ドゴールは意見を変えようとしなかった。「間違ってはいけない」とドゴールはクロード・モーリヤックに言った。「われわれはワイマール共和国に向かってまっしぐらだ」[20]

三年前にスターリンと結んだ協定のために、ドゴールは右派の潜在的なドゴール支持者の目には、怪しげに映っていた。だが、七月二七日、レンヌにおいて、ドゴールは「分離主義者」をあからさまに攻撃した。フランス共産党を「その指導者が、外国への奉仕をほかのなにものにも優先させる男たちの集団」と呼び、「私はこのことをなおいっそう強調して申しあげる。なぜならば私自身が、合法かつ可能な限界いっぱいまで、この男たちをフランスへの奉仕に引き寄せようと努力したことがあるからであります」。

ドゴールがラマディエ政府をワイマールと較べている一方で、共産党はRPFの大会をニュルンベルク大会と較べていた。ナンシー・ミットフォードは七月二日、愛する「大佐」が大群衆に語るのを見るために冬期競輪場に出かけた。パレフスキはみんなが期待していたのよりもはるかに大きな成功をおさめた。クロード・モーリヤックは、「パレフスキは突然、変貌した」と書いた。パレフスキのあとにマルローが続いた。マルローの演説はいつもどおりわかりにくく始まったが、そのあと「奔流が川床を見つけるにしたがって、少しずつそのリズムを見出していった。それから偉大な予言者の声が現れ、全聴衆は雷に打たれたように感動した。それは賢者の声、詩人の、宗教指導者の声だった[21]」

第25章 自らを実現していく予言

一九四七年六月七日、アメリカ合衆国国務長官マーシャル将軍は、名誉博士号を受けるにあたり、ハーヴァード大学でスピーチをした。一大学における短いお礼の言葉がこれほどの重要性をもったことは後にも先にもない。部下の官僚にはっきりとは予告しないまま、マーシャルはいまこそ戦後時代のもっとも重要な外交政策を発表するときだと決めていた。

一九四六年の厳冬は、ヨーロッパには自らを貧窮から立ちあがらせる能力がないことを明らかにした。経済はいまにも崩壊しかけており、そのすぐあとに政治的災厄が続くのは目に見えていた。マーシャルは断言した。アメリカ合衆国は「飢餓、貧困、絶望、混沌」と戦うために大きな努力をする必要がある。だが、イニシアティブは「ヨーロッパがとらなければならない」。なぜならば「ヨーロッパをその足で立たせるために策定されるプログラムをこちらが一方的に立案することは、わが国政府にふさわしくもないし、効率的でもない」からだ。

マーシャル将軍のハーヴァード演説の裏に隠されたメッセージの生みの親は、アイゼンハワー、ジャン・モネ、ディーン・アチソンなど広範囲にわたる。しかし、語句は完全に将軍の手になり、このような危険な野原にあるすべての地雷をみごとに迂回していた。もっとも重要なのは、計画を赤軍の占領下にある国も含めたすべてのヨーロッパ諸国に広げることを、わざわざ明確にした点である。

ヨーロッパ各国の政府は、マーシャルの短い演説の意味を一度理解すると、騒然となった。それはただひとつの希望をあたえていた。ドイツの侵略で荒廃したロシアは他国を援助できる状態ではない。フランスに外貨は残っておらず、国際収支の赤字額は一〇〇億フランにのぼった。フランスは一九四四年九月以来、石炭、食糧、原材料のために、二〇億ドル近くの借款を受けとっていた。だが、これでは国を生き延びさせるのにかつかつだった。マーシャル・プランは復興のチャンスをあたえる。「このような連帯の例は歴史上きわめてまれである」(1)とエルヴェ・アルファンは書いた。だが、国務省は舞台裏で、「アメリカ合衆国がこのショーを上演しなければならない」と念を押していた。

イギリス外相アーネスト・ベヴィンが、この好機に最初に飛びついたと言われる。ベヴィンは週末を議論と熟考で過ごしたあと、真夜中、ダフ・クーパーに「緊急かつ極秘」の電報を送り、翌朝、この問題をビドーと話し合うよう指示した。一週間後、さまざまな省庁からの応援を集めた一大代表団を引き連れて、ベヴィン自身がパリに飛んできた。パリは相変わらず果てしなく続くストライキに支配されていた。イギリス大使館では、ラマディエ、ビドー、マシグリ、ショヴェル、アルファン、マルジョラン、モネをまじえての夕食会のあと、議論が続けられた。「われわれがとるべき方針について、ほぼ完全な同意が得られた」と、ダフ・クーパーは翌朝、書いた。「重要なのはロシア人に対するアプローチである。参加するように招くべきである。と同時に、遅延を引き起こす機会をあたえてはならない。これは簡単ではないだろう」(2)

六月二七日、フランス外務省において、マーシャル・プランを論じるための会議がビドー、ベヴィン、モロトフのあいだで開かれた。パリを麻痺状態に陥らせた熱波で空気は重くよどみ、モロトフの疑念のためになお雰囲気はなおいっそう重かった。モロトフは、一〇日前のビドーとベヴィン二人だけの会談で、なにかの罠がしかけられたものと確信していた。ソ連側に現状を告げる前に、フランス外務省が報道機関向けに発表した不用意な声明もソ連側の信頼を損なった。

暑さにもかかわらずベヴィンは絶好調だった。予想通り、モロトフは最初から妨害戦術に出た。ビドーは、モロトフの意図は「だれの目にも明らかで、頑強(3)」と言った（モロトフは「ニエット」ではなく「ノーケー」と言った。「オーケー」の反対語だと思ったからだ）。

六月二八日土曜夜の大嵐は暑さを吹き飛ばしたが、月曜朝、雰囲気はなおいっそう重かった。モロトフは提案の目的を無視して、明らかにクレムリンから届いたばかりの電報に基づいて準備した声明文を読みあげ、アメリカ政府は前もって、いくら出す用意があるのか、そして議会は賛成するのかを言うべきであると要求した。

その晩、ジェファーソン・カフェリーは各国の反応を比較するためにイギリス大使館を訪れた。ベヴィンはダフ・クーパーに促されて「カフェリーに対し、この局面でフランスを援助することの重要性を強調した」。しかしカフェリーの回答に曖昧なところはなかった。もし共産主義者が内閣に復帰したら、フランスはアメリカから一ドルだって得られない。ダフ・クーパーが書いているように、それは「興味深い一夜(4)」だった。

ベヴィンの心も決まっていた。ソ連との隔たりを埋めようとするビドーの試みは時間の無駄である。これ以上、モロトフの側からの妨害には耐えられない。翌朝までに、ベヴィンは「フランス相手にどんどん進み、すべてのヨーロッパ諸国に参加を呼びかける(5)」ことに決めていた。その午後、ダフ・クーパーはロンドンに飛び、首相のクレメント・アトリーに概要を説明。アトリーはベヴィンの全行動に同意し、次の一歩について忠告を求めた。クーパーは、閣議を開く必要はないが、きっぱりとした支援の表明があれば、外相にはありがたいにちがいないと答えた。

会議は七月三日に突然、終了した。アルファンは翌日の日記に書いた。「モロトフが外務省の階段をおりるのを見ながら、私は自分に言った。私たちは新しい時代にはいろうとしている。それは長いあいだ続く可能性があり、しかも危険な展開を見せるかもしれない[6]」

時間は無駄にされなかった。アメリカ政府に提出するヨーロッパ側の計画を策定するために、わずか一週間後の会議にヨーロッパの二二か国が招かれた。鉄のカーテンの向こう側の国がどこか興味を示したとしても、その興味はモスクワから圧力を受けてすぐに撤回された。だれも驚かなかった。重要なのは協力関係の勢いを維持することだ。七月七日、イギリス大使は書いた。「これまでのところ、すべてうまくいっている。そしてラマディエ内閣は生き延びている[7]」

七月一一日、各国外相が会議のために集まり始めた。会議はフランス外務省の食堂で開かれた。テーブルはあまりにも長かったので、向こうの端で言っていることが聞こえないほどだったが、音響の問題にもかかわらず、モロトフの欠席はすべてが「全員一致」で同意されることを意味した。会議は丸一日かかるかわりに二時間も続かないことも多かった。これは必ずしも全員が模範的に振る舞ったという意味ではない。オリヴァー・フランクス卿の指示でイギリス代表団に加わっていたアイザイア・バーリンによれば、アメリカの申し出に対するヨーロッパ側の態度は「過度の要求をする高慢な乞食が聡明な百万長者に近づく[8]」ときの態度だった。また国ごとのステレオタイプに立ちもどる傾向もあった。ある時点でイタリアの代表が悲劇的な叫びをあげた。「もしこれが手にはいらなければ、ローマの街に血が流れるだろう！」スウェーデン代表のダグ・ハマーショルドは答えた。「いやあ……その……少し大げさじゃありませんか？」

マーシャル・プラン会議は七月一五日、全員が満足する形で終結したが、二つほど摩擦の種が浮上してきた。イギリスはパレスチナへのユダヤ人移住制限維持を試み――ちょうど「エクソダス号」事件の時期だった――、南フランスからの難民出港を禁じる同意にもかかわらず、出港を許していたフランスと衝突した。

アメリカがイギリスとドイツについてなにか非公式の合意を計画していると聞いて、ビドーとフランスの外務官僚ははるかに動揺した。ベヴィンは現状の説明を試みたが、あまりうまくいかなかった。大使館にもどったベヴィンとダフ・クーパーは、カフェリーとたまたまパリにいたアヴァレル・ハリマンにちょっときてくれるよう頼んだ。アメリカ側には、ルーシャス・クレイ将軍が「この問題についてフランス側になにか伝えることに強く反対している」(9)にもかかわらず、ベヴィンはドイツについて話し合いがおこなわれている事実を認めざるをえなかったと告げられた。

翌七月一七日朝、ベヴィンはフランスの外相に別れの挨拶にいった。「ビドーは悲しげで疲れて見えた」とイギリス大使は書いている。「だが、最悪のことは知らなかったのだ」。ダフ・クーパー自身、その朝遅くになってようやく「ドイツの産業レベルをあげるため、ドイツ側への管理その他の引き渡しについて英米間で合意が成立した」と聞かされた。クーパーには、これが「フランスにとってきつい一撃」となることはわかっていた。

その午後、知らせが外務省でショヴェル、アルファン、モーリス・クーヴ・ド・ミュルヴィルに告げられたとき、「それはひどく悪い受けとり方をされた」(10)。あの冬の午後、マルリでドゴールがエルヴェ・アルファンに表明した不安が一八か月後に現実となった。ヨーロッパ復興の原動力として再生されるのはフランスではなくドイツである。次の一歩を予想するのは難しくはない。ドイツはアメリカの反ソビエト戦略の中心となるだろう。『リュマニテ』紙は、ドイツにおける米英の軍政府長官の名前をとって「クレイ=ロバートソン」協定と呼ばれる協定を報じる記事に、こう見出しをつけた。「フランスの母親たちはふたたび震え始める」

夏は訪問者の新たな波を運んできた。そのなかのひとりに公式訪問――ディオールのニュールックをアルゼンチンに持ち帰る絶好の機会――で訪れていたエヴァ・デュアルテ・デ・ペロン夫人がいた。フランス政府は儀礼上、夫人に「晩餐会用メダル」と呼ばれる形ばかりの勲章を授与した。エルヴェ・アルファンがフランス外務省で授賞式を主宰。だが、エヴァ・ペロンが薄いサマーコートを脱いだとき、その下から現れたドレスは、胸元があまりにも深く開いていたので、アルファンは勲章をどこにとめるべきか、なかなか決められず、最後にようやく胸とウエストのあいだの一点を選んだ。

一九四七年の最も衝撃的な戯曲は疑いもなく、ジャン・ジュネの『女中たち』だった。女主人殺害を目論む二人の女中を主題に劇を書く構想は、一九四三年の秋に遡る。ジュネはそれが戦前の悪名高きパパン姉妹事件を土台にしていることを否定しているし、表面的には現実との類似があっても、プロットは完全にジュネ独自のものである。

ベラールとコフノは南仏にいるとき、アテネ座座長の偉大な俳優ルイ・ジュヴェに最初にジュネの戯曲の話をした。ジュヴェはパリに帰るまでは上演を検討しようとしなかったが、パリにもどると、コクトーとマリ＝ブランシュ・ド・ポリニャックも含めた他の熱烈な『女中たち』信奉者から猛攻を受けることになった。コクトーは原稿を「まるで宝物のように[11]」手渡した。

春からの公演期間中、この劇は観客と批評家を狂乱の渦に巻きこんだ。ジュネは『ル・フィガロ』紙の批評家を、その記事のために殴りさえした。サルトルその他の友人たちはジュネを忠実に支持したが、忠実なあまり、ジュネには厳密には選ばれる資格がなかったにもかかわらず、その年のプレイヤード賞を贈るよう選考委員会の意見を変えさせた。

「サルトル一家」は、アンドレ・ブルトンにはそれほど好感をもってはいなかった。ブルトンはフランスにもどったあと、マルセル・デュシャンとともに新設のメーグ画廊で、パリでは二回目となる国際シュルレアリスム展を計画し始めていた。ブルトンは階段を作って、その一段一段をタイトルがタロットカードとつながりのある書物の表紙にすることにした。「迷信室」があり、その先の別室には一二ほどの八角形の小部屋があって、そのひとつずつが黄道一二宮の星座に捧げられ、ブードゥー教の祭壇が設けられていた。最後の部屋はキッチンで、「なによりもまず新しい味で卓越したシュルレアリスト料理[12]」を出す。

ブルトンとそのシュルレアリストの友人たちは七月の第一週に展覧会の準備を終えた。画廊のオーナーであるマダム・メーグはブルトンたちの仕事を見て、悲鳴をあげた。「私たち、破産だわ！[13]」しかし、展覧会は多数の観客を集め、破産するかわりに、メーグ画廊は船出した。まもなくメーグ夫妻はブラック、ミロ、シャガールを展示するようになる。なかでももっとも重要なのは、すべての鋳造費の支払を条件にジャコメッティ作品の独占権を得たことだ。*

展覧会にはマックス・エルンスト、ミロ、タンギーの作品も展示されたが、ブルトンは、おそらくルーマニアとチェコスロヴァキアをのぞいて、全体としてのシュルレアリスト運動はほとんど生命の兆候を見せていないと結論せざるをえなかった。しかし、展覧会が三か月間にわたって巻き起こした論争か

＊エメとマルグリットのメーグ夫妻が美術界でおこなった最初の商取引は、占領中、食糧と絵画を交換することだった（マルグリットの両親は食品業界にいた）。この方法で、夫妻はボナールとマティスの作品を多数入手できた。

ら慰めを得た。ブルトンは言った。「われわれの時代に、これほど悪口を言われるのはすばらしいことだ[14]」

五月に共産党系閣僚がラマディエ内閣を離れて以来、非現実の危うい雰囲気が党幹部に悪影響をおよぼしていた。トレーズとその同僚は、内閣からの排斥を一時的な後退であるかのように語り、行動し続けていた。ひとつには、大臣という地位にある罠と自己評価とに目を眩まされていたこともある。だが、同じくらい大きな影響をあたえたのは、三党連立が再現されるはずだという本能的な直感だった。党は内側から作用することによってのみ、権力の座につける。だが真の問題は別のところにあった。モスクワから確固たる指針が示されなかったために、党幹部は偽りの安心感に落ちこんでしまった。クレムリンの朝令暮改的な論法をたっぷりと経験しているトレーズとデュクロでさえ、スターリンの絶対的な優先課題――なによりもまずソビエト連邦――が、諸国の共産党を従わせるためには、なんでもやってのけることを半ば忘れていた。ご両人はまもなく乱暴に目を覚まさせられることになる。

一九四七年九月、ヨーロッパ九か国の共産党がワルシャワにおける秘密会議に代表団を送るよう招かれた。この会議の真の組織者は、ドイツに対するレニングラード防衛を情け容赦なく指揮したアンドレイ・ジダーノフだった。九月二二日、代表団はポーランド南西部シュクラルスカ・ポレンバの広大な狩猟用ロッジに到着。そのうち共産圏外から参加したのはわずかに二か国、フランスとイタリアのみである。代表団にはトレーズも、イタリア共産党党首パルミロ・トリアッティも加わってはいなかった。エティエンヌ・ファジョンを同行したジャック・デュクロは、愛想よく、自己満足的とさえ言える状態で到着した。共産党国際会議のベテラン出席者として、満足のいく形で任務を果たす自信があったように見える。

ジダーノフはこの秘密会議を、一九四三年五月のコミンテルン解消以後の国際的な文脈に位置づけた。コミンテルンのあとを継いだ組織、ソビエト中央委員会事務局国際部については触れなかった。いま明かされようとしている党方針の突然の変更を鑑みれば、モスクワとその衛星諸党とのあいだには実質的にそれ以上のつながりはないふりをしておくほうが好都合なのは目に見えていた。とは言うものの、ジダーノフは「このような党と党のあいだの分離はいいことではないし危険でもある。また基本的には不自然である[15]」と論じた。言い換えれば、終戦直後の無拘束状態は終了した。

コミンテルンの古参ジャック・デュクロがジダーノフ演説の意味を完全に聞きとらなかったのは驚きである。発言を求められたとき、解放以後のフランス共産党の活動についてのデュクロの報告は極端に自己満足的だった。ジダーノフはフランス共産党に対する侮辱の儀式を、ユーゴスラヴィア代表のエドヴァルド・カルデリとミロヴァン・ジラスに任せた。デュクロは自分が落ちこんだ罠の深さに震えあがった。唯一のチャンスは、ためらうことなく卑屈に振る舞うことだった。

会議の要点はすでに明らかだった。ジダーノフはスターリンの命令で、「トルーマン＝マーシャル・プラン」――再構築されたドイツとヨーロッパにおけるアメリカのヘゲモニーを経済面から支援する――に対してソビエト連邦を守るために、諸国の共産党を動員する手段として新しいコミンテルンを設立しようとしていた。それは「コミンフォルム」と呼ばれることになる。「フランスはその自立の半分を犠牲にした」とジダーノフは主張した。「なぜならば、一九四七年三月にアメリカ合衆国からフランスに提供された借款は、政府からの共産党排除を条件としていたからである*」。つまりフランスとイギリスは「アメリカの恐喝の犠牲者[16]」である。

ジダーノフは指導者の言葉を引用した。「同志スターリンは言った。『ひとことで言えば、ドイツ問題に対するソビエト連邦の政策は、ドイツの非武装化と民主化に要約される。それは永続的かつ確固たる平和を確立するためのもっとも重要な条件である』。ドイツに対するソビエト連邦のこの政策は、アメリカ合衆国とイギリスの帝国主義者集団からの激しい抵抗に出会った。アメリカはローズヴェルトの古い方針から離れ、新たな政策――新しい軍事的冒険を準備する政策――に転換した(17)」

デュクロは衝撃を受け、腹を立ててパリにもどってきた。帰国直後、この大失態について議論するために、フランス共産党政治局会議が召集された。デュクロは結論をまとめた。「ジダーノフは、共産党員が政府内部にいるか野党にいるかはなんの意味もない問題であり、フランス共産党はそれにこだわりすぎてきた、と言った。唯一の目標は資本主義経済を破壊し、国民の活力を体系的に結集することである。将来、クレムリンは、共産主義者の政府参加不参加については、まったく関心をもたなくなるだろう。だが、全世界の共産党はアメリカからの経済援助に対して闘わなければならない。ジダーノフはまた、政府を不安定化する必要性についても強調した」

一九四四年末にスターリンからじきじきに受けたドゴールの船を揺らすなという指示と、そのあとに続いたポノマレフのフランス共産党の政策同意を思い出して、トレーズは苦笑をこらえなければならなかったにちがいない。だが、トレーズもデュクロ同様に、文句を言うにはあまりにも老獪だった。無駄にする時間はない。フランス共産党全体がまわれ右をしなければならない。たとえ次の選挙に勝ったとしても、入閣は考えてもいけない。なぜならば、入閣は「あまりにも妥協的に見える」だろうから。

クレムリンが各国の共産党を掌握しているという中傷や、新組織は単純に古いコミンテルンに新しい色を塗ったにすぎないという「嘘(18)」のような「問題を回避する(19)」ために、コミンフォルムはベルグラードに本部をおく予定だった。この計画は頓挫する――チトーは翌年、異端を宣告される――だが、基本的な合意、とくに各国共産党に対して新たにきつく締めなおされた統制には影響しなかった。「攻撃グループ、幹部のための訓練校、武器庫についての情報は、ベルグラードで照合される予定である」とクレムリンの報告書ははっきりと述べている。「パリとローマは提案を出すことはできるが、コミンフォルムがベルグラードにおいてとる決定に従わなければならない。デュクロはこの点の重要性を強調した。なぜならばモスクワはフランス共産党の活動を完全に統制しているからだ」[20]

内戦とまではいかないとしても、非合法活動を準備せよとの命令に従うために、トレーズは必要な手配をすべておこなうようオギュスト・ルクールに命じた。所有者を党員まで遡れない車輌と貸しガレージが手配された。秘密の印刷機と無線送信機を入手したり、調整しなおしたりした。専門の彫り師グループには、身分証明書、パスポート、配給手帳の三点セットを用意し始めるように告げられた。一九四四年秋以来、隠されていた武器が掘り出され、油が差された。

ほとんどの人はこのような危険を知らず、影響を受けなかったが、いくつかの兆候が雰囲気に水を差した。ケストラーとマメーヌ・パジェは、ちょうどコミンフォルムがポーランドで会議を開催中の九月末にパリにもどってきた。一九四七年一〇月一日夜、《プラザ・アテネ》のバーでアンドレ・マルローとその妻のマドレーヌと会う。マメーヌによれば、バーは「奇抜な服装をした艶っぽい高級娼婦でいっぱい」だった。マルローはさんざん迷ったあげくに、ふたりを《アルマイエのオーベルジュ》に連れていった。キャヴィア、ブリニ、シベリア風スフレを食べ、ウォツカを飲む。マルローはかなり酔っぱら

＊カフェリーはベヴィンとダフ・クーパーに、もし共産党員がふたたび大臣になることを許したら、フランスが経済支援を受けないのはほぼたしかだと明かしてはいたものの、ラマディエが春にアメリカ政府から、共産党系大臣を行政府から排除するよう脅迫されていたという主張を裏づける証拠はまったくない。

い、「左派の人間という自分の評判を使って反動主義者を助けることで、自分は大きな賭けに出ており、それに成功すると信じている」と言った。「だが、もし成功しなかったら（つまり、ひとたび権力の座についたドゴールが、マルローがこうすべきと考えているように振る舞わなかったら）自分は労働者階級を裏切ったと感じるだろうし、『自分の脳みそを吹き飛ばす』以外に残された道はないだろう。Kが『将軍の側近はどうなんだ？』と言ったとき、マルローは答えた。『将軍の側近、それは私だ』。私たちはちょっとあほくさいと思ったけれど、その後、実際にマルローは将軍にあえて忠告をし、将軍の演説の前に原稿を見なおす、などなどをする唯一の人間だと聞いた[21]」

正確に一週間後、アルベール・カミュと妻のフランシーヌはケストラーとマメーヌのためにピクニックパーティを開いた。みんなが食べ物と飲み物を持ち寄った。ケストラーは例によって、これ見よがしと思われかねない気前のよさを衝動的に発揮して、みんなには冷製のローストチキン、ロブスターとシャンパーニュを、自分とマメーヌにはシュリンプと蛤をもってきた。マメーヌの双子の姉妹セリアとアメリカ人ジャーナリスト、ハロルド・カプランがいっしょだった。他の客はサルトルとボーヴォワール。

前年の秋に『レ・タン・モデルヌ』誌で自作を攻撃されて以来、サルトルとほとんど会っていなかったケストラーは、新たな小競り合いに身を投じずにはいられなかった。ハロルド・カプランが帰ったあと、サルトルはこのアメリカ人を「反ユダヤ主義者、反黒人主義者、反自由主義者[22]」と攻撃した。ケストラーは腹を立てたあまり、「サルトルを激しい言葉遣いで非難し、何年も共産主義的色彩の強い雑誌を発行し、そのことによってバルカン諸国から何百万人もが国外に追放されるのを黙認しているおまえが、どの面さげて自由を語れるのかと言った」。マメーヌ・パジェによれば「サルトルはちょっと面食らった。いずれにしても雰囲気は耐えがたくなったので、私たちは帰った」。

ケストラーは翌朝、サルトルにお詫びの手紙を書いた。「サルトルから折り返し、愛情がこもっていると同時にサルトル独特の、細かいきれいな筆跡で書かれた長い手紙を受けとった[23]」。しかし、さまざまな出来事が示すように、サルトルの友情は、ひとつにはボーヴォワールの影響もあり、政治を超越はできなかった。

ケストラーのボーヴォワール嫌いはますます激しくなっていった。「ときどきボーヴォワールは私にトリコトゥーズ〔フランス革命当時、裁判や国民公会など公の場に編み物持参で出かけた庶民の女性〕を思い出させた[24]」。ウェールズにもどると「エクジステンチクス〔「エグジスタンシャリスト（実存主義者）」のロシア語風のもじり〕の指導者イワン・パヴェリッチ〔サルトルの名「ジャン＝ポール」のロシア語読み〕親爺とシモーナ・カストロヴナその他の友人たちがそれぞれの役を演じる[25]」パリ知識人界について記事を書くことにした。

しかし、サルトル自身も相変わらず共産主義者に頑強に抵抗し、『レ・タン・モデルヌ』七月号に「スターリンの政策は文筆業への正直なアプローチとは両立しない」と書いた。共産党のサルトル攻撃はあまりにも激しかったので、ラマディエ政府がそれに後押しをされて、『レ・タン・モデルヌ』編集委員会に週一回のラジオ番組をもちかけたほどだった。だが十月、市町村議会選挙でＲＰＦがセンセーショナルな勝利をおさめたあとのドゴール派に対する辛辣な皮肉は、大騒ぎを巻き起こした。サルトルは投獄されるべきだと言う者もいた。だが、フランス人らしく、思想を尊重するドゴールは「人はヴォルテールをバスティーユに閉じこめたりはしない[26]」と答えた。将軍の側近全員のなかでいちばん腹を立てたのはアンドレ・マルローである。マルローは復讐を誓っていた。

ドゴールは社会主義とキリスト教民主主義のラマディエ連立政権に対する軽蔑を隠さなかった。この連立は、右翼のドゴール主義と左翼の共産主義の中間に立っていたので「第三勢力」と呼ばれるようになる。ドゴールはむしろゼネストを期待した。自分を権力の座に呼びもどすように国民を説得するためには崩壊が必要であり、その崩壊をゼネストが引き起こすと確信していた。クロード・モーリヤックいわく、ドゴールの「目くるめく自己中心主義[27]」は、RPF連合の成功によっていっそう強められた。一〇月五日、ヴァンセンヌのRPF大会における演説はソビエトの独裁を攻撃し、「目を見張る成功だった[28]」――広く共有された意見――とワシントンに報告された。

別のRPF大会は、とくに労働者階級の地区で開かれる場合、これほどお上品ではなかった。ナンシー・ミットフォードは妹のダイアナ・モスレーに書いた。ガストン・パレフスキには「共産主義者をいじめるのに、すてきな新しいやり方」がある。「アジテーターの指揮官を壇上にあげ、それから言います。ここで、あなたにただひとつ質問したいことがあります――もしロシアの機甲部隊がフランスに侵入してきたら、あなたは領土を守るために戦いますか？　哀れな男はなんと答えていいのかわからず、いつも最後には乱闘で終わることになります！[29]」一〇月一七日、ある社会党員がトレーズに、おまえは脱走兵だと怒鳴ったとき、体格のいい元炭坑労働者は相手の顔を強く殴り、続きを護衛に任せた。

RPF最大の勝利は一〇月一九日日曜の市町村議会選挙だった。共産党候補者は得票数の三〇パーセントを得たのに対して、RPFの候補者は三八パーセント。社会党はわずかに一九パーセント。この結果は、第二回投票がドゴール派候補者になおいっそう大きく振れたことと組み合わさって、保守派の心を高鳴らせた。

数日後、《エスカルゴ》で昼食をとっていたダフ・クーパーとルイーズ・ド・ヴィルモランは、マルローからRPFに関する最新ニュースを聞いた。マルローはふたりにドゴール派は、「日曜の選挙結果がラジオで告げられ始めると、（将軍は）スイッチを切り、トランプでひとり遊びを始めた、という話に大よろこびした[30]」と話した。

ドゴール派の成功がなんであれ、真の闘争は、一方の側を共産党とCGT、もう一方の側を政府として展開しつつあった。共産党の目標は、マーシャル・プランが動き出す前に、フランス経済を破壊することだった。

いまだに大国としての役割を担っていたイギリスは、一〇月、破産の地点にまで達し、その冬、ヨーロッパ全体は、干魃と壊滅的な凶作のために滅亡の縁に瀕していた。ヴィシンスキーがアメリカとイギリスが戦闘を準備していると非難して以来、多くの人にとって、問題はマーシャル・プランに成功のチャンスがあるかないかではなく、まず第三次世界大戦が勃発するか否かだった。ドゴール夫人が昼食の席でおずおずと議論に割ってはいり、交戦開始から数時間でコロンベ＝レ＝ドゥ＝ゼグリーズに敵の落下傘降下があるかもしれませんねと言った。

その秋、パリにおける会合のほとんどすべては、足が地に着かない気分のなかで開かれた。「人びとは戦争がすぐそこに迫っているという話しかしません」と、ロジェ・マルタン・デュ・ガールはノーベル賞を受賞したばかりのアンドレ・ジッドに書いた。「人びとは戦争が起こるのを疑ってはいません。ただ、どのくらい早く始まるのかを論じ合っています。破局は避けがたいというこの雰囲気に逆らうのは至難の業です！」[31]官僚や大使たちはパーティで、脅えた女性や男性に呼び止められ、ロシア人が英仏海峡の港やピレネー山脈に到着するのに何日かかるだろうかと尋ねられた。

冷戦フィーバーは大西洋の両側に影響をあたえた。ダフ・クーパーはイギリス外相に書いた。「たとえばアメリカのブリッジズ上院議員のように、責任あると見なされている人びとが、アメリカ大使館の晩餐会で――『ところでムッシュー・ビドー、われわれがモスクワに最初の核爆弾を落としたら、あなたがたはどうされるか、お聞きしておきたいですな』などと怒鳴りかけるとき、ビドーでさえも惑わされそうになるのは気が滅入りますが、驚くことではありません」[32]

第26章 共和国、絶体絶命

一九四七年夏にフランスが経験した社会不安は、その秋にはほんのつまらないものに見えてきた。一〇月二八日、エトワール広場近く、ヴァグラム・ホール周辺の街路で衝突事件が起きた。反共主義者がホール――つい最近までGIが火曜日のダンスに使っていた――で集会を開き、スターリンの犯罪を糾弾した。約一万名ほどの共産主義者が反対デモをかけ、攻撃しようと前進してきた。しかし、警官、憲兵、共和国機動隊の大部隊が地区を取り巻く警戒線をなんとか維持した。激しい戦闘は死者一名、負傷者三〇〇名を出し、そのなかには共産党系の市町村参事会員と市長が含まれた。警察は、新聞やニュース映画のカメラマンもほとんど同じように乱暴に扱った。

その日、国民議会もまた荒れた。ジャック・デュクロは政府をアメリカ合衆国に卑屈に従うペタン主義者と非難した。「それは議会演説としては特筆すべきだった」とある観察者は書いた。「デュクロは自分は完全に落ち着きを保ったままで、ほかの全員を激しい怒りに駆り立てるのに成功した(1)」

二週間後、マルセイユで暴動が勃発。共産主義者は路面電車の運賃値上げを利用して、市町村選挙の勝者であるドゴール派の新市長カルリニに総攻撃をかけた。裁判所は、それまでのデモで逮捕された拘留者の釈放を狙う群衆に襲われた。群衆はそのあと市庁舎に集まり、猛攻撃をかけて、カルリニを殴り始めた。状況はあまりにも深刻になったので、市の実力者である社会党のガストン・ドゥフェールは、あえて車で外出するときには、必ず膝にサブマシンガンを載せていった。

一一月一七日、パ゠ド゠カレと北部の炭鉱地帯がストライキに突入、インフレに追いつくだけの賃上げを要求した。五日間でフランスの全炭鉱が閉鎖された。パリとその近郊も同じように一触即発の状況だった。ルノーを含む金属加工業労働者が一一月半ば、賃金の二五パーセント引き上げを要求してストにはいった。ドゴールは側近にフランが暴落すると警告した。政府にとって慰めはひとつしかなかった。パリ警視庁の共産党員一掃はうまくいったように見えた。ドゥプルーには、ストライキ参加者に占拠されたシトロエン工場解放のために、警察官を送りこんでも大丈夫と感じるだけの自信があった。

ドゴールは、権力の座への復帰が手の届くところに迫っているという思いこみをますます強めていった。社会主義者とキリスト教民主主義者で構成されるラマディエ内閣にはひびがはいりかけているように見えたので、将軍は市町村選挙の結果を国民投票として扱おうとした。国民はＲＰＦを信任したのである。ドゴールは議会の解散と総選挙を求めた。だが、これはドゴールに抵抗しようという社会党とＭＲＰの意志を強固にしただけだった。

ドゴール派陣営からは矛盾する兆候が出てきていた。将軍の協力者のひとりがアメリカ大使館に「この瞬間に波風を立てたい[2]」わけではないと請け合う一方で、ドゴール自身は「釣りにいくのに、われわれはルビコン川に到着していない」と述べた。ジャック・スステルは一一月三日、アメリカ大使館の関係筋に、ドゴールは厳冬が終わるまでは権力の座にはつきたがっていないと語った。ガストン・パレフスキは翌日、同じメッセージを繰り返した。一〇日後、パッシー大佐がドゴールとスステルと昼食をとる姿が目撃された。また、共産党が「ドゴールに準備のできる前に、ドゴールを権力の座につけるような[3]」危機を起こそうとしているという意見もあり、ドゴール側近とアメリカ側双方で共有されていたようだ。

疲れ果てたポール・ラマディエは、ただオリオル大統領の懇願に応えて首相職を続けていた。市町選挙の結果はラマディエの立場とやる気に厳しい一撃を加えた。一一月第二週、連立相手のMRPがドゴール派に抵抗するため内閣を改造せよと圧力をかけてきたちょうどそのときには、ラマディエはひどい流感に苦しんでいた。ついに一一月一九日午後、自党社会党からも完全な支持が得られないと聞いて、ふたたび辞表を提出。今回はオリオル大統領も受理せざるをえなかった。翌朝（ウエストミンスター寺院で、エリザベス王女がギリシア王家のフィリップ殿下と結婚した日）、フランスは内閣もなく、ストライキで麻痺していた。

七四歳になるレオン・ブルムはドイツの収容所生活のために相変わらず体力が弱っていたが、充分な支持をかき集められる唯一の候補者に見えた。一〇月二一日、政府首班への立候補演説で、ブルムは政治体制の前にある二つの危険について警告を発した。真夜中直前、票が集計されたとき、過半数に九票足りなかった。財務大臣ロベール・シューマンは言われた。「今度はきみの番だ」。翌日の午後、共産党と半公式のドゴール派議員グループだけが反対票を投じ、シューマンは過半数を獲得した。

厳格なカトリック教徒で独身のシューマンは確固たる穏健主義者であり、強靭な表情のわずかに歪んだ顔とはげあがった頭頂、大きな耳をしていた。一度、下っ端の役人がシューマンに気づかなかったときには、帽子をとって言った。きみ、私の頭は見分けられるにちがいない、新聞でさんざん漫画にされているからね。ロレーヌ出身〔生まれたのはルクセンブルクだが、父親がドイツ国籍だったので、ドイツ人となった。第一次世界大戦後、フランス国籍に〕で、ということは第一次世界大戦ではドイツ皇帝の軍隊で戦わざるをえなかったことを意味する――この運命の巡り合わせを共産党はシューマン攻撃に臆面もなく利用した。もう一本、共産党が情け容赦なくねじ込んだナイフは、一九四〇年七月にシューマンが最初のペタン行政府で短期間、仕事をしたことだった。最初にドイツに逮捕された政治家のひとりだったという事実には触れなかった。

もうひとり鍵となった閣僚は内務大臣に就任したジュール・モックだった。鼈甲縁の丸眼鏡、憔悴した顔、歯ブラシのような口髭は、モックを田舎の校長先生のように見せていた。理工科学校を卒業、統計と数学的計算を情け容赦なく使う。だが、前任者のエドゥアール・ドゥプルーは、モックを「感受性に恵まれ、誠実で、友人には忠実な男」(4)と表現した。モックが切り抜けようとしていたこの時代にとって、もっとも重要だったのは、「深い国家意識」をもっていたことである。共産党はモックを攻撃するのは難しいと感じた。ユダヤ人、反聖職主義者、社会主義者として、ヴィシーに対するその憎悪に嘘偽りはなく、息子はゲシュタポに殺害されていた。

モックは解放以降の内務大臣の仕事としては、もっとも難しいひとつに向き合った。秋の炭鉱ストライキは、石炭の在庫が前年の厳冬に使いつくされたこともあり、政府をきわめて脆弱にしていた。炭鉱を破壊行為から守るために植民地軍が投入されたとき、北フランスの炭坑労働者はやる気満々の戦闘気分だった。だが、炭坑労働者自ら呼ぶところの「黒い顔」たちは、予想外の応援を得た。サンリス駐屯地の北アフリカ原住民騎兵は、パ=ド=カレ郡の郡庁所在地ランス駅のプラットフォームにライフル銃を積みあげ、上官の脅しにもかかわらず銃を手にとるのを拒否した。内務省は共和国機動隊を急送、武器を押収し、原住民兵を列車に押しこんで、駐屯地に帰した。

ビュリー炭鉱では、緑青色の外套を着た三〇名ほどのドイツ人戦争捕虜が共和国機動隊攻撃に加わった。機動隊からは大量のカービン銃が奪われ、三名の機動隊員が炭坑労働者の捕虜になった。機動隊員はあまりにも脅えていたために、知っていることをすべて話してしまったらしい。ある元レジスタンス活動家はあきれて言った。「われわれには、拷問を受けながらひとこともしゃべらなかった友だちがいたことを知っているのか？」[5] 炭坑労働者は機動隊員を解放したが、上官にはなにも言わないという約束を破った場合は、そのあとを追えるように、身分証明書は取りあげた。

炭坑労働者に手を貸す原住民兵とドイツ人のイメージは、国際的な連帯に対する大きな希望を生み出した。共産党系新聞は支持者にこの闘争を、よろめき歩いている政権を倒すのに必要な最後のひと押しと見なすよう促した。

ストライキが激しくなり、炭坑労働者の家族の手もとには食糧を買う金がないままだったので、党が計画して、子どもたちを他の地域の共産党員家庭に避難させた。ストライキの呼びかけに歯向かい、仕事を続けた者は「スト破り」の俗称「黄色《ジョーヌ》」から「カナリヤ」と呼ばれた。その妻たちはしばしば店の外で、ストライキ参加者の妻たちに待ち伏せを食らった。


一一月二四日に内相を引き継いだモックは、勃発する暴力に対処する機動隊の不足に悩まされた。また、あまりにも中央集権化されすぎた体制を受け継いだことにも気づいた。それは、全国で同時多発する緊急事態に対応するようには、制度設計されていなかった。状況は絶望的だったが、絶望的という事実こそが勇敢であることを政府に強いた。

内務省は大混乱だった。モックは最も多いときで九〇名の各県の知事と常時、連絡を取り続けていなければならなかった。多くの知事は内務省からなんの応援も得られないことを恐れ、パリに連絡もせずに、各軍管轄区を統轄する将軍に部隊の派遣を求めた。そのほかにも、包囲された同僚の知事に支援を送るよう指示されたのに、自分の地域で暴動が勃発した場合に備えて、命令に異議を申し立てたり、実行を遅らせたりした知事もいた。一一月最終週と一二月第一週で、内務省は一日平均九〇〇通の電報を受けとった。モックがその後、知事たちに知らせたところでは、二四時間の電報の総数が二三〇二通に達したこともあった。そのほとんどが暗号だったために、暗号係は忙殺された。

モックには人員があまりにも不足していたので、一度などは国の一か所から五〇名かそれ以下の機動隊部隊を別の場所に移し、そのあとまたもとにもどすはめになった。たとえばブリーヴ駅は、アジャンに駐留する機動隊からの五〇名と中央山地に配属された一〇〇名によって、ようやく解放された。もっと心配なことがあるのにも気づいた。前任者による共産党員一掃にもかかわらず、いくつかの機動隊部隊は相変わらずFTP出身の共産党員を多数抱えていたために、まったく信頼がおけず、解体さざるをえなかったのである。

「ストライキが呼びかけられたのは」とモックは知事宛のブリーフィング資料に書いた。「労働者階級が経済状況に真の不満を訴えているからだ*。共産党はこの正当な不満を巧みに利用して、全体的な運動を創出した。その運動は明らかに政治的国際的性格をもち、その主要な目的のひとつはアメリカにヨーロッパを援助する気を失わせることである(6)」

アメリカ大使館は、共産党系の労働組合指導者たちの断固たる態度に極端な不安を覚えるようになっていた。スト破りの労働者投入を完全に阻止するために、ストライキ参加者は工場の機械を破壊し、その行為によってマーシャル・プランが効果を発揮する前に経済を崩壊させようという決意を示していた。ジェームズ・ボンブライト、ダグラス・マッカーサー・ジュニア、リッジウェイ・ナイトはカフェリーにCGTから分離した非共産党系の組合〈労働力〉を財政援助するよう要請。しかし、カフェリーはフランスの国内問題に対するこの種の介入の検討を拒否した。実際には、資金は別のところに見つか

＊物価の上昇率が平均五一パーセントだったのに対し、賃金は一七パーセントだった。

り、アメリカの労働組合運動を通じて渡された。
暴力の雰囲気がいっそう高まった。社会党の機関紙『ル・ポピュレール』[7]の編集長アンリ・ノゲールはモックから警告を受けとった。共産主義者が新聞に奇襲をかけようとするかもしれない。パリの警察には二四時間体制の警護を提供するだけの人員が不足していることがわかっていたので、モックは新聞のスタッフが建物を自分たちで守れるように、内務省からコンテナ二台分の武器を送りこんだ。ドゴール派のRPF指導者たちも不意を襲われる危険を感じていた。「大佐は枕元に大きな拳銃をおいて眠ります」とナンシー・ミットフォードは母親に書いた。「なによりも恐ろしいのは、ご想像のとおり、大佐が銃についてなにも知らないことです!」[8]
奇妙な運命の一撃で、数日後、ドゴールと近しいと考えられる著名な人物が、事故で死亡した。一一月二八日夜、パリでは雪が降っていた霧模様の暗い一日、三年前に市を解放したルクレール将軍が、飛行機事故のため四四歳の若さで死亡したという知らせが届いた。すぐに噂が広まった。だれかがガソリンに砂糖を入れたらしい。ルクレールの死をポーランド亡命政府のシコルスキ将軍の死となぞらえる者もいた。ナンシー・ミットフォードはなにもかもいっしょくたにしてこう書いている。「パリの全市民は、それが破壊工作であり、共産党に多くの害をあたえたと確信しています」[9]。ナンシーが大佐の確信をそのまま引き写したのは間違いない。
パレフスキは義兄弟をこの事故で失ったが、その死の一週間前にルクレールと夕食をとっていた。パレフスキはその夜、ルクレールが「われわれはいまや全員が危険にさらされている」と言ったと主張した。ルクレールがドゴールに権力掌握を進言したという噂が――RPFの支持層の周辺が言い始めたのはほぼたしかだが――広まった。『リュマニテ』紙がルクレールの死にわずか二行しかあてなかったという事実は、どういうわけか、共産党が手を下したというドゴール派の疑いを裏づけているように見えた。

ルクレールの死と同時期に、治安対策はますます軍事的な様相を帯びてきた。内務省は戦争省と絶えず連絡をとり、情報を交換し、選択肢を論じ合った。ベルギーの共産主義者が密かに国境を越えて炭鉱を破壊し、その再開を阻止するのを止めるために、北部でフランス軍が増強された。しかし軍にさえも、任務を配分するのに充分な人員がいなかった。一一月半ばからは、一九四六年と四七年の徴兵組から合わせて一〇万二〇〇〇名の予備役が召集された。それに加えて、フランス陸軍は、ドイツ人捕虜を監視していたセネガル人部隊を九個大隊に再編し、展開準備を整えた。しかし、こういった増強策でさえ充分とは考えられなかった。一一月三〇日、政府は一九四三年の徴兵組からさらに予備役八万人を召集すると発表した。

パリでは、比較的騒乱が少なかった。一八区では小規模な蜂起が起き、ある消防士が三〇〇名の共産主義青年を率いて電話交換所を押さえようとした。襲撃の前、共産党員――その多くが鉄道員の息子だったが――が、この地域の警察電話をすべて破壊した。逮捕を免れた者たちは、命令なしで行動したことで党の上役からこっぴどく叱責された。共産主義者がこの種の大胆な行動をこれ以上試みようとしないのを見て、警視総監ロジェ・レオナールはわが身の幸運が信じられなかった。全市を守るのに残っている予備の警官はわずか一五〇名にすぎない。

首都はストライキにはとくに脆弱だった。パリの中心街まで地下鉄や郊外電車で出勤してくる者には、生活はほとんど耐えがたくなった。「列車は満員で、妨害行為や、線路に横たわるストライキ参加者の妻や子どもたちのために、しばしば停止せざるをえなかった」(10)。公務員のストライキには、郵便、ゴミ収集、電力供給が含まれた。料理は不可能になり、電力は前年の冬と同様に警告なしで切断され、水圧はあまりにも低くなったので、建物の最上階では蛇口から一滴の水さえ出なくなった。

真の脅威はパリの外にあった。モックは緊急時対策を練りあげなければならないと感じていた。緊急時には、すべての戦力をパリと、首都からル・アーヴル、ベルギー、リヨン、マルセイユまでの街道に集中させる。このY字型の主要輸送ルートのほかは、充分な兵力がドイツからもどされるまで、事実上放棄される。

一一月二九日、ルクレール将軍の航空機事故の翌日、ブルボン宮——軍隊と警察が警戒線を張っていた——は、これまで国民議会で目にされたなかで、もっとも激しいやりとりの舞台となった。シューマン内閣は、反サボタージュ法案も含めて、共和国を守るための一連の措置を提出。この時期、ロベール・シューマンはその泰然としたようすで、すべての人に感銘をあたえた。ジュール・モックも同じように不退転の決意を固めていた。全国を掌握するために残された時間は、長くても一週間しかないのはわかっていた。もし治安が崩壊したら、ドゴールが動き、それが引き金になって共産党が内戦に乗り出しかねない。だが、ドゴールとしては、二つの敵、つまり共産党と政府が決着をつけるまでは、離れたところにいるほうがよかったのである。

国民議会の半円形の議場で、共産党員はロベール・シューマンとその内閣に向かって、侮辱の言葉を叫びかけた。シューマンには、第一次世界大戦でドイツ軍に勤務したことを非難する声が投げつけられた。

「ドイツ野郎がいるぞ！」とデュクロが叫んだ。

「首相、一九一四年にはどこで兵隊をやってた？」一九二〇年に黒海で反逆事件を起こした張本人のひとり、シャルル・ティヨンが怒鳴った。

「プロイセン人！　ドイツ人！」クレムリンのステパノフにおもねりの手紙を書いたアラン・シニョールが金切り声をあげた。

マラソン討議のあいだ、侮辱の言葉の連発は、燃えあがったり下火になったりを繰り返した。他党の議員は、スターリンとヒトラーの同盟を指摘して、共産党員に嘲りの言葉を投げ返した。占領時代からの恨みと疑いのすべてが表面に浮かびあがってきた。

一一月三〇日日曜、議会二日目は冷え込みが厳しく、霧模様。パリの街路には人影がなかった。イギリス大使は日記に書いた。「今日はすべてが静かに見える。革命向きの天気ではない」[11]。マリ＝ブランシュ・ド・ポリニャックは、伝統の日曜夜の音楽サロンを中止しようとはしなかった。

月曜日はまたしても霧がかかっていた。飛行機は一機も発着できず、列車のストライキもあって、外交行李が届かない。ロジェ・マルタン・デュ・ガールは冷たい食事と水不足、暖房なしで意気消沈し、市内の雰囲気は「陰鬱」だと感じた。列車が動き出したらすぐに、ニースに脱出するのが待ちきれない。ナンシー・ミットフォードはその他大勢と同様に、あるときは心配になり、またあるときは心配性の連中を軽蔑しながら、イギリスの新聞がフランスの混乱をちょっとざまあ見ろという調子で報じていることに憤慨した。妹のダイアナに書いている。「私は『タイムズ』誌の人間に言ってやりました。実際には側溝に血が流れてるわけじゃないことを指摘すべきですよ、と」[12]。ふたたび停電し、その晩のアルテュール・ルビンシュタインのコンサートは蠟燭の光のもとで開かれた。

国民議会におけるマラソン討議三日目、共産党議員ラウル・カラスが演壇を乗っ取り、演説をした。カラスは、人民の殺害者には従うなと軍に呼びかけたが、これは明らかに反乱煽動だった。国民議会議長エドゥアール・エリオは、法の尊重を維持するのが自分の義務であると告げた。共産党の抗議にもかかわらず、カラス追放の決議が可決された。議会は大混乱のなかで中断した。

カラスは相変わらず演壇を降りるのを拒否した。同僚の共産党議員がカラスを守り、支援するためにそのまわりに集まった。にらみ合いはひと晩中続いた。朝六時直前、共和国衛兵マルカン大佐が、カラス追放を命じるエリオの命令書を手に到着。しかし、マルカンが演壇に向かって前進しようとするたびに、共産党員は『ラ・マルセイエーズ』を歌い出した。国歌を聞くと、大佐はぱっと気をつけの姿勢をとり、敬礼をしなければならない。歌がやむとすぐに、ふたたび前進を試みるが、また『ラ・マルセイエーズ』が始まり、大佐は敬礼の姿勢にもどる。ようやく演壇にたどり着いたマルカン大佐は、カラスの腕をそっとつかんだ。議員は言った。「私は力に屈する」

一一月二九日に開会された国会は、一二月三日まで閉会しなかった。会期中に、力の均衡は決定的に政府側に傾いた。非共産党員は暴力を振るわれる恐れがあり、実際に振るわれもしたが、それでも職場に復帰しつつあり、ストライキに亀裂がはいり始めている兆候がすでに見られた。そのあと一二月三日早朝、北部の共産党系炭坑労働者の小集団が自分の手で自らの大義を木っ端みじんに砕くことになった。機動隊を満載した列車が接近しつつあると聞いた炭坑労働者たちは、独断で行動し、リール＝パリ線に破壊工作をおこなって、アラス近くで線路二五メートルを撤去した。しかし、脱線したのは機動隊の列車ではなく、パリ＝トゥルコワン急行だった。衝撃で一六名が死亡、三〇名が重傷を負った。惨事の知らせは朝、パリに到着。午後にはシャンゼリゼから人も車も姿を消し、中心街の交差点すべてに武装警察官が立って、市は戒厳令下のように見えた。

ニュースを国民議会で聞いた共産党議員は犠牲者に対し、なんの遺憾の意も表明しなかった。政府が破壊工作を遂行したと非難し、事件をナチスが議会に放火し、罪を共産主義者になすりつけた例になぞらえた。この戦術はあまり役に立たなかった。ニュース映画のカメラが脱線現場に急送された。残骸にゆっくりとパンするカメラは、大きく口を開けた車輛をくっきりとした白黒のイメージで浮かびあがらせ、内部にあるずたずたにされた遺骸を映し出した。解説者のひとりは声を怒りで震わせ「匿名の犯罪者」によっておこなわれた「唾棄すべき攻撃」について語った。こういったニュース映像は全国の映画館で上演され、強い影響をあたえた。急行の脱線は、政府の手を計り知れないほど強力にした。

議会閉会の翌日、モーリス・トレーズは北部に赴き、エナン＝リエタール炭鉱の炭坑労働者と話をし、その意気に活を入れた。脱線には触れなかった。トレーズの留守中、手榴弾——ドイツ製——が、ショワジー＝ル＝ロワのトレーズ宅の庭で爆発した。この爆発は、列車事故の犠牲者から注意を逸らすための試みだった可能性がきわめて高い。

おそらく鉄道惨事のもっとも決定的な影響は、それが暴力的手段の問題をめぐってストライキ参加者のあいだに生み出した亀裂だろう。仕事にもどったばかりの郵便配達には警察の護衛がついた。まだストライキ続行中の労働者は、クリスマス前には仕事に復帰しろという妻からのしだいに大きくなる圧力にさらされた。共産党の意図に対する疑念は、惨事後さらに急速に広まった。この種の疑惑にはたしかな根拠があったことが、のちに判明する。死の直前の一九九三年、オギュスト・ルクールは映画監督モスコとのインタビューで平然として、フランス経済を破壊しフランスを政治的に分断するのは、単に「アメリカ帝国主義に対する闘争」の一部にすぎなかった、と認めた。

ますます多くの労働者が、共産党に政治目的で使われることを憤り、ストライキ継続の賛否を秘密投票にかけるよう要求した。これに対し、共産党は最初、恫喝で抵抗したが、一二月第二週には圧力はあまりにも大きくなった。モックは各知事へのブリーフィング資料に書いた。「このような状況下では、CGTの共産党系指導者たちにはもはや、戦略的撤退を開始するか、完敗を喫するか以外に選択の余地はない。職場復帰命令をさらに四八時間遅延させたら、CGT組合員に対する完全な支配力を失うだろう。スト終息はしたがって、共産党の撤退と見なされなければならず、重大な失敗を意味するが、最終的な敗北ではない(13)」

ルクレール将軍の葬儀は一二月八日に、ノートルダム大聖堂で予定されていた。現在の状況下で、葬儀は強い政治的含みをもつようになっていた。「ルクレールの部下全員が市内に流れこんできています」とナンシー・ミットフォードは妹に書いた。「動員令が出されたかのようです――ノートルダムには二〇〇〇人はくるでしょう(14)」

オリオル大統領と外交団のほとんどが参列した。「葬儀は美しく感動的だった」とダフ・クーパーは日記に書いた。「だが、他の一二個の不幸な柩が、中央の人物の偉大さを減じながら、自分たちには偉大さの一部でも得ることはなかった。その意味で、一二個の柩の存在が二重に哀れに感じられることを残念に思う。人の葬儀とはその最後の登場であり、自分ひとりだけの舞台をもつべきだ」。そのあとイギリス大使は二回の激しいにわか雨のなか、外交団の先頭に立ってノートルダムからアンヴァリッドまで、柩のあとを歩いた。ルクレールの損失は、インドシナにおけるフランスの政策の方向づけにおいて、もっとも強く感じられた。ルクレールは高官のなかに残った数少ない現実主義者のひとりだった。フランスはホーチミンと独立交渉をすべきだという強い忠告は、上官のダルジャンリュー提督との関係を苦いものにした。パリの政治家たちは社会党内でさえ、ダルジャンリューを支持せざるをえないと感じていた。政治家たちは、世界がいかに変化したのかを理解していなかったのである。

最後のストライキは一二月一〇日に腰砕けになった。『リュマニテ』紙の見出し――「今朝、一五〇万の闘士が一致団結して仕事にもどった」――は、敗北を名ばかりの勝利として描き出そうとする破れかぶれの試みを表していた。パリの街路にはまだ、巨大なゴミの山が残されていた。

その晩、ダフとダイアナ・クーパーはイギリス大使館でお別れの舞踏会を開いた。それは「一週間前だったらありえない祝祭の機会」[15]となった。ナンシー・ミットフォードは母親に、「一週間のあいだ、一通の手紙も配達されなかったのに」[16]大使館は出席の回答を六〇〇通受けとったと書いた。

パーティ当日の朝、チャーチルがロンドンから飛んできた。チャーチルが到着したのはよく晴れた美しい一日だった。チャーチルがいるというニュースは、フォブール・サン＝トノレ街の大使館の外に巨大な群衆を集め、群衆は声を合わせてチャーチルの顔を求めた。チャーチルは外に出て、まねのしようのない独特のフランス語で語りかけ、熱狂的な喝采を浴びた――「ウィンストンがつねに楽しんでいること」と、そのホスト、クーパーは愛情をこめて愉快がっている。

パーティは一〇時半に始まった。実質的にすべての外交団が出席していた。「目についた例外」[17]は、ソ連、ポーランド、ユーゴスラヴィアの各大使だった。チャーチルは燕尾服に勲章をすべてつけて、晴れやかな笑顔を見せ、両親のロドルフ・チャーチル卿とジェニー・ジェロームが結婚式を挙げたサロンにはいった。その腕には、目の覚めるような赤いサテンのドレスを着た美しいオデット・ポル・ロジェがいた。

来客たちは、天井の高い金張りのレセプション・ルームをうっとりとして歩きまわった。チャーチルのように、男性は全員が燕尾服で勲章をすべてつけ、華やかな色のリボンとサッシュが黒い燕尾服と糊のきいた白いチョッキの上に鮮やかに浮かびあがった。ダイアナ・クーパーはデザイナーの友人を数名――ディオール、バルマン、ロシャス、モリヌー――招いていた。デザイナーたちは自分の創作、そして他人の創作に批評眼を投げかけた。

スーザン・メアリー・パトンはスキャパレッリのドレスを着た――「象牙色の厚いグログラン地に巨

大なバッスルがつき、とても『レディ・ウィンドミアの扇』的」。クリスティアン・ディオールがスーザン・メアリーに頭を下げて言った。「これは私が目にしたなかで最高のドレスの一着です。私のデザインだったらよかったのですが[18]」

ガストン・パレフスキやピエール・ド・ベヌヴィルなど、その夜そこにいたドゴール派は、前日のドゴール将軍は「フランスで上昇中の男である」というジョン・フォスター・ダレスの発言にのぼせあがっていた。ダレスはロンドン会議でビドーを決まって無視さえした。ジェファーソン・カフェリーは、フランス政治に対するこのあか抜けない介入に憤慨した多くの人間のひとりである。ドゴール派への支援は一九四四年にしたほうがより適切だった。一九四七年一二月の時点では、それはこの二週間半のあいだに、その決意とスタミナがマルローやパレフスキの敬意さえも勝ち得ていたシューマンとモックに対する侮辱となっただけだった。

スーザン・メアリー・パトンは、劇作家のアンリ・ベルンスタインが近づいてきて、ほとんどロベール・シューマンに聞こえそうなところでこう言ったとき、ひどくきまりの悪い思いをした。「いやあ、ついにきみたちアメリカ人はドゴールの味方だと宣言したね。ブラボー、ミスター・ダレス！」

おそらくダレスのドゴール称讃に触発されて、ジュール・モックは、共和主義の秩序擁護のためになされた努力をアメリカ側がしっかりと評価するように仕向けた。だが、その主要な目的は、不穏な状況がふたたび勃発する前に、フランスに対する財政援助を早めるようアメリカに圧力をかけることだった。カフェリーに対しては、もちろん釈迦に説法である。ワシントンへの大使の報告書は、モックの「政府とモック自身の威信を高める傾向にある勇敢かつ精力的な措置[19]」を絶賛していた。だが、カフェリーもまた、マーシャル・プランの発表がなければ、シューマン政府は、共産党の猛攻撃に抵抗するのに充分な決意を官僚や政治家に吹きこむことはできないと固く信じていた。

その冬の残りの月日、内相は目下の栄誉に満足してはいなかった。各知事にブリーフィング資料と全国規模の公安機構改造計画を次つぎと送りつけた。一九四七年一二月二六日付の政治指針公報第一号は最近のストライキの背景を解説していた。このなかで、モックは、国民の大多数が真の貧窮に瀕しており、共産党はそれを最大限に活用していると警告した。したがって民政当局は、翌年、おそらく二月半ばから三月半ばにかけて、新たな混乱を予想しておかなければならない。その時期に食糧と石炭がもっとも不足するからだ（実際には、次の深刻な不穏状態の波が訪れたのは六月である）。

モックは、パリ警視庁と共和国機動隊から共産主義者を排除するという前任者の計画実行を急いだ。この措置は大きな成功をおさめたので、バランスが完全に逆転するほどだった。一九四八年夏には、首都の警官二万三〇〇〇名のうち、一万九〇〇〇名が反共主義者だったと考えられている。一方、内務省は、全国で共和国機動隊の配置を変更し、主要な危険地帯——北部の炭鉱と東部のより広域にわたる工業地帯——の近くにより手厚く展開させた。モックはまた、憲兵隊から新たな共和国衛兵部隊を結成するよう戦争省に要請した。危険な地方では、軍には治安のための常設の予備隊として、歩兵大隊が割当てられる。

モックは、軍管轄区の指揮官が統率を執るという考えを許せなかった。「戒厳令の宣言にしばしば伴われる心理的政治的不利益」[20]は避けたいと発言したが、また市民の不穏を抑えるのに戦争省はもちろんのこと、ほかのだれも信じてはいなかった。モックもロベール・シューマンも、生活水準の真の改善だけが共産党の力を減少させ、それはマーシャル・プランに依存しているという事実から決して目を逸らせなかった。

第27章 サン=ジェルマン=デ=プレ沸騰

　パリのバー、ビストロ、カフェは長いあいだ知識人の保育器の役割を果たしてきたが、戦後のサン=ジェルマン=デ=プレにおいてほど、それが顕著だったことはない。思想の交雑がこれ以上ないほど刺激的で重要に見えた時期、すべての芸術が新たな出発点に立っているように見えた時期に、たぐいまれなる才能が勢ぞろいし、パリの広さ二平方キロメートルのなかでひとつに交わった。これは、人びとが朝から夜遅くまで出会い、語り、論じ、執筆のできる場所がなければ起こりえないことだった。

　思想は新しかった。だが、カフェはおなじみの安心できる舞台だった。床が木だろうとタイルだろうと、小さなテーブルにおかれた三角形の灰皿が食前酒のビルを宣伝しようとデュボネを宣伝しようと、最新の芝居や展覧会のポスターがドアに鋲でとめてあろうと、黄ばみかけたレースのカーテンにピンでとめてあろうと、においはいつも同じ。暖かくて社交的、よく洗っていない身体、伍長印のタバコの煙、そして安ワインが何年もかけて作りあげてきたにおいだった。なじみのカフェに足を踏み入れるのは、故郷の家に帰るようなものだった。

　サン=ジェルマンのカフェ生活にはいくつかのしきたりがあった。サルトルはこう記している。「店のなかにはいる。全員顔見知りだと気づく。ひとりひとりが隣席の客の私生活を隅から隅まで知っている。だが、わざわざ『ボンジュール』と言ったりはしない。もしよそで出会ったのなら、すぐに挨拶するのだが[1]」

一九四四年に有名になった結果、仕事を邪魔されるのがあまりにも煩わしくなる前、サルトルは《カフェ・フロール》で午前と午後、三時間ずつ仕事をした。朝の仕事は、ポケットを本と原稿用紙で膨らませて、勢いよくドアをはいるところから始まった。お気に入りの隅までテーブルのあいだを縫うように進み、腰をおろし、原稿を広げながらコニャックを二杯がぶりとやり、そして執筆を開始する。《フロール》の店主ポール・ブバルは、最初、得意客の正体をまったく知らなかった。客はよく茶色の髪の女性を連れ、その女性もカフェの同じ隅、だが別のテーブルで物を書いていた。ふたりは正午に店を出るが、昼食後にもどってきて、閉店まで二階で仕事をした。

ある日、ムッシュー・サルトルに電話がかかってきた。ブバルにはサルトルという名の個人的な友人がいたので、電話の相手に店にはいませんよと告げた。だが相手は必ずいるはずだと言い張った。そこで、ブバルはサルトルの名前を呼んだ――パイプをくわえ、度の強い眼鏡をかけた小柄な男が立ちあがった。「その瞬間から、サルトルは私の友だちになった。私たちはよく午前中におしゃべりをした。その後、電話の数がどんどん増えたので、私は一本をサルトル専用にするのがよかろうと考えた[2]」

「サルトル一家」と「プレヴェール一味」は《フロール》と《ドゥ・マゴ》の両方をひいきにした。《ドゥ・マゴ》の最盛期は両大戦間で――ヴェルコールによれば――有名な芸術家、政治家、文人でいっぱいだったので、席を見つけるのはほとんど不可能。なにしろ若い弟子たちが椅子をもってきて、小さなテーブルを二重三重に取り囲み、偉大な人物の会話に注意深く耳を傾けていたからだ。しかし、一九三〇年代末、《フロール》もあっと驚くような常連グループを集め始め、そのなかには「プレヴェール一味」だけでなく、アンドレ・ブルトン、ピカソ、ジャコメッティもいた。午後が終わるころ、人びとは名残の陽光が楽しめる《ドゥ・マゴ》に移動した。

共産主義者はサン=ブノワ街のマルグリット・デュラスのアパルトマンにいるのでなければ、サン=ジェルマン広場北側の《ボナパルト》をひいきにし、一方、ミュージシャンは《ドウ・マゴ》の向かい、サン=ジェルマン大通り南側の《ロワイヤル・サン=ジェルマン》に引き寄せられる傾向があった。夜には別の種類の店、《リュムリー・マルティニケーズ》《バー・ヴェール》、ホテル《モンタナ》のバーが本領を発揮した。

カフェ・ライフの中心点は《ドゥ・マゴ》と、何度も再建された古いサン=ジェルマン=デ=プレ大修道院のあいだの広場だった。「カルティエ〔地区〕」の境界線は、東はサン=ミシェル大通り、西はサン=ペール街、北はセーヌ河岸、南はヴォジラール街と、明確に引かれていた。四方八方に傾いた背の高い家々のあいだを緩やかに傾斜する狭い通りはまだ石畳で、屋根、化粧漆喰、煉瓦、石畳、鎧戸、塗装が、鉛色から煤色まであらゆる灰色の色調を見せていた。ときどき馬車門の大扉が開き、二、三本の灌木とゼラニウムの鉢がある中庭がちらりとのぞく。そうでなければ唯一の緑は広い大通りのプラタナスの葉だけだった。

アパルトマンに住むのはブルジョワと考えられていたので、若い知識人は荒れ果てたホテルで暮らし、それは根をもたない実存主義者の非物質的性格を象徴するようになった。セーヌ街の《ルイジアンヌ》、サン=ブノワ街の《モンタナ》《クリスタル》、モンタランベール街の《ポン=ロワイヤル》、ジャック・コポー広場の《マディゾン》、どれも安く、せいぜいがベッドと洗面器を提供するぐらいだった。デスクのうしろに不機嫌な顔ですわるコンシエルジュ——たいていはオーナー夫人——は、とくに宿代の支払いが滞っているときには、恐れ、懐柔すべき人物だった。ジュリエット・グレコは《ルイジアンヌ》の女将を恐れるあまり、部屋の鍵や自分宛の郵便をくださいとさえ頼みかねるほどだった。だが、こういった小さなホテルは陽気で家庭的、大学の学生寮の雰囲気があった。

ほとんどのホテルで室内では料理厳禁だったので、サン=ジェルマン・ライフではビストロが重要だった。《シェラミ》《カタラン》《プティ・サン=ブノワ》《レ・ザササン》《レスキュラプ》。客どうしみんな、知り合いだった――よく知っているのではないとしても、通りで「ボンジュール、調子はどう?」と言いかわしたり、レーモン・クノーの『文体練習』からの質問を交換したりするくらいには知っていた。このクノーの小さな傑作は、言葉の万能性をみごとに示すと同時に、クノーのもっとも愉快で読みやすい作品となっている。

寒さと金欠にもかかわらず、《テアトル・ド・ラ・ポッシュ》や《ヴュー=コロンビエ》《ユシェット》《ノクタンビュル》のようなサン=ジェルマンの小劇場はどこも繁盛していた。演目は「反演劇」「不条理劇」「革命劇」「思想劇」――「演劇というよりは思想」と批評家のジャン=ジャック・ゴーティエはぼやいた。戦後の演劇界でもっとも独創的で想像力豊かな劇作家のひとりはジャック・オディベルティである。オディベルティの戯曲はその言葉の豊饒性で注目され、それは日常に根ざしながら音楽的であるという芸当を演じている。

こうした小規模の公演は力を合わせて実現された。役者はまた道具係でもあり、衣装係でもあった。芝居小屋を掃除し、舞台装置にペンキを塗った。ときには角を曲がったところの便利屋が頼みを聞いて、薄っぺらなセットを急ごしらえしたり、一時しのぎのスポットライトを作ってくれることもあった。観客はと言えば、役者と同じボヘミアン生活を送る人たち。友人に喝采を送ったり、だれもが話題にする最新作を観るためなら、どうにかして数フランを工面してくる。

サン=ジェルマンの若者たちはコーヒー、サンドイッチ、タバコ、安ワイン、友だちからの少額の借金に頼って暮らしていた。男性はアメリカ風の格子縞のシャツ、クルーカット、スニーカーで見分けがついた。一九四〇年代半ば、目につく特徴はタータンチェックだった。解放に続く寒い冬、カナディエンヌ――木こりのためにデザインされたフェルトのジャケット――には暖かくて、しかもプロレタリアらしく見えるという二重の利点があった。女の子たちはもはや髪の毛を額の上に高く結いあげたりはせず、前髪を垂らすのが流行で、残りはそのまま長くのばしたままにした。ハイネックのぴったりしたトップスとセーター、短い黒のスカート、バレエシューズが身だしなみを完璧にした。一九四六年以降、男女の双方で黒がしだいに流行になっていった。

一九四〇年代末の若者を象徴する顔と声は、ジュリエット・グレコという名の経験の浅い女優のそれだった。父親はモンプリエの警視、母親はラーフェンスブリュック強制収容所でほとんど命を落としかけた。サン＝ジェルマンにやってきたのは一九四三年。一時、共産党の青年組織に所属し、党紙を売っていたが、その後、それに愛想をつかす。四年間で俳優としてのキャリアに進歩はなかったが、やがて堕落したパリの若者の船首像として悪名を馳せるようになる。それでも相変わらず無垢で世間知らずの性格をとどめ、それが魅力の一部を成していた。クリスティアン・ベラールは、足首まわりをミンクで縁どったタータンチェックのスラックスをデザインしてやったが、グレコはミンクってなに、と尋ねた。

グレコはモーリス・メルロ＝ポンティを介して、「サルトル一家」に導き入れられた。メルロ＝ポンティはもの静かでとても魅力的な男で、ボリス・ヴィアンは「女性をダンスに誘うただひとりの哲学者」だと評した。行きつけの店で支払ができるときまで、ウエイターがメルロ＝ポンティの銀のライターを預かるのを、グレコは愉快に思った。ある日、ブロメ街の《バル・ネーグル》で、メルロ＝ポンティはグレコをサルトルとボーヴォワールに引き合わせた。サルトルはとても近づきやすく思えた。「サルトルはふざけるのが大好きで、若者と気軽に話し」、どんな質問にも答えた。ボーヴォワールのほうは「より難しそうなようす[3]」だった。サルトルとボーヴォワールのテーブルには、黒いベルベットの服を着たアンヌ＝マリ・カザリスという名前の赤毛の娘もすわっていた。

カザリスは詩人だった。またタフで野心的。ボリス・ヴィアンは「カザリスの笑い方、いたずらっぽい表情、ちょっと頑固だけれどいつも悪魔的」なところから、ヤギを連想した。ボーヴォワールはカザリスを深い疑いの目で見て、「ゴシップを無作法の極みまで推し進める[4]」と評した。カザリスはグレコを自分の羽根の下に入れてやったが、そのグレコはカザリスを「創意に富んだアイディアと風変わりな想像力に満ちているがマキャベリ的[5]」と描いている。二人の若い娘はすぐにホテル《ルイジアンヌ》の一室で同居を始め、「サン＝ジェルマン＝デ＝プレのミューズ」として知られるようになった。グレコは当時の生活を「それは夜の時代、だが光に満ちた時代だった[6]」と語っている。

パリで最高のジャズを演奏したのはクロード・リュテールのバンドだった。このバンドは「レ・ロリアンテ」と呼ばれ、ホテル《デ・カルム》の同名の地下室で演奏した。占領中に非合法の「びっくりパーティ」で演奏を始め、一九四六年六月に熱心なアマチュアに毛が生えた程度のバンドとして、ホテル《デ・カルム》に登場。夕方五時から七時までしか演奏しなかった。

リュテールとそのバンドは有名になったあとも、相変わらず友人たちの開くパーティで演奏を続けた。たとえば一九四七年二月、ボーヴォワールがアメリカから帰国したのを祝ったパーティ。それはミシェル・レリスとサルトルが好んで「フィエスタ」と呼んだものだった。ボリス・ヴィアンがバーを引き受け、地獄のようなアルコールのごちゃまぜを出した。おそらくその結果としてジャコメッティは眠りこみ、開催者が後片づけをしているとき、だれかがピアノのなかにガラスの義眼を見つけた。

ヴィアンはおそらく若いジェルマノプラタン〔サン＝ジェルマン＝デ＝プレ人〕のなかで、もっとも才能に恵まれていた。

エンジニアの教育を受け、また著述家、小説家、詩人、カーマニア、ジャズのトランペッターであり、その作品――音楽と文学の両方で――はサルトル、プレヴェール、クノーから絶賛された。一九四六年から四七年にかけては、ヴィアンが八面六臂の活躍をした時期のひとつである。クロード・アバディのジャズ・バンドでトランペットを吹くのに加えて、『ジャズ・ホット』誌にコラムを連載。そこでは音楽についてだけでなく、無知、不公正、人種差別、戦争の恐ろしさについても書いた。ヴィアンはインテリではなく（ハイデガーとはオーストリア製トラクターの新ブランド名だと言い張った）、だがサルトルは一目でヴィアンを「社会参加の作家」と認め、ヴィアンは、『レ・タン・モデルヌ』誌に短期間、「嘘つきのクロニクル」というタイトルでコラムを連載した。ふたりの友情は、サルトルがヴィアンの妻ミシェルと長く続くことになる関係を始めたときに――そのころまでに、ヴィアンの結婚は破綻していたのだが――気まずくなる。

ヴィアン第三作目の小説で、もっとも大騒ぎを巻き起こした『墓に唾をかけろ』は、一九四六年一一月にヴァーノン・サリヴァン名義で出版された。サリヴァンは若いアメリカ人作家と思われ、ヴィアンはその著作を翻訳しただけということになっていた。一五日間で書かれたこの小説は、白人種に対する黒人のエロチックな復讐についての過激で、怒りに満ちた偶像破壊的な作品である。仕上げは殺人とあからさまなセックス・シーン。新聞雑誌は憤慨し、本はベストセラーになり、ヴィアンはできるかぎり長く匿名を守った。だが、一九四七年四月、本を糾弾するキャンペーンが本格化した。ある男が『墓に唾をかけろ』をまねた状況下で愛人を殺害し、おまけに問題の頁を開いて本を現場に残し、自分にピストルを向けた。殺人場面には線が引いてあった。ヴィアンは最終的に作者であることを認めざるをえず、一〇〇万フランの罰金を科せられ、本は発禁処分になった。

深夜のサン゠ジェルマン゠デ゠プレは、カフェ以外に行き場所がなかった。グレコとカザリスは、閉店時間の午前一時ごろまでジャコブ街の《バー・ヴェール》で友人たちとたむろし、そのあと歩き去る前に、数人で店の外で足踏みをしながら最後のタバコを一本吸ったものだった。《バー・ヴェール》よりも遅くまで開いている店は一軒しかなかった。ドフィーヌ街の小さなカフェ《タブー》。早朝までコーヒーとクロワッサンを出し、一九四六年にはだんだんと、不眠症患者と夢遊病者の天国になっていった。そのなかには、カザリス、サルトル、カミュ、メルロ゠ポンティ、映画監督のアレクサンドル・アストリュックらがいる。

《バー・ヴェール》のベルナール・リュカは《タブー》のオーナーたちを説得し、地下室を借りた。それは奥行き一五メートル、幅八メートルのトンネル型の部屋で、むき出しの煉瓦の壁が曲線を描きながら、低いアーチ型の天井に続いていた。リュカはバーを設置し、調律の悪いピアノと蓄音機、テーブル二、三台と椅子をおいた。地下室は、上のカフェと同様に《タブー》と名づけられた。《タブー》を人気の店にし、バーの面倒を見る仕事はグレコ、カザリス、マルク・ドエルニッツに任された。ドエルニッツはじっとしていない赤毛の青年俳優、飽くなきパーティ・マニアで、家族はよいコネをもち、そのおかげでセーヌ川右岸でも左岸でも、同じようにわが家然としていられた。

リュカはよい選択をした。どんな人間集団のなかにも、どういうわけかその精神を体現する構成員の作る小さな核が存在する。ドエルニッツ、グレコ、カザリスはサン゠ジェルマン・ライフの中心にいて、それを自覚していた。《タブー》は一九四七年四月一七日にオープン。二晩か三晩のうちに、自然発生的なジャム・セッションと荒っぽいダンスとで、興奮のるつぼと化す。ときにはボリス・ヴィアンがトランペットを吹いた。いまではヴィアンが『墓に唾をかけろ』の著者であることは知られており、それが《タブー》にいっそう破壊的なオーラをあたえた。汗まみれの興奮したカップルでいっぱいになり、タバコの煙が重く立ちこめて、《タブー》は瞬く間にサン＝ジェルマンで真夜中を過ぎたあといるべき唯一の場所になった。「ジェルマノプラタン生活の組織の一部であることは、人びとにとても満足のできる優越感をあたえた」(7)とドエルニッツは書いた。

オープンから一か月も経たないうちに、カザリスが売りこんだ記事が発表された。記事はパリ全市に衝撃をあたえ、《タブー》とその常連に目を引くことになった。この写真入りの特集記事は一九四七年五月三日に「これがサン＝ジェルマン穴居人の生活だ」(8)というタイトルで『サムディ＝ソワール』誌に掲載された。中央の写真には、炎の灯る蠟燭を掲げる乱れ髪の青年（ロジェ・ヴァディム）と黒髪を蜘蛛の巣だらけにしたスラックス姿の若い女性（ジュリエット・グレコ）が写り、「二人の貧しい実存主義者」とキャプションがついていた。記者のロベール・ジャックは、これらの「実存主義」青年は夜は地下室で暮らし、昼は大家の女将さんにいっぱい食わせると書いた。「核爆弾——全員が悪意をもって望んでいるのだが——がパリに落ちるのを待ちながら、地下室で酒を飲み、踊り、愛することで人生を無駄にする」

実際にそうは書かなかったが、『サムディ＝ソワール』はなんの苦労もなく、実存主義者は元気いっぱいのダンス、黒い服、貧しいライフスタイルだけでなく、抑制のないセックスに耽っているとほのめかして見せた。だが若いジェルマノプラタンのほとんどは、驚くほど清らかな生活を送っていた。サルトルのような救いがたい女たらしは、たしかにそう考えていたようである。サルトルはジルバについて「陽気であると同時に健康的な荒っぽい体操の一種で、若者たちの肉体には最大の効果をあたえ、そのあとはあまりにも疲れてしまうので、淫らなことは考えない」(9)と言った。しかし、おそらくサルトルはサン＝ジェルマン現象全体を控え目に見せようとしていたのかもしれない。報道機関は責任はサルトルにあると考えているようだった。サルトルは青少年の犯罪を引き起こし、自殺をそそのかしていると非難された。サルトルに対する攻撃はあまりにも痛烈になったので、『コンバ』紙は皮肉な見出しの記事を掲載した。「サルトルを火あぶりにすべきか？」

サルトルとその取り巻きが抗議したのは、『サムディ゠ソワール』の記事が「実存主義者」という言葉を使ったことだった。「実存主義者」という用語は哲学的思考の本体を意味することから、突然、ジャズづけのビーバッパーを指す総称になった。ひとつにはサルトルの若い友人たちのせいでもある。『サムディ゠ソワール』に自分たちをどう名づけるかと尋ねられたとき、青年たちは「実存主義者」だと答えた。

『サムディ゠ソワール』の記事の直接的な効果は、《タブー》とそのエキゾチックな常連を観光客の呼び物にしたことだ。《タブー》はさらにいっそう激しい狂乱のるつぼと化し、蓄音機はバンドで置き換えられ、物見高い人、流行を追う人たちが「実存主義者」を見るために、人混みをかきわけて狭い階段を降りていった。ビキニ姿の娘たちが「ミス・タブー」の称号を競い合ったある特別な一夜のあと、観光客は甘美な衝撃を受けて家に帰った。

フランス共産党は実存主義の影響を、フランスの青年層に党自身がおよぼす影響力にとって最大の脅威と見なした。モーリス・トレーズは実存主義者の著述を「腐ったブルジョワジーの表現」と糾弾。サン゠ジェルマン゠デ゠プレの反抗的な似非実存主義者を共産主義者と考える部外者がいたら、真のスターリン主義者を苦笑させることになっただろう。厳格な純粋主義者の共産党員は、若者は堕落したアメリカの輸入品ではなく、『戦艦ポチョムキン』を観るべきだと感じた。モスクワ宛の報告書は、パリの若者たちがアメリカ的生活の多くの様相に心を奪われていることに対し、真の失望と怒りとを表明している。《タブー》を訪れたという二名のソ連人ジャーナリストは、そのあと『リテラトゥルナイア・ガゼタ』に、「これらの貧困に苦しむ若者たちはみすぼらしい暮らしをし、酒をおごってくれとねだる。それはもっとも俗悪な性生活を楽しんでいる若者たちである」[10]と書いた。
《タブー》の落下速度はその急上昇と釣り合いがとれていた。当局に対して、騒音や迷惑行為を訴える苦情が増加した。クラブは一二時閉店を余儀なくされ、すぐにジェルマノプラタンよりも観光客を集めるようになる。《タブー》の最盛期は一年も続かなかった。だがその影響は広がった。《タブー》をまねたクラブが、南西部のトゥールーズからアルデンヌのシャルルヴィルまで、フランス全土のあちこちに出現した。

パリでは間もなく他のクラブが開店し、《タブー》にとって代わった。マルク・ドエルニッツは、ヴュー゠コロンビエ座の地下室を改装して、《ヴュー゠コロンビエ》を立ちあげるように依頼された。一九四八年六月には、クラブ《サン゠ジェルマン》がオープン。ボリス・ヴィアンがマルク・ドエルニッツに加わって、クラブ《サン゠ジェルマン》を最新のアトラクションにした。パリを通過する偉大なジャズマン――デューク・エリントン、チャーリー・パーカー、マイルス・デイヴィスも含めて――はみんな、ヴィアンのゲストとして《サン゠ジェルマン》を訪れた。

一九四八年夏には、観光客のサン゠ジェルマン侵略は間違いなく確実に進行中だった。物見高い連中が《カフェ・フロール》にきて、ムッシュー・サルトル（はるか以前にホテル《ポン゠ロワイヤル》のバーに逃げ出していた）のテーブルを見せてくれと言った。ジャネット・フラナーは店を「似合わない青いデニムのパンツ姿のかわいらしい田舎娘とその中西部出身のボーイフレンドのためのドラッグストア。ボーイフレンドのほとんどは大急ぎでボザール〔国立高等美術学校〕風の髭を伸ばす」[11]と描写した。

その秋、セーヌ左岸と右岸は新しい冒険、バレエ『ラ・ランコントル』のなかで出会うことになる。このバレエはシャン゠ゼリゼ劇場を満員にして始まった。オイディプスとスフィンクスの物語を題材に、振りつけはリシーン、音楽はアンリ・ソゲ、プログラム解説はサルトルだった。舞台装置はぼんやりとした巨大なサーカスで、翌年初めの死の前にベラールが完成した最後の装置のひとつだった。空中ブランコ下の高い台にすわるスフィンクスを踊ったのは、黒いレオタードを着た一七歳のレスリー・キャロン。この舞台がキャロンの芸歴の始まりとなる。

もうひとつ、ギリシア悲劇を現代に移しかえようと試みたのは、『オデュッセウス、あるいは悪しき出会い』というタイトルの映画である。これは一九四八年の寒い霧模様の日々にヴュー＝コロンビエ座で撮影され、アレクサンドル・アストリュックの協力者のリストは、成功をおさめた人びとが、それがもの珍しい、あるいはおもしろいという理由だけでよろこんで冒険に身を投じた時代へのトリビュートである。ジャン・コクトーがホメロスを演じ、マルク・ドエルニッツのオデュッセウスに対してシモーヌ・シニョレがペネロペ、ジュリエット・グレコはキルケだった。ジャン・ジュネはキュクロプスのはずだったが、出演を取りやめたので、アストリュックは自分で演じなければならなかった。リハーサルはなし。「なにが進行中かを理解しているのは、アストリュックただひとりだった」[12]

グレコはまだプロとして歌ってはおらず、相変わらず自分を女優だと思っていた。だが、アンヌ＝マリ・カザリスはグレコは歌うべきだと強く信じていて、ある晩、夕食後に歩いて帰る途中、サルトルにそう言った。サルトルは笑って言った。「ジュリエットが歌いたいのなら、歌うべきだね」

グレコはふたりの前を歩いていたが、この会話にいらだち、肩越しに歌手になるつもりはないと言った。サルトルが理由を尋ねた。グレコは答えた。「歌い方は知らないし、ラジオで聴くような歌は嫌いだから」

「そういうのが嫌いなら、じゃあ、どういうのが好きなんだ?」

グレコはアニエス・カプリとイヴ・モンタンの名前をあげた。サルトルが決定的な最後のひとことを言った。「あしたの朝、九時にきなさい」[13]

翌朝、グレコがボナパルト街に到着したとき、サルトルはグレコのために詩集をひと山、選んできていた。グレコが選んだ詩のなかには、クノーの『よく知られた話』とジュール・ラフォルグの『永遠の女性』があった。サルトルはまたグレコに戯曲『出口なし』のために書いた詩もあたえ、ユニヴェルシテ街に住む作曲家ジョゼフ・コスマを訪ねるように言った。コスマはクノーの詩（『そのつもりでいても』と改題された）とサルトルの詩『ブラン・マントー通り』に曲をつけた。やはりコスマが曲をつけたプレヴェールの『枯葉』を加えて、これらはジュリエット・グレコの名をいまだに記憶にとどめているシャンソンの一部となる。

だいたい同じころ、マルク・ドエルニッツは両大戦間でもっとも有名だったパリのキャバレ《屋根の上の雄牛》の再建を依頼された。占領、サン＝ジェルマンの勃興、店の創設者ルイ・モイゼスの死は、この店をほとんど閉店同様にしていた。

ドエルニッツはダンサーと歌手、トロンボーン奏者を雇った。だが、必要なのはスターだった。エディット・ピアフやイヴ・モンタン、シャルル・トレネを雇う資金はない。だからドエルニッツは思い切って自分でスターを作ってみることにした。ジュリエット・グレコである。グレコは、美声のほかにも多くの長所をもっていた。大衆紙に何度も特集されていたので、街角で呼び止められてサインを求められるほどだったし、自分では自覚のないままに、ある種の磁力をもっていた――おそらくドエルニッツがもっとも頼りにしていたのはこれである。

皮肉なのは、グレコが歌手として成功したのがサン＝ジェルマン＝デ＝プレではなく、右岸のシャンゼリゼをはいったコリゼ街だったことだ。リハーサルには数日しかなく、最初の晩の緊張は、サン＝ジェルマンの名士がセーヌ川を渡り、そのデビューに喝采を送りにきたという事実によってかぎりなく強まった。次の晩が本当のテストだった。聴衆はすべて右岸の人間だったからだ。ジュリエット・グレコは、女性エンターテイナーのあるべき衣装についての慣習的な考え方にはまったく譲歩しなかった。黒いスラックスをはき、裸足の足に金色のサンダルを引っかけた。羽根のついた小さな帽子をかぶった聴衆のご婦人たちは、失礼だと感じた。「あんな服装で人前に出るなんて、なんて不作法なんでしょう」。だが、そんなご婦人たちも魅了され、「そのつもりでいても」と口ずさみながら、夜のなかに歩み出ていった。

一部の人にとって、グレコの右岸への移動は背信に見えた。事実、グレコは右岸に長くとどまってはいなかった。数週間後にはクロード・リュテールのバンドとともに南仏にいた。一九四九年末、サン＝ジェルマン＝デ＝プレの最盛期は終わっていた。だが、パーティは記憶に残った。ジャック・プレヴェールは指摘した。「パリである『カルティエ』を立ちあげるのには、おそらく戦争が必要なのだろう」

第28章 奇妙な三角形

一九四八年は冷戦のあいだでもっとも危険な年であり、またドラマチックな年だった。現在、ソビエトの力が突然崩壊したあとでは、人びとが新たな世界大戦と再度の、今回は赤軍による占領に対して感じた恐れを想像するのが、しだいに難しくなっている。一九四八年、事態は多くの人びとにとって、マルクス゠レーニン主義者の歴史的必然性の主張が難攻不落と思えてくるような形で、展開の速度を速めていった。

一九四六年、ナンシー・ミットフォードは人びとに宝石を安全な場所に預けて、フランスを出るように忠告したウィンザー公夫妻を笑いものにしたかもしれない。だが、一九四八年三月には、イヴリン・ウォーに宛ててまったく違った気分の手紙を書いている。ナンシーは、ロシア人がいますぐにでも侵略してくると思いこんでいた。「ロシア人に対して腹を立てることはできず、ただ単に脅えています。ときには夜中に冷や汗をかいて目を覚まします。有難いことに、子どもがいないから、薬を飲んでさよならと言うことができます(1)」

ストライキ崩壊のあと、フランス共産党はふたたび地下に潜る準備をした。炭坑労働者の若き指導者オギュスト・ルクールは、レジスタンス中、共産党員の安全を確保するために冷酷非情な手段を駆使して効果をあげたが、ポーランドのシュラルスカ・ポレーバにおけるコミンフォルム会議後に指示されて以来、時間を無駄にはしていなかった。

主な港の共産党系港湾労働者には、ヨーロッパの米軍に軍需物資を運ぶ船上で、仕事を妨害する任務があたえられた。どちらの側でも諜報活動が地下戦争の鍵だったので、情報提供者網が、多くは戦時中のグループを元にして再構築された。郵便局員組合に属する共産党員は、重要人物宛の書簡抜きとりを計画した。もっとも役立つスパイは、諜報機関、とくに総合情報局内の隠れ党員と内務省の下級官僚だった。

二月二〇日のプラハにおける政変は、西側において、冷戦が本当に開始されたという明白なサインの役を果たした。外交官エルヴェ・アルファンは、共産党によるチェコスロヴァキア乗っとりを、荒っぽさに少々欠けるだけで、一九三九年三月のヒトラーによるそれと同じだと見なした。チェコ政府内の民主主義者は、おそらくは現実性はなかったと思われる手を打ったが、その打ち方はひどくまずかった。民主主義者は、共産党系の内務大臣に抗議して辞表を提出。そうすれば、ベネシュ大統領は、内相を共産党系の首相クレメント・ゴットワルトもろとも罷免せざるをえなくなるだろうと考えた。だが、ソ連指揮下の共産党はこの好機をやすやすととらえた。共産党の大集会は内戦の恐れを助長して、ベネシュは降参。ゴットワルトに共産党員と共産党シンパで構成される新内閣の組閣を許した。非共産党員のヤン・マサリク外相はその直後、チェルニン宮殿の窓から落下して死亡した。この悲劇はおそらく絶望と、共産党からかけられた耐えがたい圧力による自殺だが、パリでは多くの人びとが、ジャン＝ルイ・バローの演出によりマリニー劇場で上演されていたカフカの『審判』との偶然の一致に慄然とした。

二月二三日、プラハにおける政変の三日後、ドイツの将来を話し合うロンドン会議が召集された。エルヴェ・アルファンとクーヴ・ド・ミュルヴィルがパリからゴールデンアロー号に乗車。シベリア顔負けの天気――身を切る風と吹雪――が時代を象徴するように思えた。《クラリッジ》に到着してほっとしたのも束の間、フランスと同様イギリスでも石炭が不足していることを知る。

プラハの政変は西ヨーロッパにひとつ、肯定的な結果をもたらした。それはワシントンに衝撃をあたえ、マーシャル・プランの遂行をさらなる言い逃れから救った。議会は法案を、議会らしくもないスピードで可決した。政変はまた、ヨーロッパ各国政府の心をひとつにした。三月一七日、フランス、イギリス、ベルギー、オランダ、ルクセンブルクのあいだでブリュッセル条約が締結される。トルーマンは同日、議会に対し完全なる支援を宣言。これは一年後に大西洋条約へと発展、北大西洋条約機構の基礎となる。ほとんどのヨーロッパの指導者がいまや、自分自身が生き延びるためには「アメリカをヨーロッパに関与させなければならない[2]」ことを認めていた。

フランスでは、共産党が戦略の問題に直面していた。党は攻撃の手を政府とドゴールのどちらに集中すべきかで迷っていた。クレムリンの指示にしたがって、政府をアメリカを新たな占領軍とする第二のヴィシーと呼びながらも、本能的にはドゴールのほうがいっそう恐かった。ジャック・デュクロは「独裁の確立を目指すドゴールの非合法かつファシスト的準軍備組織の解散[3]」を要求した。

共産主義者の大集団がRPFの集会を妨害にきた。レーモン・アロンが学生たちの怒鳴り声で黙らされたあと、マルローははるかに大規模な集会を組織。だが、今回はボランティアのRPF警備係の大部隊が、「われわれには秩序の尊重を課し、われわれの集会を望みの時と場所で開催できる力がある[4]」ことを示した。

ドゴールは、一一月に共産党から共和国を守るに際してシューマンとモックが果たした役割を、相変わらず認めることができずにいて、RPFが共産党の権力掌握を阻止できる唯一の力であるかのように振る舞った。しかし、アメリカ大使館は政府の断固たる態度に感銘を受け続けていた。カフェリーは、シューマンとモックが「共産党が新たな攻撃を仕かけた場合、共産党を非合法化し、逮捕できる指導者はすべて逮捕することを注意深く検討している」(5)と報告した。

四月には人騒がせな噂が流布し続け、リヨン地域に武器が落下傘投下されたという話もあった。ある者は共産主義者、ある者は右翼、またある者はシオニストのスパイを考えた。だが、いまではアメリカ側はフランスの崩壊はないと確信していた。翌年中に結果を出すためには、マーシャル・プランを開始しなければならない。

ドゴール派は各県知事に、共産党に対していかなる行動もとりうる「襲撃部隊」の提供を申し出た。しかし、知事側には、もし受け容れれば、内務大臣とごたごたになることがわかっていた。政府はジェファーソン・カフェリーに、ドゴールとはいかなる会見もおこなわないよう申し入れさえした。大使は同感し、ワシントンと協議したあと、ド・ベヌヴィル将軍経由でメッセージを伝えた。ドゴール将軍には警告があたえられた。シューマン内閣を転覆させせようとするいかなる試みも、「祖国の生命を握る利益に対して、自らの野心を優先させる証拠」(6)と見なされるだろう。

メッセージは受けとられ、理解された。カフェリーの政治顧問リッジウェイ・ナイトはパッシー大佐と個人的に会見し、パッシーから確約を得た。ドゴールが非合法的に権力を掌握するのはソ連の侵略か、時の政府がソ連の最後通牒に屈した場合のみである。

パッシーはまたナイトに、性急な連中はRPFを離れ、極右の準軍備集団に加わりつつあると信じこませようとしたが、ナイトはパッシーが思っている以上によく情報を得ていた。この種の党員が流出を始めているという主張には事実の根拠はあったものの、ナイトはパリのドゴール派警備隊白系ロシア人参謀チェンケリ大佐を知っており、大佐からドゴール派が頼れる極右集団すべてについて話を聞いていた。

ドゴールの演説はしだいに外交政策に集中するようになった。そして一九四八年春において、外交政策とはドイツを意味した。三月七日、コンピエーニュのRPF集会における演説ではふたたび、ドイツは独立した国家に分割されるべきだと主張した。帝国が再創造されることがあってはならない。しかし、二週間も経たないうちに、ドイツでの事態がドゴールを追い抜き始める。

三月一九日、フランス、イギリス、オランダ、ベルギー、ルクセンブルクがブリュッセル条約に署名した四八時間後、ドイツにおけるソ連軍司令官ソコロフスキ元帥がベルリンの連合軍管理理事会から歩み去った。このジェスチャーは戦時協力体制の終焉を告げていた。

一方、ロベール・シューマンはフランス外相ビドーが、ドイツについての英米の見方にどんどんと同調していくのを不安に思った。ビドーは去る一〇月にチャーチルから、和解が避けがたいことを認めるよう勧められていた。

たとえ多くの閣僚がビドーをアングロ゠アメリカン特急に連結された車輌と見なしたとしても、フランス政府内では、たしかにジョルジュ・ビドーが変化への駆動力だった。ドイツに関するロンドン合意は、六月一六日の討議のあと、過半数をわずか一四票上まわって批准された。もっとも断固として反対した一方の側は共産党、もう一方の側はドゴールとその追随者だった。ドゴールは六月一〇日のラジオ放送で、ロンドン合意が「フランクフルトにおける帝国の結成」を含み、なにものも「この状況下では、全体主義国家の出現を阻止」[7]はできないと主張した。

多数の高官が、最終的にはドゴールの見解が優勢を占めるだろうと確信していた。シューマン内閣は明らかに倒れようとしており、外務省の欧州局長は、一、二か月以内にドゴールが権力を握ると予測した。

予測の一部は正しかった。ロンドン会議におけるビドーの署名はシューマン内閣失脚を導き、それは七月一九日に起きた。だが、それに続く政治危機さえも、ドゴールを権力の座にはつけなかった。政府が次から次へとふらふらと立ちあがっては、また倒れた。九月一一日にいたるまで、フランスには安定した政府が存在しなかった。ヨーロッパが戦争の縁にあるときに、ロベール・シューマンは、空しい論争——最悪の無礼者は社会党内にいた——に唖然とした。

ベルリンでは、六月二三日、英米占領地域における新通貨——ドイツ・マルク——の導入に応えて、赤軍がただちに市を封鎖した。ソコロフスキ元帥は、連合軍政府は存在を停止したと告げた。アメリカ軍司令官ルーシャス・D・クレイ将軍は、国務省内では「皇帝」と呼ばれ、専制的ですぐに興奮しがちだったが、市への回廊地帯をふたたび通行可能とするために、ソ連占領地域に軍を進めたがった。幸いトルーマンが将軍の請願を退け、代わりに空輸を決定した。六月二九日、英米の空軍がテンペルホフ空港に向けて空路、輸送を開始。平均八分に一機、貨物機が着陸した。

ふたたび噂が喧《かまびす》しくなった。ベルリンにいたアメリカ人外交官や軍人は、パリを訪れているあいだに「カスター中佐最後の抵抗〔一八七六年、リトルビッグホーンの戦いで全滅した〕」の話をした。ソ連大使のボゴモロフはあからさまな脅迫に出た。「きみたちはきわめてまずい政策を追っている」とある記者に言った。「たいして時間の経たないうち、年内にもそれを後悔することになるだろう[8]」

フランスは昨年秋を思い出させるような混乱状態にもどりつつあった。六月二五日、ベルリン封鎖開始の翌日、クレルモン=フェランで戦闘が開始された。モックによれば、共産党員が政府軍を市外に追い出そうとした。少なくとも一四〇名の警官が負傷、そのうちの多くが酸をかけられての熱傷だった。

八月、フランス軍はベルリンのフランス占領地域内テーゲルに新空港を建設することによって、航空輸送に参加。共産党は、「反ソ戦争打倒」「フランス人民は決してソ連とは戦わない」といったスローガンを掲げ、ポスターによるキャンペーンと数波にわたるデモを開始した。ル・アーヴルの共産党拠点の港湾労働者はルクールの指示に従い、米軍のための軍需物資の陸揚げを拒否。国内での政治的衝突の再開とベルリンの事態が、さらに大きな恐怖と首都からの脱出を招いた。

その夏、RPF指導者たちは昨年一一月よりもなおいっそう身の危険をひしひしと感じていた。ド・ベヌヴィル将軍のもとを、ある晩、ひとりの客が名も告げずに前触れなく訪れた。レジスタンスで知り合った共産党指導者マルセル・ドゥリアム大佐だった。ドゥリアムは言った。「会いにきた理由は聞かないでくれ。だが、きみは自分の身を守れるか？」(9)

このころ、共産党は小規模の妨害行動を超えて、RPFの集会に殴りこみをかけるようになった。戦闘員の集団が、機会のあるたびごとに攻撃を仕かけた。ドゴール派の警備係はためらわずに応戦。共産党員がナンシーとメッツで襲いかかってきたあと、RPFの党員たちは「約四〇名ほどの共産主義者を病院送りにした」(10)と自慢した。

マルローの側近のひとりはアメリカ大使館員に、RPFは「共産党が大規模な妨害を試みてくる可能性があるフランスの他の地域で、集会の予定を立てる」ことに決めたと告げた。カフェリーはワシントンに、共産党はドゴール派に餌を撒いて、誤った行動に誘おうとしているようだと報告した。

九月、ドゴールはフランス南西部をこまめに遊説してまわったが、それは共産党の挑戦に対するRPFの回答だった。遊説がコート・ダジュールで整然と開始されたあと、RPFの運営体制はグルノーブルでばらばらに崩壊し、無惨な結果を呼ぶ。九月一七日夜、ドゴールはグルノーブル郊外に到着。短いセレモニーのあと、戦争記念碑に花輪を捧げた。翌朝、車で市内にはいる途中、側近は道路上に釘が撒かれているのに気づいた。グルノーブルにはいると、騒がしい共産党の大デモ隊に迎えられる。実質的にRPFの護衛はゼロ、警官の姿もごくわずかしか見あたらなかった。すぐにドゴールの車は攻撃を受け、あらゆる種類の飛び道具が窓から投げつけられた。ドゴールの横にいたRPF党員のグルノーブル市長には、なにか物が命中した。

その午後、ドゴールは予定どおり演説をおこなった。だが、演説後に市を出ようとしているとき、RPFの運営係は共産党員からあまりにも激しい攻撃を受けたので、体育館に避難する。共産党員が体育館に火をかけようとしているあいだ、警察は黙って見ていたと言われている。包囲されたグループを助けるために、RPFの警備団が新たに到着し、発砲を開始。体育館内のドゴール派一部も発砲を始めた。銃撃で数名が負傷、共産党員一名が殺された。

グルノーブルで起きたような事件と、ドイツをめぐる国際的緊張のあいだには目に見えるつながりはなかった。だが、モスクワでは、国務省でもっとも重きを置かれていたソ連研究者のひとり、フォイ・コーラーがフランスの事件を注視しながら、ますます疑いを深めていた。

コーラーは、ドイツに対するスターリンの恐れが完全に本能的なものであることを知っていた。一九四三年のテヘラン会談で、五万から一〇万のドイツの軍幹部を処刑する必要があると発言したのは、聴き手を印象づけるための単なる言葉のあやではなかった。アメリカが占領法の変更を急いだことによってソ連指導部がパラノイアを起こしたのはその性格から言えば当然だった。ドイツ軍のロシア侵入がスターリンのトラウマになったのは、主としてスターリン本人が侵略の脅威を過小評価し、破滅的な結果を招いたからである。

コーラーの電報は全文を引用する価値がある。

国務長官宛　二三二五号　一〇月一四日午後五時
モスクワから見た場合、フランスにおける共産党主導の現在の騒乱は、ドゴールの権力掌握を急がせるために、あらかじめ計算されたものに見える。その第一の目的は、それによってロンドンにおける決定を無効にし、（クレムリンにとって）危険な西側の結束を分断することである。ソ連指導部はモスクワ会談のあいだに、西ドイツ再興がその現在の主たる関心であることを明らかに示し、同時にこのような再興を、たとえベルリンに関して譲歩をしても、交渉によって阻止する機会のないことを理解した。明快に表現されたドゴールの見解を鑑みれば、こういったソ連の目標を達成するためには、ドゴールが共産党政府に次ぐ次善の策であり、ドゴールの手のなかで苦しめられるフランス共産党は、明らかに「使い捨てにしうる」のである(11)。

モスクワでは、グルノーブル事件の二日前、フランス共産党のジョルジュ・ソリアがカメノフに「現在の状況では、フランス共産党の使命はきわめて複雑かつ困難である。ある会議で、トレーズは執拗な闘争が開始され、その紛争は武力によることさえありえると警告した(12)」と語った。この発言は、もちろん、さまざまな読み方ができる。だが、全般的な内容と、トレーズが特定はしていない「複雑かつ困難な使命」は、コーラーの分析と矛盾しない。

フランス共産党は「スターリン主義者の教会の長男」だったかもしれない〔フランスが伝統的に教皇より「教会の長女」と呼ばれてきたことにかけている〕。だがスターリンは、アブラハム〔息子イサクを神の犠牲に捧げようとした〕を演じるのを尻込みする男ではなかった。ドゴール派が権力の座につけば——当時は、現在から振り返ってみるよりも、ずっと可能性がありそうに見えた——共産党の活動を禁止するかもしれないとわかっていた。共産党員を一斉検挙するというドゴール派の計画は公然の秘密だった。のちにレミ大佐はリッジウェイ・ナイトに「五〇〇名の共産党員を逮捕すれば、共産党の頭を切り落とし、動きを麻痺させるだろう。そしてRPFはこの五〇〇人の正確な居場所を知っていた」[13]と請け合った。パッシー大佐はアメリカ人外交官に、将軍は数百人の人間を銃殺することから始めるべきだが、「残念ながら、それは将軍のやり方ではない」[14]と言った。

コーラー仮説は、もし真実であるならば、さまざまな考えを促す。スターリンがドゴールについての判断を誤っていたのはほぼたしかである。ドイツをめぐる取引をいかに毛嫌いしようと、また政治家たちを軽蔑しようと、ドゴールは政府が共産党、あるいはソ連の最後通牒に屈するように見えた場合にかぎって、権力の非合法的な掌握を考えただろう。国内の騒乱状態だけでは、たとえそれがRPFに対する攻撃を伴っていたとしても、充分ではなかった。

パリ政治危機はほぼ夏いっぱい続き、政治家が次から次へと組閣に失敗、ようやく九月一一日に終息した。急進党のアンリ・クイユ、精彩に欠けることで有名な田舎医師が最終的に組閣に成功。ただちにモックを内務大臣に再任した。

その秋、共産党の運動はふたたびCGT経由で指導され、ふたたび正当な不満が政治目的に利用された。モック以下の閣僚は必死になって食糧価格を引き下げようとしたが、経済状況はいまだにそれを許さなかった。一〇月一七日、フランが一七パーセント切り下げられた。

一〇月八日以降、鉄道のストライキが広がった。他の産業もそのあとに続いた。しかしながら前年に手を火傷していた共産党は、ルノーのストライキ支援にしゃしゃり出ることについては慎重だった。パリはストライキの影響を前年ほど受けなかった。市民のほとんどは普段どおり仕事を続けた。サミュエル・ベケットにとって、それはおそらく人生でもっとも創造力あふれる時期だった。一九四八年一〇月九日、失敗を続ける小説から逃れて、『ゴドーを待ちながら』を書き始め、わずか四か月後の一九四九年一月二九日に完成させた。

騒乱の一大中心地は、今度もまた北フランスの炭鉱地帯だった。一〇月二〇日、この地方は戒厳令下におかれた。共産党議員ルネ・カンファンを含む数百名が逮捕される。炭鉱労働者は立て抗の入口を封鎖し、立て抗と巻きあげ装置を占拠した。自分たちは炭鉱の維持管理に努めていると主張したが、前年の機械破壊のあとでは、モックはその言葉を信じようとしなかった。軍隊と装甲車輌が駐ドイツの軍から呼びもどされて、バリケードを破壊した。

消耗戦はロレーヌその他の重工業地帯に広がり、一一月まで続いた。新任のイギリス大使はロンドンに、「フランスは目下の冷戦最前線である[15]」と報告した。モックは前年と同様に強い決意を固めていた。受け容れられるのは無条件降伏のみである。内相は閣僚のひとりに指摘した。「政府は最大の精力をこめて秩序を維持し、国家の権威を再構築することに決めている[16]」。新首相アンリ・クイユはジュール・モックに対し、すべての知事と監察官に、モックの許可のない「組合との取引はいかなるもの[17]」も禁じるように指示した。

モックの手もとには、自分が対処しているのは外国に操作された反共和国作戦だと信じるのに充分なだけの報告が集まっていた。モックはストライキ継続に使用されている共産党の資金を、源まで遡ることにした。「極秘」と記されたメモで、財務大臣に「支払のされていない輸入認可[18]」をすべて調べるように依頼。ソ連が迂回路を経由して商品を輸出し、それを共産党のフロント商社が代金を支払わずに売却していると確信していた。

内戦とドゴール復帰の予測は、強い既視感を生み出した。顔ぶれが奇妙にごちゃまぜの夕食会——ベヴィンの代理人ヘクトール・マクニール（子飼いのギー・バージェス〔スパイで一九五一年にソ連に亡命〕をパリに連れてきていた）、ウエストミンスター公爵夫人ロエリア、エズモンドとアンのロザミア夫妻〔ロザミア第二子爵エズモンド・ハーケズウォース。保守の政治家・新聞界の大立者〕(19)がいた——で、レーモン・アロンは、「六か月間のストライキと窮乏生活、そのあとドゴールの復帰」を予言した。実際にそう信じてもいたし、自己の利益のためもあって、ドゴール派は混乱の度合いを高めて語る傾向があった。

ドゴール将軍の個人的人気は徐々に衰えてはいたものの、一一月七日の選挙はＲＰＦにとって意外な成功となった。ルクレール将軍の未亡人マダム・ド・オートクロックは「選ばれることはないと確信していたので、ＲＰＦの公認候補者名簿に名を連ねるのに同意したが、自分が議員に就任したのを見て、とても驚いた」(20)。しかし、ＲＰＦは衰退する運命にあった。なぜならば一九四八年秋は、内戦パラノイアの終焉を見たからである。ドゴールの予言にもかかわらず、第四共和制は崩壊しなかった。

一方、共産党にはもはや、合憲的な手段で権力に到達する見込みは残っていなかった。プラハの政変とベルリンに対する脅しのあと、フランス国民の大多数は、その考えを好むと好まざるとにかかわらず、いまや自分たちの唯一の居場所は西側陣営内にあると理解していた。しかし、一九六〇年代にいたるまで、フランスはＫＧＢ〔国家保安委員会。ソ連の国家警察・情報機関〕の「ＮＡＴＯの内部分裂を画策する政策」において「第一の目標」(21)であり続けた。フランスをＮＡＴＯから離脱させるよう仕向ける役割をあたえられたのは、ほかでもない、ボリス・ポノマレフその人だった。

第29章 知識人の背任

主として左翼で構成されていたフランス知識階級において、一方をひと握りの自由論者、他方を絶対多数の親スターリン主義者とするダビデ対ゴリアテの戦いが、あからさまに感じられ始めた。冷戦がそれ自身の二元論的論理を展開し始めたときになって初めて、フランス共産党は防御の側に立つことになる。

プラハ政変後のトレーズの指摘は、戦争が起きた場合、共産党は赤軍を支援すると自認したにも等しく、共産主義者を独ソ不可侵条約締結後の一九三九年の立場にも較べうる、イデオロギー的ゲットーに引きもどした。一九四四年と四五年にフランスに存在していたソビエト連邦称讃は、四〇年代末には不信、さらには恐怖にさえ変わっていた。フランス社会において、この変化を追うのに失敗した集団のなかで、もっとも目につくのは進歩的インテリゲンチャであり、その意志は反米のレトリックでさらに強化されていた。共産党にはもはやフランス愛国主義の旗もち役は果たせないとしても、大西洋の向こうからの侵略に対するフランス文化の守り手を名乗ることはできた。

共産党系閣僚が内閣を離れた直後、トレーズは「文学前線」の結成を呼びかけた。政治的な権力が手をすべり抜けようとしていたので、党は芸術と思想においては支配的地位を確保しておきたかった。一九四七年と四八年の破滅的なストライキの結果として、あまりにも多くの労働者階級の党員を失ったあと、この決意はさらに強くなった。文化コミッサール〔人民委員〕のロラン・カサノヴァは、作家たちに新たな価値を定式化するよう求めた。知識人を集めた委員会が、カサノヴァの指導のもとで毎週開催された。委員にはアニー・ベス（のちの歴史家アニー・クリーゲル）とロシア人革命家の息子ヴィクトル・ルデュックがいた。ルデュックは学究肌の狂信的共産主義者で、共産党の検邪聖省〔ローマ教皇庁で異端の判断、図書検閲など信仰上の問題を扱う省〕とも言える「イデオロギー部」の一員となる。

知識人の管理は、理想主義に訴えかけることと、道徳的に脅迫することを通しておこなわれた。ごくわずかでも党に反するのは、「すべての進歩的人類」の希望に対する背信とされた。たいていの場合、圧力は不要だった。ほとんどの共産党系知識人は労働者階級に受け容れられることを渇望していたからであり、そのブルジョワの罪を洗い流してくれるのは、国際労働運動へのアンガジュマン〔参加〕だけだからだ。

アンドレ・ブルトンはアメリカ合衆国から帰国したあと、戦争以来、流行となっていた「『アンガジュマン』という卑しい言葉は、詩と芸術が憎む奴隷根性をにじみ出させている[1]」と指摘した。「アンガジュマン」とは、党の気まぐれのままに真実を消し去ることを意味した。ポール・エリュアールはヒロシマの原爆について書いた詩を、アラゴンからそれは党の指針に沿っていないと指摘されたあと、削除したと告白している。

知識人と労働者を混ぜ合わせるという党の政策は、現実的というよりは象徴的な役割を果たした。カルティエ・ラタン――ラ・コントルスカルプ広場とムフタール街のあたりで、知識人と労働者の生活が重なり合う地域――を担当したアニー・ベスは、細胞のなかでなんとか知識人と労働者を混ぜ合わせることに成功した。両者はラ・ムフの市場で肩を並べて『リュマニテ』紙を売ったが、結果はわざとらしいままにとどまらざるをえなかった。

エマニュエル・ル・ロワ・ラデュリの細胞の会合は、ゲ＝リュサック街のビストロかカフェで週一回、あるいは二週間に一回開かれ、安いビールのグラスを傾けながら、「何時間も続けて、党の理論について話し合った」(2)。カルティエ・ラタンでは、共産党は風変わりな奇人さえも受け容れた。たとえばもっとも意外な党員として、「すでに狂気の研究に没頭していた」ミシェル・フーコーがいる。

ポール・エリュアールは、周囲にいる一八区の労働者階級の大衆に心から共感していたが、インテリとプロレタリアが気どりなく自然に混ざり合う可能性については、ほとんど幻想を抱いてはいなかった。一九四五年、エリュアールはかつての根城に近いマルクス・ドルモア街にもどってきた。地区の政治生活に対するエリュアールの関心は本物だった。党員労働者の息子たちをより高い教育を受けるように励まし、地元の共産党青年団のために行進曲の作詩さえした。一部の党のスターたちとは違って、生来、謙虚だった。ジャン・ガジェはエリュアールに同行して鉄道労働者の集会にいったが、討論のあいだ、エリュアールがひとことも発言しなかったのを覚えている。自分が役に立てることはなにもないと感じたからだ。だが、帰りぎわ、エリュアールはガジェのほうを向いて言った。「私のいる前で、みんなは普段の言葉遣いを変えたんじゃないだろうか？」(3)

「そのとおりだ」とガジェは認めざるをえなかった。労働者の言葉遣いは、いつもよりずっと堅苦しかった。

知識人のドグマ服従は、部外者の目にはひどく愚かに映ったかもしれない。だが、党は賢かった。若い作家のおだて方を知っていた。モーリス・トレーズはある会合のあと、ピエール・デックスをわきに呼んで、その小説『最後の要塞』を絶賛した。若い共産党員にとっては人生最高の瞬間だった。トレーズのパートナー、ジャネット・フェルメルシュは、そのあと、デックスを党の女性誌『フランス婦人』の表紙に取りあげた。

党はまた、共産党シンパのご機嫌をとり、党には懐疑的であっても役に立ちうる人間を操る方法も知っていた。党の古参ジャーナリストのひとり、ジョルジュ・ソリアは一九四八年九月、クレムリンにおける会談で、『聖職者の背任』の著者ジュリアン・バンダ〔一八六七―一九五六。哲学者。知識人を聖職者と位置づけた〕が役に立つと判断されたのは、「たとえマルクス主義と共産主義に反対しているとしても、フランスにおける党の現在の政策を支持しているからだ(4)」と説明した。ソリアは説明を続け、さまざまな雑誌、「とくに『思想』はまさにバンダのような共産党シンパに影響をあたえるために」創刊したと言った。

共産党に対する忠誠心が戦後初めて大きく試されたのは、一九四八年の春である。フランスでレジスタンスに参加した共産党員にとっての英雄にしてロールモデルのチトー元帥が、ほとんど一夜のうちに背信者と宣告された。チトーは、「革命のあいだに、ボルシェビキの母親や父親たちを拷問にかけて殺害した白系ロシアの軍人をかくまった(5)」とまで非難された。

この状況について、フランス共産党幹部にはきわめて明確な考えがあり、その眼中には必死になってモスクワの命令に従うことしかなかった。それでもティヨンの大臣官房にいたルイ・トゥレリも含め、一部の党員はチトーが不当な扱いを受けたと感じていることを隠さず、その見解のために即時追放という代償を支払った。トゥレリはひとりの友人から、「トロツキストと非難されるぞ(6)」と密かに警告された。除名後、多くがレジスタンス時代からの古い友人だった同志たちは、三〇年以上にもわたってトゥレリと――同志の夫人たちはトゥレリの妻と――話すことを拒否した。

フランス共産党の党員数百名が除名された。小説家マルグリット・デュラスもこのとき離党した。デックスは、シャルル・ティヨンのような自分の尊敬する人びとが、文句ひとつ言わずにそれを受け容れたので、この党指針の乱暴な変化をなんとか呑みこんだ。「歯を食いしばることを学ばなければならない」[7]とロラン・カサノヴァはデックスに言った。

党を前にした一部知識人の平身低頭ぶりは、風刺を超えるような場面を提供しえた。戦争直後、ジャクリーヌ・ヴァンタドゥール（のちに画家ジャン・エリオン夫人となる）は、ペギー・グッゲンハイムの息子で、文芸誌『ポワン』の創刊者シンバッド・ヴァイルと結婚していた。当時、ジャクリーヌは共産党員で、「イデオロギー部」の哲学教師ヴィクトル・ルデュックと同じ細胞に属していた。ルデュックの妻ジャンヌ・モジリアニは、画家モジリアニの娘で、ジャクリーヌとシンバッドのどちらとも親しかった。厳格で狂信的なルデュックはすべての富を放棄していたが、ジャンヌはどうしても惨めな狭いアパルトマンを出たかった。わずかにましなアパルトマンに移るには保証金が必要で、ジャンヌはシンバッドから密かに金を借りた。だが、妻がアメリカ人資本主義者から借金をしたと知ったルデュックは、党に見つかるのを恐れ、半狂乱になった。シンバッドとジャクリーヌはだれにもなにも言わないと約束させられ、ルデュックは返済のために党の同志から金を借りてまわった。

チトーがスターリンと袂をわかったころ、シンバッドとジャクリーヌはヴィクトルとジャンヌと食事に出かけた。フランス共産党の指導的知識人数名とハンガリー大使館の文化参事官である作家のゾルタン・サボがいた。会話の主題が大犯罪者であり背信者のチトーにいきつくのは避けがたく、だれかがシンバッド・ヴァイルが党員ではないのを忘れて、その意見を尋ねた。奇っ怪な会話にうんざりしていたシンバッドは、自分はそれでもチトーは偉大な男だと思っていると答えた。衝撃と恐れに満ちた沈黙が広がった。最終的にそれを破ったのは、ハンガリー人のくっくっという低い笑い声だった。サボは、目

の前のフランス人インテリの脅えた顔ほど滑稽なものを目にしたことはなかった。(8)

このころサルトルは人生でただ一度、公の場での政治的冒険に乗り出していた。一九四七年秋、サルトルは、ジョルジュ・アルトマンとダヴィッド・ルセがアメリカ合衆国とソビエト連邦のどちらからも独立した運動を作り出すために創設した党〈革命民主連合〉に参加する。

クレムリンはすでに「トロツキストにして煽動家(9)」のルセに注意の目を向けていた。フランス共産党はサルトルが力を貸すことの危険性を強調した。「フランスには二つの危険なイデオロギーがある」とジョルジュ・ソリアはクレムリンの対話相手カメノフに言った。「第一は似非ヒロイズムに染まったマルローの戦闘的ファシズム――ドゴール主義のイデオロギー。第二はサルトルが展開しているデカダンスの哲学である。サルトルはいまや『第三勢力』について語ることで、共産主義にあからさまに対立している。どちらにもとくに若者のあいだに追随者と影響力がある(10)」

サルトルとその「ブルジョワ的反動哲学(11)」に対する攻撃を巧みに立案したのはアンドレイ・ジダーノフだった。もっとも悪辣なキャンペーンは、一九四八年四月に幕を開けたサルトルの戯曲『汚れた手』をきっかけにして開始された。劇は戦争中、赤軍が近づいてくるなか、バルカン某国の共産党内部で展開する荒っぽい権力政治を描いている。サルトルは両方の立場を巧みな対話で論じ、登場人物は心理的な深みに欠けてはいるものの、少なくとも知識人であって、ただの政治のお先棒かつぎではなかった。演出サルトルは演出をジャン・コクトーに任せたが、この一見ありえない選択は優れた決定となった。演出と演技は力にあふれていた。

現実を知る者ならだれでも、背筋の寒くなるような党生活の描写に、共産党員が激怒するのはわかっていただろう。だが、ダヴィッド・ルセが指摘したように、サルトルは「泡のなかで生きていた(12)」。劇中で党に暗殺される共産党指導者エドレルが、戦争中のモーリス・トレーズと類似した方針を追っていたために、フランス共産党はなおいっそう憤慨した。イリヤ・エレンブルグはサルトルに、自分はきみに対して軽蔑以外のなにものも感じないと言った。サルトルはこの発言には肩をそびやかしただけだったろうが、劇が反共プロパガンダとして使われたときには本当に狼狽したようだ。クレムリンは、ソビエト連邦に敵対的なプロパガンダはソ連とフィンランド両国間の平和条約の条項に反するという根拠で、『汚れた手』のフィンランド公演を中止させた。だが、その後五年のあいだにサルトル自身の立場は大きく変化し、上演地の共産党の同意がある場合にかぎって、劇の上演許可をあたえるようになる。これはもちろん、劇がまったく上演されないことを意味する。

スターリン主義者のサルトル嫌いは一九四八年八月、ソ連占領下のポーランド、ブロツラフ（元のブレスラウ）における世界平和のための知識人会議中、驚くべき舞台演出のなかで一気に噴出した。ソ連によるベルリン封鎖開始の二か月後にアンドレイ・ジダーノフが組織した、この典型的な隠れ共産党のイベントには、四五か国から約五〇〇名ほどの参加者が招かれた。会議の主要な目的は、英米によるドイツ再建計画はドイツをいま一度、人民民主主義とソビエト連邦に対する攻撃基地とするための陰謀であると主張し、それに抗議することだった。開催地ポーランドの選択は意図的だった。

フランス代表団には画家のパブロ・ピカソとフェルナン・レジェ、作家のヴェルコール、ロジェ・ヴァイヤン、ジャン・カナパ、ピエール・デックス、そしてまだ妻ヌッシュの死を嘆いていたポール・エリュアールがいた。ロラン・カサノヴァが代表団のまとめ役兼お目付役。イギリス代表団はもっとごちゃまぜで、歴史家A・J・P・テイラー、科学者J・B・S・ホールデーン、「カンタベリーの赤い大聖堂主任司祭」ヒューレット＝ジョンソン博士、若きジョージ・ヴィーデンフェルト〔出版者・エッセイスト〕がいた。

ソ連代表団にはソビエト作家同盟会長アレクサンドル・フェダイエフ、どこにでも顔を出すイリヤ・エレンブルグ、『静かなるドン』の著者ミハイル・ショーロホフ。ホルヘ・アマドがブラジルから、ジェルジ・ルカーチがハンガリーからきた。共同議長はユネスコ事務局長のジュリアン・ハクスリー――こちらは中立――とイレーヌ・ジョリオ゠キュリー――共産党員――だった。

到着早々、代表団は廃墟のただなかで、贅沢だがつまらない余興で歓待された。ポーランド側はピカソを王侯のように迎え、ヒトラーが戦争中に使用した寝室を提供した。会議が始まると、ピカソは生まれて初めて政治的な演説をし、チリで投獄されていた友人パブロ・ネルーダの釈放を求めた。ピカソのスピーチは短く、その簡素さが強烈な効果をあげた、そのあと続いてアレクサンドル・フェダイエフが登壇。両者の対比はこれ以上大きくなりようはなかっただろう。

ジダーノフは演説者に注意深く指示をあたえていた。フェダイエフは最新の小説『若き護衛』が党の役割を称揚していないと厳しく批判されており、汚名をそそごうと必死だった。西側文学と美術のデカダンスに対する戦いの開始を要求。ピカソの名はあげられなかったが、当てこすりは明らかだった。社会主義リアリズムの画家だけが、労働者階級と同一歩調をとる者として受け容れられた。だが、フェダイエフがサルトルを「ペンをもつジャッカル」と呼んだとき、西側からきた代表たちはわが耳を疑い、反射的にヘッドホンをはずした。会場を無視して、フェダイエフはただ原稿を読み続けた。

ロラン・カサノヴァが注意深く目を配っていたにもかかわらず、フランス代表団の一部――ピカソ、レジェ、ヴェルコール――は嫌悪感を隠さなかった。ヴェルコールにとって、それは自分の信念に対する大きな一撃となった。翌年の年末前に党に背を向け、東欧の公開裁判の優れた批判者となる。ジュリアン・ハクスリーは、共同議長のイレーヌ・ジョリオ゠キュリーと短くメモを交わしたあと、会場を去り、次のフライトで帰国した。

その夜、《モノポール・ホテル》のバーで、社会主義リアリズムのロシア人画家たちとの論争にうんざりして、ピカソは酔っぱらった。記者は会議についてどう思うか尋ね続けたが、ピカソは回答を拒否した。

会議の最終日、参加者はジダーノフの突然の死の知らせに衝撃を受けた。とくにフェダイエフにとっては、それは破滅的な一撃となった。ジャーナリストのドミニク・ドゥサンティは、知らせを聞いたあと、フェダイエフの手が震えるのを目撃した。自分の監督官がスターリンの命令で殺害された――ジダーノフの死の状況はいまだにはっきりとしていない――と考え、次が自分の番であることを恐れたのだろう。体制に魂を売ったフェダイエフは、フルシチョフが第二〇回党大会でスターリンの犯罪を暴いたあと、自殺した。その自己破壊は、この時代の物語に無慈悲にもふさわしい結末だった。

会議後、ピカソ、エリュアール、デックスはポーランド共産党によって、アウシュヴィッツ、続いてワルシャワに案内された。ワルシャワではゲットー跡の崩れた瓦礫の上に立ち、ピカソは涙を流した。ナチスの残虐行為はいまだにスターリン主義のプロパガンダ最強の主題のひとつだった――それは、このような犯罪の再現を阻止できるのはソビエト連邦だけだと主張していた。

しかしながら、東欧の公開裁判が始まると、フランス共産党はなおいっそう弁解の余地のない立場へと追いこまれていった。すべてのマイナス面がプラスに変えられた。嘘が大きければ大きいほど、盲信は深く、忠実な党員はいっそう必死になってそれを守った。その論理的根拠は、これまでに論理というものが知ったもっとも恥ずべき操作のひとつに基づいていた。同志スターリンと全世界の共産党は人民の幸福のために戦っている。したがって、ぞっとするような犯罪を無理やり自白させるために、忠実な共産党員を拷問にかけることはできない。

ソビエト連邦の信望に対する最大の異議申し立てとなったのが、一九四九年初め、パリで開廷されたクラフチェンコ裁判である。全世界がこの事件を異常なまでの関心をもって見守った。

一九四四年にアメリカ訪問中のソビエト通商使節団を抜け出し、亡命したロシア人技師ヴィクトル・クラフチェンコは、回想録『私は自由を選んだ』を出版した。この本は戦後最大のベストセラーの一冊となり、二二か国語に翻訳された。この本によって、スターリンの強制的な集団農場化、クラーク〔比較的裕福な農民層〕に対する迫害、ウクライナの飢饉についてのロシア人による目撃談が初めて広く世に出された。それはまたアレクサンドル・ソルジェニーツィンの『収容所列島』の二五年前に、ソビエトの強制労働収容所を明確に描き出していた。

この本は一九四七年にフランスで出版されると、センセーションを巻き起こした。四〇万部が売れ、サント=ブーヴ賞を獲得。それでも出版界における共産党の力は絶大であり、あえてそれに手を出そうとする大手出版社はなかった。

党は本の主張すべて、とくにソビエト連邦に強制労働収容所があるという点を公然と非難した。『レ・レートル・フランセーズ』は一九四七年一一月一三日、元アメリカ戦略事務局将校と思われる「シム・トーマス」署名の記事によって攻撃の先頭に立った。この記事は、本を書いたのがクラフチェンコではなく、アメリカ諜報機関の工作員だと断言し、クラフチェンコ本人のことはアル中で強迫神経症的な嘘つきとして片づけていた。ほかにも共産主義作家アンドレ・ヴュルムゼによる侮辱的な記事があった。一時的にアメリカ合衆国に居を構えていたクラフチェンコはこういった攻撃を聞き、「シム・トーマス」、アンドレ・ヴュルムゼ、『レ・レートル・フランセーズ』とその編集長で、共産主義に転向した元右翼のクロード・モルガンを名誉毀損で訴えた。

一九四九年一月二四日に裁判が始まったとき、パリ裁判所はニュース映画の取材班、新聞記者、報道カメラマンであふれかえった。共和国衛兵中隊が秩序回復のために投入された。満員の法廷で展開する闘争の広がりと意味はすぐに明らかになった。被告側が裁判をクラフチェンコの性格を審理する場に変えようといかに努力しようとも、それはクラフチェンコが意図したもの、つまりソビエト連邦とスターリン主義の代理人による法廷であり続けた。どちらの側も証人を、完全に原告の費用で呼んできた。アメリカ当局は金銭的援助はしなかったものの、クラフチェンコが一九三〇年代の状況を証言できるウクライナ人を、ドイツの難民収容所から集めてくるのに手を貸した。

『レ・レートル・フランセーズ』誌の弁護人チームはソビエト連邦に証人を求めた。NKVD〔人民内務委員会。一九三四年から四六年のソ連の国家秘密警察〕がクラフチェンコの性格とその信憑性を貶めるように説得されうる個人をかり集めてきた。なかでもいちばん大きな弱みを抱えていたのは、クラフチェンコの最初の妻だった。妻の父親は白軍の元士官で、いまだに囚人収容所にいたからだ。

ソ連からの証人が登場する前、被告側は国家からの離脱者、すなわち戦時の脱走兵に対抗するフランス愛国主義というカードを切ろうとした。クラフチェンコの弁護士が、一九三九年のトレーズの脱走問題を持ち出して反論し、ヴュルムゼの弁護士ノルドマンが「この偉大なフランス人政治家に対し、多少の敬意をお払いください」と応えたとき、法定内にはわっと嘲りの笑い声があがった。

傍聴人の大部分があからさまにクラフチェンコを支持していたために、共産党系の新聞は、傍聴席は毛皮のコートを着て、高級住宅街からやってきたご婦人でいっぱいだと主張した。たしかにこの裁判はパリで一大センセーションを巻き起こしたので、アメリカ・スタイルのバーは、新手の人寄せ策として、ウイスキーとウォツカを混ぜたカクテル「私は自由を選んだ」を出したほどである。多くの人が、共産主義が一敗地にまみれるのを見にやってきた――『レ・レートル・フランセーズ』にさんざん侮辱されたあとで、共産党惨敗の予測を楽しまなかったとすれば、アンドレ・ジッドはほとんど人間ばなれしていると言ってよいだろう。だが、サルトルやボーヴォワールのように、被告側に先入観をもっていない者も多かった。

ノルドマン弁護士は、使いうる共産党シンパのなかでももっとも著名な人びとを連れてきて、クラフチェンコに対する軽蔑を語らせた――一九三六年の人民戦線政府航空大臣ピエール・コット、全国作家委員会会長ルイ・マルタン＝ショフィエ、エマニュエル・ダスティエ・ド・ラ・ヴィジュリー、ヒューレット＝ジョンソン博士、プティ将軍――さらに共産主義作家のピエール・クルタド、ヴェルコール、ヴュルムゼの義兄弟ジャン・カスー――元共産党系大臣のフェルディナン・グルニエ（職業はパン屋労働者だと言った）と、どこにでも顔を出すノーベル賞受賞者ジャン・フレデリック・ジョリオ＝キュリー。ジョリオ＝キュリーは証言の最中に、一九三〇年代のモスクワにおける公開裁判を擁護し始めた。ただひとり、被告側が連れてこなかった証人は、もともとの記事の著者、推定アメリカ人の「シム・トーマス」である。「シム・トーマス」は存在しなかった。記事を書いたのは、ソビエトが後援する『トリビューヌ・デ・ナシオン』誌の編集長アンドレ・ウルマンだった。

二月七日、クラフチェンコの元妻、ジナイダ・ゴルロヴァが被告側証人として出廷。法廷は期待で張りつめた。「ゴルロヴァは感じのよいブロンドだった」とある目撃者は書いている。「三六歳で、かつてはよく『利点〈女性の胸〉』と呼ばれた豊かな胸をコルセットのなかにきつく押しこめていた。黒いドレス。顔は青白く、表情は硬かった」[13]。ゴルロヴァは、女性監視人、おそらくはNKVDの職員とともにパリに飛んできていた。監視人はソ連大使館がシュシェ大通りに借りたアパルトマンから、ゴルロヴァのいくところどこにでもついてきた。ゴルロヴァは練習のしすぎで単調に聞こえる声で、クラフチェンコが自分を殴り、陶器を壊し、中絶を強要したと語った。クラフチェンコは嘘つきで女たらしで酔っぱらいだ。

クラフチェンコの弁護士ジョルジュ・イザールは、哀れな女をやすやすと追いつめた。ゴルロヴァは父親が元白軍兵であったことも、囚人収容所にいることも否定。父親は死んだと主張した。クラフチェンコが妻とふたりで目撃したと主張するウクライナの飢饉の光景は見たこともない。証言はゴルロヴァにとってあまりにも負担が大きく、腰をおろせるように椅子を頼まなければならないほどだった。被告側のノルドマン弁護士は、クラフチェンコが元妻に話しかけるのをやめさせようとした。裁判長が黙るように言った。両者のあいだで激しいやりとりが始まり、わめき声のなかでゴルロヴァは元夫に対する侮辱を機械的に繰り返した。「いつも同じ録音だ！」とクラフチェンコが金切り声をあげ、裁判長が大急ぎで閉廷を命じた。

法廷審理はしばしば混沌に陥った。あるやりとりでは、クラフチェンコがヴュルムゼに飛びかかり、憲兵に引きもどされた。クラフチェンコの発言の多くは賢く、愉快なだけではなかった。それは骨まで達するほどに鋭く斬りつけ、傍聴席の支持者を歓ばせた。また別のあるときには、クロード・モルガンが怒鳴った。「そいつらは傍聴人じゃない。カグラールだ！」[14]アンドレ・ヴュルムゼもまた、自分が裏切り者と考えている男に公開の場での証言が許されることに対する心からの怒りを、隠してはおけなかった。

続く数日間で、ゴルロヴァの外見は変化した。無気力になり、顔は黄色、髪はばさばさで、体重が減った。クラフチェンコには、結果を出せなかったことがゴルロヴァ本人とその家族にとって悪しき前兆となるのがわかっており、気の毒に思った。法廷で「自分から進んでフランスにきたんじゃない」と叫び、一生のあいだ、西側で面倒を見てやると約束した。「でも、ここにきた理由を言わなくちゃいけない」[15]。法廷は騒然となった。ゴルロヴァは崩れ落ち、ハンカチを求めて空しくハンドバッグを探った。女性監視人はその横で凍りついたように、身動きひとつせずにすわっていた。法廷が再開される前に、ゴルロヴァは軍用機が待機するオルリー空港に移送され、空路ソビエト連邦に連れもどされた。

今度はクラフチェンコが証人を呼ぶ番だった。証人のほとんどはドイツの難民キャンプからきたが、もっとも有効な証人はストックホルムから到着した。マルグレーテ・ブーバー＝ノイマン、戦前のドイツ共産党指導者ハインツ・ノイマンの未亡人である。ヒトラーが権力の座にのぼったとき、夫妻はロシアに避難所を求めたが、政治的偏向を告発され、ソ連の強制労働収容所に送られた。

一九四〇年、モロトフとリッベントロップが協定を結んだあと、ソビエト連邦は夫妻を数名のドイツ系ユダヤ人とともにナチスに引き渡した。マルグレーテ・ブーバー＝ノイマンは五年間をラーフェンスブリュックで生き延び、赤軍到着直前になんとか脱走に成功した。じっくりと観察していたガルティエ＝ボワシエールによれば、ブーバー＝ノイマンがソ連の強制労働収容所について語っているあいだ、クロード・モルガンとアンドレ・ヴュルムゼは床に視線を落としていた。ブーバー＝ノイマンの証言は明確で、どんな細部も微動だにせず、驚くべき勇気とスタミナを明らかにしていた。その言葉を信用せずにいられたのは、もっとも狂信的なスターリン主義者だけだっただろう。例のもうひとりの共産主義からの転向者、アーサー・ケストラーはブーバー＝ノイマンの証言があげた効果に大よろこびした。ブーバー＝ノイマンは二日間ほどを、ケストラーとマメーヌ・パジェのもとで過ごした。

クラフチェンコ側勝利の判決は、北大西洋条約締結と同じ四月四日に申し渡された。まるでクラフチェンコの言い分が正しいことを示そうとするかのように、ロシアの報道機関はまったく反対のことを報道した。いわくクラフチェンコ裁判は、ソビエトの立場の真実を前にして崩壊した。それでもパリで共産主義者が敗北したという知らせは、クイビシェフ囚人収容所のソルジェニーツィンのもとにも届き、一条の希望の光をもたらした。[16]

この裁判は一九四七年と四八年の共産党敗北後におこなわれ、これをきっかけにして、フランスはソビエト連邦が労働者の天国ではないと考え始めた。法廷での論争はシニシズムの波を巻き起こし、人びとはもはや恐れずに共産主義者をあからさまに批判するようになった。その月の最後の日、反スターリン主義者の左派が戦争と独裁についてソルボンヌで会議を開いた。二年前には考えられなかった出来事である。

四月二〇日、裁判終了から約二週間後、ソビエト連邦は新たな戦術を試した。フランス共産党はプレイエルホールの会合で、ジョリオ゠キュリー教授主宰の平和運動を立ちあげる。運動の象徴、ピカソの鳩が目につくように飾られた。同日続けて大集会が開催され、すぐに鳩の描かれた宣伝ポスターがパリ中の壁に張り出された。反共集団〈平和と自由〉が反プロパガンダを開始するまでに大して時間はかからなかった。共産党によるパリの壁の実質的な独占に挑戦するためにポスター・キャンペーンが計画され、平和の鳩はソ連爆撃機の姿――「ドカンと爆弾を落とす鳩」――に描かれた。

クラフチェンコ裁判のころ、ケストラーとマメーヌはフォンテーヌブローのセーヌ河畔に建つ家《緑の岸辺荘》に引っ越した。ちょうどふたりが引っ越したとき、新たな論争が、今回はケストラーがマルローに対してサルトルとボーヴォワールの側に立って開始された。マルローは、最近『レ・タン・モデルヌ』誌上で攻撃されたのに腹を立てた。そのあと、ガストン・ガリマールが雑誌発行に対する支援を突然打ち切った。サルトルとボーヴォワールは、マルローが『レ・タン・モデルヌ』支援を継続した場合、占領中の記録を公表すると言って、ガリマールを脅迫したらしいと気づいた。

マメーヌ・パジェは一九四九年三月一日の夜、ケストラーがマルローに「立ち向かった」ときのことを覚えている。「最初、Kが尋ねたとき、マルローは答えをぼやかしたけれど、最後には事実だと、まあ認めた……Kはマルローに対する大きな信頼と友情は終わったと感じた――マルローがしたのは本当に胸が悪くなるようなこと……実際に脅迫以外のなにものでもなかった[17]」

三組のカップル――ケストラー、サルトル、カミュ――そろっての最後の外出には、今回は《シェヘラザード》ではなく、やはり白系ロシア人が経営するおしゃれなナイトクラブ《トロイカ》にいきはしたものの、ある種の既視感がある。

数日後、サルトル、カミュ、ボーヴォワールはその晩のことを話題にした。カミュが尋ねた。「あんなふうに酒を飲みながら、仕事を続けていかれると思うかい？」サルトルとボーヴォワールが次にケストラーとホテル《ポン＝ロワイヤル》の前でばったり会ったとき、ケストラーがまたみんなで会おうと提案した。サルトルは反射的に手帳を取り出し、それから手を止めた。

「もうおたがいに話すことはなにもない」

「純粋に政治的な理由だけで、絶交することはないだろう！」とケストラーは抗議した。サルトルは答えた。

「これほど意見が違うときには、いっしょに映画を観にいくこともできないよ」

友情が終わったことについて、ケストラーは自分にも責任のあることを認めていたが、一九五〇年六月に東駅でサルトルともう一度、ばったり顔を合わせた。どちらもドイツ行きの夜行列車に乗るところだった。ケストラーと、いまはその妻となったマメーヌは文化的自由会議のためにベルリンへ、サルトルはフランクフルトの会議に。嫌な顔をするボーヴォワールがいなかったので、ケストラー夫妻はサルトルと、二人の反共ポーランド人、それからケストラーが共産主義者から殺害予告を受けとって以来、警察が派遣していた護衛の警官一名とともに、夕食の弁当を分け合った。

サルトルはとても具合が悪そうに見えた――マメーヌによれば、実質的にコリドレーンというアンフェタミンの一種で生き延びていた――が、大変な努力をし、ともに楽しいひとときを過ごした。だが、ケストラーとマメーヌはサルトルを気の毒に思った。ケストラーは晩年に書いている。「あの晩、寝台車のなかで、サルトルは夜はほとんど外出しないのだとこぼした。政治について意見を同じくする人間が、ほとんど残っていないからだ[18]」

一九四九年は、多くの共産党系知識人のあいだに疑いの波を巻き起こした一年だった。ヴェルコールとヴュルムゼの義兄弟ジャン・カスーの両方が党を離れ、一二月一六日付の『リュマニテ』紙で「背信者」と攻撃された。しかしながらクラフチェンコ裁判を上訴しようとしていた『レ・レートル・フランセーズ』は、証人二名のこの決定で窮地に追いこまれた。

サルトルとカミュの亀裂も広がった。カミュが南米からフランスに帰国したあと、一九四九年一二月に戯曲『正義の人びと』がエベルト座で舞台にかけられた。エベルト座では一九四五年に、カミュの『カリギュラ』が大成功をおさめている。『正義の人びと』は帝政ロシアの革命暴力を扱っていたが、カミュが共産党シンパの同時代人たちから、さらに一歩離れたことを表していた。これをレジスタンスに対するそれとない攻撃と見る者もいたが、カミュの攻撃目標は明らかだった。攻撃したのはつまり、革命暴力はよりよい未来への曖昧な約束によって正当化されるという考え方だった。さらに一歩サルトルから離れたのが、二年後に出版された『反抗的人間』である。これは、政治的配慮が自らの芸術上の誠実さを穢すにまかせる知識人を直接、攻撃していた。

サルトルは、作家が政治的に傍観者の立場に立っていられるとは考えなかった。サルトルの場合、政治参加がすでに芸術を従属させていた。サルトルは、カミュの良心の呵責と、歴史の進歩主義的な潮に乗って泳ぐことに対する拒否を上からの目線で見て、結論した。「きみのために考えられる解決策はただひとつ。ガラパゴス諸島だ」

最終的な決裂は一九五二年まで訪れなかった。サルトルは《ポン＝ロワイヤル》のバーでカミュと会い、フランシス・ジャンソンによる『反抗的人間』の無礼な書評が『レ・タン・モデルヌ』に掲載されるのを覚悟しておくようにと注意した。編集委員会はジャンソンの記事の削除を拒否した。

カミュはこの記事に対し、六月三〇日に反論する。ジャンソンを無視し、書簡をサルトルに――「編集長殿」として――宛てた。カミュはとくに、この記事の「知的方法と態度」を攻撃した。カミュの論法は哲学的厳密さを欠いていたかもしれないが、その質問はよく狙いが定められており、相手側をきわめて不愉快な立場に追いこんだ。「人は、ある思考が真実か否かを、それが右翼か左翼かによって決定はしない[19]」。カミュは実存主義者が、個人の責任という考えとは完全に対立するひとつの体制を正当化することの根本的矛盾を指摘した。

「このような論争は」とレーモン・アロンは評した。「フランスとサン＝ジェルマン＝デ＝プレの外ではほとんど理解されないだろう[20]」。サン＝ジェルマン＝デ＝プレでは、ほかのどこよりも、進歩的知識人がスターリン主義的方法を見て見ぬふりをし続けた。一部にはそれを認識している者もいた。だが、それを正当化した。ボーヴォワールのように、それを認識しながら、問題にされえないものとして片づけてしまった者もいた。ボーヴォワールはそれを問題にする者はアメリカ資本主義の支持者であると論じた。クラフチェンコを嫌いはしたものの、裁判がソビエト連邦における強制労働収容所の存在を疑いの余地なく証明したと認めてはいた。それでも、アメリカ人作家リチャード・ライトを評した一節で、自らの本性を明かしている。「道を見失った狂信で目を輝かせ、秘密の逮捕、裏切り、抹殺の話――疑いもなく真実――を息もつかずに繰り返した。だが、人はライトの語っていることの要点も重要性も理解はできなかった[21]」

この新たな『聖職者の背任』は、知的テロリズムが肉体的テロルを正当化するというジャコバン派の伝統にしっかりとはまりこんでいた。その弁明者たちは論じる。スターリンの体制は情けを知らないかもしれない。だがすべての革命にはひとりの恐ろしい王がいる。重要なのは、ソビエト連邦が表明する哲学が人間の正義の側に立っていることだ。それに対して、アメリカ合衆国は、経済的自由のほかにはなんのイデオロギー的、あるいは社会的プログラムも提供しない。そして経済的自由とは単純に他者を搾取する自由を意味する。

道徳的に空っぽな理論の泡の内側にしっかりと閉じこめられていない者は、殉教者の党という戦時の訴えかけには惑わされたかもしれない。だが、ソビエト体制に燃料を供給してきた恐るべき犠牲は無駄だったのであり、いぜんとして無駄にされているという疑いに対し、自らの目を閉じていることはできなかった。どんなユートピアも大きな共同墓穴の上に建設はできない。

第4部

新たな秩序

第30章　パリのアメリカ人

モンパルナス時代のパリのアメリカ人は、ウォールストリートを発端とした一九二九年の恐慌のあと姿を消したが、一九四八年二月、フランがドルに対して切り下げられたあと、弱よわしいながらも、ある程度の復活を見た。フランスはふたたび、作家その他芸術的野心をもつ者の手に届くようになった。だが四〇年代末にパリでもっとも目についたアメリカ人は、外交官、軍人、そしてマーシャル・プランの実働部隊だった。

二月初めにヴァンドーム広場のモルガン銀行で小切手を現金化する人びとにとって、それは「クリスマスの朝のよう」であり、「見知らぬ者どうしがにっこりと微笑みあった」(1)。一〇〇ドルで三万フラン以上が買えた。服装にこだわる者には、ディオールのドレスが手に届くところにあった。

一九四七年冬にパリに到着したアーサー・ミラーは、まったく違う印象を受けた。ミラーは、パリは戦争によって「終わった」と感じた。「パリの上に太陽は二度と昇らないように思えた。冬の空は鉄の蓋のように人の手を灰色に染め、顔を青白く見せる。暗く物憂げな沈黙、通りにはほとんど車もない。たまに木炭エンジンで走るトラック、骨董品並みの自転車に乗った老女たち」(2)

ミラーが滞在したバック街のホテル《ポン＝ロワイヤル》は陰気だったが、安かった。コンシエルジュはいまにも分解しそうな燕尾服を着て、「顎には冷水で髭を剃ったせいで、いつも小さな切り傷ができていた」。この早く年を取りすぎた男は、一日に一度大急ぎでパリの反対側の家まで走っていき、市民のほとんどと同じように、一家にとって唯一の肉の供給源だった兎に餌をやった。「腹をすかせたようす」の若い娼婦がひと晩じゅうロビーにすわり、通り過ぎる人びとを「超然とした哲学者の好奇心をもって」観察していた。

ミラーは、《モンタナ》バーにいると聞いたジャン＝ポール・サルトルを求めて外出した。もし尋ねさえすれば、服の擦りきれたコンシエルジュと哲学的な娼婦は、サルトルとその友人たちが最近はミラーが滞在しているまさにそのホテル地下のバーで会っていると教えたかもしれない。だが、ミラーの仕事にとってはるかに重要だったのは、ある晩、ジロドゥの『オンディーヌ』でルイ・ジュヴェを見たことだった。劇場は凍りつくように寒く、観客は靴のなかで足をもじもじさせ、手に息を吹きかけていた。ジュヴェ自身もとても具合が悪そうで、劇のあいだじゅうずっとセーターとマフラーにくるまって、肘掛け椅子にすわっていた。ミラーは観客を見て、「打ち負かされた国民というようなものが本当に存在するのだ」と感じた。それでもジュヴェは、「観客のひとりひとりにその愛する言葉で個人的に語りかけることによって、私がそれまで一度も経験したことのない独特のやり方で」観客とつながって見せた。「私は台詞の奔流と舞台上の動きの欠如に退屈したが、観客の魂を救うのは言葉であること、それは理解できた。それをともに聞き、それに癒されること。人びとに残された唯一の統一感、つまり唯一の希望。私、観客との闘争の劇場からきた私は、ジュヴェに対する観客の優しさに感動した」

トルーマン・カポーティも、ホテル《ポン＝ロワイヤル》最上階の狭い部屋に滞在していた。「滝のような二日酔いと絶えず流れ落ちている嘔吐感にもかかわらず」とカポーティは書いている。「ぼくはものすごくすてきな時間を過ごしている、ひとりの芸術家に必要な一種の教育的経験をしているという奇妙な印象を受けていた[3]」

「サルトル一家」は《カフェ・ド・フロール》の観光客を逃れて、「狭い地下のバー[4]」に移ってきていたので、ホテルではシモーヌ・ド・ボーヴォワールの姿がよく見かけられた。カポーティは、サルトル一家に笑い者にされている気がした。ある友人によれば、「自分はなにか手に触れられない呪いの陰謀の犠牲者だ[5]」と感じていたという。ボーヴォワールはカポーティの『遠い声、遠い部屋』が嫌いで、「ホモたち」にはあまり敬意を払っていなかった。大きすぎる白のジャージーと薄青のベルベットのスラックス姿の小柄なアメリカ人を「白いキノコ[6]」にたとえたし、カポーティの名前はアメリカ大統領と同じで、名字のほうはフランス語の俗語で「コンドーム」を意味すると指摘したバーテンダーと、いっしょになって笑いもした。

カポーティは同じようなやり方で応酬し、《ポン=ロワイヤル》のバーの「サルトル一家」を次のように描写している。「ロンパリでパイプをなめなめし、青白い色をしたサルトルと、その売れ残りの娼婦ボーヴォワールは、ひと組の捨てられた腹話術の人形のように、たいてい隅でもたれかかっていた[7]」

カミュただひとりが、若いアメリカ人にいつも親切だった。しかしカポーティはのちに、ある晩、大変な女たらしであるカミュが、突然、自分の魅力に降参し、いっしょにベッドにはいったと断言している——嘘とは断定できないが、ありそうもない話である。

カポーティはコレットにも会いにいった。コレットはカポーティを「朝の起床儀式のルイ一四世風」にベッドで迎えた。カポーティはコレットをこう描写している。「釣りあがった目はワイマラナー犬の目のように輝き、アイライナーで縁どられていた。道化師みたいに白く化粧した細く賢い顔。その唇はかなりの高齢にもかかわらず、つやつやと輝き、刺激的なショーガールの赤。そして髪は赤、あるいは赤っぽいばら色の茂み、もつれた水煙」。コレットはカポーティに、人生になにを期待しているのかと尋ねた。カポーティは答えた。自分がなにを期待しているのかはわからないが、なにを望んでいるのかはわかっている。それは大人になることだ。「コレットの色を塗ったまぶたは、まるでゆっくりと羽ばたく大きな青い鷺の翼のように開いたり閉じたりした。『でもそれだけは』とコレットは言った。『あたしたちのだれにも絶対にできないのよ』」

解放後、軍服姿で到着した者とはまったく別に、フランスに移住してきた最初の作家のひとりが、『ブラックボーイ』と『アメリカの息子』の著者、黒人作家のリチャード・ライトである。ガートルード・スタインと当時ワシントンのフランス大使館文化参事官だったクロード・レヴィ＝ストロースが力を合わせたおかげで、一九四六年五月、妻のエレン（白人）と娘ジュリアを連れてパリに到着した。

国務省はライトにパスポートを発行するのをさんざん渋ったが、一度パリに到着すると、――パリではライトは貴賓扱いされたために――無視はできなかった。とは言うものの、ライトは紛れもない邪魔者と見なされた。到着の数日後、アメリカ大使館で開かれた公式なレセプションで、ライトにはこう告げられた。「頼むから、あの外人たちにきみを私たちの窓に投げこむ煉瓦には変えさせないでくれ！」(8)

ライトはフランス人から信じられないような歓迎を受けた。パリ名誉市民の称号を贈られ、フランスの出版元ガリマールは敬意を表してパーティを開いてくれた。客のなかにはロジェ・マルタン・デュ・ガール、ミシェル・レリス、モーリス・メルロ＝ポンティ、ジャン・ポーラン、マルセル・デュアメルがいた。パリに移住したのは、ライトのフィクションの核であるアメリカの人種問題をよりよく見渡せる場所を得るためだった。『プレザンス・アフリケーヌ』誌とサルトルの『レ・タン・モデルヌ』の顧問として活動し、一九四八年にはサルトルとルセの〈革命民主連合〉に参加した。

パリに住むもうひとりの黒人作家ジェームズ・ボールドウィンは、リチャード・ライトに大きな借りがあった。ボールドウィンが作家としての第一歩を踏み出すとき、ライトは大いに手を貸していた。だが、ライトに対するボールドウィンの感情は複雑――ほとんどエディプス的――であり、それは『ゼロ』誌掲載の「みんなの抵抗小説」のなかであふれ出した。ボールドウィンは、抵抗小説には欠陥がある、なぜならばその基本的な人間性が政治によって見えなくされているからだと論じた。ライトはこれを『アメリカの息子』に対する個人攻撃ととり、ひどく傷ついた。困窮したボールドウィンの借金をライトがときどき肩代わりはし続けたものの、ふたりの作家の関係は二度と修復されなかった。ボールドウィンは友人たちにたかり、ゲイバーで客引きをすることによってのみ、ようやく生き延びていた。だが、それでもパリはボールドウィンが自信をつけるのを助けた。黒人ではなくアメリカ人作家として扱われ、多くの外国人作家と同様に、フランスでは著述がひとつの専門職として尊重されていることを発見した。

一九四〇年代末、左岸最大のアメリカ人部隊は、復員兵援護法のもとで学生となった若い兵隊たちだった。フランが切り下げられると、週二〇ドルの給与は生き延びるのにちょうど充分なだけのものを提供した。そのうちの多くは遅ればせながら、軍人規律のなかに見られる愚かしい侮辱的待遇に反抗心を抱き、急進的な政治信条に惹かれていた。フランス共産党は「フランス思想の家」を通じて、パリの外国人学生、とくにアメリカ人の心をつかもうと特別な努力をした。アメリカ大使館はこの展開に不安を覚え、油断なく見張っていたが、問題をＦＢＩとＣＩＡに伝える以外にできることはほとんどなかった。

一九四八年春以降、パリには約三〇〇〇名の新たな居住者として、まったく異なる種類のアメリカ人が流入してきた。全員がマーシャル・プランの実働部隊、経済協力局の傘下にあった。マーシャル・プランの監督を任命されたスチュードベーカー社会長ポール・ホフマンは、上院歳出委員会に必要な人員の大要を説明したとき、こう言った。「われわれの組織を、合衆国内で約五〇〇名、代表を派遣すべき一八か国で約一〇〇〇名までに抑えておきたい[9]」。だが、任務は予測よりもはるかに大きく、また複雑だと判明。さらに志願者にも不足はなかった。約三万二〇〇〇人の若きアメリカ人が理想主義に染まり、パリでの生活を熱望して、熱心に名乗りをあげてきた。

商務長官アヴァレル・ハリマンが最前線に立って、アメリカ国民、とくに産業界に、ヨーロッパを助けることはアメリカの自己利益と道徳的義務であると説得を続けていた。そこに付随するメッセージは、ヨーロッパもアメリカのやり方を学ぶ必要があるということだった。「われわれはひとつのシステムを発展させてきた。そのシステムを通して、アメリカ人労働者一名は、他のどの国の労働者一名の何倍も生産できる」とハリマンはシアトルの北米貿易組合で語った。「五〇〇万人以下のアメリカ人炭坑労働者が、昨年一年で、ヨーロッパ二〇〇〇万の炭坑労働者を五〇パーセント上まわる石炭を生産した[10]」。だが、マーシャル・プランの計画案では、ヨーロッパにアメリカ型資本主義の採用を要求することは、「友好国の国内事情に対する不当な介入[11]」だろうと明言していた。

実のところ、ハリマンの第一の目的は戦略的なものだった。廃墟となったヨーロッパが共産主義の餌食となるのを見たくはなかった。産業界の指導者たちは議会に対するロビー攻勢を通じて、気前のよいマーシャル・プラン――五年間にわたり、ヨーロッパに最大一七〇億ドル――が、一方通行の事業であってはならないことをはっきりとさせていた。アメリカの産業も、増大する輸出市場の確約を通してだろうと、過剰な在庫を売りさばく機会を通してだろうと、利益をあげることを許されなければならない。これはヨーロッパで、多くの人――ほとんどが左翼だが、また右翼でも――が抱いた、マーシャル・プランはトロイの木馬のアメリカ経済版であるという本能的な疑いに、いくらかの実体をあたえる結果となった（フランスにおけるある世論調査では、四七パーセントがマーシャル・プランを動かしているのは、アメリカの市場拡大の必要性だと考えていた）。他方で、フランス最大の立案者ジャン・モネはマーシャル・プランを強力に擁護した。破壊された経済と深刻な社会不安を残したまま続けていくことは、中長期的に見た場合、独立をはるかに損なう結果となるからだ。

対策の巨大なパッケージがひとたび議会で承認されると、トルーマン大統領はアヴァレル・ハリマンを経済協力局特別代表に任命した。その宣誓就任式は、マーシャル・プランの穀物を満載した初のアメリカ貨物船〈ジョン・H・クイック〉号がテキサス州ガルヴェストンを出港した直後に執りおこなわれた。数か月のうちに、一日一五〇隻の船が大西洋を渡っていった。このロジスティクス作戦は、第二次世界大戦中の同様の動きをすべて小さく見せる。

アヴァレル・ハリマンは、手を出すもののほとんどすべてに有能であることを証明してきた。逞しくハンサムで裕福な青年時代、イェール大学でボートレースに参加し、スキーはすばらしい腕前で、八ゴール制のポロに優れ、一九二八年にアルゼンチンを破ったアメリカ代表のメンバーだった。ローズヴェルトから国に奉仕するよう説得される前は、ユニオンパシフィック鉄道の優れて有能な会長であり、その名は戦争中のモスクワ駐在アメリカ大使としてもっともよく知られている。ハリマンは、ヨーロッパにおける共産主義の目的達成を阻止するための闘いの参謀本部として、コンコルド広場角のホテル《タレラン》を接収した。

マーシャル・プランの発表は、包囲されたヨーロッパの政治家たちから、遠くに聞こえる解放軍のラッパのように迎えられたかもしれない。だが、各国で分割するために、最初の四九億ドルがテーブルに載せられたとき、ハリマンにはその国際交渉におけるすべての経験と、すべての体力、そしてすべての自己抑制が必要になった。ほぼすべての方面で小さな衝突と妨害行動に直面する。戦時中に払った犠牲に対して特別な扱いを受けるのがふさわしいと感じていたイギリスは、準備通貨としてのポンドの地位を守ろうとした。「皇帝」ルーシャス・クレイ将軍は、ドイツがフランスとまったく同列に扱われるよう要求した。フランスは援助の使い道に口を出されるのは望まなかった。そしてワシントンの官僚機構は細部のひとつひとつについて、いちいち口喧嘩をした。* 果てしのない会議のあいだ、ハリマンは力をこめて落書きをすることで平静を保ち——ここぞという瞬間に強く主張した。その面の皮は、「フランスにおけるアメリカの第五列」[12]に対する共産党の弾幕射撃を無視するのに充分なほど厚かった。もっとも重要なのは、ワシントンのポール・ホフマンとの関係がたがいの信頼に基づいており、そのおかげで大西洋をはさんだ議論が内戦にはエスカレートしなかったことである。

ハリマンは鍵となるスタッフについても恵まれていた。ハーヴァード大学法学部教授のミルトン・カッツと弁護士で外交官のデイヴィッド・ブルースを説得して、パリの自分のもとに呼び寄せた。また、フランスが欧州経済協力機構（OEEC）の書記長に優秀な金融官僚のロベール・マルジョランを任命したのも大きな幸運だった。マルジョランは、OEEC実行委員会のイギリス人議長、高圧的でエキセントリックなエドマンド・ハール＝パッチ卿を相手にして、その手練手管のすべてを必要とした。

ECA（経済協力局）に配属された若いアメリカ人専門家はみんな、ヨーロッパを飢餓と共産主義から救おうと熱意を燃やしていた。また人生で最高に楽しいときを過ごすのにも熱心だった。「若者たち

＊フランス人の努力がもっとも功を奏した。ジャン・モネはデイヴィッド・ブルースを説得して、政府がマーシャル・プランの資金を産業復興に振り替えることを認めさせた。

はみんな戦争を通り抜けてきて」とアメリカ大使館のある秘書は書いた。「人生を知る機会をだまし取られたと感じていた。実務のデスクにどっしりと腰を落ち着ける前に、二度と手にはできないかもしれないなにかの味を楽しみたがっていた[13]」

熱心さのあまり、若者たちは故障中のエレベーターや気まぐれな電話にさえ、一種の異国情緒を感じた。フランス人の妬みはどんなに理解はできても、若者たちが折り合いをつけなければならないなかで、もっとも慎重に対応する必要があるものだった。交換可能通貨はアメリカ人に最高のアパルトマンの選択権をあたえ、アメリカ人以外には価格を上昇させた。そのあいだ、アメリカ人はヨーロッパでは手にはいらないものすべて、とくに車と靴を船に積みこんでいた。「どうやって僕を見分けるんですか？」とあるアメリカ人青年は、鉄道の駅に迎えにくるはずのフランス人家庭に電話で尋ねた。すぐに答えが返ってきた。「あなたの靴で」

アメリカ人職員の質には大きな幅があった。フランスをよく知り、言葉を流暢に操る者もいれば、ほとんどフランス語を話せない者もいた。フランスの首相アンリ・クイユの名前を発音できない人が多く、ただ「ケリー」と呼んだ。これはジョークになり、フランス語を話す大使館員さえ使うようになった。

フランス人との直接の接触を任されたＥＣＡ職員の一部は、前もって原稿の用意されたスピーチを読みあげることも、あとで出される質問を理解することもできなかった。一九四八年一二月三日、情報部の幹部がマーシャル・プランの哲学について講演した。論旨の示し方はあまりにも稚拙だったので、発言のほとんどすべてが、フランス＝ソビエト連邦協会の会員で共産党員であることがほぼ確実なフランス人の哲学教授によって簡単に笑いものにされた。あまりにもきまりの悪い光景だったので、内相は外相のロベール・シューマンに書簡を送り、アメリカ大使に「われわれの言葉を適切に知っており、可能性のある質問に問題なく答えられる、有能なスピーカーだけを送ってくる必要[14]」について忠告するように依頼したほどである。

共産党のキャンペーンは情け容赦がなかった。「ある時点では」とECAの広報担当者は回想する。「マーシャル・プランの映画を上映すると、必ず煉瓦がスクリーンに投げつけられた[15]」

フランスにおけるECAの責任者デイヴィッド・ブルースは、戦前と戦中のフランス体験のおかげで、言葉にはまったく不自由しなかった。ジェファーソン・カフェリー退任後、大使に任命されたが、就任前にアメリカに帰り、国務省と議論を交わした。マーシャルの引退後、国務長官を務めるディーン・アチソン、フィリップ・ジェサップ、ジョージ・ケナン、外交官のチップ・ボーリン、ロバート・マーフィーが出席して、一九四九年五月一〇日、フランスに関する戦略会議が開かれた。「アメリカ合衆国の視点の示し方が、完全かつ包括的に議論された」とブルースは日記にそっけなく書いている。ブルースは、アメリカ介入のにおいがするアプローチについては、どんなものに対しても懐疑的だった。

五月一四日、デイヴィッド・ブルースはル・ブルジェ空港に到着、公式の歓迎を受け、オートバイの護衛つきでパリに運ばれる。「大使館の旗がフェンダーの上に雄々しくはためいていた」とブルースは日記に書いた。「そして私は思った。見物人たちは、霊柩車のような古いキャデラックがたった一台、ヘルメットをかぶった警官に取り囲まれ、だれかわからぬ乗客を乗せて、どこかわからぬ目的地へと疾走するのにちょっと面食らっているだろう、と[16]」

デイヴィッド・ブルースとその妻エヴァンジェリンは、一八八〇年代にグレヴィ大統領が建造し、以前のアメリカ大使が購入していたイエナ大通り二番地の建物に向かっていた。「それは一九世紀末の大きくて、典型的にフランス風の贅沢なブルジョワの住居で、狭いが魅力的な庭がある。一階は、大規模なレセプションや晩餐会にうってつけの間取り。階上の寝室はちょっと驚くべきもので、パリのよき家庭の寝室のように魅力的、あるいはきちんと家具がおかれているのとはほど遠い。しかし、ここにいるのはひとつの歓びである」。歓びのひとつはシェフのロベールだった。ロベールが調理する「簡単な日曜の夕食[17]」は、オニオンスープ、濃厚なワインソースを添えたロブスターのパイ包み、そのあとチキンとサラダという構成だった。

ブルースは、大使館内の組織を完全に変えた。現在はホテル《コンチネンタル》に宿泊している海兵隊衛兵に問題があった。ブルースは衛兵に市民服を着用させようとした。アメリカの経済的覇権の現実がいかなるものであろうとも、いまはアメリカを植民地総督的な権力として描かせるときではない。

職務上の資料を読みこむ時間はほとんどなかった。着任後二週間も経たないうちに、外国の政治家が外相会議のために集まり始めたからだ。会議はフォッシュ大通りの薔薇宮――「ボニ・ド・カステラーヌのけばけばしい奇怪な建物[18]」――で開催される予定で、いつもどおりの決まったパターンに従っていた。ディーン・アチソン、ヴィシンスキー、ロベール・シューマン、アーネスト・ベヴィンを頭とする四か国の代表団が正方形のテーブルを囲んで着席した。アチソンの補佐官ルーシャス・バトルはヴィシンスキーを、「陰気で硬直し、痩せこけ、これまで見たなかでいちばん疑い深そうな目つきをしている」と評した。ブルースはシューマンにもっとも強い感銘を受けた。「なんといい男なのだろう。感じがよく、率直で頭がいい[19]」。ディーン・アチソンはむしろ元気いっぱいのベヴィンに好感をもった。何年もあと、ルーシャス・バトルに、アンソニー・イーデンに「Dean dear〔ディーン君〕」と呼ばれるよりも、ベヴィンに「My boy[20]〔きみ〕」と呼ばれるほうがはるかによかったと語っている。

薔薇宮の会議はほとんど耐えがたいくらい退屈だった。ヴィシンスキーがロシア語で四五分間話し、そのスピーチをソ連代表団のひとりが英訳した。この通訳はまったく能力がなく、事態をいっそう悪くした。ある時点で、ルーシャス・バトルはチップ・ボーリンのほうを向いて尋ねた。「向こうにはもっとましな通訳はいないのか?」ロシア語を流暢に話すボーリンは答えた。「ソ連代表団の全員がましな英語を話すよ! これは水攻めの拷問だ。こっちの頭をおかしくする魂胆だ!」アメリカ側はすぐに自前の通訳をおき、通訳はヴィシンスキーが話しているあいだに、同時通訳した。「ロシア人は英訳を続けた」とバトルは回想する。「だが、少なくともそれは、ロシア人通訳が単調に話しているあいだに、われわれに話し合い、計画を立てる時間を四五分間あたえた[21]」

ディーン・アチソンは「会議で四時間と三〇分、じっとすわっていたあとで」、「尻が疲れた[22]」と認めた。ちょっとした息抜きに、ブルース夫妻はアチソンとルーシャス・バトルを《モンセニュール》に案内した。「バイオリニストが一ダース、チェリストひとり、ピアニストひとり、ハーピストひとり、そのほかなんだかわからない楽器の演奏者」がいた。だが、この白系ロシアの店の選択が政治的見解の表明を意図していたわけでは決してなかったとしても、アチソンがシャンパーニュでたいそう元気になり、立ちあがったときには、ほとんどそうなりかけた。

「ベルリンの空輪に乾杯したい」とアチソンは告げた。

「ルーク、すわらせろ!」とブルースは、事態が手に負えなくなるのを恐れて命令した。新聞記者がいて、話が漏れたら、共産党系新聞が思う存分に暴れまわるだろう。

「どうやって?」とバトルは堂々たるボスを見上げて尋ねた。

「ズボンを引っ張れ[23]」

バトルは言われたとおりにし、国務長官はどしんと椅子にすわりこんだ。だが、外交的な事件はなしですんだ。

外相会議では実質的な役割はほとんど果たせなかったものの、ブルースはすぐに、経済援助の重要性がようやく評価されたいま、フランスにおけるアメリカ大使の力がきわめて大きい、ほとんど困惑するくらいに大きいことを知った。ドゴールがブルースの前任者に見せたよそよそしさとは対照的に、フランスの歴代首相は、なんと新内閣の構成についてまでも、ブルースの意見を求めにきた。同時に、ものごとを指図しようとするワシントンの強い衝動を抑えるために、ブルースもできるかぎりのことをした。フランスに関する戦略会議からちょうど一か月後の六月一〇日金曜、ブルースは、インドシナに無制限の独立をあたえるよう、フランスに圧力をかけることに反対した。それはフランス人をより意固地にするだけだと考えたのだ。

大使が力をもつ理由はしごく単純だ。その前の六月六日月曜、《トラヴェラーズ》で昼食をとったあと、ブルースは執務室にもどり、翌日の演説の準備をした。電話が鳴った。クイユの金融大臣モーリス・ペシュだった。緊急にお目にかかりたいので、こちらにおいで願えませんか。ブルースは同意した。理由を推測するのは難しくはない。「いつものように」とブルースはペシュとの会見後、日記に書いた。「金融危機があり、政府は八〇〇億フランを借りたがっている」[24]

ブルースは、病をものともしないペシュの勇気——「足首は膨れあがり、顔色は紫だ」——に感銘を受け、自党の党員に屈するのを拒否するその態度を称賛した。社会党員は、税と農作物の価格に対するペシュの姿勢に激しく抗議していた。ペシュの性格は、政治家としては許しがたいほどに変わっていたが、ブルースを魅了した。ペシュが首相のクイユは「愛すべき男だ」と指摘したとき、ブルースは日記にこう意見を述べている。「わが国の大統領顧問のひとりが大統領についてこの言葉を使えば、奇妙に聞こえるだろう」

ブルース夫妻はまた、ペシュが食事についての医者からの忠告をばかにするのもおもしろく思った。エヴァンジェリン・ブルースは、ある昼食で、ペシュが自分は特別な食事療法をしていると説明し、オードブルとしてペシュには小さな拳大のトリュフだけがごろんと一個出されたのを覚えている。ペシュの健康はあまりにも悪かったので、友人たちはいつなんどき死が訪れるかもしれないと覚悟していた。だが、説明不能の抵抗力（フランス経済を奇妙に連想させる）によって、その肉体は一般常識をものともせず、なんとか機能し続けていた。

フランスの政治生活で食事がこれほど大きな儀式的役割を果たすことに、アメリカ人は強い印象を受けた。ペシュがアメリカに借金を申し込んだ翌日、オリオル大統領は、ディーン・アチソン、ジョン・フォスター・ダレス、チップ・ボーリン、ロバート・マーフィー、デイヴィッド・ブルースのために、エリゼ宮で豪華な午餐会を開いた。「有名なシェフだった」とブルースは記している。「午餐は、リュキュルス風冷製卵、ガリエール風シタビラメのシュプレーム、ベアルン風チキンのグリル、マリニー風アーティチョーク、小伯爵風アイスクリーム・スフレで構成されていた」。ワイン——シャトー・カルボニユー一九三六年、ムートン・ロートシルト一九四〇年、マム・コルドン・ルージュ一九三七年——もほめている。

ベル・エポックを思い出させる放縦とバランスをとるかのように、翌日、アメリカ大使館員は他国の外交団と並んで、シュアール枢機卿の葬儀ミサのため、ノートルダム大聖堂に集合した。それは「古きフランス」の傲慢な精神に満ちあふれた儀式だった。五年近く前のドゴールの禁止——シュアールが、レジスタンスに殺害されたペタンの情報相のためにミサを挙げたことで受けた罰——は、口にされることのないおぼろげな記憶だった。

しかし、ブルースはすぐにコカコーラ戦争に忙殺されることになる。それはブルース夫妻がボルドーのシャトー・ラフィットを訪れ、エリとリリアーヌのロートシルト夫妻と長い週末を過ごしてもどってきた直後に、決定的な転換をする。

コカコーラ社の重役二名、ファーレーとマキンスキーがもどったばかりの大使に会いにきた。重役は、コカコーラをフランスで販売する計画を推進中だと告げた。共産党による「フランスのコカ植民地化《コロニザシオン》」(25)反対キャンペーンに煽動された小規模ワイン生産者からの抗議のために、フランス政府は抵抗を続けている。問題全体があまりにも感情的になったので、ソフトドリンクの輸入が自分たちの生活の糧を破壊するという主張を、多くのワイン生産者が本気で信じていた。

フランス市場からコカコーラを閉め出すことは、自由貿易に関するマーシャル・プランの協定に明らかに違反していた。だがデイヴィッド・ブルースは、共産党と保護貿易主義ロビーのごまかしに満ちた奇態に腹を立ててはいたものの、同国人に対してもほとんど同じように憤慨していた。「これは明らかな差別である」とブルースは日記に書いた。「われわれはそれに対し、強く抗議しなければならない。もっともコカコーラ社の広告企画は心理的に見てきわめて愚かだと思う」。コカコーラは、「高さ一四二フィートの塔にネオンサインをとりつけることも含む通常の広告媒体を使い」たがっていたようだ。「ふたりはむしろ残念そうに、エッフェル塔を使用するというアイディアを放棄した(26)」

フランス共産党はあからさまに、アメリカ文化が国を窒息させつつあると主張した。ロラン・カサノヴァは、ヘンリー・ミラーのポルノグラフィとアメリカの犯罪小説は、フランスの魂に攻撃を仕かけていると宣言した。もしその憎しみの対象がアメリカ合衆国とその影響力でないとすれば、カサノヴァは超保守主義者のように聞こえただろう。だが、数名の著者が指摘しているように、共産党の外国恐怖症的な陰謀理論は、右翼の反フリーメーソン主義の伝統に多くを負っていた。

この奇妙な右翼的偏見の反映の仕上げとして、ピエール・クルタドやロジェ・ヴァイヤンのような共産主義作家が編集する雑誌『アクシオン』は、「サン＝ジェルマン＝デ＝プレのアメリカ人インテリゲンチャの同性愛者」を攻撃した。記事は大まじめで話を続けている。「先日、私服姿の騎兵隊大佐は、魅力的な妻を連れていたにもかかわらず、あからさまな提案を受けた」[27]。これはまさに、反動的な王党派の出版物のなかに予測できるような記述である。

しばらくのあいだ、共産党系の新聞雑誌はコカコーラの販売を、幼児に麻薬を売るのとほとんど同じように描き出した。「毎晩、コカコーラのトラックが一区のイノサン広場入口に停まり、運転手が付き添いのいない子どもたちにボトルを配る。子どもたちはその場で飲みほす」[28]

第31章 観光客の襲来

ひとたび戦争が終結すると、兵隊としてではなく、一市民として旅をしたいという衝動が強まった。イギリスでは、戦時の禁欲生活、社会主義、空襲の損害から逃げ出したいという切望があったが、そのような贅沢をする余裕があり、また手配できる立場にある者はごく少数だった。一九四五年の晩夏、総選挙の敗北から回復しかけのウィンストン・チャーチルは、モンテカルロのホテル《パリ》に滞在。戦時名ウォーデン大佐でチェックインし、シェフ・ソムリエのムッシュー・ロジェの言葉を借りれば、「正真正銘の一九三四年物ポメリー・ロゼ療法[1]」に従ったので、ロジェは仕入れの追加を願い出なければならなかった。

イギリスはフランスよりもずっと長期にわたって配給制度の手に握られ続け、貧窮から抜け出すきざしはまったく見えなかった。法律を遵守する気のある者にとって、旅行の第一の障害は労働党政府から課せられた二五ポンドの旅行者制限だった。しだいに多くのイギリス人が、クレメント・アトリーのイギリスの陰鬱と厳格を逃れようと破れかぶれになって、それを無視し始めた。フランスと比較すると、アトリーのイギリスは組み立て式カマボコ型兵舎、頭の両脇とうしろを短く刈った髪型、シュエット・プディング〔牛脂と小麦粉に薬味などを加えて煮たり、蒸したりしたもの〕以上から先にはほとんど進んでいないように見えた。パリのファッション、大通り沿いのカフェ、豪華な料理の魅力は圧倒的だった。

一九四八年五月以降、アメリカ市民には四〇〇ドル相当の品物を国に持ち帰ることが許可されたが、真の観光ブームの開始は一九四九年夏だった。そのころまでには旅行の手配はわずかに楽になり、ヨーロッパにもわずかにましな準備ができていた。「三〇〇万人の観光客が押し寄せてくると知らされました」とナンシー・ミットフォードは一九四九年四月にイヴリン・ウォーに書いている。「《リッツ》は一〇月一〇日まで、部屋の空きがないと言っています(2)」

「ヨーロッパのアメリカ人は」とレティシア・ボールドリッジは、アメリカ大使館の職場から家族に宛てて書いた。「しばしば害をあたえ、敵意を生み出しています。不注意で、甘やかされて文句ばかり言っている人びとが、もがき苦しんでいる国々をこれ見よがしに歩きまわり、ヨーロッパ人にさらにいっそう苦い思いと劣等感とを抱かせていると考えるのは嫌なことです」。しかし、旧風のヨーロッパ人がいちばん異議を唱えたのは、衣服に対してだったようだ。八月末、ナンシー・ミットフォードはイヴリン・ウォーに書いた。「今朝、私が《リッツ》で見た人たちをご覧にならなくては。全員が海に出かけるみたいな恰好でした(3)」

ドルを詰めこんだ観光客の襲来を迎えるために、フォブール・サン゠トノレ街の各店舗は、ウインドー・ディスプレーを「七つの大罪」のテーマでまとめた。生のオレンジとバナナが「大食」を象徴。これは豊饒の国からきた観光客には的はずれだったかもしれない。一方、ランヴァンでは、フォーマルなブロケードのドレスを着て、宝石をたわわにつけた頭のないマネキン人形が「嫉み」を表現していた。カルティエは、「金のカクテル用マドラー一万一〇〇〇フランとそのセミオートマテック版二万一〇〇〇フラン(4)」まで並べた。フランス人をぞっとさせた代物である。

ショッピングだろうと観光だろうと、あるいはこの街が吹きこむ発想や興奮だろうと、ただの好奇心だろうと、人びとはさまざまに組み合わさった理由でパリにきた。モンパルナス時代を夢みていた者たちにとって、『バラ色の人生』を歌うナイトクラブの歌手、ジャクリーヌ・フランソワの声も、自分を「パリのロマンスを全身に吸いこんでいる若きスコット・フィッツジェラルド風の人物[5]」のように感じさせるのには充分だった。

この都会はまた、《フォリ・ベルジェール》の小さなスパンコールをつけたバタフライから、「四芸術の舞踏会」で浮かれ騒ぐ学生たちを見る興奮にいたるまで、性的な自由を象徴してもいた。七月五日の夜、ボザールの学生たちはモンパルナスを「絵の具を塗りたくり、目に見える衣服は腰布だけで、インディアン、あるいは日本のサムライのような服を着て、いやむしろ服を脱いで」練り歩いたと、アメリカ大使は自分の車が悪意はなしで取り囲まれたときのことを記している。

だが、若きアメリカ人がこのような自由を渇望している一方で、より厳格な同国人は衝撃と非難とを表明した。フランスの無規律——政治的、性的、衛生的、美食的——は、多くの道徳的非難に主題を提供した。一九四八年夏、ぱらぱらと訪れた最初の観光客たちは、七月から九月までのあいだに内閣が次から次へと倒れ、終わりがないように見えた政治危機を批判した。そして清教徒的な厳格主義は、フランスが全体としては「福祉の施し物」に頼っていると考えられている時期の「グランド・キュイジーヌ〔高級料理〕」の浪費に憤慨した。フランス中産階級の美食さえ、多くのアメリカ人には不道徳なものとして衝撃をあたえ、厳格主義者は自らの見解を自分のなかだけに押しとどめてはいなかった。しばしばその激しい非難は、自分たちが濃厚で不慣れな食べ物に適応できないせいでもあった。胃腸薬を鞄に詰めこみ、床に開いた穴にかがみこむのには強い嫌悪感を覚えた。一九四九年夏の干魃による水不足によって、その衛生上の懸念が和らげられることはなかった。

独善的な、あるいは自分の興味にだけ没頭した観光客からの無理難題に面食らわされたのはフランス人だけではない。一九四九年六月、《リッツ》滞在中の若いアメリカ人女性は、アメリカ大使館のデイヴィッド・ブルースに電話をかけて、「マットレスがごつごつしすぎているので、取り替えさせてくれ[6]」と頼んだ。その後、ブルースはあるパーティで、ニューヨークのモデルに呼び止められ、「語彙を増やしたいので」おもしろいフランス人を紹介してほしいと依頼された。

しかし、もちろんブルースはパリで膨張しつつあるアメリカ人コミュニティに冷たい顔をしていたわけではない。若いアメリカ人画家の個展のオープニングパーティには、その作品がどんなに嫌いでも、必ず出席するように努力した。いつもより興味をもって出かけたのは、俳優エドワード・G・ロビンソンの妻がアンドレ・ヴェイル画廊で開いた個展だった。ロビンソン夫人のグラディスは、あるフランスの村の再興を助けるチャリティのために、自作を販売した。続く数週間、ロビンソンがコート・ダジュールでロケをしているあいだ、グラディスはパリを満喫した。ブルース夫妻は《マキシムズ》の昼食で、「ちょっとカクテルを飲みすぎているが、でもとても愉快な」グラディスと再会。そのあと、グラディスはマルセル・ロシャスの店での仮縫いへとよろめき出ていった。

当時、要求されたアルコールに対する抵抗力を考えてみると、自分はちょっと酒に弱いと思えてくる。パリにおけるアメリカの影響はホテルに「カクテル・アワー」を導入した。これは夕食や観劇に出かける前の一種の準備体操である。しかし、実際のところ、「カクテル・アワー」は六時から八時半までの二時間半にわたり、フランス人が不倫にあてていた「五時から七時まで」のアルコール版だった。

半ダースほどの人気店があり、亜鉛のカウンターとタイル張りの床のあるフランスの質朴な店とは似ても似つかなかった。《クリヨン》のバーは記者とマーシャル・プランの職員でいっぱいで、パリで最高のトム・コリンズを出すと評判だった。《リッツ》のバーテンダー、アンドレ・ギルランはシャンパーニュのカクテルで有名。ハリウッドからきた通りすがりのお客たちは、《ジョルジュV》、あるいは《プランス・ド・ガル》に滞在する傾向があった。《プランス・ド・ガル》のバーテンダー、アルベールはめったに顔を出さないお客の好みと酒量まで記憶していた。《ムリス》と《クラリッジ》には、会話にぴったりの小さくて静かなバーがあり、一方《プラザ・アテネ》のバーは芝居の前に手早く軽食がとれるのが利点だった。

懐具合に余裕がある訪問者は、いちばん有名な店にいきたがった。昔の仕事にもどった《マキシムズ》の給仕長アルベールは、共産主義者いわく「新たな占領軍」の通貨であるドル札のかさかさいう音に頭をさげた。《トゥール・ダルジャン》は相変わらず、プレスした鴨とノートルダム大聖堂の夜景で有名だった。暖かな夏の宵、中年のロマンティストはブローニュの森の《パヴィヨン・ダルメノンヴィル》に引き寄せられた。そこでは提灯のさがる木立に囲まれた湖のほとりで、お約束のバイオリン弾きが奏でるツィガーヌの曲をバックに食事ができた。そうでなければ近くの《プレ・カトラン》。この店は伝統的な決闘場の場所にあった。

フランス語力に限界のあるアングロ＝サクソンの訪問者のほとんどにとって、劇場とはコメディ＝フランセーズよりもむしろ、《フォリ＝ベルジェール》や《リド》《カジノ・ド・パリ》を意味しがちだった。しかし、言葉のわかる者のために、一九四九年初秋のパリ演劇界はいろいろな演目を取りそろえていた。アンバサドゥール劇場では、ジャン・ギャバンがアンリ・ベルンスタインの『渇き』で名演を見せていると評判だった。デイヴィッド・ブルースはこの劇を「それがベルンスタインの戯曲すべてに似ているという意味で古風な官能劇」(7)と評している。

一〇月一日土曜、クエヴァス侯爵プロデュースのモンテカルロ・バレエ団がシーズンの幕を開けた。

タマラ・トゥマノヴァと、クエヴァスが合衆国から連れてきたアメリカ人プリンシパルのひとりロゼラ・ハイタワーは超一流として歓呼の声で迎えられた。ロックフェラー家の相続人のひとりと結婚したチリ人、ジョルジュ・ド・クエヴァスは一九四七年にバレエ団をセルジュ・リファールから乗っ取った。リファールとは決闘したと言われている。ニジンスカがバレエ・マスター〔演出・振付をする人〕で、クエヴァスはリシーンとマルコヴァもスカウトしてきた。気まぐれで自惚れの強いクエヴァスは、バレエ団を「クエヴァス侯爵の大バレエ団」と改名した。

翌月、テネシー・ウィリアムズの『欲望という名の電車』が開幕し、冷淡な評にもかかわらず、この年のヒット作のひとつとなった。マーロン・ブランドが有名な裂けたTシャツ姿で主演し、論争を呼んだオリジナル版をニューヨークで観てきた者には、フランス版はまた異なる種類の独創性を提供した。脚色のジャン・コクトーはさまざまな変更を加えた。まず手始めに、ニューオーリンズを「かなり官能的で奇妙な黒人ダンス(8)」を使って奇抜に描き出した。デイヴィッド・ブルースは初演の夜、劇を翻訳したポール・ド・ボーモンとともに大勢で連れだって出かけた。舞台装置はすばらしかった。すばらしくある必要があった。なぜならば、競争相手は新たなるヨーロッパの冬だったからである。幕は、汗の流れる暑い南部の夜を表す虫の鳴き声のなかで上がったが、観客は凍えていた。

批評家は演出に感銘を受けなかったものの、ブランシュ役のアルレッティはすばらしかった（同時期にロンドンでは、ヴィヴィアン・リーがこの役を演じていた）。アルレッティにとっては演劇界を追放されて以来、初めての舞台だった。マリア・モンテス、エーリッヒ・フォン・シュトロハイム共演の映画『殺人者の肖像』は、劇の公演中の一一月二五日に封切られた。

ある晩、公演後にアルレッティの楽屋を予期せぬ客が訪れた。マーロン・ブランドは、オリジナルのアメリカ版舞台でコワルスキ役として名を成したあと、パリで長い休暇を過ごしていた。ブランドにはアルレッティに会いたい理由がいくつもあった。『天井桟敷の人々』はお気に入りの映画で、ガランス役のアルレッティを崇拝した。合衆国では、『双頭の鷲』で暗殺を目論む農民役を振られた。これはコクトーが愛人のジャン・マレのために書いた役である。だが、ブランドが「スタニスラフスキー方式」で演じる農民は、粗野で下品、わざとらしいほど農民的だったので、恋に落ちる相手の女王役、タルラー・バンクヘッド（パリ公演ではエドヴィッジ・フイエールが演じた）は、ブランドのどこ吹く風といった不作法な態度を個人的な侮辱と受けとった。おもにバンクヘッドが強く反対したために、ブランドはブロードウェイ公演には同行しなかった。

外交術についてのブランドの観念は改善されていなかった。アルレッティと会うのに、ジーンズとTシャツで登場。服装については正真正銘のパリジェンヌであるアルレッティはばかにされたと感じ、見るからに冷たい対応をした。ブランドは肩をそびやかし、視線を右岸に新しくできた左岸の植民地《屋根の上の雄牛》に移し、服装の基準がより緩やかなジェルマノプラタンと時間を過ごした。ブランドが慎ましいスクーターを見つけ出してきたので、ジュリエット・グレコはその後部座席から、ブランドをパリのガイド付ツアーに案内した。だが、ブランドが《屋根の上の雄牛》で恋に落ちた歌手はアーサー・キットだった。

パリのナイトクラブは世界中のどこよりもバラエティに富んでいた。おそらく《バル・タバラン》がいちばんドラマティックだっただろう。ショーの前は、テーブルと椅子がダンスフロアを丸く囲み、他のどんな店とも同じに見えた。だが、セミヌードのショーそのものは息を呑むような演目が並び、落し戸や空中ブランコ、ライト、サウンド、ミラー、サーカスの動物が魔法のような効果を作り出した。コリゼ街四〇番地の《カルーセル》は、《屋根の上の雄牛》から数軒を隔てたところにあったが、メインのアトラクションは美しい衣装をまとった女形だった。だが、夜は、《フォリ・ベルジェール》がはねたあとにやってくる踊り子たちのカンカンダンスで終わりを告げた。

モンパルナスの《ル・モノンクル》のように、ホモセクシュアルやレズビアン専用の店もいくらでもあった。だが《バラ色の人生》は、そのあまりロマンティックでないあだ名「肉のサロン」にもかかわらず、愛すべき奇抜な店だった。ある晩、ふたりのやんごとなき同性愛者、サー・マイケル・ダフとデイヴィッド・ハーバートがルイーズ・ド・ヴィルモランとダイアナ・クーパー、そしてダイアナの若い息子ジョン・ジュリアスを案内した。「それは狭いダンスホールで」とダイアナは書いた。「楽団と、中年の歯医者のカップルが何組も、けだるそうな若者と娘のダンスのように、チークダンスというわけではないけれど、でもきびきびとビジネスライクに上手に踊っていた。お化粧を厚さ一インチに塗りたくった店主は、シャツとズボンを手品師のボルディーニ風に一瞬でスパンコールのついたエドワード朝スタイルのイブニングドレスと帽子に変える瞬間を待ちながら、ぶらぶらしている。バンドの合図で、胸の大きく開いた衣装を着て化粧をした、もう若くはない紳士のバレエ団が――自分たちにできるかぎり楽しそうに――登場。演目と演目のあいだには、あちらこちらで男性のカップルが、田舎っぽいご婦人のカップルのまわりを跳ねまわりにいく(9)」

《シェヘラザード》と《トロイカ》の後釜となった白系ロシアのナイトクラブは、アレクシス・ド・ノルゴフとチカチェフ大佐が経営する《ディナルザード》だった。主食はキャヴィア、シシケバブ、ウォツカとシャンパーニュ。ドノー街、《ハリーズ・バー》近くの《レ・グラン・セニュール》は、《シロズ》の別名でも知られたが、ベルベットのカーテン、ブルゴーニュ・ワイン、巨大なワインクーラーがあり、ツィガーヌが耳もとでバイオリンを奏でた。アムステルダム街の古い《モンセニュール》と似ていたが、こちらもまた、自ら経済的破綻を望んでいるのでもないかぎりは、恋愛関係を始めるときだけにいくべき店だった。

これほど高価ではなく、しかも予想外のお楽しみは、シュジー・ソリドールがジュベール街の自分の店《オペラ・クラブ》で提供した。ソリドールは、クリスティアン・ベラール、コクトー、デュフィ、ヴァン・ドンゲンの手になるものも含めて、一〇〇枚以上にもおよぶ自分の肖像画のコレクションをもっていた。トロピカルのリズムがお好みの向きにはモンマルトルの《ラ・カバーヌ・キュベーヌ》やモンパルナスの《マルティニケーズ・カンヌ・ア・シュークル》があった。《ハニー・ジョンソン》やシャンポリオン街の《イネスの店》のような気楽なジャズクラブもあり、《イネスの店》では、ハーレム出身のイネス・カヴァナが失業中のミュージシャンを雇った。フライドチキンやスペアリブの注文が下火になると、イネス本人が「一曲か二曲、やっつけた[10]」。ふたりで初めて過ごすパリの夜、ケストラーがマメーヌを連れていったモンマルトルのソール街《ラパン・アジール》は、一文無しの画家でいっぱいと言われていた。だが、いまでは観光客が画家たちを押し出してしまった。

一九四九年の初夏、外国人にいちばん人気のショーはジョゼフィン・ベーカーの本格的カムバック、『夢幻と熱情』と題された《フォリ・ベルジェール》のグランドレヴューだった。俳優のマイケル・マクリアモイルは、六月にある友人を初めてパリに連れ出したときのことを語っている。パリ体験は《メディテラネ》のエスカルゴの皿から始まった。そのあと、ジョゼフィン・ベーカーを見にいく。「ジョゼフィン・ベーカーは『愛の追求』を象徴する一連の役、熱帯のエヴァ（淡いブロンドのアダムと鳩を数羽従え、巨大な滝の下、霧のかかった夜明けのエデンのジャングル）から始まって、時代を追いながら、ギリシアの王女、東洋の皇女、フランスの王妃などなどの驚くべき化身として登場した。そのあと、皇后ジョゼフィーヌとスコットランド女王メアリーになって、かなりのあいだ身をくねらせた。この回り道は、濃い紫のカテドラルの場面で頂点に達し、（裾を引きずる黒のベルベットの衣装で）公開処刑される。

そのあと頭をなくした美女は、今度は目も眩むようなダイヤモンドを散りばめた衣装で、グノーの『アヴェ・マリア』を耳をつんざかんばかりのオルガンを伴奏に歌い、ステンドグラスの聖人が大勢、輝きながら窓から降りてきて、肉体に対する精神の勝利を祝い、紫の光線のなかで重々しくサラバンドを踊った。すべてが感動の極み。私たちはナイトクラブにいくのには疲れすぎていて、疲れた（でも、よろこんでいた）哀れなポールをベッドに入れ、神経を鎮めるために《ル・ドーム》にココアを飲みにいった[11]」

もっと頑健な人びとのためには、いつでも中央市場《レ・アール》——ゾラの言葉では「パリの胃袋」——があって、夜明け直前にオニオンスープを飲みにいけた。ほとんど固体のようなスープと白ワインちょいと一杯のあと、おしゃれをしたカップルは、筋骨たくましい腕と赤い鼻をした青のオーバーオール姿のポーターが、牛の枝肉を抱えあげるのを見る。それから花市場をゆっくりと通り抜け、ホテルに持ち帰る花束を買う。ホテルでは、夜勤を終えかけたコンシエルジュが、ふたりを寛大な微笑で迎えてくれるだろう。

七月初め、パリの市参事会は、「パリの大夜会」をクライマックスにして「大週間」を終えることに決めた。市内とヴェルサイユの噴水は水が通され、照明があてられた。エッフェル塔は初めてフットライトを浴び、その足もとでサーカスの象たちが曲芸をした。ひとり三〇〇〇フランで特別な晩餐が用意され、有名人——エドワード・G・ロビンソンとイングリッド・バーグマンを含む——がショーを見物。ショーはイエナ橋から打ちあげられる巨大な花火で幕を閉じた。外国人はもちろん重要な観客だった。だが、この催しはまた、パリの人びとによりよき時代がもどりつつあることを示す政治的デモンストレーションでもあった。

第32章 パリは永遠にパリ

マーシャル・プランは人びとがあえて期待したよりも早く経済復興を勢いづけ、いまやフランスはその効果を目にし始めていた。すでに一九四八年、新しい意識が浮かびあがってくるきざしが見られた。「私のコミュニティでは心境の変化があったようです」とラビ長〔ユダヤ教の最高指導者〕はジャック・デュメーヌに語った。「現在では、父親はもはや婿を国家公務員からは選びません。二年前は逆でした。これはもしかしたら、フランスで商業活動が復活しつつあるサインではありませんか？[1]」ジャネット・フラナーは、戦争以来初めて、店の棚が空っぽではないことに気づいた。「いまでは平均的フランス人は、店で望みのものをほとんどすべて見つけられる。ただしその代金を支払う手段は別だが[2]」

その年の一一月、マーシャル将軍は、プランの進捗状況を視察するためにフランスを訪れた。ポール・クローデルが歓迎のスピーチをし、こう発言した。「これまで『プラン』という言葉は、私たちの耳にはあまり心地よくは響きませんでした！　それはすでに疲れ切り、あまりにも重い荷を背負わされた人びとにとって、遠くの目標に対する人間の服従を意味していました。しかし、マーシャル・プラン、それを私たちはすぐに理解できます。ちょうど赤十字を理解するのと同じように[3]」

ストライキの最後の波が腰砕けになったいま、国は復興の途上にあった。経済にあたえられた大きな損害にもかかわらず、フランスはイギリスよりも、アメリカの援助を利用するのによりよい立場に立っていた。なぜならば、フランスの産業を新しく形作るためのモネ・プランがすでに存在したからである。ジャン・モネは政府と、当時はマーシャル・プラン実行の任務を負っていた経済協力局のフランスにおける責任者、デイヴィッド・ブルースの両方を説得して、使用可能な資金の大きな部分を産業再生に割り振らせた。優先順位――鉄鋼、石炭、水力発電、トラクター、輸送――が確定された。無駄にされた時間はほとんどない。一方、イギリス政府は勝利者の幻想を病んでいた。産業再建のためには長期的計画が必要だとは考えず、投資は未来のための新しい工場や新しい機械ではなく、既存の生産に流しこまれた。

一九四九年初めから、フランスの日常生活はより暮らしやすくなり始めた。一月、ストライキ終了からわずか二、三週間後、国債が――解放以来初めて――完全に引き受けられた。一九四八年の干魃が収穫量を徹底的に減少させていたので、おもにマーシャル・プランのおかげではあったが、パンの配給が終了した。乳製品は、ヨーロッパ復興計画一周年にあたる一九四九年四月一五日以降、配給制を脱した。物価はより安定し、賃金引き上げ要求は姿を消し、インフレは減速した。ワシントン宛の大使公電が示すように、アメリカの警戒感さえ緩んだ。「強調しすぎたり誇張したりしたいわけではないが、私の意見では、少なくともフランスは困難を切り抜けつつあり、復興の途上にあるといっても差し支えはないだろう(4)」

前年の出来事と較べればその一年はあまりにも静かだったので、パリをベースにする外国人記者たちはもう書くことがなにもないとこぼした。新たな白け気分は首相アンリ・クイユのせいにされた。クイユは刺激的ではないかもしれない。だが、見かけよりは賢く、喉から手が出るほど必要とされていた安定をもたらした。クイユが任命したなかでもっとも重要なのは、金融大臣モーリス・ペシュである。ペシュは政治的なファンファーレはなしで、経済とフランを――ヤミ市場と公式レートのあいだの為替レートの差を縮めることで――自由にし始めた。

マーシャル・プランの製品がフランスに大量に流入したために、アメリカ合衆国からの一九四八年の輸入高は巨額にのぼったが、「一九四九年末には」とのちにアヴァレル・ハリマンはワシントン宛の報告書に記述している。「輸出が二倍以上に増加し[5]」、貿易収支の赤字幅は狭まった。石炭の生産は増加中。鉄鋼製品は、一九二九年の記録に匹敵というモネの野心的目標に近づいた。自動車の生産台数は一九四七年の五〇〇〇台から四九年末の二万台以上に上昇。交通量とクラクションの騒音の急激な増加が、とくに自転車の姿を見かけることはますます少なくなっていたパリ中心部に、顕著な変化を生み出した。

共産党にはもはや、マーシャル・プランを真っ向から攻撃する度胸はなかった。それは国の復興を妨害しようとした党のやり方に目を引くだけだったからだ。メーデーの横断幕は平和キャンペーンに集中した。アメリカ大使館の観察者は、行進する者の数が前年よりもはっきりと減少していることに気づいて、控え目な満足を覚えた。「解放以来もっとも静かなメーデーが明らかにしているのは、生活条件に対する労働者の満足というよりも、スローガン、教義、組織に対する無関心の増大と信頼の欠如である[6]」。パリの反対側、ブローニュの森では、ドゴール主義者の群衆一〇万がRPF主催の対抗デモに集まり、そのあとさっさと解散した。その日は、政治的情熱は――少なくとも差しあたってのところは――もはや燃えつきたという事実を強調していたように見えた。そして、間近の危険は去ったという印象を確認するかのように、その月遅く、ドイツのソ連軍はベルリン封鎖を解除した。

小麦が豊作で、収穫は一九四八年を大幅に上まわった。九月、クイユ内閣は従来からの通貨の自由政策をさらに推進し、ドルに対してフランの二〇パーセント切り下げを許した。より深刻な状況のイギリスは、ポンドを三〇パーセント切り下げざるをえなかった。

一〇月のクイユ内閣崩壊——労働者階級の批判をかわすための社会党の作戦——も株式市場に大きな影響はあたえなかった。炭鉱ストライキの恐れはなく、燃料の在庫は前年度の二倍近くに達した。最大の暗雲はインドシナの紛争だった。さらに一万六〇〇〇人の徴集兵が派遣され、在インドシナ軍を一一万五〇〇〇人に増強した。

一一月の第三週以降、共産党のエネルギーは国内問題とは別の方向に向けられ、党が国際的祝典と信じているもの——一二月二一日のヨシフ・スターリン七〇歳の誕生日——に集中された。中央委員会から、全員このイベントに贈物をすべしという命令が発せられた。偉大な一日の準備段階はまるで大統領選挙のように扱われ、英雄的指導者を描いた三万枚のポスターとパンフレット五〇万部が印刷された。

王家の結婚を思わせるような贈物の展示が、ジャン＝ピエール・タンボー街の金属労働者組合会館で開催された。スターリンの生涯を描いた二三枚のパネルがホールを飾り、約四〇〇〇点の贈物が並べられた。あらゆる種類の刺繍や手工芸品、アウシュヴィッツで命を落とした少女が作った人形の帽子まであった。特別に作曲された『スターリン讃歌』の楽譜、ポール・エリュアールの作品を含むたくさんの詩、ほぼすべてが社会主義リアリズムのスタイルで描かれた美術作品。ある著名な共産主義画家は、シヨワジー＝ル＝ロワのモーリス・トレーズ邸に贈った自信作が、美術品の山のなかにあるのを見つけて衝撃を受けた。このガラクタの奇妙な貨物は鉄道貨車に積みこまれ、モスクワに向けて発送された。スターリンがそれに、あるいは四万人の見学者が署名した祝賀帳に、わざわざ目を落とす手間をとったとは思えない。

一二月一九日、ブルース夫妻は、ちょうど五年ほど前のパリ解放のあいだ、大使の戦友だったアーネスト・ヘミングウェイのために夕食会を開いた。ヘミングウェイとともに、ダフ・クーパー、マリ゠ルイーズ・ブスケ、ポリーヌ・ド・ロートシルト、クリスティアン・ディオールが招かれた。夕食のハイライトはヤマシギ、合わせるワインはロマネコンティ。ヘミングウェイは、ヴェネツィア近くで友人仲間と八〇〇〇羽以上の鴨を撃ったと自慢した。だが、絶好調とは言いがたかった。『河を渡って木立の中へ』を執筆中で、鴨の大量殺戮も癒せなかったインポテンツに悩んでいた。自作のアメリカ人大佐のように、ヘミングウェイは戦争が終わったという事実と折り合いがつけられずにいた。

一九四〇年代最後の年は終わりに近づきつつあった。だが第四共和制の政治は同じ滑りやすい道を歩き続けていた。ジョルジュ・ビドーはクイユ内閣崩壊後の一〇月末、新たな内閣を間に合わせで組閣したが、クリスマスの靴下のなかになにを見つけるだろうかと思っていた。「果物二、三個だろうか。オレンジ一個、バナナ一本――あるいはその皮」[7]

左岸では祝宴があった。ジャン゠ルイ・バローとジャン・ガルティエ゠ボワシエールを含む友人たちがだれからともなく集まり、文学者で戦時中、コメディ゠フランセーズの座長を務めたジャン゠ルイ・ヴォドワイエの「不死の人」〔アカデミー・フランセーズ会員〕選出を祝った。アカデミー・フランセーズの制服、緑の燕尾服――ヴォドワイエの祖父と曾祖父も身にまとう栄誉に浴した――が、ソファーの上に広げてあった。

ガルティエ゠ボワシエールにとって、もっとも記憶に残った夜は、ソルボンヌ広場を見おろす自宅アパルトマンに友人全員を集めたクリスマス・イブだった。口髭と「愛情に満ちた大きな目」、何年も飲んできたシャンパーニュ地方ブジー村の赤ワインで顔の赤くなったこの心の寛い巨人は、友情を育むことと、衝動的に不敬な振る舞いをすることの両方に大きな才能をもっていた。長いあいだ苦労をしてきた献身的な妻シャルロットは、なにか不作法な振る舞いについて絶えず夫を叱っていなければならなかった。地方で開かれたあるサイン会ではかなり酔っぱらい、本を手に近づいてくるご婦人たちのためにエロティックな献辞を書いた。憤慨した夫たちは不愉快な頁を急いで破りとった。

娼館とバル・ミュゼット、古風なレストランのパリ――急速に消えつつあるパリへのガルティエ＝ボワシエールの愛と釣り合うのは、その現代政治のうわべだけの言葉に対する強い嫌悪のみだった。一九四八年六月、またしても徹夜の酒飲みパーティと『ちんぴらの心』や『場末のツバメ』などの愛唱歌との鳴り物入りで再刊した『ル・クラプイヨ』誌では、アラゴンのようなスターリン主義者がふたたびお気に入りのターゲットになった。アラゴンは戦前からの侮辱にすでにやり返していた。解放後に出版された小説『オレリアン』で、巨大で勇敢なガルティエ＝ボワシエールを、「ル・カニャ」――「塹壕砲《ル・クラプィヨ》」に対立する兵隊の隠語で「待避壕」を意味する――の編集長、哀れなチビのフュシュとして描いた。

その晩、ガルティエ＝ボワシエールと友人たちは、一九四〇年代最後のクリスマスまで、笑い、酒を飲み、しゃべり、歌い続けた。ひとりの客は物まねが上手で、夜が更けるにつれて、さまざまな「演し物」をその「メインディッシュ」まで続けた。それは「濃いメーキャップをした片手を相方に使う驚くべき腹話術。最後に、有名な雌ライオン、サイーダに『芸をさせる』インド人のライオン使いが中央の檻にはいる……突然、私たちはもう朝の七時だと気づいた[8]」。

第33章 反復性発熱

一九四九年の閉幕は明確な戦後時代の終焉を画した。だが、時代の大きな問題はもちろん四〇年代とともに終わったわけではない。本書で扱った主要な三つの問題――占領、仏仏戦争の一部としての粛清、革命の冷酷非情に対するインテリゲンチャの称讃――も、パリの生活に影を落とし続けるか、あるいはのちになって、ふたたび表面に浮かびあがってきた。

一九四九年の経済復興で最初に損害を受けたのが共産党だとすれば、ドゴール主義はまもなく政治的な無風状態の最初の犠牲者となった。「将軍の株は」とフランク・ジャイルズは書いている。「金の価格のように、混乱の時代には上昇し、路面がよりすいすい走れるようになると下落する傾向にあった(1)」。グルノーブルでの死者を出した市街戦の記憶は、ドゴールの黙示録的宣言と組になって、いまでは人びとを落ち着かない気分にした。ほとんどの内閣が六か月以上もたず、政権がふたたび不安定化したにもかかわらず、一九五〇年代初め、ＲＰＦは急速に衰退していった。一九四六年の辞任後にドゴールが発した威厳ある「私は待つ」は、アルジェリアの植民地戦争をめぐる危機がドゴールにチャンスをあたえるまで、一二年間続くことになる。

一九四九年の政治的安定で最大の利益を得たのは経済計画だった。マーシャル・プランが商業活動を再活性化させるという目的をひとたび達成し始めると、ジャン・モネは時間を一瞬たりともむだにしなかった。計画総合委員会のデスクから、その視野はつねにフランス復興の彼方、統一ヨーロッパへと広がっていた。この計画を考えついたのは戦時中である。もし超大国に支配されたくないのであれば、ヨーロッパ大陸には強さと統一が必要だ。

マーシャル・プランが創設した合同委員会を前例として、モネは一九四九年春に、イギリスの政治家と官僚に対して外交攻勢を開始し、経済協力を拡大させようとした。しかし、イギリス側はフランスの決意に面食らった。着想の全体がイギリスを不安に、あるいは懐疑的にした。イギリスはすでに、フランスとイギリスをさらにしっかりと抱き合わせようとするアヴァレル・ハリマンの試みに憤慨していた。帝国と北大西洋条約機構内での大国的役割にぐずぐずと執着していたことは、イギリスの心がヨーロッパにはなかったことを意味する。

一九四九年末までに、イギリスが役に立つパートナーではないと理解したモネは、注意をドイツに向けた。その主要な戦略的計画である欧州石炭鉄鋼共同体は、大陸でもっとも強い影響力をもった外務大臣、ロベール・シューマンにちなんでシューマン・プランと呼ばれた。シューマンの目標は、いまやフランスとドイツを「どちらもが相手を殴るのに充分な距離まで身をほどくことができないほど、しっかりと抱き合わせる」(2)ことだった。当時、生まれかけの連邦共和国の指導者として浮上してきていたコンラッド・アデナウアーは、この計画がドイツ再建に提供するチャンスをすぐに理解し、熱心な支持者となった。モネもシューマンも、提案を曖昧にしたり、内容を薄めたりする機会をイギリスにあたえたくはなかった。第一の目標はイギリス政府ではあったものの、モネは加盟適格国のそれぞれに最後通牒を発した。全体としてのシューマン・プランを受理したい国は、一九五〇年六月二日午前八時までに回答をしなければならない。回答しない場合は部外者にとどまる。ベヴィンは一刀両断に切って落とした。

このような計画がうまくいくとは信じようとしなかった。内閣と高級官僚のほとんども同意した。戦後ヨーロッパの発展が決定された。イギリスが大陸においてリーダーシップを主張する権利は、それがいかなるものであろうともすべて終焉を迎えた。

国内における共産党の脅威の大幅な減少とベルリン封鎖の解除によって、一九四九年、フランスは安堵の溜息をつくことができた。だが一九五〇年には冷戦が新局面に突入した。中国内戦の勝利者、毛沢東がモスクワで中ソ友好条約に署名。六か月後、朝鮮戦争が開始された。核戦争と、そしてコンコルド広場を占拠するソ連軍戦車の恐怖が劇的に再浮上してきた。

フランス共産党は平和プロパガンダに力を入れ続け、ピカソの鳩はこの時代にもっとも濫用されたイメージとなった。しかし、この危急存亡のときにおいてもなお、党の上層部では、イデオロギー的色合いをまとった個人的なライバル競争が渦巻いていた。まもなく芸術における教義上の純粋さをめぐって、宣戦布告の種となる事件が勃発、見出しをにぎわせることになる。

一九四四年、相変わらず非具象芸術を頽廃として公式に糾弾している党に、ピカソが入党を決めたことが、共産主義者にとっては問題を複雑にした。最初、厳格な社会主義リアリズム信奉者は批判を、遠まわしの攻撃だけに限っていた。しかし、一九四七年にモスクワから命じられた党路線の変更は、ほとんどすべての領域に影響をあたえた。その夏、『プラウダ』紙は「ソビエト芸術の新鮮な息吹は、資本主義の芸術的破産の淀んだ悪臭で汚染された」[3]と明言。ピカソとマティスが責任を負わされた。しかし、もっとも重要な批判はアメリカ合衆国を狙い撃ちにし、抽象芸術はアメリカ文化に穢されていると言われた。「世界のすべての腐敗と同様に、抽象芸術を」支配しているのは「アメリカ帝国主義」[4]だった。これはピカソの大いなる支持者ルイ・アラゴンに、攻撃の矛先を逸らせる機会をあたえた。熱狂的愛国主義のひねりを加えて、アラゴンはアメリカの現代芸術を「パリで生まれた前衛を生産ラインにのせたイミテーション」[5]*と呼んだ。

一九四八年にブロツラフで開催された「知識人会議」に従って、フランスの共産主義はふたたび社会主義リアリズムをより強く支持するようになった。いくつかの区別が明確にされた。パブロ・ピカソとフェルナン・レジェは共産主義の画家ではなく、共産主義者である画家だ。一九四九年のサロン・ドートンヌでは、社会主義リアリズムの画家はすべて第一室にまとめて展示された。アンドレ・フジュロンは共産党系の批評家から、現代プロレタリアのジャック・ルイ・ダヴィッド〔一七四八―一八二五。ナポレオンの宮廷画家としてその肖像などを多数描いた〕と持ちあげられた。その年の一二月、スターリン七〇歳の誕生日に、党はいちばん重要な贈物としてフジュロンの『アンドレ・ウリエに捧げる』を選んだ。息子が共産主義のポスターを張ろうとして警官に射殺された現場で、悲嘆に暮れるウリエ一家の肖像画である。一方、ピカソは贈物として、顔に似た拳がグラスを掲げているようすをさっとスケッチし、「スターリン、君に乾杯！」とキャプションをつけた。両陣営間の妥協的解決策は、フジュロンを党の公認画家、ピカソを平和運動の公認画家と宣言することだった。

翌年、勢力基盤を北部炭鉱地帯におくオギュスト・ルクールが、炭坑労働者の生活を描いた『炭鉱の国で』と題するシリーズをフジュロンに依頼した。一九五一年一月、ほかのだれとも日付をつきあわせずに、ルクールはその展覧会の開会日を『リュマニテ』に発表。それはピカソの個展と激突した。これ

＊ニューヨーク派の代表作は一九四七年に、リュクサンブール美術館で初めて展示された。しかし、パリ初のジャクソン・ポロック展が美術評論家ミシェル・タピエの企画で開催されたのは、ようやく一九五一年である。

はおそらく本当の失策だったのかもしれない。だが、意図的であろうとなかろうと、社会主義リアリズム派とピカソ支持者のあいだの闘いを明るみに出した。ピカソ展のはるかに大きな成功は、ルクールにとっては屈辱だった。ルクールは復讐を果たすまで、二年以上待たなければならなかった。

一九五三年三月七日金曜、スターリンの死が発表されたとき、アラゴンはピエール・デックスを呼び出し、『レ・レートル・フランセーズ』特別号に掲載するスターリンの顕彰記事のリストを早口でまくしたてた――「ジョリオの記事が一本、私が一本、クルタドの記事が一本、もう一本はサドゥール、きみが一本。ピカソのもなにか必要だ[6]」。

ピカソは写真をもとにしてスターリンの肖像を描くことをいつも断っていたので、デックスはヴァロリスのピカソに「好きにやってください」と電報を送り、「アラゴン」と署名した。スターリンを奇妙に目を見開いた若者として描いたピカソのデッサンは、『レ・レートル・フランセーズ』が印刷にまわされる瞬間に届いた。デックスはデッサンをアラゴンに見せた。アラゴンはそれをほめて、党はこの行為を評価するだろうと言った。デッサンを口絵にはめこんでいるあいだ、雑用係やタイピストが絵のまわりに群がってきた。だれもがそれは「スターリンにふさわしい」と考えた。デックスは、ピカソによるソビエト指導者初の肖像画を自分が依頼したことで有頂天になり、大急ぎで印刷工のところにもっていった。だが、数時間後、版が刷られているとき、建物内の気分は恐怖へと一変した。通りかかった『リュマニテ』の記者たちがデッサンに目をとめて、叫び立てた。こんなふうに描かれた「偉大なスターリン」の肖像の掲載を、共産党の出版物が検討したなんて、考えられない！

ピエール・デックスは大急ぎで自宅のアラゴンに電話をかけた。エルザ・トリオレが出た。エルザはデックスに怒った声で、ピカソにあんなデッサンを頼もうと考えるなんてと言った。

「でも、エルザ」とデックスはエルザをさえぎった。「スターリンは父なる神じゃありませんよ！」

「いいえ、ピエール、父なる神なのよ。ピカソのデッサンがなにを意味するのか、だれもあまり考えようとはしていない。ピカソはスターリンの顔をデフォルメしたわけじゃない。尊重さえしている。でも、あえてそれに手を触れた。手を触れたの。わかる、ピエール？」

アラゴンは難局にうまく対処し、全責任をわが身に引き受けた。それはほとんど、反逆罪で軍事法廷に立ち向かわなければならないかのようだった。だが『レ・レートル・フランセーズ』のスタッフにとって、最悪なのはまだこれからだった。デックスは秘書たちが泣いているのを見つけた。冒瀆に抗議する忠実な共産党員から、電話で侮辱の言葉を怒鳴りつけられたからだ。デッサンはスターリンを冷酷に、そしてアジア人のように描いていると言う者さえいた。「冷酷」で「アジア人」というのは、スターリンの敵の望むところだった。

アラゴンに復讐したがった者たちは時間を無駄にしなかった。その中心者はオギュスト・ルクール。ルクールは『レ・レートル・フランセーズ』が公の場で非難されることを望み、アラゴンはそれに見合う卑屈な謝罪の言葉を用意した。

チトーの異端騒ぎのあいだに、党を除名された人びとは地獄に落とされた魂のようなものだった。党の外には友人を作らなかった、あるいは友だちづきあいを続けていなかったので、自動的に友人の大多数を奪われることになった。要塞化したコミュニティが提供する仲間意識とともに、人生における目的意識をすべて失った。真の共産主義者は、「ポケットに党員証を入れて死ぬつもりだ」と言ったものである。

もはや嘘を呑みこんでおけず、「歯をくいしばる」ことができなかったので、離党を決意した者たちも、ほとんど同じように辛い思いをした。東欧の公開裁判がきっかけだった者もいたが、はるかに大勢が一九五六年に離党した。二月二六日、第二〇回党大会で、フルシチョフがスターリンの犯罪を告発。それでもフランス共産党は相変わらず、救いがたくスターリン主義者であり続け、なにごとも起こらなかったふりをしようとした。他の新聞がこのニュースでもちきりだったのに、『リュマニテ』はそれを完全に抹殺した。

『ル・モンド』紙でフルシチョフの演説を読んだジャクリーヌ・ヴァンタドゥール＝エリオンは、次に出席した党の会合でこの問題をとりあげた。困惑の沈黙が広がり、そのあと大急ぎで別の議題に移された。会合のあと、ひとりの幹部がジャクリーヌにきっぱりと告げた。「すべての真実を声に出していいというわけではない」[7]。ジャクリーヌにとって、離党すべき時だった。すでにアメリカ合衆国に友人を訪ねたことで疑惑をもたれていた。共産党員にはヴィザは発行されない――事実、ジャクリーヌも、アメリカ大使館の友人で、規則をより緩やかに解釈する人を通して取得した――したがって、党の論理では、ジャクリーヌはジョン・フォスター・ダレスの支持者になる。党員証を失うなんて考えたくもないと思っている人びととは違って、それが破られたとき、ジャクリーヌは大きな開放感を味わった。

その秋、スエズ動乱のあいだに、ソ連の戦車がハンガリーの蜂起を押しつぶした。怒り狂ったデモ隊がソビエト大使館を襲った。ド・ベヌヴィル将軍は群衆のなかで、あの一九四八年の夜、襲撃に備えよと警告にきた共産党員マルセル・ドゥリアム大佐とばったり出会った。

群衆はまた、共産党本部も囲んだが、そこでは警備隊が準備を整えていた。より本格的な襲撃が『リュマニテ』の社屋に向かって仕かけられた。集団で屋根に登り、火焔瓶を投げつける。建物内ではスタッフやその他、自ら防御の応援に駆けつけてきた共産党員が、火を消し、押し入ってきた襲撃者を追い返していた。防御側は食堂からもってきたボトル、椅子、カール・マルクスの胸像まで、手当たりしだいになんでも投げつけた。マルクスの胸像はひとりの襲撃者をぺちゃんこにしたと言われている。もっとも効果的だったのは、金属の新聞活字の組版ステッキだった。混乱のなかで共産党員三名が殺され、レジスタンスの日々がもう一度、記憶に甦った。その後、『リュマニテ』は、この事件に重々しさをあたえようとして、党に忠実な労働者たちが「赤い帯」地域からパリに駆けつけ、「自分たちの党、自分たちの新聞を……自分の妻や子どもたちを救うために、火に身を投じる者のように[8]」守ったと書き立てた。

一九五六年の事件は、パリの知的生活に対する共産党の影響力を劇的に減じた。これは左翼インテリゲンチャの革命暴力に対する幻惑が弱まったという意味ではない。次の一〇年間にわたって、新たな偶像と理論――毛沢東、マルクーゼ、チェ・ゲバラを含む――が持ちあげられ、スターリンに取って代わった。

残りの世界にとって、パリは文化と文学のメッカであり続けた。カルティエ・ラタンの安ホテルの女将たちは、相変わらずぶつぶつと文句を言い、繁栄を取り逃がしていた。雇い主のコロンビアの新聞『エル・エスペクタドル』と話をつけて、パリに派遣してもらったガブリエル・ガルシア・マルケスは、キュジャス街のホテル《フランドル》最上階、屋根裏のメイド部屋に引っ越した。そこで冷たいスパゲッティで生き延び、夜、仕事をするあいだにゴロワーズを三箱吸い、コロンビアのカリブ海沿岸の熱帯の暑さを呼び起こそうとしながら、ラジエーターを抱きしめた。結果は、古いタイプライターでたたき出された『悪い時』。バッランクイラに残した婚約者メルセデスの写真が一枚、壁にピンでとめられ、ただひとつの装飾になっていた。

ガブリエル・マルケスにはラジオもなく、新聞を買う金もなかった。バティスタに対するカストロの反乱に関する唯一の情報源は詩人のニコラ・ギランで、詩人は最新ニュースを窓越しに怒鳴ったものだ。ただひとつの贅沢は、《ラ・ショップ・パリジェンヌ》の湯気でくもった窓のうしろで、黙りこくったチェスの指し手たちに囲まれて飲む一杯だった。一九五七年のクリスマスの夜、生まれて初めて雪を見た。ガルシア・マルケスは外に走り出て、大きくて柔らかな雪片のなかを狂ったように踊りまわった。

《フランドル》の女将、マダム・ラクロワはたしかに鷹揚だった。ガルシア・マルケスに一年間の支払猶予を認めただけでなく、当時、無名のペルー人作家マリオ・バルガス・リョサにも、二年間、支払なしで滞在するのを許した。あるとき、『エル・エスペクタドル』が破産し、ガルシア・マルケスは通りで物乞いをするところまで落ちぶれた。だが、ある日、奇妙な事件で勇気づけられた。ガルシア・マルケスはサン＝ミシェル大通りで、いまだに自分の文学上のアイドルだったヘミングウェイが通りの反対側にいるのを見つけ、反射的に叫んだ。「エミングー＝ウェイ！」アーネスト・ヘミングウェイはまわりを見まわしはしなかった。ただ片手をあげただけだった。それでも、楽観主義者の若き南米人はヘミングウェイの身振りを祝福のように感じた。

偶然にも同じころ、アメリカ合衆国から新たなる作家の波がカルティィエ・ラタンに到達していた。ウィリアム・バロウズとアレン・ギンズバーグを含むビート・ジェネレーションの作家数名が、ジ＝ル＝クール街九番地の「ビート・ホテル」と呼ばれるようになる場所に腰を落ち着けた。その大きな望みはルイ＝フェルディナン・セリーヌに会うこと。セリーヌの『夜の果てへの旅』に興奮し、影響を受けていた。ギンズバーグとバロウズは、自分の出版者を介して紹介状を手に入れ、ムードンの荒れ果てた郊外にセリーヌを訪ねた。それは文学的議論の場というよりは表敬訪問だった。

デンマークから帰国して以来、アルレッティをのぞいて、セリーヌを訪れる者はあまり多くはなかった。アルレッティはセリーヌの亡命中も文通を続け、忠実な友にとどまっていた。アルレッティはセリーヌの「憂鬱」を理解した。さらにふたりには、クルブヴォワ出身という以上に共通点があった。アルレッティはセリーヌの『なしくずしの死』を吹きこみ、セリーヌはアルレッティのために『ドーフィネの娘、アルレッティ』と題した脚本を書いた。これは一種の一八世紀風のピカレスクな冒険物語で、ヴォルテールの『カンディード』をちょっと思い出させる。だが、セリーヌに残された人生は長くはなかった。一九六一年七月一日、ヘミングウェイと同じ日にこの世を去る。

アメリカ合衆国を相手にしたフランスのねじれた関係は、一九五四年にインドシナにおける勝ち目のない戦争が、ディエンビエンフーの不名誉な敗北によって終結したときも、改善はされなかった。北アフリカに対するフランスの支配権も消滅する運命にあった。偏狭と脆弱、意図的な近視眼と政治的矛盾、そして不誠実が致命的に組み合わされて一連の屈辱へとつながり、それはひとまとめにすれば一九四〇年の敗北にも等しかった。またしてもドゴールが、フランスを国家のプライドが引き起こした悪しき結果から救い出し、それを再建できる唯一の候補者として登場した。

アルジェにおける激しい動乱は、一九五八年五月、実質的に無抵抗のクーデタでドゴールを権力に復帰させた。諜報機関に対するドゴールの特使として、パッシー大佐がただちにロンドンのかつての根城に飛んだ。パッシーは、現在はヨーロッパ局を担当するSISの元パリ局長との昼食を、目立たないように手配した。《サヴォイ》を選び、そこでロンドンのB級グルメを懐かしんで、キッパーとバス・ビールのボトルを注文する。しかし、訪問の目的はかつての同僚に、ドゴールが権力の座についたのはアルジェリア危機を解決するためだけだ、というメッセージを広めるよう依頼することだった。ドゴールには権力の座に居すわり続ける意志はまったくない。

しかし、将軍には、居すわり続ける意志が十二分にあったのである。復帰によって、ドゴールには、着想のときから嫌悪してきた第四共和制を終わらせることが可能になった。今回は、自分が望む憲法にこだわることができた。この憲法では、ほとんどすべての権力が大統領の手に集中する。政治家を取るに足らないわき役にまで矮小化した第五共和制は、明らかにドゴールの創造物である。

イギリスとアメリカに対するドゴールの不信は、長年にわたって激しく燃え続けた。一九六一年、ケネディ大統領はパリに急使を送り、大統領ひとりに宛てた極秘のメッセージを伝えた。信書はフランス大統領に、CIAがソ連人亡命者から聴取を始めたところであり、亡命者はフランス行政府内の高い地位にいるソビエトのスパイの名を複数列挙したと告げていた。ドゴール大統領が、諜報活動の経験があり、英語の話せる上級将校を派遣されたいのであれば、ご指名の人物は合衆国にきて、関連のある聴取に同席できます。ドゴールは当時、軍の諜報活動を統轄していたジャン゠ルイ・ド・ルジュモン将軍をただちにエリゼ宮に呼び出した。ドゴールはルジュモンに一件全体の極秘性を強調し、どうすべきかを細かく説明した。「いずれにしても」とドゴールは言った。「きみはこれが罠かどうか見極めなければいけない」

「ロシア人が、ですか？」とルジュモンは尋ねた。

ドゴールは腹を立てて返事をした。

「いや、アメリカ人が、だ！」(9)

アメリカに対するドゴールの態度が変わらなかったので、フランスについてのクレムリンの戦略も変わらなかった。すでに述べたように、ソビエトの政治局は、フランスをNATOから離脱するよう説得する任務をボリス・ポノマレフに割り当てた。

ポノマレフはソ連の外相アンドレイ・グロムイコと密接に連携して仕事をした。一九六五年から六六年にかけて、グロムイコは外交キャンペーンを開始、一連の問題について、できるかぎり多くの条約や合意文書に署名するようフランスを促した。それには、ソ連によるフランス方式のカラーテレビ・システム採用に関する協定と、ソ連のロケットでフランスの衛星を打ち上げるというソ連側からの提案が含まれた。クーヴ・ド・ミュルヴィルは一九六五年一〇月末にソ連を訪問。予定の議題には両国間の関係改善、ヨーロッパ問題、ドイツ問題が含まれていた。一九六六年六月、ドゴールは原子力の共同研究について合意に達したあと、あまり時間が経たないうちにモスクワ訪問の招待を受理。九月末には、パリに仏ソ商工会議所が開設され、その一一日後、ソビエト産業とルノー゠プジョー社のあいだで技術協力協定が結ばれた。こういった動きのすべてに付随して、ソ連とフランスの共産党系新聞は仏ソ間の友好を盛んに呼びかけ始めた。

「第二の秘密のチャンネルはKGBの活動である」とKGBを離反したアレクセイ・ミャゴフ（イギリスの諜報機関が信頼できると考えた情報源）は書いた。仏ソ協会の会員に加えて、「KGBはフランスのさまざまな通信社の記者や職員を使い、NATOの一員であり、領土内に外国の軍隊、とくにアメリカ軍が駐留しているという事実によって、国家の政治的独立が損なわれているという話題を、政治家のあいだに積極的に広めている。同じ線に沿った考え方が、政治サークル内で募ってきたフランス市民のあいだに広められている[10]」

一九六七年七月一日、ドゴールがNATOの軍事機構からフランスを脱退させたとき、この決定は「モスクワで、大いなる満足とともに受けとめられた」。KGB幹部は、「自分たちも、この件でしかるべき役割を果たしたという事実が認識されたことに、満足を隠さなかった」。その役割がどれほどの効果をあげたのか、いまだに評価は不可能だが、KGBがそれを大成功と見なしていたのは明らかである。一九六八年以降、この作戦は「KGB幹部コースの教材」に使用された。

支持者はドゴールをフランスの解放者として歓喜の声で迎えたかもしれないが、将軍自身は自らの姿を、国の統一者であり国家の傷を癒す者としての君主的役割に当てはめて見るほうを好んだ。ヴィシーが果たした役割が、一九四〇年の敗戦やドイツによる占領よりも大きなトラウマとなる可能性を決して忘れなかった。なぜならばヴィシーはフランス自身の創造物だったからである。

解放後の裁判と粛清は、虐げられた者たちを満足させることも、国民に自らの公正さを納得させることもできなかった。だが、占領と粛清の両方についてのうしろめたい意識は、ドゴールが国家統一の神話を創成するのに手を貸した。それは、さまざまな出来事のひとつの解釈であり、国民の大多数が信じる必要のあったことを表していたがゆえに、事実として定着した。

一九六四年一二月、ジャン・ムーランの遺骸のパンテオン〔万聖殿〕移送は、フランスが自らを解放し、それによって一九四〇年の恥辱をぬぐったという物語を神聖なものとした。ここでもまたドゴールはうまいこと仕組んで、レジスタンスを自らの指揮下にあったまあまあよく訓練された軍の一部隊と見せかけた。儀式は二日間にわたった。一日目、ジャン・ムーランの遺骸は殉教者記念碑に公式に安置され、フランス解放勲章保持者が交替で警護した。夜の一〇時、柩は隊列を組んでパリの中心街を通り、パンテオンの階段に運ばれ、今度はレジスタンスの古強者たちが徹夜で警護にあたった。

翌日、アンドレ・マルローがドゴールとジョルジュ・ポンピドーをわきに従えて、柩に向き合う演壇から追悼演説をおこなった。マルローの演説は、戦場における自分の指揮官ジャン・ムーランよりも、「一人目のレジスタンス活動家」ドゴールのほうに焦点をあてていた。外国の敵と戦う国家の軍としてのレジスタンスの概念は、内戦という側面から注意を逸らすために、偉大な神話が使ったひとつの方策だった。共和国衛兵と三軍の部隊による軍事パレードが続いた。儀式のこの部分では、ドゴールとポンピドー、マルローは――パレードが「ただひとつの動きで、ジャン・ムーランの遺骸と共和国大統領に敬礼(11)」できるように――演壇からパンテオンの階段、柩の横に移動した。

一九六八年五月の出来事のあと、質問の一部は歪曲されており、また一部は占領の現実を考えに入れていなかった。しかし、この過程を通らずにいることはできなかった。一九六九年封切りのマルセル・オフュルス監督『悲しみと憐れみ』は、占領のあまり英雄的ではない側面に初めて向き合った映画のひとつである。これは旧世代をかんかんに怒らせ、フランスのテレビでは放送禁止になった。その欠点がなんであろうと、『悲しみと憐れみ』はきわめて力強いドキュメンタリー映画であり、若い世代が資料を発掘し、ふるいにかけ、再検討を始めるのに手を貸した――資料庫が相変わらずしっかりと閉じられていたので、簡単な仕事ではなかったが。さまざまの障害にもかかわらず、ヴィシー時代の真の恥辱は、政権がとったユダヤ人の扱い方であることはすぐに明らかになった。

一九七八年、『レクスプレス』誌に掲載されたダルキエ・ド・プルポワのインタビューが大騒ぎを巻き起こした。八〇代のダルキエはヴィシーのユダヤ問題担当官で、一九四七年に被告人不在のまま死刑を宣告されていたにもかかわらず、フランス当局はスペインからの引き渡しを一度も求めなかった。相変わらず猛烈な反ユダヤ主義者であり、フランス国内で、パリの忌まわしいユダヤ人一斉検挙の責任者――ヴィシーの元警視総監ルネ・ブスケ――が、銀行家として華々しい経歴を送っている一方で、自分が憎まれていることに対する驚きを語った。

一九八〇年、三名の元SS将校が、フランスからのユダヤ人強制移送はヴィシー政府関係者から熱烈な支援を受けたと証言した。多くの人が相変わらずそれを信じようとはしなかった。だがドイツ人の証言は、セルジュ・クラスフェルドによって真実であると証明された。クラスフェルドは、フランスで戦争犯罪をもっとも断固として追求し、また成功もしている研究家である。ドイツ側資料を細かく調査し、占領当局が、ユダヤ人強制移送に手を貸したヴィシー政府高級官僚との会議のメモを保管していたことを発見した。いちばんの決め手となったのは、一九四二年七月のアドルフ・アイヒマンのパリ訪問に関するメモだった。ルネ・ブスケは、部下の警官が逮捕を担当するのに同意しただけでなく、強制移送には全国の非フランス国籍のユダヤ人も含めるように提案した。クラスフェルドはまた、ブスケが非占領地域の県知事宛に、ユダヤ人の成人だけでなく、子どもも強制移送するように命じた電報も発見した。子どもの強制移送はナチスでさえも要請していなかった。

ブスケはひとりの行政官であり、反ユダヤ主義のイデオローグではなかった。自らの行動はフランス国籍のユダヤ人を救うためだったと主張。たしかにアウシュヴィッツに送られた人数はドイツ側が期待していたよりも少なかった。だが、ブスケとその部下が、一九四二年七月一六日から一七日にかけて、子ども四〇〇〇名を含むユダヤ人一万三〇〇〇人を冬期競輪場に連行した、忌まわしき一斉検挙に責任があるという事実は変わらずに残る。

順風満帆のブスケの豊かな生活はダルキエのインタビューで水をさされた。さまざまな役職を辞任せざるをえず、ラファエル大通りのアパルトマンの外ではユダヤ人のデモがおこなわれた。しかし、一九八九年に人類に対する犯罪で告訴されるまでは、裁判にはかけられなかった。一九九三年六月八日、クリスティアン・ディディエという精神を病んでいた五〇歳の男がブスケのアパルトマンに通され、ブスケを射殺したとき、審理はまだ継続中だった。

リヨンにおけるヴィシーのミリス隊長で、クラウス・バルビーと緊密に協力したポール・トゥヴィエは、解放後に死刑を宣告されていたが、逃亡し、伝統主義者のカトリック教徒グループに長年かくまわれていた。一九七一年にポンピドー大統領から恩赦をあたえられたものの、一九八一年、人類に対する犯罪で起訴される可能性があることが明らかになると、ふたたび身を隠した。ようやく一九八九年に逮捕されるが、司法システムの二枚舌は裁判を遅延させ続け、終身刑を宣告されたのは一九九四年四月のことである。トゥヴィエは一九九六年に獄中で死亡した。

一九四二年から四四年にかけて、ジロンド県でユダヤ人問題を特別に手がけていた事務長のモーリス・パポンについての情報も浮かびあがってきた。パポンの命令により、一六〇〇名のユダヤ人――一三歳以下の児童一三〇名を含む――がドランシーの拘留センターに送られた。しかし、一九四四年までには、パポンはヴィシーが消え去る運命にあることを悟っていた。レジスタンスに情報を流し始め、そのおかげでレジスタンス退役軍人会のなかに場所を得た。

パポンは解放後、驚くほどわずかの問題にしか悩まされなかった。ドゴールが権力に復帰した直後にパリ警視総監に就任。一九六一年一〇月、一万一〇〇〇人のアルジェリア人がパリをデモしたために逮捕されたとき、その指揮を執っていた。続く数日間で、拘留者のうち約六〇人が殺害され、遺体のほとんどはセーヌ川に投げこまれたと言われている。パポンはジスカール・デスタン大統領のもとで予算担当大臣に就任。そのキャリアにストップがかかるのは、ようやく一九八一年、『ル・カナール・アンシェネ』誌が、ユダヤ人強制移送についてのパポンの責任を示す資料を公表したときだった。

フランスの権力機構はこの件を法廷に持ち出すのをさんざん渋ったので、モーリス・パポンがボルドーの法廷に立つまでには一六年間の法律論争が必要だった。そのとき、パポンは八七歳になっていた。パポンはフランスの高級官僚で、人類に対する犯罪の共犯で法廷に立った最初のひとりである。一九九八年、ユダヤ人強制移送について共犯で有罪になるものの、ユダヤ人の殺害については罪に問われなかった。パポンの弁護士は上告したが、一九九九年に懲役一〇年の刑を宣告され、二〇〇二年、健康問題を理由に釈放された。

歴史家のあいだの内戦は、ここしばらくは終了しそうにもない。世代が上のより保守的な研究者はペタン元帥への敬意を捨てず、ヴィシーがファシスト政権だったとは認めようとしない。言葉の狭い意味では、ヴィシーを「ファシスト」と定義はできないかもしれない。それは、国民革命に対するリップ・サーヴィスにもかかわらず、あまりにも反動的かつカトリックであった。だが、より広い意味で、元帥に対する個人崇拝、反ユダヤ法、準軍事組織、民主的権利の完全なる欠如は「ファシスト」というレッテルを正当化できる。このより寛容な学派はまた、一九四〇年のモントワールにおけるペタンとヒトラーの会見の写真は、重要視されすぎてきたとも考えている。「ミッテランはミロシェヴィッチ――戦争犯罪人――と握手をした。だから、ペタンがモントワールでヒトラーの手を握ってなぜ悪い？」(12)と発言する者もいた。この学派がもっとも残念に思っているのは、一九四二年一一月、ドイツ軍が非占領地帯に侵入したとき、ペタンが北アフリカに脱出し、それによって自らの面子を守らなかったことである。

フェンスの反対側にいる者――主として現代史研究所の周囲に集うより若い世代の歴史学者とアメリカ人のヴィシー研究家ロバート・パクストン――は、ペタンが一九四二年以後も自らの威信を対独協力に貸し続けたことよりも、フランス国籍と外国籍のユダヤ人を死に送り出した責任に注目している。「(ヴィシー)国家の対独協力が衝撃的なのは」と、ブスケ殺害の翌日、パクストンはあるインタビューで語った。「命令が内務省から発せられ、知事と行政機構の全体が従ったからだ。ひとつの例外もない。これはナチスにとってはすばらしい機構だった。結果として、ナチスは計画を実行するのに、ほんのひと握りほどの人間しか必要としなかった」(13)

ヴィシーの恥辱――両親の世代の恥辱――は、革命が若者のあいだでおしゃれなものとして魅力をもち続けるのに、明らかにひとつの役割を果たした。若者たちはロールモデルをとりかえただけだった。ソビエト体制の硬直化を軽蔑し、その代わりにラテンアメリカのゲリラ運動を称讃した。

フランスにおける知識人の政治参加について——ドリュだろうとブラジャックだろうと、あるいはマルロー、サルトルだろうと——ジャッド教授は、その暴力に対する惑溺には、「ほとんどエロティックな衝動」(14)が内包されていると見る。長いあいだ、ヘミングウェイを笑い者にするのは簡単だった一方で、フランス知識人の姿勢の取り方はより洗練されてはいたものの、高慢な無責任さを示し、それはより危険で、また不誠実でもあった。サルトルは実存主義を革命参加という新たな局面と折り合わせようとしたが、予測できたとおり、それは言葉による詭弁の練習以外のなにものにもなりえなかった。晩年には、テロリストの行動を正当化し始めさえする。

一九五〇年代から六〇年代にかけて、サン＝ジェルマン＝デ＝プレは「イズム」の繁殖地であり続けた。ナタリー・サロート、ミシェル・ビュトール、アラン・ロブ＝グリエの小説による「ヌーヴォー・ロマン」のムーヴメントは、「事物主義」さえ生み出した。それは現代世界がいかに没個性化されたかを強調するために、無生の対象物を完全に描写する。だが、物質主義という敵はすでに門のなかにはいっていた。《ドゥ・マゴ》は自らを「知識人の集合場所」として、観光業界に売り出した。まもなく安物の服飾店とハンバーガー・ショップがサン＝ミシェル大通りに沿って立ち並び、サン＝ジェルマン大通りの新聞スタンドでは、『レ・タン・モデルヌ』が『プレイボーイ』に場所を譲った。マルク・ドエルニッツは書いている。「こういうふうにして、人は頭脳崇拝から尻崇拝に移る」(15)

それぞれ異なる動機から共産主義者と伝統主義者のあいだで戦われた闘争、活発な防衛的主張が戦わされたあと、フランスは残りの世界と同様に、文化的独立を失い始める。しかし、「アメリカの挑戦」が、一九四四年六月六日にノルマンディーで始まったのだろうと、あるいは一九四八年一一月、マーシャル・プランの最終的な締結とともに始まったのだろうと、フランスの文化的純粋性は長期にわたって脅かされる運命にあった。「パリ解放」の左翼理想にはほとんど望みはなかった。その理想が育まれた知的環境も同様である。重火器の産業戦争と同様に、最終的には「汚い金」が勝利するよう運命づけられていた。

　パリにおける一九六八年五月の危機は、パリのインテリゲンチャの政治参加にとって最後となる偉大な瞬間だったばかりでなく、消えかかった仏仏戦争の炎の最後のはかないゆらめきを表していた。しかし今回は、解放後のように、スターリン主義者の集合場所はなかった。ルイ・アラゴンは、党中央委員会のなかで、学生たちに呼びかけるために外に出ていったただひとりの委員である。学生はアラゴンを「黙れ、おいぼれ！」の叫びで迎えた。左翼において唯一実体をもつ組織である共産党そのものは、自らがトロツキスト、あるいはアナーキストの危険な行動と見なしていたものと関わりになるのを嫌がった。

　現在から見れば、ドゴール大統領と閣僚が、フランスがふたたび内戦の縁にあると恐れたことは意外に思える。そこにはまた、二四年前の「パリ解放」の奇妙に偽りの木霊もあった。学生を脅えさせるために、第二機甲師団の戦車が「心理的行程」と呼ばれたものを通ってパリ郊外を迂回した。*

　続く二週間あまり、ストライキと暴動が政府の自信を揺るがし、ついに五月二九日、ドゴールはもっとも親密な閣僚にさえも知らせずにパリを離れた。閣僚たちは一〇時直前、閣議のためにエリゼ宮に到着し、ドゴールが行き先を隠して出発したと聞いて仰天した。辞任を発表するために、コロンベ＝レ＝ドゥ＝ゼグリーズに引きこもったという噂がすぐに広まった。連合軍が決して間に合うよう市に到着しないのではないかと恐れた一九四四年八月の蜂起のときと較べうる不安のなかで、パリ市民はトランジスタラジオの相矛盾するレポートに耳を傾けた。貴重品すべてを積みこんでスイスへの道をたどった裕福な「パニカール」——自動車のためにガソリンを確保できた者——さえいた。

ドゴールは実際にはバーデン＝バーデンに飛び、ドイツ駐留のフランス軍参謀本部でマシュ将軍〔解放当時のマシュ少佐〕と会っていた。女婿のアラン・ド・ボワシュー将軍が会見を手配した。大統領には軍の完全な支援が得られるという確実な保証が必要だった。一九六二年に大統領がアルジェリア撤退を決定して以来、軍は不満を抱き続けていた。保証の代償はサラン将軍の釈放。一九六一年、サラン将軍の軍事クーデタは、パリ占拠の準備を整えた空挺部隊が飛行機に搭乗はしたものの、最後の瞬間に頓挫した。

翌五月三〇日の朝、ドゴール大統領はヘリコプターでイッシー＝レ＝ムリヌーに降りたあと、ふたたびエリゼ宮に姿を現した。コミュニケが発表された。閣議後、大統領は国民にラジオで演説する。すぐに一九四〇年六月一八日のラジオによるロンドンからの呼びかけとの対比がなされた。指導者が反撃を開始するところだと知らされたドゴール支持者は、三色旗とトランジスタラジオで武装して、パリの中心部に集まり始めた。四時半の将軍のスピーチは短かった。辞任はしない。国民議会を解散し、知事を解放後に設けられた権力機構である共和国地域代表委員の職につけると決めた。だが、その文章の裏にあるメッセージは左翼への挑戦だった。左翼が合憲の政府のかわりに内戦を望むのであれば、望みのものを手に入れるだろう。これはドゴール最後の劇的な介入だった。翌年、国民投票が不利な結果で終わったあと、共和国大統領を辞任し、アイルランドに姿を消す。後継は、ドゴール主義の継承者ジョルジュ・ポンピドーが引き受けた。第五共和制は、ドゴールが一九四五年に望んだ「統制」的な憲法とともに、一八か月後のその創造者の死のあとも長期にわたって安定を維持した。

＊「バリケードの夜」に続く五月一二日付の『コンバ』紙は、パリは「セーヌ川ほとりのブダペスト」になると警告した。

一九六八年五月三〇日のラジオ放送の午後、将軍の支持者はコンコルド広場とシャンゼリゼに意気揚々として集まった。人びとは叫んだ。「ドゴールはひとりじゃない！」一〇〇万強の群衆からはさまざまなスローガンが飛び出した。お気に入りは「共産主義者の好きにはさせない！」だった。ペタン元帥を支持した者が大勢いたのは間違いない。だが、大多数はいまや自分たちを、政治的なストライキとカルティエ・ラタンの混乱にうんざりしている平均的フランス人と見なしていた。サルトル的な自由への道は終わりを告げた。急進思想はブルジョワジー打倒に失敗した。

訳者あとがき

本書は、『ベルリン陥落　1945』（白水社、二〇〇四年）、『ノルマンディー上陸作戦　1944』（白水社、二〇一一年）などの著作で、すでにわが国でも高い評価を受けているイギリスの歴史家アントニー・ビーヴァーと、その夫人で作家のアーテミス・クーパーの共著 *Paris after the Liberation 1944-1949* の全訳である。初版刊行は一九九四年（Hamish Hamilton）、二〇〇四年に改訂版が出された。

アントニー・ビーヴァーは一九四六年の生まれ。母方は三代続く女性文筆家の家系で、とくに母親のキンタ・ビーヴァーは『私はトスカーナの城で育った』（河出書房新社、二〇〇〇年）で知られる。アントニーは、ウィンチェスター・カレッジからサンドハースト陸軍士官学校に学び、著名な軍事史家ジョン・キーガンに師事した。第一一騎兵連隊将校としてイギリスおよびドイツで五年間、軍務についたあと、執筆活動に専念。一九七五年、小説 *Violent Brink* で作家としてデビューする。一九八二年に初のノンフィクション、『スペイン内戦　1936―1939』（みすず書房、二〇一一年）を発表。一九九八年刊行の『スターリングラード　運命の攻囲線1942―1943』（朝日新聞社、二〇〇二年）がイギリスのベストセラー第一位となり、サミュエル・ジョンソン賞、ウルフソン歴史賞、ホーンソーデン文学賞を受賞。同書は二五か国語に翻訳され、二〇世紀の軍事史家としてのビーヴァーの名を世界に広めた。現在、ロンドン大学客員教授。二〇〇四年にケント大学より名誉博士号、二〇一〇年にはバス大学より名誉文学博士号、また夫人のアーテミス・クーパーともどもフランス政府より芸術勲章シュヴァリエ章を授与されている。

アーテミス・クーパーは一九五三年生まれ。祖父母の書翰を編纂した *A Durable fire: The letters of Duff and Diana Cooper, 1913-1950* (1984) や *Writing at Kitchen Table: The Authorized Biography of Elizabeth David* (2004) など多数の著作がある。父親のジョン・ジュリアス・ノーウィッチは作家で、テレビのパーソナリティー。父方の祖父にあたるのが、第二次世界大戦後初の在仏イギリス大使ダフ・クーパーである。祖母で女優のダイアナ・クーパーはラトランド公爵家に生まれ、イギリス一とうたわれた美貌と高い知性とで、ヨーロッパ社交界の花形として活躍した。本書では資料の一部に、ダフ・クーパーの私的な日記やダイアナ・クーパーの書簡などの未公開文書（二〇〇三年当時）が使用されている。

ビーヴァーの著述の特徴は、多様な資料をパッチワークのようにつなぎ合わせて、ひとつの史実とそれをめぐる人びとの心理を一枚の絵のなかに鮮やかに浮かびあがらせるその語りの手法にある。本書では、関係各国の公文書、未公開資料、個人の回想録、私的な日記、書翰、インタビュー証言など、膨大な記録・資料を渉猟し、パリ陥落直後のドゴール将軍とペタン元帥の劇的な邂逅を幕開けとして、パリ解放から冷戦にいたるまでの過程を、フランスの政治、経済、文化、生活のなかに重層的に描き出している。まさに、ひとつの都市、ひとつの時代を徹底的に書きつくした大著である。

第一部・第二部を貫くのは、ペタン政権を支持した「古きフランス」と左派との「仏仏戦争」、そして「自由フランス」の旗印を掲げて帰還したドゴール将軍と、レジスタンスで大きな役割を果たした共産党のあいだの激しい権力闘争である。ドゴール将軍にも共産党にも、経済復興による国民生活の安定よりも、自らの権力掌握を優先した面があった。著者は第三部以降で、アメリカ合衆国の援助を後ろ盾に戦後復興を図る政権側とスターリン支配下のソビエト連邦の代理人としてのフランス共産党との対立に、政権復帰を目指すドゴール将軍の動きをからめ、フランス国内の政争を大戦後の国際政治のジグソーパズルのなかにぴたりとあてはめて見せる。またアメリカに対するフランス国民の深層心理の分析には、アメリカ軍を「進駐軍」として迎えたわが国の対米姿勢と比較しても、興味深いものがある。

翻訳テキストには改訂版（Penguin Books, 2007）を使用。麻井雅美『ザ・ファイヤアームズ』（一九八八年、大陸書房）、青木茂『第2次世界大戦全戦線ガイド』（一九九八年、新紀元社）、J＝F・ミュラシオル『フランス・レジスタンス史』（福本直之訳、二〇〇八年、白水社）などを参考にした。いつものことながら、固有名詞の日本語表記は厄介だった。『小学館　ロベール仏和大辞典』（一九八八年、小学館）、『ランダムハウス英和大辞典　第二版』（一九九四年、小学館）、藪内久『シャンソンのアーティストたち』（一九九三年、松本工房）などを参照のうえ、著名人については一般に通用している表記を使用した。フランス語の日本語表記における音引きと particule nobiliaire（貴族の小辞）の処理には、アクセントと élision（母音字省略）とのからみもあり、頭を悩ませた。「貴族の小辞」は基本的に「ド・」の表記を採用。ただし頻出する de Gaulle は、「ド」が姓の一部と考えられていることと、見た目を考慮して「ドゴール」とした。本文中の引用は、原文が英語以外の場合も、一部の例外を除いて、オリジナルまで遡らずにビーヴァーの英文テキストから翻訳した。これは英訳も著者の意図を反映すると考えたからである。出版にあたっては、白水社編集部の藤波健さん、編集を担当された阿部唯史さんにお世話になった。ここに深くお礼を申しあげる。

訳者が一九七四年にフランス西部アンジェ市に滞在したとき、下宿の主《あるじ》は対独協力強制労働からの生還者だった。帰宅時、周囲の人はそのやつれ果てた骨と皮の姿を見て息を呑んだという。もっとも本人はドイツ抑留時代のことにはいっさい触れなかった。フランスは一九五九年に通貨のデノミネーションをおこなったが、七四年になっても、「フランス国」時代のフラン貨が、サンチーム貨として通用していた。擦りへった貨幣に刻まれた「労働・家族・祖国」の文字を見るたびに、占領とペタン政権は身近な記憶なのだと感じたものである。戦後五〇年を経た一九九〇年代、フランスはヴィシーの犯罪を語り始め、欧州連合の通貨統合によって、いまはもうフランも存在しない。欧州共通通貨ユーロの誕生は、戦時中にジャン・モネが構想し、一九五一年の欧州石炭鉄鋼共同体の発足を第一歩として、間断なく続けられてきた統一ヨーロッパへの努力のひとつの成果と言える。二〇一二年の夏、「ユーロ危機」はとかく金融や経済の問題としてのみ語られがちである。しかし「ユーロの危機」を「世界《グローバル》の危機」と言うとき、危機にさらされているのは、国と国とを「どちらもが相手を殴るのに充分な距離まで身をほどくことができないほど、しっかりと抱き合わせる」というロベール・シューマンの目標であることを、私たちは忘れるべきではない。

北代美和子

二〇一二年盛夏

■アントニー・ビーヴァー著／平賀秀明訳
ノルマンディー上陸作戦1944（上・下）
国家元首や将軍から、一兵卒や市民まで、最新史料を縦横に駆使して、「大西洋の壁」を突破し、「パリ解放」に至るまで、連合軍と独軍の攻防を活写した戦史決定版！　写真・地図多数収録。

■アントニー・ビーヴァー序文
ハンス・マグヌス・エンツェンスベルガー後記／山本浩司訳
ベルリン終戦日記
ある女性の記録
陥落前後、不詳の女性が周囲の惨状を赤裸々につづった稀有な記録。生と死、空襲と飢餓、略奪と陵辱、身を護るため赤軍の「愛人」となった女性に安穏は訪れるのか？　胸を打つ一級資料！

■アントニー・ビーヴァー、リューバ・ヴィノグラードヴァ編／川上　洸訳
赤軍記者グロースマン
独ソ戦取材ノート1941-45
「二十世紀ロシア文学の最高峰」ヴァシーリイ・グロースマン。スタリングラート攻防からクールスク会戦、トレブリーンカ収容所、ベルリン攻略まで、《戦争の非情な真実》を記す。佐藤優氏推薦！

■キャサリン・メリデール著／松島芳彦訳
イワンの戦争
赤軍兵士の記録1939-45
ナチ・ドイツに勝利したソ連兵士の「神話」の裏に隠された実態とは？　手紙や日記、二百人の元兵士への取材によって、「戦争の真実」を暴いた画期的な労作。アントニー・ビーヴァー推薦！

■オーウェン・マシューズ著／山崎博康訳
スターリンの子供たち
離別と粛清を乗りこえて
ソ連と英国に生き別れた婚約者たちが起こした奇跡とは？　独裁国家の戦争、粛清、崩壊を力強く乗り越えた、胸に迫る「家族史」。ロシア版『ワイルド・スワン』と激賞された傑作！

訳者略歴
一九五三年生まれ。翻訳家。
主要訳書
ビル・ビュフォード『フーリガン戦記』『厨房の奇人たち』、ティム・パークス『狂熱のシーズン』『メディチ・マネー』、ウィリアム・ブラック『極上のイタリア食材を求めて』、マーティン・フレッチャー『戦場からスクープ!』、スチュアート・リヴァンス『ウイスキー・ドリーム』(以上、白水社)
ドミニク・メナール『小鳥はいつ歌をうたう』、エルサ・モランテ『アンダルシアの肩かけ』、ジャン・ルオー『名誉の戦場』(以上、河出書房新社)
ジャン=ルイ・フランドラン、マッシモ・モンタナーリ監修『食の歴史』全3巻(監訳、藤原書店)他

パリ解放 1944-49

二〇一二年 八 月一五日 印刷
二〇一二年 九 月一〇日 発行

著　者　アントニー・ビーヴァー
　　　　アーテミス・クーパー
訳　者　© 北《きた》代《だい》美《み》和《わ》子《こ》
装　幀　日下充典
発行者　及川直志
印刷所　株式会社三陽社
発行所　株式会社白水社

東京都千代田区神田小川町三の二四
電話　営業部〇三(三二九一)七八一一
　　　編集部〇三(三二九一)七八二一
振替　〇〇一九〇-五-三三二二八
　　　郵便番号　一〇一-〇〇五二
http://www.hakusuisha.co.jp
乱丁・落丁本は、送料小社負担にてお取り替えいたします。

松岳社 株式会社 青木製本所

ISBN978-4-560-08228-7
Printed in Japan

R〈日本複製権センター委託出版物〉
本書の全部または一部を無断で複写複製(コピー)することは、著作権法上での例外を除き、禁じられています。本書からの複写を希望される場合は、日本複製権センター(03-3401-2382)にご連絡ください。

▷本書のスキャン、デジタル化等の無断複製は著作権法上での例外を除き禁じられています。本書を代行業者等の第三者に依頼してスキャンやデジタル化することはたとえ個人や家庭内での利用であっても著作権法上認められていません。

人名索引

ア行

カ行

サ行

タ行

ナ行

ハ行

マ行

ラ行

出典

未公開資料の略号

AN◆国立古文書館(パリ)
AVP◆パリ市公文書館
BD◆ブルース日記(バージニア州歴史協会)
CDJC◆現代ユダヤ資料センター(パリ)
DCD◆ダフ·クーパー日記
DCP◆ダフ·クーパー文書
DD◆イギリス大使館付武官デニス·ダーリー准将日記
ICG◆シャルル·ドゴール研究所(パリ)
IFOP◆フランス世論研究所
JO◆官報
LC-AHP◆アヴリル·ハリマン文書(アメリカ議会図書館)
LDCP◆レディ·ダイアナ·クーパー文書
LDCP-CR◆ダイアナ·クーパー、コンラッド·ラッセル往復書簡
NARA*◆国立資料館記録局(ワシントンDC)
NMP◆ナンシー·ミットフォード文書
NA-PRO◆イギリス公文書館(キュー)
RGASPI◆ロシア国立社会政治史文書館(モスクワ)

*NARA資料末尾の数字は、資料の受入日を月、日、年の順で示す。

たとえば資料番号851.00/12-448は1948年12月4日の受け入れを示す。

序

(1)Jean Monnet, Mémoires, p.261

第1章◆元帥と将軍

(1)Charles de Gaulle, *Mémoires de guerre*,vol.i, p.53
(2)Ibid., p.44
(3)E. Spears, *Assignment to Catastrophe*, vol.ii, p.138
(4)Ibid., p.143
(5)Ibid., p.150
(6)Paul Reynaud, *Au Coeur de la mêlée*, p.743
(7)Ibid.
(8)Spears, p.288
(9)Peter Novick, *The Resistance versus Vichy*, p.17
(10)Jean Lacouture, *De Gaulle, the Rebel*, p.212

第2章◆対独協力《コラボ》への道と抵抗運動《レジスタンス》への道

(1)Henri du Moulin de Labarthète, *Le Temps des illusions*, p.50
(2)22 December 1940, AN F/1a/3657
(3)23 November 1944, NA-PRO FO 371/42102/Z8288
(4)15 May 1943, AN F/1a/3657
(5)Quoted Azéma,'La Milice', *20ème siècle*
(6)Emmanuel Le Roy Ladurie, *Paris-Montpellier*, p.14
(7)R. Cassin, *Les Hommes partis de rien*, p.76
(8)Gabriel Péri, *Une Vie de combat*, p.126

第3章◆国内のレジスタンスとロンドンの男たち

(1)Édouard Herriot, *Épisodes*, p.75
(2)Sir Brooks Richards, letter to the authors, with notes on the original MS, 5 November 1993
(3)NA-PRO PREM 3 446
(4)New Year's Eve dinner, Susan Mary Alsop, conversation, 5 January 1993
(5)Claude Bouchinet-Serreulles, conversation, 23 November 1992
(6)Dimitrov to Dekanazov, Vice People's Commissar for Foreign Affairs, 8 February 1943, RGASPI 495/74/532
(7)General de Bénouville, conversation, 21 January 1993
(8)Henri Noguères, conversation, 6 October 1989
(9)Simone de Beauvoir, *La Force de l'âge*, p.591
(10)Hervé Alphand, *L'Étonnement d'être*, p.177
(11)Henri Amouroux, *La Grande Histoire des Français sous l'Occupation*, vol.viii, p.546
(12)Charles de Gaulle, *Mémoires de guerre*, vol.ii. p.376
(13)Gaston Palewski, *Mémoires d'action*, p.216

第4章◆パリ先陣争い

(1)Henri Amouroux, *La Grande Histoire des Français sous l'Occupation*, vol.viii, p.650
(2)Proclamation of 22 August 1944, quoted Adrien Dansette, *Histoire de la Libération de Paris*, p.508
(3)Jean Galtier-Boissière, *Mon Journal pendant l'Occupation*, p.259
(4)Ibid., p.261
(5)AN F/1a/3254
(6)Philippe Boegner (ed.) , *Carnets du Pasteur Boegner*, p.287
(7)John Mowinckel, conversation, 15 October 1992
(8)Jeffrey Myers, *Hemingway*, p.408
(9)Charles de Gaulle, *Mémoires de guerre*, vol.ii, p.302
(10)Amouroux, *La Grande Histoire des Français sous L'Occupation*, vol.viii, p.684
(11)Simone de Beauvoir, *La Force de l'âge*, pp.609-10
(12)*Combat*, 25 August 1944, quoted Paul Marie de la Gorce, *L'Après Guerre*, p.10
(13)Julien Green, *Journal*, p.669
(14)Galtier-Boissière, *Mon Journal pendant l'Occupation*, p.276
(15)Ibid., p.280
(16)Boegner (ed.) , *Carnets du Pasteur Boegner*, p.295

(17) Léonard Rist, quoted Charles Rist, Une Saison gatie, p.432
(18) René Brouillet, conversation, 15 October 1992
(19) 25 August 1944, BD
(20) Beauvoir, *La Force des choses*, p.13

第5章◆解放されたパリ

(1) 25 August 1944, BD
(2) Bulletin No.1, 1 October 1944, IFOP
(3) Charles de Gaulle, *Mémoires de guerre*, vol.ii, p.313
(4) Simone de Beauvoir, *La Force de l'âge*, p.612
(5) Jean Cocteau, *Journal* 1942-1945, p.534
(6) Jean Galtier-Boissière, *Mon Journal pendant l'Occupation*, p.284
(7) Malcolm Muggeridge, *Chronicles of Wasted Time*, vol.ii, p.211
(8) Philippe Boegner (ed.), *Carnets du Pasteur Boegner*, p.301
(9) Philippe Robrieux, *Histoire intérieure du parti communiste*, vol.ii, p.20
(10) Quoted ibid., vol.1, p.519
(11) Beauvoir, *La Force de l'âge*, p.599
(12) Galtier-Boissière, *Mon Journal depuis la Libération*, p.43
(13) Galtier-Boissière, *Mon Journal pendant l'Occupation*, p.251
(14) Beauvoir, *La Force de l'âge*, p.597
(15) Hervé Le Boterf, *La Vie parisienne sous l'Occupation*, p.414
(16) Muggeridge, *Chronicles of Wasted Time*, p.211

第6章◆亡命への道

(1) P. G. Wodehouse to Home Secretary, 4 September 1944, copy included in MI5 report of 28 September 1944, DCP
(2) DCD, 1 December 1944
(3) Malcolm Muggeridge, *Chronicles of Wasted Time*, vol.ii, p.232

第7章◆戦争ツーリストと《リッツ》戦争

(1) Malcolm Muggeridge, *Chronicles of Wasted Time*, vol.ii, p.221
(2) Brassaï, *Conversations avec Picasso*, p.150
(3) Cleve Gray, conversation, 24 November 1992
(4) Simone de Beauvoir, *La Force des choses*, p.29
(5) Paul Potts, *Dante Called you Beatrice* (London: Eyre & Spottiswoode, 1960), quoted Bernard Crick, *George Orwell*, p.324
(6) Beauvoir, *La Force des choses*, p.27, and Magouche Fielding, conversation, 18 February 1992
(7) 5 October 1944, DD
(8) Martha Gellhorn, *A Honeyed Peace*, p.74
(9) 6 February 1945, AN F/1a/3255

第8章◆野放しの粛正

(1) 28 June 1944, BD
(2) Jean Galtier-Boissière, *Mon Journal depuis la Libération*, p.11

(3) Sir Isaiah Berlin, conversation, 12 August 1993
(4) Malcolm Muggeridge, *Chronicles of Wasted Time*, vol.ii, p.217
(5) Director-General of SNCF, AN F/1a/3208
(6) Controller-General Robineau to Inspector-General of Police, 23 November 1945, AN F/1a/3246
(7) Madame du Bouëtez, French Red Cross representative, Paris prisons, conversation, 29 July 1992
(8) Report by Inspector-General of Prisons to Minister of Justice, 21 July 1945, AN F /1a/ 4611
(9) Roger Codou, conversation, 13 March 1993
(10) AVP, Per 55
(11) Direction des Renseignements Généraux, 25 August 1945, AN F/1a/3349
(12) Quoted Galtier-Boissière, *Mon Journal depuis la Libération*, p.210
(13) Jean-Pierre Rioux, *La France de la Quatrième République*, vol.i, p.32
(14) French who served in German uniform, Henry Rousso, conversation, 30 July 1992

第9章◆臨時政府

(1) Kozirev to Ponomarev, International Section of the Central Committee, 9 July 1945, RGASPI 17/128/802
(2) Dimitrov and Ponomarev, 30 November 1944, RGASPI 17/128/14
(3) Louis Closon, *Commissaire de la République*, p.69
(4) Quoted M. R. D. Foot, *SOE in France*, p.420
(5) Jacques Baumel, conversation, 6 August 1992
(6) Quoted Henri Amouroux, *Les Règlements de comptes*, vol.ix, p.165
(7) René Serre, *Croisade à coups de poings*, p.142
(8) Georges Bidault, *D'une Résistance à l'autre*, p.70
(9) Hervé Alphand, *L'Étonnement d'être*, p.181
(10) 13 February 1947, DCD
(11) NARA 851.00/1-2045
(12) *la Collecte*, report of 2 February 1945 by Direction Générale de la Sûretûé Nationale, AN F /1a/3249
(13) François Mauriac, *Journal*, vol.iv, p.8
(14) AN F/1a/3250
(15) AN F/1a/3249
(16) Yves Farge, *Le Pain de la corruption*, p.10
(17) 26 March 1945, AN F /1a/3250
(18) AN F/1a/3208
(19) October 1945, report on activity of CGT, RGASPI 17/128/16
(20) Ministre des Travaux Publics, 17 October 1944, AN F/1a/3208
(21) *L'Humanite*, 22 August 1944, quoted Pierre Assouline, *L'Épuration des intellectuels*, p.22
(22) Quoted Gaston Palewski, *Mémoires d'action*, p.228
(23) Grover Smith (ed.), *Letters of Aldous Huxley*, p.516

第10章◆外交団

(1) 14 September 1944, DCD
(2) Sir Alexander Cadogan, *Diaries*, p.675
(3) 24 OctoQcr 1944, DCD
(4) 14 September 1944, DD

(5) 21 March 1947, DCD
(6) 20 November 1945, LDCP-CR
(7) 7 November 1944, DCD
(8) Georges Bidault, *D'une Résistance à l'autre*, p.72
(9) 24 February 1945, DD
(10) Jacques Dumaine, *Quai d'Orsay, 1945-51*, pp.2-3
(11) 28 November 1944, DCD
(12) Malcolm Muggeridge, *Chronicles of Wasted Time*, vol.ii, p.217
(13) 11 November 1944, DCD
(14) 11 November 1944, DCD
(15) RGASPI 17/128/14
(16) Charles de Gaulle, *Mémoires de guerre*, vol.iii, p.61
(17) Hervé Alphand, *L'Étonnement d'êrre*, p.180
(18) 'Foreign Relations of the United States of America, The Conference at Cairo and Teheran', pp.484-5, quoted Jean Elleinstein, *Goliath contre Goliath*, p.97
(19) Charles de Gaulle, *Mémoires de guerre*, vol.iii, p.56
(20) Lady Rothschild (Tess Mayor), conversation, 1 December 1992
(21) Alphand, *L'Étonnement d'êrre*, p.182
(22) 4 January 1945, DCD
(23) Philippe Boegner (ed.), *Carnets du Pasteur Boegner*, p.324
(24) Ponomarev, RGASPI 17/128/748
(25) NARA 751.00/5-1245

第11章◈解放した者と解放された者

(1) Yves Farge, *Le Pain de la corruption*, p.12
(2) NARA 851.04413/1-545
(3) 27 July 1945, AN F /1a/3249
(4) Caffery, NARA 851.5017/1-2947
(5) Simone de Beauvoir, *La Force des choses*, p.26
(6) Corporal Bob Baldrige, letter, 7 March 1945
(7) Beauvoir, *La Force des choses*, p.13
(8) NARA 711.51/3-945
(9) Juvenile prostitution, Appendix E, SHAEF Mission, Progress Report of 16-31 May 1945
(10) 3 May 1945, DCD
(11) 3 October 1944, DD
(12) 21 September 1944, DCD
(13) 8 May 1945, DCD
(14) NARA 851.00/2-1445
(15) US Embassy report, NARA 851.00/4-245
(16) 18 July 1945, DCD
(17) SHAEF Mission to France, Progress Report No. 19, 1-15 June 1945, NARA 851.00/6-2145
(18) Fraçois Billoux, *Quand nous étions ministres*, p.39
(19) Jean Galtier-Boissière, *Mon Journal depuis la Libération*, p.136
(20) Susan Mary Alsop, *To Marietta from Paris*, p.53

(21) 15 January 1946, AN F/1a/3349
(22) Alfred Fabre-Luce, *Journal de la France*, p.667
(23) Beauvoir, *La Force des choses*, p.28

第12章◆砲列線上の作家・芸術家たち

(1) Alfred Fabre-Luce, *Journal de la France*, p.653
(2) Robert Aron, *Histoire de Vichy*, p.685
(3) *Franc-Tireur*, 24 August 1944
(4) Letter to Victoria Ocampo, 2 April 1945, Grover Smith (ed.), *Letters of Aldous Huxley*, p.518
(5) Robert Brasillach, *Journal d'un homme occupé*, vol.vi, p.560
(6) Baronne Élie de Rothschild, conversation, 30 October 1992
(7) Jean Galtier-Boissière, *Mon Journal depuis la Libération*, p.16
(8) Christian Gilles, *Arletty ou la liberté d'être*, p.39
(9) Quoted Prince Jean-Louis de Faucigny-Lucinge, *Un Gentilhomme cosmopolite*, p.183
(10) Jacques Benoist-Méchin, *A l'Épreuve du temps*, p.392
(11) 2 November 1944, NA-PRO FO 371/42013/Z7349
(12) Céline, Copenhagen, 6 November 1946, NARA 851.00/6-2847
(13) Galtier-Boissière, *Mon Journal depuis la Libération*, P.38
(14) Galtier-Boissière, *Mon Journal pendant 1'Occupation*, P.290
(15) Pierre-Henri Teitgen, *Faites entrer le témoin suivant*, p.248
(16) Quoted ibid., p.250
(17) *Combat*, 20 January 1945
(18) Gaston Palewski, *Mémoires d'action*, p.225
(19) Celia Goodman (ed.), *Living with Koestler*, p.60
(20) Philippe Boegner (ed.), *Carnets du Pasteur Boegner*, p.316
(21) Annie Cohen-Solal, *Paul Nizan*, p.253
(22) Galtier-Boissière, *Mon Journal depuis la Libération*, pp.15-16

第13章◆帰還

(1) Marguerite *Duras, La Douleur*, p.15
(2) Quoted ibid., p.41
(3) Janet Flanner, *Paris Journal*, p.26
(4) Jean Galtier-Boissière, *Mon Journal depuis la Libération*, p.244
(5) Louise Alcan, *Sans armes et sans bagages*, p.118
(6) Mary Vaudoyer, conversation, 23 November 1992
(7) Annette Wieviorka, *Déportation et génocide*, p.88
(8) Galtier-Boissière, *Mon Journal depuis la Libération*, p.231
(9) From Dr Dvojetski, *Reve d'histoire de la médecine hébraïque*, Paris, No. 56, July 1962, pp.55-91, CDJC
(10) Pierre Daix, *J'ai cru au matin*, p.143
(11) Dvojetski, *Revue d'histoire …* , CDJC
(12) Raymond Ruffin, *La Vie des Français au jour le jour*, p.171
(13) Gertrude Stein, *Wars I Have Seen*, p.174
(14) Anne Chisolm, *Nancy Cunard*, p.207
(15) Deirdre Bair, *Samuel Beckett*, p.207

(16) Julien Green, *Journal*, p.668
(17) Quoted Susan Mary Alsop, *To Marietta from Paris*, p.33
(18) 10 September 1945, LDCP-CR
(19) Quoted Philip Ziegler, *King Edward VIII*, p.509
(20) 17 October 1945, DD
(21) Jacques Dumaine, *Quai d'Orsay*, 1945-51, p.42
(22) 28 October 1945, DCD

第14章◆大裁判

(1) Malcolm Muggeridge, *Chronicles of Wasted Time*, vol ii, p.20
(2) Susan Mary Alsop, *To Marietta from Paris*, p.46
(3) Claude Bouchinet-Serreulles, conversation, 23 November 1992
(4) Philippe Boegner (ed.), *Carnets du Pasteur Boegner*, p.335
(5) Article 3 of decree of 28 November 1944, quoted Jacques Charpentier, *Au Service de la Liberté*, p.256.
(6) Alsop, *To Marietta from Paris*, p.27
(7) 32 per cent, Bulletin 16 August 1945, fieldwork 11-25 July, IFOP
(8) 30 April 1945, DD
(9) Charpentier, *Au Service de la Liberté*, p.267
(10) Stenographic version of Comrade Popova's report to the International Section of the Central Committee, 16 July 1945, RGASPI 17/128/748
(11) Jacques Isorni, *Philippe Pétain*, p.477
(12) Charpentier, *Au Service de la Liberté*, p.267
(13) Quoted Haute Cour de Justice, *Le Procés du Maréchal Pétain*
(14) Janet Flanner, *Paris Journal*, p.39
(15) Quoted Isorni, *Philippe Pétain*, pp.400-401
(16) Quoted Jean-Pierre Azema, 'La Milice', *20éme Siécle*, No.28, December 1990, p.104
(17) Haute Cour de Justice, *Le Procés du Maréchal Pétain*, P.257
(18) Isorni, *Philippe Pétain*, p.476
(19) Ibid., p.393
(20) Comte René de Chambrun, conversation, 16 October 1992
(21) Article by Madeleine Jacob, *Franc-Tireur*, 6 October 1945
(22) Charpentier, *Au Service de la Liberté*, p.268
(23) Boegner (ed.), *Carnets du Pasteur Boegner*, p.352
(24) Ibid.
(25) Baronne Elié de Rothschild, conversation, 30 October 1992
(26) Alsop, *To Marietta from Paris*, p.52

第15章◆新しさへの渇望

(1) Simone de Beauvoir, *La Force des choses*, p.19
(2) Emmanuel Le Roy Ladurie, *Paris-Montpellier*, p.25
(3) Marc Doelnitz, *La Fête à Saint-Germain-des-Prés*, p.98
(4) 25 July 1945, DCD
(5) A. A. Zhdanov, 11 June 1946, RGASPI 17/125/454
(6) A. J. Ayer, *Part of My Life*, p.284

(7) Beauvoir, *La Force de l'âge*, p.576
(8) Quoted *Saint-Germain-des-Prés*, p.14
(9) Beauvoir, *La Force de l'âge*, p.589
(10) Quoted Deirdre Bair, *Simone de Beauvoir*, p.345
(11) J.-P. Sartre,'Merleau-Ponty', *Les Temps modernes*, October 1961
(12) Beauvoir, *La Force de l'âge*, p.586
(13) Edmund White, *Jean Genet*, p.196
(14) Beauvoir, *La Force de l'âge*, p.595
(15) Beauvoir, *La Force des choses*, p.29
(16) Ibid., p.87
(17) Jean Cocteau, *Journal*, pp.554, 565
(18) *L'Humanité*, 30 October 1944
(19) 26 March 1947, DCP
(20) Signor to Stepanov, 22 April 1946, RGASPI 17/128/967
(21) Dominique Desanti, *Les Staliniens*, p.6
(22) Jacques Dumaine, *Quai d'Orsay*, 1945-51, p.27
(23) Jean-François Gravier, Paris: *Le Désert français*, p.87
(24) Edmund Wilson, *A Literary Chronicle of the Forties*, p.112

第16章◆洪水のあと

(1) Nancy Mitford, *The Blessing*, p.173
(2) Susan Mary Alsop, *To Marietta from Paris*, p.34
(3) General Count de Rougemont, as told to Susan Mary Alsop, conversation, 2 November 1992
(4) Martha Gellhorn, *A Honeyed Peace*, p.11
(5) Guy de Rothschild, The Whims of Fortune, P.149
(6) Prince Jean-Louis de Faucigny-Lucinge, *Un Gentilhomme cosmopolite*, p.189
(7) Odette Pol Roger, conversation, 10 October 1989
(8) Alsop, *To Marietta from Paris*, p.27
(9) Popova's report to Ponomarev, 16 July 1945, RGASPI 17/128/748
(10) 29 November 1945, LDCP-CR
(11) Alsop, *To Marietta from Paris*, p.35
(12) Charlotte Mosley (ed.), *Love from Nancy*, P.96
(13) Duc de Brissac, *Mémoires*, p.151
(14) Alsop, *To Marietta from Paris*, p.5
(15) Claus von Bülow, conversation, 14 December 1992
(16) To Lascelles, 26 November, 1945, DCP
(17) To Lascelles, 5 November 1945, DCP
(18) 12 December 1945, DD
(19) 15 December 1945, DD
(20) Lascelles, letter, 17 November 1945, DCP
(21) To Diana Mosley, 15 June 1946, NMP
(22) Mosley (ed.), *Love from Nancy*, p.218
(23) Ibid., p.215
(24) 5 June 1946, NMP

(25) Quoted Selina Hastings, *Nancy Mitford*, p.179

第17章◆政府内の共産主義者たち

(1) Jean Galtier-Boissière, *Mon Journal depuis la Libération*, pp.254-5
(2) Susan Mary Alsop, *To Marietta from Paris*, P.31
(3) Simone de Beauvoir, *La Force des choses*, p.42
(4) Galtier-Boissière, *Mon Journal depuis la Libération*, P.252
(5) Stepanov for Dimitrov, received 2 February 1945, RGASPI 17/128/43
(6) NARA 851.00/6-1445
(7) Dominique Desanti, *Les Staliniens*, p.53
(8) NARA 851.00/6-2245
(9) NARA 851.00/6-1445
(10) Musée des Deux Guerres, Buton, p.154
(11) 15 June 1945, RGASPI 17/128/748

第18章◆シャルル11世の退位

(1) 9 June 1945, DCD
(2) NARA 851.00/6-1545
(3) Claude Bouchinet-Serreulles, conversation, 23 November 1992
(4) Philippe Boegner (ed.), *Carnets du Pasteur Boegner*, p.343
(5) Charles de Gaulle, *Mémoires de guerre*, vol.iii, p.181
(6) 28 June 1945, DCD
(7) 27 June 1945, DCD
(8) Quoted Frank Giles, *The Locust Years*, p.20
(9) Winant to Secretary of State, NARA 851.00/6-1845
(10) de Gaulle, *Mémoires de guerre*, vol.iii, p.181
(11) General Impression of France, NARA 851.00/8-2445
(12) 13 November 1945, DCD
(13) Quoted Jean Lacouture, *De Gaulle, Le Politique*, p.217
(14) Luizet's report to Ministry of the Interior, 20 November 1945, AN F /1a/3201
(15) Directeur des RG au DG de SN, 21 November 1943, AN F/1a/3201
(16) 3 December 1946, DCD
(17) Caffery, secret telegram to Secretary of State, 6 December 1945, NARA 851.00/12-745
(18) Jean Monnet, *Mémoires*, p.270
(19) 1 January 1945, DD
(20) André Astoux, *L'Oubli*, p.79
(21) Claude Bouchinet-Serreulles, conversation, 23 November 1992
(22) Duff Cooper, *Old Men Forget*, p.365
(23) 21 January 1946, DD
(24) 22 January 1946, DCD
(25) NARA 851.00/1-2046
(26) NARA 851.00/2-2546
(27) AN F/1a/3201
(28) Hervé Alphand, *L'Étonnement d'être*, p.192

(29) Malcolm Muggeridge, *Chronicles of Wasted Time*, vol.ii, p.213
(30) Brigadier Daly, Top Secret to Deputy Director Military Intelligence, 21 April 1946, DD

第19章◈影絵芝居——計略と逆計

(1) 4 April 1946, DD
(2) Philippe Boegner (ed.), *Carnets du Pasteur Boegner*, p.323
(3) 22 November 1945, DCD
(4) 17 December 1945, DD
(5) Quoted letter to Deputy Director Military Intelligence, 4 April 1946, DD
(6) 4 February 1946, DCD
(7) NARA 851.00/2-2546
(8) NARA 85.011/5-146
(9) Marie-Madeleine Fourcade, John Bruce-Lockhart, conversation, 3 July 1993; Bruce-Lockhart, the MI6 chief of station in Paris, worked with her closely
(10) 15 March 1946, DD
(11) NARA 851.00/3-1446
(12) NARA 751.61/5-146
(13) NARA 851.00/3-1446
(14) War Department, Top Secret to General MacNarney, NARA 851.00/5-346
(15) NARA 851.00/5-346
(16) NARA 851.00/3-1247

第20章◈政治と文学

(1) Jean Galtier-Boissière, *Mon Journal dans la drôle de paix*, p.251
(2) Caffery, NARA 851.00/4-2046
(3) NARA 851.011/5-146
(4) NARA 851.00/5-846
(5) Claude Mauriac, *Un Autre de Gaulle*, p.190
(6) Jacques Dumaine, *Quai d'Orsay*, 1945-51, p.59
(7) André Dewavrin, conversation, 20 November 1992
(8) Colonel Passy, *Mémoires du chefdes services secrets de la France Libre*, p.23
(9) Ibid.
(10) NARA 851.00/6-1846
(11) 12 May 1946, DCD
(12) Mauriac, *Un Autre de Gaulle*, p.194
(13) 11 May 1946, DCD
(14) Robert Murphy, Top Secret to Secretary of State, NARA 851.00/5-2446
(15) NARA 851.00/5-2546
(16) Robert Murphy, Top Secret to Secretary of State, NARA 851.00/5-2566
(17) NARA 851.00/6-2046

第21章◈外交の戦場

(1) Jacques Dumaine, *Quai d'Orsay*, 1945-51, p.47
(2) Ibid., p.55

(3) 1 May 1946, DCD
(4) 2 May 1946, DCD
(5) 30 April 1946, DCD
(6) 9 May 1946, DCD
(7) 16 May 1949, BD
(8) 1 May 1946, DCD
(9) 2 December 1944, DCD
(10) 4 May 1946, DCD
(11) 17 May 1946, DCD
(12) 26 May 1946, DCD
(13) 27 May 1946, AN F 1a/3364
(14) Ponomarev to Molotov and Malenkov, 16 February 1946, RGASPI 17/128/967
(15) to Diana Mosley, 9 August 1946, NMP
(16) 10 August 1946, LDCP-CR
(17) Cyrus Sulzberger, *A Long Row of Candles*, p.295
(18) Dumaine, *Quai d'Orsay*, 1945-51, p.60
(19) 25 September 1946, DCD
(20) 21 October 1946, NMP
(21) Bogomolov, the Soviet ambassador, Princesse Ghislaine de Polignac, conversation, 1 July 1992
(22) Mamaine Paget, quoted Celia Goodman (ed.), *Living with Koestler*, p.36
(23) Simone de Beauvoir, *La Force des choses*, p.126
(24) Ibid., p.129
(25) Ibid.,p.13

第22章◆ファッションの世界

(1) Lise Deharme in *Les Lettres françaises*, 21 October 1944, quoted Jean-Pierre Bernard, *Paris Rouge*, p.102
(2) Susan Train (ed.), *Le Théâtre de la mode*, p.64
(3) Bettina Ballard, *In My Fashion*, p.211
(4) Susan Mary Alsop, *To Marietta from Paris*, pp.83-4
(5) 6 February 1946, AN F/1a/3255
(6) Guy de Rothschild, *The Whims of Fortune*, p.101
(7) François Billoux, *Quand nous étions ministres*, p.75
(8) Quoted Georgette Elgey, *La République des illusions*, P.245
(9) To Violet Hammersley, 6 July 1948, Charlotte Mosley (ed.), *Love from Nancy*, p.217
(10) Christian Dior, *Dior by Dior*, p.210
(11) Ballard, *In My Fashion*, p.229
(12) Alsop, *To Marietta from Paris*, p.93
(13) 27 February 1947, DCD
(14) 6 December 1947, Mosley (ed.), *Love from Nancy*, p.196
(15) to Diana Mosley, 29 October 1947, NMP
(16) to Violet Hammersley, 6 July 1948; Mosley (ed.), *Love from Nancy*, p.217

第23章◆二都物語

(1) Paul Laurent, *L'Avant-Garde*, 20 December 1950, quoted Jean-Pierre Bernard, *Paris Rouge*, p.10

(2)Jean-François Gravier, Paris: *Le Désert français*, p.171
(3)Préfet de la Seine au Conseil Municipal, AVP 51 Db
(4)Gravier, Paris: *Le Désert français*, p.191
(5)Jean Gager, conversation, 14 March 1993
(6)SHAEF mission, Progress Report No. 19, 1-15.6.45, NARA 851.00/6-2145
(7)Quoted Georgette Elgey, *La République des illusions*, p.181
(8)January 1946, LDCP-CR
(9)Graham Payne and Sheridan Morley (eds.), *The Noël Coward Diaries*, London: Weidenfeld & Nicolson, 1982, p.55, 6 April 1946
(10)Janet Flanner, *Paris Journal*, p.48
(11)Susan Mary Alsop, *To Marietta from Paris*, P.24
(12)AN F/1a/32 55
(13)Jean Galtier-Boissière, *Mon Journal dans la grande pagaïe*, p.18
(14)Jean Oberlé, *La Vie d'artiste*, p.93
(15)To Diana Mosley, 26 December 1946, NMP
(16)Ibid.
(17)15 March 1946, LDCP-CR

第24章◆共産主義者に反撃する

(1)12 April 1946, DCD
(2)Suslov to Zhdanov, report on meeting 19 July 1946, RGASPI 17/128/967
(3)Alain Signor to Stepanov, 22 April 1946, RGASPI 17/128/967
(4)Ibid.
(5)Quoted André Astoux, L'Oubli, p.93
(6)André Philip, quoted Georgette Elgey, *La République des illusions*, p.231
(7)Quoted Jean Galtier-Boissière, *Mon Journal dans la grande pagaïe*, p.36
(8)NARA 751.61/3-447
(9)Susan Mary Alsop, *To Marietta from Paris*, p.92
(10)Dean Acheson, *Present at the Creation*, p.213
(11)Ibid., p.219
(12)Ibid., p.222
(13)NARA 851.105/5-2147
(14)NARA 851.00/7-947
(15)Jacques Soustelle, *Vingt-huit ans de Gaullisme*, p.45
(16)Ibid., p.48
(17)Charlotte Mosley (ed.), *Love from Nancy*, p: 180
(18)To Gaston Palewski, 12 April 1947, NMP
(19)Jacques Dumaine, *Quai d'Orsay*, 1945-51, p.120
(20)quoted Claude Mauriac, *Un Autre de Gaulle*, p.283
(21)Ibid., p.289

第25章◆自らを実現していく予言

(1)Hervé Alphand, *L'Étonnement d'être*, p.198
(2)17 June 1947, DCD

(3) Georges Bidault, *D'une Résistance à l'autre*, p.152
(4) 30 June 1947, DCD
(5) 1 July 1947, DCD
(6) Alphand, *L'Étonnement d'être*, p.201
(7) 7 July 1947, DCD
(8) Sir Isaiah Berlin, conversation, 12 August 1993
(9) 16 July 1947, DCD
(10) 17 July 1947, DCD
(11) Edmund White, *Jean Genet*, p.344
(12) Quoted Henri Béhar, *André Breton*, p.382
(13) Quoted James Lord, *Giacometti*, p.311
(14) Behar, *André Breton*, p.383
(15) RGASPI 77/3/94
(16) Ibid.
(17) RGASPI 77/3/95
(18) Duclos, RGASPI 77/3C/98
(19) Thorez, 1 October 1947, RGASPI 17/128/265
(20) RGASPI 77/3/95
(21) Celia Goodman (ed.), *Living with Koestler*, p.58
(22) Quoted ibid., p.60
(23) Arthur and Cynthia Koestler, *Stranger on the Square*, pp.68-9
(24) Ibid., p.72
(25) Mamaine Paget, letter 4 November 1947, quoted Goodman (ed.), *Living with Koestler*, p.62. This was published in the magazine *Occident* in 1948 under the title 'Les Temps héroïques'.
(26) Philippe Dechartre, conversation, 1 July 1992
(27) Claude Mauriac, *Un Autre de Gaulle*, p.286
(28) NARA 851.00/10-647
(29) 23 October 1947, NMP
(30) 25 October 1947, DCD
(31) André Gide and Roger Martin du Gard, *Correspondance*, p.391
(32) Top Secret to Bevin, 13 November 1947, DCP

第26章◆共和国、絶体絶命

(1) 28 October 1947, DCD
(2) Caffery, 24 October 1947, NARA 851.00/10-2447
(3) NARA 851.00/10-2947
(4) Édouard Depreux, *Souvenirs d'un militant*, p.248
(5) Roger Pannequin, *Adieu camarades*, p.92
(6) US Embassy translation of Political Orientation Instruction No. 1 of 26 December 1947, NARA 851.00/1-948
(7) *Le Populaire*, Henri Noguères, conversation, 6 October 1989
(8) To Lady Redesdale, 25 November 1947, NMP
(9) To Diana Mosley, 1 December 1947, NMP
(10) Susan Mary Alsop, *To Marietta from Paris*, p.119

(11) 30 November 1947, DCD
(12) To Diana Mosley, 1 December 1947, NMP
(13) US Embassy translation of Political Orientation Instruction No. 1, 26 December 1947, NARA 851.00/1-948
(14) To Diana Mosley, 5 December 1947, NMP
(15) Alsop, *To Marietta from Paris*, p.120
(16) 2 December 1947, NMP
(17) 10 December 1947, DCD
(18) Alsop, *To Marietta from Paris*, pp.121-2
(19) NARA 851.00/3-1247
(20) NARA 851.00/4-1048

第27章◆サン=ジェルマン=デ=プレ沸騰

(1) Quoted *Saint-Germain-des-Près*, p.58
(2) Paul Boubal, quoted in 'Night and Day' by Vincent Gille, ibid., p.57
(3) Juliette Gréco, conversation, 30 October, 1993
(4) Simone de Beauvoir, *La Force des choses*, p.158
(5) Juliette Gréco, conversation, 30 October 1993
(6) Ibid.
(7) Marc Doelnitz, *La Fête à Saint-Germain-des-Près*, p.163
(8) Ibid., p.165
(9) Anne-Marie Cazalis, *Les Mémoires d'une Anne*, p.83
(10) Quoted *Samedi-Soir*, 15 January 1949
(11) Janet Flanner, Paris Journal, p.92
(12) Juliette Gréco, conversation, 30 October 1993
(13) Juliette Gréco, Jujube, p.139

第28章◆奇妙な三角形

(1) 2 March 1948, NMP
(2) Quoted Georgette Elgey, *La République des illusions*, p.380
(3) NARA 851.00/4-1048
(4) Raymond Aron, *Mémoires*, p.230
(5) NARA 851.00/3-2448
(6) NARA 851.00/5-1248
(7) NA-PRO FO 371/72947/Z4745
(8) Quoted Hervé Alphand, *L'Étonnement d'être*, p.210
(9) General de Bénouville, conversation, 21 January 1993
(10) NARA 851.00/8-948
(11) NARA 851.00B/l0-1448
(12) RGASPI 17/128/595
(13) NARA 851.00/1-1749
(14) Susan Mary Alsop, *To Marietta from Paris*, p.133
(15) 2a 1.48, NA-PRO FO 371/72953 /Z8941
(16) 20 November 1948 to Secretary of State for Information, AN F/1a/4745

(17) AN F/1a/4745
(18) 17 November 1948, ibid.
(19) Alsop, *To Marietta from Paris*, p.131
(20) NARA 851.00/12-2948
(21) Aleksei Myagkov, *Inside the KGB*, p.23

第29章◆知識人の背任

(1) 12 March 1947, quoted Jean Galtier-Boissière, *Mon Journal dans la grande pagaïe*, p.212
(2) Emmanuel Le Roy Ladurie, *Paris-Montpellier*, P.46
(3) Jean Gager, conversation, 14 March 1993
(4) Soria to Kamenov, 16 September 1948, RGASPI 17/128/595
(5) Baranov report for *Pravda*, 18 April 1949, RGASPI 17/128/1186
(6) Louis Teuléry, conversation, 15 March 1993
(7) Pierre Daix, *J'ai cru au matin*, p.216
(8) Zoltán Szabó, letter to Rudolf Fischer, 15 March 1992; and Ivan Boldizsar, 'On Zoltán Szabó', *New Hungarian Quarterly*, vol.xxx, no.114, Summer 1989
(9) Fitin to Suslov, 27 June 1946, RGASPI 17/128/967
(10) 16 September 1948, RGASPI 17/128/595
(11) 11 June 1946, RGASPI 17/125/454
(12) Annie Cohen-Solal, Sartre, p.310
(13) Nina Berberova, *L'Affaire Kravchenko*, p.77
(14) Ibid., p.96
(15) Ibid., p.79
(16) Kuibyshev, Alexander Solzhenitsyn, *Gulag Archipelago*, vol.iii, London: Collins & Harvill, 1978, p.48
(17) Celia Goodman (ed.), *Living with Koestler,* p.100
(18) Arthur and Cynthia *Koestler, Stranger on the Square*, p.72
(19) *Les Temps modernes*, no.81, July 1952
(20) Raymond Aron, *L'Opium des intellectuels*, p.70
(21) Simone de Beauvoir, *La Force des choses*, p.189

第30章◆パリのアメリカ人

(1) Susan Mary Alsop, *To Marietta from Paris*, p.125
(2) Arthur Miller, *Time Bends*, pp.157-9
(3) Truman Capote, *Answered Prayers*, p.74
(4) Ibid., p.37
(5) John Malcolm Brinnin, *Truman Capote*, London: Sidgwick, 1987, p.41
(6) Deirdre Bair, *Simone de Beauvoir*, p.403
(7) Capote, *Answered Prayers*, p.38
(8) Quoted Christopher Sawyer-Lausçanno, *The Continual Pilgrimage*, p.69
(9) 13 May 1948, LC-AHP 271
(10) Seattle, 18 August 1947, LC-AHP 273
(11) Department of State Bulletin, 16 November 1947, p.937, quoted Rudi Abramson, *Spanning the Century*, p.419
(12) Hadline in *L'Humanité*, 10 December 1948

(13)Letitia Baldrige, *Diamonds and Diplomats*, P.4
(14)29 December 1948, AN F/1a/4745
(15)Tom Wilson, conversation, 14 November 1992
(16)14 May 1949, BD
(17)5 June 1949, BD
(18)1 June 1949, BD
(19)28 May 1949, BD
(20)Lucius Battle, conversation, 6 November 1992
(21)Ibid.
(22)18 June 1949, BD, and Evangeline Bruce, conversation, 7 November 1992
(23)Lucius Battle, conversation, 6 November 1992
(24)16 June 1949, BD
(25)19 October 1949, BD
(26)3 December 1949, BD
(27)Action, 6 October 1949, quoted Jean-Pierre Bernard, *Paris Rouge*, p.71
(28)*L'Humanité*, 15 May 1952, quoted ibid., p.93

第31章◆観光客の襲来

(1)Copy of letter from F. Roger to Pommery & Greno Champagne, 29 September 1945, DCP
(2)14 April 1949, NMP
(3)31 August 1949, NMP
(4)Art Buchwald, *Paris after Dark*, p.67
(5)Susan Mary Alsop, *To Marietta from Paris*, p.163
(6)9 June 1949, BD
(7)20 September 1949, BD
(8)Alsop, *To Marietta from Paris*, p.154
(9)18 February 1947, LDCP-CR
(10)Buchwald, *Paris after Dark*, p.83
(11)Michael MacLiammoir, *Put Money in Thy Purse*,London: Columbus, 1976, pp.81-2

第32章◆パリは永遠にパリ

(1)Jacques Dumaine, *Quay d'Orsay*, 1945-51, p.151
(2)Janet Flanner, *Paris Journal*, p.82
(3)NARA 711.51/11-848
(4)NARA 851.00/2-1049
(5)LC-AHP, 954
(6)NARA 851.00(W)/5-649
(7)Frank Giles, *The Locust Years*, p.112
(8)Jean Galtier-Boissière, *Mon Journal dans la grande pagaïe*, pp.278-9

第33章◆反復性発熱

(1)Frank Giles, *The Locust Years*, p.111
(2)Schuman to Sir Oliver Franks, quoted Peter Hennessy, *Never Again*, p.399
(3)Quoted Jean Galtier-Boissière, *Mon Journal dans la grande pagaïe*, p.135

(4) Pierre Daix, *L'Ordre et l'aventure*, pp.233-4
(5) Ibid.
(6) Pierre Daix, *Aragon*, p.372
(7) Jacqueline Ventadour-Hélion, conversation, 22 January 1993
(8) *L'Humanite*, 9 November 1956, quoted Jean-Pierre Bernard, *Paris Rouge*, p.54
(9) Unpublished manuscript of General Jean-Louis du Temple de Rougemont
(10) Aleksei Myagkov, *Inside the KGB*, pp.23-4
(11) From the Military Governor of Paris, quoted Henry Rousso, *The Vichy Syndrome*, p.89
(12) Henri Amouroux, conversation, 12 March 1993
(13) Paxton, interview in *Libération*, 9 June 1993
(14) Tony Judt, *Un Passé imparfait*, p.352
(15) Marc Doelnitz, *La Fête à Saint-Germain-des-Prés*, p.11

参考文献

Abramson, Rudi, *Spanning the Century: The Life of W. Averell Harriman,* New York: Morrow, 1992
Acheson, Dean, *Present at the Creation,* London: Hamish Hamilton, 1970
Aglan, Alya, *La Résistance sacrifiée, le mouvement 'Libération-Nord',* Paris: Flammarion, 1999
Alcan, Louise, *Sans armes et sans bagages,* Limoges: Les Imprimés d'art, 1946
Alphand, Hervé, *L'Étonnement d'être,* Paris: Fayard, 1977
Alsop, Susan Mary, *To Marietta from Paris,* New York: Doubleday, 1975
Ambrose, Stephen, *Eisenhower,* 1890-1952, vol. i, London: Allen & Unwin, 1984
Amory, Mark (ed.), *The Letters of Evelyn Waugh,* London: Weidenfeld & Nicolson, 1980
Amouroux, Henri, *La Grande Histoire des Français sous l'Occupation: Joies et douleurs du peuple libéré,* vol. viii, Paris: Laffont, 1988
――*Les Règlements de comptes,* vol. ix, Paris: Laffont, 1991
Apuleyo Mendoza, Plinio,'García Márquez à Paris', *Silex,* no. 11, Grenoble: 1982
Ariotti, Philippe, *Arletty,* Paris: Henri Veyrier, 1990
Aron, Raymond, Mémoires, Paris: Julliard, 1983
(『レーモン・アロン回想録1・2』三保元訳、みすず書房、1999年)
――*L'Opium des intellectuels,* Paris: Calmann-Lévy, 1986
Aron, Robert, *Histoire de Vichy,* Paris: Fayard, 1954
――Histore de la libération de la France, Paris: Fayard, 1959
――*Les Grands Dossiers de l'histoire contemporaine,* Paris: Perrin, 1969
――*Historie de l'épuration, 6 vols.,* Paris: Tallandier, 1977
――*Fragments d'une vie,* Paris: Plon, 1981
Assouline, Pierre, *L'Épuration des intellectuels,* Brussels: Complexe, 1990
Astoux, André, *L'Oubli, De Gaulle 1946-1958,* Paris: Lattès, 1974
Auriol, Vincent, Hier … *Demain,* Paris: Armand Colin, 1945
Ayer, A. J., *Part of My Life,* London: Collins, 1977
Azéma, Jean-Pierre, *De Munich à la Libération,* Paris: Seuil, 1979
――*'La Milice', 20ème siècle,* no. 28, December 1990
Bair, Deirdre, *Samuel Beckett,* London: Cape, 1978
――Simone de Beauvoir, London: Cape, 1990
Baldrige, Letitia, *Diamonds and Diplomats,* London: Robert Hale, 1969
Ballard, Bettina, *In My Fashion,* New York: David McKay, 1960
Barrault, Jean-Louis, *Memories for Tomorrow,* London: Thames & Hudson, 1974
(ジャン=ルイ・バロー『明日への贈物――ジャン=ルイ・バロー自伝』石沢秀二訳、新潮社、1975年)
Baumann, Denise, *La Mémoire des oubliés,* Paris: Albin Michel, 1988
Beach, Sylvia, *Shakespeare & Company,* New York: Harcourt Brace, 1959
(シルヴィア・ビーチ『シェイクスピア・アンド・カンパニイ書店』中山末喜訳、河出書房新社、2011年)
Beauvoir, Simone de, *La Force de l'âge,* Paris: Gallimard, 1960

(シモーヌ・ド・ボーヴォワール『女ざかり――ある女の回想(上下)』
朝吹登水子、二宮フサ訳、紀伊國屋書店、1963年)
――*La Force des choses,* Paris: Gallimard, 1963
(『或る戦後(上下)』朝吹登水子、二宮フサ訳、紀伊國屋書店、1965年)
Beevor, Antony, *Berlin: The Downfall, 1945,* London: Viking, 2002
(アントニー・ビーヴァー『ベルリン陥落 1945』川上洸訳、白水社、2004年)
Béhar, Henri, *André Breton: Le Grand Indésirable,* Paris: Calmann-Lévy, 1990
Benoist-Méchin, Jacques, *De la défaite au désastre,* vols. i and ii, Paris: Albin Michel, 1984, 1985
――*A l'Épreuve du temps,* vol. ii, Paris: Julliard, 1989
Berberova, *Nina, L'Affaire Kravchenko,* Paris: Actes Sud, 1990
Bergeron, *André, Tant qu'il y aura du grain à moudre,* Paris: Laffont, 1988
Berlière, Jean-Marc, with Laurent Chambrun, *Les Policiers français sous l'Occupation,* Paris: Perrin, 2001
Bernard, Jean-Pierre, *Paris Rouge: Les Communistes français dans la capitale,* Paris: Champ Vallon, 1991
Bidault, Georges, *D'une Résistance à l'autre,* Paris: Presses du siècle, 1965
Billoux, François, *Quand nous étions ministres,* Paris: Éditions sociales, 1972
Bloch-Lainé, François, and Claude Gruson, *Hauts Fonctionnaires sous l'Occupation,* Paris: Éditions Odile Jacob, 1996
Boegner, Philippe (ed.), *Carnets du Pasteur Boegner,* 1945, Paris: Fayard, 1992
Bohlen, Charles, *Witness to History,* New York: Norton, 1973
Boissieu, Alain de, *Pour combattre avec de Gaulle,* Paris: Plon, 1982
――Pour servir le Général, Paris: Plon, 1982
Bonnefous, *Édouard, La Vie de 1940 à 1970,* Paris: Nathan, 1987
Bothorel, Jean, *Louise: La vie de Louise de Vilmorin,* Paris: Grasset, 1993
(ジャン・ボトレル『ルイーズ――ルイーズ・ド・ヴィルモランの生涯』北代美和子訳、東京創元社、1997年)
Bouchardeau, Huguette, *Elsa Triolet,* Paris: Flammarion, 2001
Bouchinet-Serreulles, Claude,'Pour accompagner mon Général', *La Revue des Deux Mondes,* October-November 1980
Bourdrel, Philippe, *L'Épuration sauvage: 1940-1945,* Paris: Perrin, 1988
Bourget, Pierre, Paris Année 1944, Paris: Plon, 1984
Brasillach, Robert, *Journal d'un homme occupé, Oeuvres complètes,* vol. vi, Paris: Club de l'honnête homme, 1964
Brassaï, *Conversations avec Picasso,* Paris: Gallimard, 1964
(ブラッサイ『語るピカソ』飯島耕一、大岡信訳、みすず書房、1968年)
Brinkley, Douglas, and Clifford Hackett (eds.), *Jean Monnet: The Path to European Unity,* New York: St Martin's Press, 1991
Brissac, Duc de, *Mémoires: La Suite des Temps (1939-1958),* Paris: Grasset, 1974
Bruce, David K, *OSS against the Reich: The World War II Diaries of Colonel David K. E. Bruce,* Kent, Ohio: Kent State University Press, 1991
Buchwald, Art, *Paris after Dark,* Paris: Herald Tribune, 1950
Buton, Philippe,'Le PCF, l'armée et le pouvoir à la Libération', *in Communisme,* Paris: Presses Universitaires de France, 1983
――*La France et les Français de la Libération: 1944-1945,* Paris: Le Musée, 1984
――*Le Couteau entre les dents,* Paris: Chêne, 1989
――*Les lendemains qui déchantent: Le Parti communiste à la Libération,* Paris: Presses des Sciences

Politiques, 1993
Cadogan, Sir Alexander, *Diaries,* London: Cassell, 1971
Capote, Truman, *Answered Prayers,* New York: Random House, 1987
（カポーティ『叶えられた祈り』川本三郎訳、新潮文庫、2006年）
Cassin, R., *Les Hommes partis de rien,* Paris: Plon, 1987
Caute, David, *Communism and the French Intellectuals,* London: Deutsch, 1964
Cazalis, *Anne-Marie, Les Mémoires d'une Anne,* Paris: Stock, 1976
Chalon, Jean, *Florence et Louise les Magnifiques,* Paris: Le Rocher, 1987
Chambrun, René de, *Pierre Laval devant l'histoire,* Paris: France-Empire, 1983
Charbonneau, Henry, *Mémoires de Porthos,* Paris: Éditions du Clan, 1967
Charles-Roux, *Edmonde, Le Temps Chanel,* Paris: Grasset, 1980
（エドモンド・シャルル=ルー『シャネルの生涯とその時代』秦早穂子訳、鎌倉書房、1981年）
Chariot, J., *Le Gaullisme d'opposition,* Paris: Fayard, 1983
Charpentier, Jacques, *Au Service de la Liberté,* Paris: Fayard, 1949
Chastenet, Jacques, *De Pétain à de Gaulle,* Paris: Fayard, 1970
Chebel d'Appollonia, *Ariane, Histoire politique des intellectuels en France 1944-1954,* vols. i and ii, Brussels: Complexe, 1991
Chisolm, Anne, Nancy Cunard, London: Sidgwick & Jackson, 1979
（アン・チザム『ナンシー・キュナード――疾走する美神』野中邦子訳、河出書房新社、1991年）
Closon, Louis, *Le Temps des passions,* Paris: Presses de la Cité, 1974
――Commissaire de la République, Paris: Presses de la Cité, 1980
Cocteau, Jean, *Journal 1942-1945,* Paris: Gallimard, 1989
（ジャン・コクトー『占領下日記 1942-1945（1〜3）』秋山和夫訳、筑摩書房、1993年）
Codou, Roger, *Le Cabochard: Mémoires d'un communiste,* Paris: Maspéro, 1983
Cohen-Solal, *Annie, Sartre,* 1905-1980, Paris: Gallimard, 1985
（アニー・コーエン=ソラル『サルトル』石崎晴己訳、白水社、2006年）
――with Henriette Nizan, *Paul Nizan: Communiste impossible,* Paris: Grasset, 1980
Colette, *Autobiographie,* Paris: Fayard, 1968
Colville, John, *The Fringes of Power,* London: Hodder & Stoughton, 1985
（ジョン・コルヴィル『ダウニング街日記――首相チャーチルのかたわらで（上・下）』都築忠七ほか訳、平凡社、1990年）
Cooper, Duff, *Old Men Forget,* London: Hart-Davis, 1953
Cordier, Daniel, *Jean Moulin: République des Catacombes,* Paris: Gallimard, 1999
Cotta, Michèle, *La Collaboration, 1940-1944,* Paris: Armand Colin, 1963
Courtois, Stéphane, *Le PCF et la guerre,* Paris: Ramsay, 1980
Coutau-Bégarie, Hervé, and Claude Huan, *Darlan,* Paris: Fayard, 1989
Crick, Bernard, *George Orwell: A Life,* London: Secker & Warburg, 1980
Daix, Pierre, *Aragon: Une vie à changer,* Paris: Seuil, 1975
――*J'ai cru au matin,* Paris: Laffont, 1976
――*L'Ordre et l'aventure,* Paris: Arthaud, 1984
Dansette, Adrien, *Histoire de la Libération de Paris,* Paris: Fayard, 1946
Debré, Michel, *Trois Républiques pour une France,* Paris: Albin Michel, 1985
De Gaulle, Charles, *Mémoires de guerre,* 3 vols. (L'Appel, 1940-1942; L'Unite, 1942-1944; Le Salut, 1944-1946), Paris: Plon, 1962

（ドゴール『ドゴール大戦回顧録（1〜6）』村上光彦、山崎庸一郎訳、みすず書房、1960〜66年）
——Lettres, notes et carnets (mai 45-juin 51), vol. vi, Paris: Plon, 1984
De Jouvenel, Bertrand, *L'Amérique en Europe,* Paris: Plon, 1948
Depreux, Édouard, *Souvenirs d'un militant,* Paris: Fayard, 1972
Desanti, Dominique, Les Staliniens: Une expérience politique, 1944-1956, Paris: Fayard, 1975
——*Drieu la Rochelle,* Paris: Flammarion, 1978
——*Sacha Guitry,* Paris: Grasset, 1982
Desjardins, Thierry, *François Mitterrand: Un socialiste gaullien,* Paris: Hachette, 1978
Dior, Christian, *Dior by Dior,* London: Weidenfeld & Nicolson, 1974
Dodds-Parker, Douglas, *Setting Europe Ablaze,* London: Springwood, 1983
Doelnitz, Marc, *La Fête à Saint-Germain-des-Prés,* Paris: Laffont, 1979
Dronne, Raymond, *La Libération de Paris,* Paris: Presses de la Cite, 1970
Duclos, Jacques, *Mémoires, 1945-1952: Sur la brèche,* Paris: Fayard, 1971
Dumaine, Jacques, *Quai d'Orsay, 1945-51,* London: Chapman & Hall, 1958
Duras, Marguerite, *La Douleur,* Paris: P.O.L., 1985
（マルグリット・デュラス『苦悩』田中倫郎訳、河出書房新社、1985年）
Égen, Jean, *Messieurs du Canard,* Paris: Stock, 1973
Elgey, Georgette, *La République des illusions, 1945-1951,* Paris: Fayard, 1965
Elleinstein, Jean, *Histoire du phénomène stalinien,* Paris: Grasset, 1975
——*Goliath contre Goliath: Histoire des relations américano-soviétiques,* Paris: Fayard, 1986
Epstein, Simon, *Les dreyfusards sous l'Occupation,* Paris: Albin Michel, 2001
Fabre-Luce, Alfred, *Journal de la France,* Geneva: Éditions du Cheval ailé, 1946
——Deux Crimes d'Alger, Paris: Julliard, 1979
Farge, Yves, *Le Pain de la corruption,* Paris: Éditions du Mail, 1947
Faucigny-Lucinge, Prince Jean-Louis de, *Un Gentilhomme cosmopolite,* Paris: Perrin, 1990
Fauvet, J., *La France déchirée,* Paris: Fayard, 1957
——*La IVe République,* Paris: Fayard, 1959
Flanner, Janet, *Paris Journal,* 1946-1965, London: Gollancz, 1966
Foot, M. R. D., *SOE in France,* London: HMSO, 1966
Frenay, Henri, *La Nuit Finira,* Paris: Abélard-Schumann, 1983
Funk, Arthur, *The Politics of Torch,* Lawrence: University Press of Kansas, 1974
Galtier-Boissière, Jean, *Mon Journal pendant l'Occupation,* Paris: La Jeune Parque, 1944
——*Mon Journal depuis la Libération,* Paris: La Jeune Parque, 1945
——*Mon Journal dans la drôle de paix,* Paris: La Jeune Parque, 1947
——*Mon Journal dans la grande pagaïe,* Paris: La Jeune Parque, 1950
Gellhorn, Martha, *A Honeyed Peace,* London: André Deutsch, 1954
Gerbet, Pierre, *Le Relèvement 1944-1949,* Paris: Imprimerie Nationale, 1991
Gide, André, *Journal, 1939-1949,* Paris: Gallimard, 1954
（ジッド『ジッドの日記（4）（5）』新庄嘉章訳、日本と書センター、2003年）
——*Correspondance, 1895-1950,* vol. ii, Lyons: Presses Universitaires de Lyon, 1990
——and Roger Martin du Gard, *Correspondance, 1935-1951,* Paris: Gallimard, 1968
（ジャン・ドレ編『アンドレ・ジィド＝ロジェ・マルタン・デュ・ガール往復書簡(3) (4)』中島昭和訳、みすず書房、1972年、1973年）
Gildea, Robert, *Marianne in Chains: In Search of the German Occupation of France 1940-1945,* London:

Macmillan, 2002
Giles, Frank, *Sundry Times,* London: John Murray, 1986
——*The Locust Years: The Story of the Fourth Republic,* London: Secker, 1991
Gilles, Christian, *Arletty ou la liberté d'être,* Paris: Seguier, 1988
Giraud, Henri-Christian, *De Gaulle et les Communistes,* vol. ii, Paris: Albin Michel, 1988
Goodman, Celia (ed.), *Living with Koestler: Mamaine Koestler's Letters, 1945-1951,* New York: St Martin's Press, 1985
Gorce, Paul Marie de la, *L'Après Guerre, 1944-1952,* Paris: Grasset, 1978
Gravier, Jean-François, *Paris: Le Désert français,* Paris: Le Portulan, 1947
Gréco, Juliette, *Jujube,* Paris: Stock, 1982
Green, Julien, *Journal, 1938-1949,* Paris: Plon, 1969
Groussard, G., *Service Secret 1940-1945,* Paris: La Table Ronde, 1964
Guitry, Sacha, *Quatre ans de l'occupation,* vol. ii, Paris: Solar, 1954
——*Soixante jours de prison,* Paris: Perrin, 1964
——*Si j'ai bonne mémoire,* Paris: Perrin, 1980
Gun, Nerin, *Pétain, Laval, de Gaulle,* Paris: Albin Michel, 1979
Hamilton, Peter, *Doisneau,* London: Tauris Parke, 1992
Hamon, Hervé, and Patrick Rotman, *Tu vois, je n'ai pas oublié,* Paris: Seuil/ Fayard, 1990
d'Harcourt, Duc, *Regards sur un passé,* Paris: Laffont, 1989
d'Harcourt, Pierre, *The Real Enemy,* London: Longmans, 1967
Hastings, Selina, *Nancy Mitford,* London: Hamish Hamilton, 1985
Haute Cour de Justice, *Les Procès de la Collaboration,* Paris: Albin Michel, 1948
——*Le Procès du Maréchal Pétain,* Paris: Albin Michel, 1976
Hennessy, Peter, *Never Again: Britain 1945-1951,* London: Cape, 1992
Herriot, Édouard, *Épisodes, 1940-1944,* Paris: Flammarion, 1950
Hobhouse, Janet, *Everybody Who was Anybody,* London: Weidenfeld & Nicolson, 1975
Hoffman, Michael, *Gertrude Stein,* London: Prior, 1976
Hogan, Michael, *The Marshall Plan 1947-1952,* Cambridge: Cambridge University Press, 1987
Holban, Boris, *Testament,* Paris: Calmann-Lévy, 1989
Hostache, René, *De Gaulle 1944: Victoire de la légitimité,* Paris: Plon, 1978
Isorni, Jacques, *Le Procès de Robert Brasillach,* Paris: Flammarion, 1946
——*Philippe Pétain,* Paris: La Table Ronde, 1973
——*Mémoires,* vols. i and ii, Paris: Laffont, 1984, 1986
Jeannelle, Sophie (ed.),'Jean Chaintron, le PCF et le 70e anniversaire de Staline', *in Communisme,* Paris: P.U.F., 1983
Joxe, L., *Victoire sur la nuit,* Paris: Flammarion, 1981
Judt, Tony, *Marxism and the French Left,* Oxford: Clarendon Press, 1986
——*Resistance and Revolution in Mediterranean Europe, 1939-1948,* London: Routledge, 1989
——*Un Passé imparfait: Les intellectuels en France 1944-1956,* Paris: Fayard, 1992
Jünger, Ernst, *Premier journal parisien,* Paris: Christian Bourgois, 1980
（エルンスト・ユンガー『パリ日記』山本尤訳、月曜社、2011年）
——*Second journal parisien,* Paris: Christian Bourgois, 1980
Kaplan, Alice, *The Collaborator: The Trial and Execution of Robert Brasillach,* Chicago and London: The University of Chicago Press, 2000

Kennan, George, *Memoirs 1925-1950,* New York: Little, Brown, 1967
Kersaudy, François, *De Gaulle et Churchill: La mésentente cordiale,* Paris: Perrin, 2001
Kochno, Boris, *Christian Bérard,* Paris: Herscher, 1987
Koestler, Arthur and Cynthia, *Stranger on the Square,* London: Hutchinson, 1983
Kravchenko, Victor, *I Chose Freedom,* New York: Scribner, 1946
(V・クラフチェンコ『私は自由を選んだ(上・下)』井村亮之介訳、ダヴィッド社、1949年)
——*I Chose Justice,* London: Robert Hale, 1951
Kriegel, Annie, *Communisme au miroir français,* Paris: Gallimard, 1974
——*Ce que j'ai cru comprendre,* Paris: Laffont, 1991
Kupferman, F., *Les Procès de Vichy,* Brussels: Complexe, 1980
——*Les premiers beauxjours,* 1944-1946, Paris: Calmann-Lévy, 1985
——*Pierre Laval,* Paris: Balland, 1987
Lacouture, Jean, *André Malraux,* Paris: Seuil, 1973
——*François Mauriac,* Paris: Seuil, 1980
——*De Gaulle: Le Politique,* Paris: Seuil, 1985
——*De Gaulle, the Rebel,* London: Collins-Harvill, 1990
——*The Ruler,* London: Collins-Harvill, 1991
Ladurie, Emmanuel Le Roy, *Paris-Montpellier,* Paris: Gallimard, 1982
Laloy, Jean, *Yalta,* Paris: Laffont, 1988
Latour, Anny, *La Résistance juive en France,* Paris: Stock, 1970
Lattre de Tassigny, *Jean de, Ne pas subir,* Paris: Plon, 1984
Laval, Michel, *Brasillach ou la trahison du clerc,* Paris: Hachette, 1992
Le Boterf, Hervé, *La Vie parisienne sous l'Occupation,* Paris: France-Empire, 1974
Lecoeur, Auguste, *Le Partisan,* Paris: L'Actuel, 1963
Lévy, Bernard-Henri, *Le Siècle de Sartre,* Paris: Éditions Grasset & Fasquelle, 2000
Lewin, Christophe, *Le Retour des prisonniers de guerre français,* Paris: Sorbonne, 1987
Lifar, Serge, *Les Mémoires d'Icare,* Paris: Filipacchi, 1989
Lippmann, Walter, *The Cold War,* London: Hamish Hamilton, 1947
Lord, James, *Giacometti,* London: Faber, 1983
Lottman, Herbert, *Camus,* Paris: Seuil, 1978
——*The Left Bank,* London: Heinemann, 1982
Mackinnon, Lachlan, *The Lives of Elsa Triolet,* London: Chatto, 1992
Malaurie, G., *L'Affaire Kravchenko.,* Paris: Laffont, 1982
Malraux, André, *Antimémoires,* Paris: Gallimard, 1967
(アンドレ・マルロー『反回想録(上・下)』竹本忠雄訳、新潮社、1977年)
——*De Gaulle par Malraux,* Paris: Club du Livre, 1980
Marnham, Patrick, *The Man Who Wasn't Maigret,* London: Bloomsbury, 1992
——*The Death of Jean Moulin,* London: John Murray, 2000
Marwick, Arthur (ed.), *Total War and Social Change in France,* London: Macmillan, 1988
Mauriac, Claude, *Un Autre de Gaulle: Journal 1944-1954,* Paris: Hachette, 1970
Mauriac, François, *Journal,* vol. iv, Paris: Flammarion, 1953
——*De Gaulle,* Paris: Grasset, 1964
——*Mémoires Politiques,* Paris: Grasset, 1967
Merleau-Ponty, Maurice, *Signes,* Paris: Gallimard, 1960

（M.メルロー＝ポンティ『シーニュ（1・2）』竹内芳郎ほか訳、みすず書房、1969年、1970年）
Michel, Henri, *Les Courants de pensée de la Résistance,* Paris: P.U.F., 1962
——*Paris allemand,* Paris: Albin Michel, 1981
——*Paris résistant,* Paris: Albin Michel, 1982
Miller, Arthur, *Time Bends,* London: Methuen, 1987
Milward, Alan, *The Reconstruction of Western Europe,* 1945-1951, London: Methuen, 1984
Mioche, Philippe, *Le Plan Monnet: Genèse et élaboration,* Paris: Sorbonne, 1985
Mitford, Nancy, *The Blessing,* London: Hamish Hamilton, 1951
Monnet, Jean, *Mémoires,* Paris: Fayard, 1976
Morand, Paul, *Lettres du voyageur,* Paris: Le Rocher, 1988
Mosley, Charlotte (ed.), *Love from Nancy: The Letters of Nancy Mitford,* London: Hodder & Stoughton, 1993
Moulin de Labarthète, Henri du, *Le Temps des illusions,* Geneva: Éditions du Cheval ailé, 1947
Muggeridge, Malcolm, *Chronicles of Wasted Time,* vol. ii, The Infernal Grove, London: Collins, 1973
Murphy, Robert, *Diplomat Among Warriors,* New York: Doubleday, 1964
Myagkov, Aleksei, *Inside the KGB: An Exposé by an Officer of the Third Directorate,* London: Foreign Affairs Publishing, 1976
Myers, David, *George Kennan and the Dilemmas of US Foreign Policy,* Oxford: Oxford University Press, 1988
Myers, Jeffrey, *Hemingway,* London: Macmillan, 1986
Neave, Airey, *Saturday at MI9,* London: Hodder, 1969
Noguères, Henri, *Histoire de la Résistance,* vol. 5, Paris: Laffont, 1981
——La vie quotidienne des Résistants, Paris: Laffont, 1984
Noirot, Paul, *La Mémoire ouverte,* Paris: Stock, 1976
Novick, Peter, *The Resistance versus Vichy,* London: Chatto & Windus, 1968
——L'Epuration française 1944-1949, Paris: Balland, 1985
Oberlé, Jean, *La Vie d'artiste,* Paris: Denoël, 1956
Ostrovsky, Erika, *Céline and His Vision,* New York: New York University Press, 1967
Palewski, Gaston, *Mémoires d'action 1924-1974,* Paris: Plon, 1988
Pannequin, Roger, *Ami si tu tombes,* Paris: Le Sagittaire, 1976
——*Adieu camarades,* Paris: Le Sagittaire, 1977
Passy, Colonel (Dewavrin, André), *2e Bureau Londres, Souvenirs,* Paris: Solar, 1947
——*10 Duke Street: Souvenirs,* Paris: Solar, 1947
——*Mémoires du chef des services secrets de la France Libre,* J.-L. Cremieux-Brilhac (ed.), Paris: Éditions Odile Jacob, 2000
Paulhan,Jean, *Lettre aux directeurs de la Résistance,* Paris: Éditions de Minuit, 1951
Paxton, Robert, *Vichy France: Old Guard and New Order, 1940-1944,* New York: Columbia University Press, 1982
——(ed.), *Fragments de mémoire {Pierre Drieu La Rochelle},* Paris: Gallimard, 1982
Penrose, Antony, *The Lives of Lee Miller,* London: Thames & Hudson, 1985
（アントニー・ペンローズ『リー・ミラー——自分を愛したヴィーナス』松本淳訳、PARCO出版局、1990年）
Péri, Gabriel, *Une Vie de combat,* Paris: Éditions sociales, 1947
Perrault, Gilles, *Paris sous l'Occupation,* Paris: Belfond, 1987

Pompidou, Georges, *Pour rétablir une vérité,* Paris: Flammarion, 1982
Pryce-Jones, David, *Paris in the Third Reich,* London: Collins, 1981
Purtschet, C., *Le Rassemblement du peuple français, 1947-1953,* Paris: Cujas, 1965
Ragache, Jean Robert, *La vie quotidienne des écrivains et des artistes sous l'Occupation, 1940-1944,* Paris: Hachette, 1988
Rebatet, Lucien, *Mémoires d'un fasciste,* Paris: Société Nouvelle des Éditions J.-J. Pauvert, 1976
Reynaud, Paul, *Au Cœur de la mêtée, 1930-1945,* Paris: Flammarion, 1951
Rioux, Jean-Pierre, *La France de la Quatrième République,* vol. i, *L'Ardeur et la nécessité, 1944-1952,*Paris: Le Seuil, 1980
——(ed.), *La Vie culturelle sous Vichy,* Brussels: Complexe, 1990
Rist, Charles, *Une Saison gâtée,* Paris: Fayard, 1983
——*Maurice Thorez,* Paris: Fayard, 1975
Robrieux, Philippe, *Histoire intérieure du parti communiste,* vols. i and ii, Paris: Fayard, 1980-84
——*L'Affaire Manouchian,* Paris: Fayard, 1986
Rothschild, Guy de, *The Whims of Fortune,* London: Granada, 1985
Rousso, Henry, *Un Château en Allemagne: La France de Pétain en exil-Sigmaringen, 1944-1945,* Paris: Ramsay, 1980
——*The Vichy Syndrome,* Cambridge, Mass.: Harvard, 1991
——'L'Épuration en France: Une histoire inachevée', *Vingtième Siècle revue d'histoire,* no. 33, January-March 1992
——and Claude Roy, *Somme Toute,* Paris: Gallimard, 1969
Ruffin, Raymond, *Journal d'un J3,* Paris: Presses de la Cité, 1979
——*La Vie des Français au jour le jour, de la Libération à la Victoire,* Paris: Presses de la Cité, 1986
Saint-Germain-des-Près, 1945-1950, exhibition catalogue, Paris: Pavilion des Arts, 1989
Sawyer-Lauçanno, Christopher, *The Continual Pilgrimage: American Writers in Paris,* London: Bloomsbury, 1992
Schoenbrun, David, *Maquis,* London: Hale, 1990
Serre, René, *Croisade à coups de poings,* Paris: Martel, 1954
Signoret, Simone, *La Nostalgie n'est plus ce qu'elle était,* Paris: Seuil, 1976
Sirot, Stéphane, *La Grève en France: Une histoire sociale (XIXe-XXe siècle),* Paris: Éditions Odile Jacob, 2002
Smith, Grover (ed.), *Letters of Aldous Huxley,* London: Chatto & Windus, 1969
Soustelle, Jacques, *Vingt-huit ans de Gaullisme,* Paris: J'ai lu, 1971
Spears, E., *Assignment to Catastrophe,* vol. ii, The Fall of France, London: Heinemann, 1954
Stein, Gertrude, *Paris France,* London: Batsford, 1940
（ガートルード・スタイン『パリ フランス――個人的回想』和田旦、本間満男訳、みすず書房、1977年）
——*Wars I Have Seen,* New York: Random House, 1945
——*Brewsie and Willie,* New York: Random House, 1946
Stéphane, Roger, *Fin d'une jeunesse,* Paris: La Table Ronde, 1954
——*André Malraux, entretiens et précisions,* Paris: Gallimard, 1984
——*Tout est bien,* Paris: Quai Voltaire, 1989
Strauss, David, *Menace in the West: The Rise of French Anti-Americanism in Modern Times,* Westport, Conn.: Greenwood Press, 1978
Sulzberger, Cyrus L., *A Long Row of Candles,* London: Macdonald, 1969

Sulzberger, Marina, *Letters and Diaries of Marina Sulzberger,* New York: Crown, 1978
Teitgen, Pierre-Henri, Faites entrer le témoin suivant, Paris: Ouest France, 1988
Thompson, Laura, *Lift in a Cold Climate: Nancy Mitford,* London: Review, 2003
Thorez, Maurice, *Fils du peuple,* Paris: Éditions sociales, 1949
Tillon, Charles, *On chantait rouge,* Paris: Laffont, 1976
Todd, Olivier, *André Malraux: Une vie,* Paris: Gallimard, 1999
Train, Susan (ed.), *Le Théâtre de la mode,* Paris: Le May, 1990
Triboulet, Raymond, *Un Gaulliste de la IVe,* Paris: Plon, 1958
Veillon, Dominique, *Le Franc-Tireur,* Paris: Flammarion, 1978
——*La Mode sous l'Occupation,* Paris: Payot, 1990
Vendroux, Jacques, *Souvenirs de famille et journal politique,* Paris: Plon, 1974
Verdès-Leroux, Jeannine, *Au Service du parti: Le parti communiste, les intellectuels et la culture (1944-1956),* Paris: Fayard-Minuit, 1983
Vernier, Claude, *Tendre Exil,* Paris: La Découverte-Maspéro, 1983
Vian, Boris, *Manuel de Saint-Germain-des-Prés,* Paris: Chêne, 1974
（ボリス・ヴィアン『サン＝ジェルマン＝デ＝プレ入門』浜本正文訳、文遊社、2005年）
Villon, Pierre, *Résistant de la première heure,* Paris: Éditions sociales, 1983
Voldman, Danielle, *Attention Mines, 1944-1946,* Paris: France-Empire, 1985
Wall, Irwin, French Communism in the Era of Stalin, Westport, Conn.: Greenwood Press, 1983
——*The United States and the Making of Post-War France (1945-1954),* Cambridge: Cambridge University Press, 1991
White, Edmund, *Jean Genet,* London: Chatto & Windus, 1993
White, Sam, *Sam White's Paris,* London: New English Library, 1983
Wieviorka, Annette, *Ils étaient juifs, résistants, communistes,* Paris: Denoël, 1986
——*Déportation et génocide,* Paris: Plon, 1992
Wilson, Edmund, *A Literary Chronicle of the Forties,* London: W. H. Allen, 1951
Wurmser, André, *Fidèlement vôtre: Soixante ans de vie politique et littéraire,* Paris: Grasset, 1979
Ziegler, Philip, *King Edward VIII,* London: Collins, 1990

写真クレジット・謝辞

口絵写真
4, 5, 6◆Roger-Viollet
1, 2◆Robert Doisneau/Rapho
12, 16◆Willy Ronis/Rapho
3◆Brassaï estate
8◆Horst estate
9◆Keystone
10◆Christian Dior Archive © ADAGP, Paris and DACS, London 1994
11◆Paris Match
17◆André Ostier estate
19◆Service des Musees © DACS 1994

口絵写真18の貸与について、故デイヴィッド・ブルース夫人に感謝する。
上記以外の写真はレディ・ダイアナ・クーパーとその家族のアルバムから転載した。
著作権を所有される撮影者、あるいはアーカイブは出版社にご連絡いただきたい。